HOLZMASKEN

Albert Bärtsch

HOLZMASKEN

Fasnachts-
und Maskenbrauchtum
in der Schweiz
in Süddeutschland
und Österreich

AT Verlag

Holzmasken aus der
Schweiz, aus Österreich
und Deutschland: Masken
aus drei deutschsprachigen
Gebieten friedlich
vereinigt.

Inhaltsverzeichnis

Vorwort

«Bin ich der Narr der Welt oder ist die Welt voller Narren», dachte ich manchmal während meiner Arbeit am vorliegenden Buch. Als kritischer Beobachter der Fasnacht und des Maskenwesens stellte ich dann aber an den Umzügen immer wieder fest, dass ich nicht der einzige Narr bin und kam mir wieder ganz normal vor in meiner Leidenschaft.

Seit meiner Kindheit fasziniert mich das Rätselhafte, Dämonische der Fasnacht, dieser fünften und schönsten Jahreszeit. Sie ist ein Teil meines Lebens. Seit Jahren und Jahrzehnten befasse ich mich intensiv mit Holzmasken. Holzmasken erleben Geschichten und strahlen Geschichte aus. Das vorliegende Buch beansprucht nicht eine letzte wissenschaftliche Wahrheit, sondern ist eine Bestandesaufnahme, die ein gutes, abgerundetes Bild des Themas vermittelt. Es will zu Auseinandersetzung anregen, zum Nachdenken bringen. Den Schwerpunkt meiner Arbeit bildet die Schweiz; in Süddeutschland und Österreich (zuzüglich Südtirol) konnte ich nur einige Maskenzentren darstellen und Verbindungen aufzeigen. Dabei hoffe ich auf Verständnis bei denjenigen, die nicht berücksichtigt werden konnten.

Mein Buch brauchte Zeit, es musste sich wie beim Schnitzen einer Maske erst entwickeln. Ich wünsche mir, dass der Leser, die Leserin mit närrischer Grosszügigkeit in diesem Buch wie in einem Narrengesicht liest. Um mit einem alten Narrenspruch zu enden: Allen zur Freude, niemand zum Leid.

Albert Bärtsch

◁ **Meine Masken aus dem Sarganserland.**

Es freut mich, dass ich als Präsident des HEFARI, des Helvetischen Fasnachts-Rings, der Dachorganisation der Schweizer Fasnächtler, zu diesem Buch einige Zeilen schreiben darf.

Das Buch von Albert Bärtsch beweist, wie stark die Fasnacht nicht nur in der Schweiz, sondern auch in den umliegenden Ländern verwurzelt ist. Die Darstellung der verschiedenen Holzmasken- und Fasnachtsbräuche in diesem Werk ist ganz im Sinne des HEFARI, der sich um die Erhaltung dieses wertvollen Kulturguts bemüht. Ich gratuliere Herrn Albert Bärtsch zu diesem schönen Buch, welches uns allen das Fasnachtsbrauchtum näherbringt.

Arnold Bünter
Präsident HEFARI und Obernarr
der Narrhalla Lachen

Mensch und Maske

«Mängmool möcht mer gröösser sii und e Rolle spiele.» Holzschnitt von Peter Rottmeier, Balterswil.

Wilhelm Busch meint, die Fasnacht sei die Zeit, wo der Mensch mit ungeheurer Lust zu scheinen sucht, was er nicht ist.

Die Maskerade war und ist ein Bestandteil der Gesellschaft. Es entspricht einem Bedürfnis des Menschen, dass er gelegentlich ein anderer sein will. Das Maskieren ist zugleich ein Verbergen und ein Offenbaren der eigenen Identität. Die Grenzen zwischen Maskierung und Entlarvung sind fliessend.

Der Begriff «persona» bezeichnete im Altertum die Rolle und die Maske des Schauspielers. Vor diesem Hintergrund könnte man sagen, dass wir alle Maskenträger, Rollenspieler sind. Ein gewisses Mass an Rollenspiel wird in unserer Gesellschaft auch selbstverständlich von uns erwartet. Am Arbeitsplatz, in der Familie und in der Freizeit gelten ganz bestimmte Verhaltensregeln, haben wir bestimmte Rollenerwartungen zu erfüllen.

Das Gesicht vermittelt die stärkste Aussage über das Innenleben des Menschen. Mit dem Tragen einer Maske gibt man sich eine künstliche Gesichtsform. Das eigene Gesicht, das Innenleben bleiben hinter der Maske unsichtbar. Die Maske ist das zweite Gesicht – das tote vor dem lebendigen. Diese Zweideutigkeit reizt und fasziniert, zugleich verunsichert und erschreckt sie. Das doppelte Augenpaar versetzt den Betrachter in eine geheimnisvolle, rätselhafte Spannung.

Rollenspiel

Die Maske verwandelt nicht nur das Gesicht, sondern den ganzen Körper. Sie prägt den Träger und ist ein hervorragendes Mittel, menschliche Eigenschaften hervorzuheben und zur Schau zu stellen. Jede Maske weckt bestimmte Emotionen. Eine Holzmaske zum Beispiel bindet den Träger in eine bestimmte Rolle; sie zwingt ihn, sich auf eine ihr gemässe Weise zu verhalten. Die Maske strahlt also zurück auf den Träger.

Verwandlung und Identitätswechsel sind ein Spiel mit dem Körper. Man übernimmt eine Rolle, eine fremde, aber selbstgewählte Existenzform. Die Maske ist unveränderlich, leblos, sie kennt kein Erröten, Sich-Schämen, Erschrecken, Erbleichen. Einerseits erleichtert dies die Rollenübernahme, andererseits bedeutet es aber auch, dass sie nur durch die Vitalität des Körpers zu leben beginnt. Maske und Körper müssen im Einklang sein, Mensch und Maske miteinander verschmelzen. Die Maske muss dem Maskenspieler recht eigentlich «in die Glieder fahren» und «in Fleisch und Blut übergehen».

Heute ist in unserem täglichen Leben ein expressiver Körperausdruck nicht gefragt. Er gilt als Zeichen der Unkontrolliertheit und der Schwäche. Es ziemt sich, sich zu beherrschen, Gefühle zu verbergen, sich schicklich zu benehmen. Spontane, instinktive Reaktionen werden unterdrückt, die Körpersprache wird gehemmt. Unter der Maske kann man die Körpersprache neu entdekken, Regeln und Gesetze durchbrechen, was zunächst einmal ein Lustgewinn ist, darüber hinaus kann es eine gewisse Befreiung bewirken und zur Selbstfindung beitragen.

Das Maskentreiben eröffnet eine phantastische Realität: Es erlaubt den Rollenwechsel, das Erleben der verkehrten Welt und vermittelt vielleicht auch ein neues Prestigegefühl. Die Anonymität unter der Maske wirkt befreiend und enthemmend. Unbekannten kann man spontan gegenübertreten, sie in witzig-frecher Weise ansprechen und unverhohlen seine Meinung sagen. Unter der Maske sind auch die Kontakte zwischen den Geschlechtern zügelloser. Ventile werden geöffnet, Gefühlen freier Lauf gelassen und Ängste vergessen. Das Spiel mit der Maske verleiht für kurze Zeit Entspannung und Befreiung. Erotik und Unterhaltungsaspekt waren dabei seit jeher von grosser Bedeutung.

Die Maske kann verführerisch, aber auch abschreckend und dämonisch wirken. Man wiegt sich im Schein der Schönheit, spürt Hinfälligkeit und Vergänglichkeit und kann sogar an den Tod erinnern; manchmal ist die Maske auch Ausdruck von Lächerlichkeit, Komik und Spott. Die Maske schafft Freiräume innerhalb der bestehenden Ordnungen: Sie verleiht die sprichwörtliche Narrenfreiheit, das Recht, zu parodieren und zu persiflieren. Das seit dem Mittelalter belegte fasnächtliche Rügerecht, in der Form des «Schnurrens» oder «Intrigierens» in verschiedensten brauchtümlichen Formen verankert, bot dem kleinen Mann die Möglichkeit, unter dem Schutz der Maske der Obrigkeit ungestraft die Wahrheit ins Gesicht zu sagen, Kritik zu üben, Politik und Zeitgeschehen zu kommentieren und Verstösse gegen Sitten und

Narr, vom Tod überrascht. Holzschnitt aus dem «Narrenschiff» von Sebastian Brant, Basel 1494.

Narr und Tod im Narrengewand. Eine Darstellung aus dem im 15. Jahrhundert entstandenen Grossbaseler Totentanz.

Gebräuche anzuprangern. Der Maskierte legt den Finger auf die Wunden des Alltags. Die Umkehrung der Verhältnisse drückt sich etwa in der Übernahme der Macht über die Rathäuser und in der Einsetzung närrischer Herrscher, in Fasnachtsgerichten und vielen Fasnachtsspielen aus. Ein weiteres Sinnbild der «verkehrten Welt» auf anderer Ebene ist der für die Fasnacht typische Geschlechtertausch.

Narr und Tod. Holzschnitt aus dem Totentanz von Guyot Marchant, Paris 1486.

Masken und Ängste

Die Fasnacht ist nicht immer heiter und gefällig. Es gibt auch makabre, groteske Gestalten wie Teufel und Sensemann oder verschiedenste grinsende Fratzen. Fasnächtliche Gestalten, die den Tod darstellen, gehören seit Jahrhunderten zum Maskenrepertoire. Im späten Mittelalter sah die christliche Doktrin das Narrentreiben als Ausdruck der Gottlosigkeit, deren Vergeltung der Tod war. Narr und Tod treten in Kunst und Literatur im ausgehenden Mittelalter oft gemeinsam auf. Die Darstellung

Zwei Schreckmasken, Tschäggätä genannt, aus dem Lötschental im Kanton Wallis, geschnitzt von Markus Imseng aus Wiler. Sie gleichen Totenschädeln und sind mit Schafspelz eingefasst.

Das Skelett und der Tod erinnern – inmitten der Fasnachtsfröhlichkeit – an die Vergänglichkeit des Menschen. Vermummung in Einsiedeln am Sühudi-Umzug 1991, groteske Gestalten in phantastischer Verkleidung als Totengerippe.

des Todes im Narrentum war die Aufforderung zur Umkehr. Der wahre Christ brauchte keine Angst vor dem Tod zu haben, da er sich vom Narrentum abwendet, so wurde von kirchlicher Seite gepredigt.

Die Fasnachtsfaszination ist ein Spiel mit dem Absurden, dem Irrationalen, in Form der Schreckmaske auch mit dem Grotesken und Monströsen. In Vampir- und Tiermasken, utopischen Schreckmasken, Todesmasken, Skeletten, Hexen- und Teufelsmasken wird dies ausgedrückt. Die Welt der Zwänge, des Ernstes, der Gewalt und des Krieges bedürfen einer Gegenwelt des Lachens und des Spielerischen. Die Fasnacht und die Maskierung versuchen, das Dämonische der Welt aufzuzeigen und zu beschwören.

Masken sind jedoch nicht ein reines Zufallsprodukt. Sie werden vom Träger gewählt, haben eine Beziehung zu seinem eigenen Inneren. Die Maskierung bietet die Möglichkeit, unerfüllte Wünsche zum Ausdruck zu bringen, Ängste und Sehnsüchte zu verarbeiten, die im Alltag nicht ausgelebt werden können. Die Fasnacht trägt so zum seelischen Gleichgewicht bei. Hinter der Maske kann der Träger die Anonymität spielerisch bewältigen, das Unfassbare fassen.

Rekonstruktion einer griechischen Satyrmaske aus Ziegenfell. Die Satyrn trugen ihre Maske in der Hand.

Maskenarten

Zu jeder Zeit der Geschichte sind Formen der Maskierung nachzuweisen. Von Epoche zu Epoche hat sich die Funktion der Maske jedoch geändert. Die Übergänge sind fliessend. Genaue Daten sind nicht auszumachen, da sehr wenige Zeugnisse vorhanden sind und die Geschichtsschreiber sich dieses Stoffes nur gelegentlich angenommen haben.

Die Masken gehören zu den frühesten Erzeugnissen der menschlichen Kultur. Die Gründe der Maskierung sind komplex und vielfältig und daher nur schwer zu deuten. Aus den geschichtlichen Motiven und nach ihrer Funktion lassen sich verschiedene Maskenarten unterscheiden.

Kult-, Tanz- und Tiermasken

Bei den Naturvölkern und in vorchristlicher Zeit spielten Kultmasken, Tanz- und Tiermasken eine wesentliche Rolle. Die Grunderfahrungen Wachstum und Vergehen, Leben und Sterben, Freude und Leid wurden in Totenkult und Ahnenkult, in Riten zur Dämonenabwehr und in Fruchtbarkeitsriten zum Ausdruck gebracht. Diese brauchtümlichen Elemente wurden immer wieder herangezogen, um auch das fasnächtliche Maskenbrauchtum zu erklären und seine Tradition zu untermauern. Doch nur Spuren solchen Denkens wurden übertragen auf die europäischen Masken. Diese entwickelten sich von Theatermasken zu Brauchtumsmasken. Prägend für ihre Ausformung war vor allem der Einfluss des Christentums.

Die Urmaske ist die Hand. Sie bedeckt das Gesicht bei Freude, Leid, Angst, Verlegenheit und Wut. Das Verbergen des Gesichts findet sich in allen Kulturen. Der Zweck aber ist verschieden, angefangen bei der religiösen, kultischen Geisterbeschwörung der Afrikaner bis hin zum spielerischen Gebrauch an der Fasnacht.

Als Vorform der Maske wird die Bemalung des Gesichts angesehen. Die Kriegsbemalung etwa galt als Abschreckung und hatte magische Schutzfunktion, vor allem vor dem bösen Blick. Zur haltbareren Tarnung wurden später Rinde, Felle und Blätter verwendet.

Bei den Urvölkern hatte die Maske die Aufgabe, das Unerklärliche in Natur und Menschenleben erklären, verarbeiten und bewältigen zu helfen. Der primitive Mensch ersann sich eine Welt der Götter und Geister, deren Wesen und Zweck ihm unbekannt waren und in deren Hand er sich sah. Es waren die Geister, die die Naturgewalten beherrschten und das Schicksal der Menschen bestimmten. Den heidnischen Völkern fehlte eine

Teufelsmaske in gehörnter Bocksgestalt von einem unbekannten Schnitzer, wahrscheinlich aus der Innerschweiz. Rietbergmuseum Zürich. Die Verwandlung in Bockswesen war schon Teil von Kultriten der griechischen Frühzeit.

rationale Erklärung für die Erscheinungen der Natur. Ihre primitive Weltvorstellung hielt sie in ständiger Angst vor den strafenden und richtenden Göttern und Dämonen. Die Maske war ein Mittel, übernatürliche Kräfte zu erlangen und mit Ahnen, Geistern, Göttern und Dämonen in Kontakt zu kommen. Mit Magie und Kult versuchte er sie günstig zu stimmen und für seine Zwecke zu gewinnen. Um den Göttern das Gewünschte verständlich zu machen, stellte man es in Form einer Handlung nachahmend dar.

Eine Schlüsselrolle spielten die Masken bei Initiationszeremonien. Mit der Beschneidung wurden junge Männer in die Welt der Erwachsenen eingeführt und dabei auch mit der Bedeutung und dem Gebrauch der Masken vertraut gemacht. Von grosser Wichtigkeit waren die Masken auch im Schamanenkult der Indianer Nordamerikas und Alaskas. Der Schamane, eine Art Zauberer und Medizinmann, trug zu besonderen Anlässen eine entsprechende Maske.

Zu den ältesten Masken gehören die Tiermasken. Bei vielen Völkern waren sie Ausdruck einer tiefen Verehrung der Tiere und Zeugnis der nahen Verwandtschaft mit ihnen. Tiermasken wurden aber auch eingesetzt, um Tiere herbeizulocken, sie in Bann zu schlagen und um das Jagdglück zu steigern. Man glaubte, man könne sich unter der Tiermaske den Mut, die Gewandtheit, die Kraft, die Schnelligkeit und die Ausdauer der Tiere zu eigen machen.

Die Weltanschauung der aussereuropäischen Völker, ihre Riten und Bräuche lassen sich nicht einfach auf die europäischen Verhältnisse übertragen. Die heutigen Masken, die auf diesen Hintergrund Bezug nehmen, sind nichts anderes als eine Persiflierung des Dämonenglaubens. Die Maske ist schon lange ihres kultisch-religiösen Inhalts beraubt, nur Spuren davon haben sich noch in spielerischen Elementen erhalten.

Theatermasken

Vorchristlicher Dämonenkult zeigt sich noch deutlich in der Kultur der Antike mit ihren dionysischen Zeremonien, Saturnalien und Bacchanalien. In der griechischen Frühzeit haben sich die Teilnehmer an bestimmten Kultriten in Bockswesen verwandelt. Das übergestülpte Bocksfell hatte die Funktion einer Maske, welche die Kräfte des Bockes auf den Träger übertragen sollte. Der ausgeprägte Fortpflanzungstrieb des Ziegenbocks sollte die Zeugungskraft fördern. Als das griechische Theater entstand, wurden die Inhalte und die Figuren dieser Riten teilweise übernommen. So ist aus der Kultmaske der Urvölker die spätere Tanz- und Theatermaske hervorgegangen.

Bei den Hellenen hatte jede Stadt, ja jedes grössere Dorf ein Theater. Masken wurden bei Theateraufführungen und dionysischen Zeremonien, bei Frühlings- und Totenfesten getragen; sie dienten zur Verstärkung und Veränderung der Stimme und zur Verkörperung ganz bestimmter Charaktere. Man begann in den Tragödien und Komödien die Gesichtszüge bestimmter Typen zu schematisieren. So verwendeten die griechischen Komödiendichter in ihren Stücken immer wieder gleichbleibende Gestalten, Typen, die das Publikum an den Masken stets mit Entzücken wiedererkannte: den grausamen Vater, den wohlwollenden alten Herrn, den verschwenderischen Sohn, die irrtümlich für ein armes Mädchen gehaltene reiche Erbin, den prahlerischen Soldaten, den klugen Sklaven, den Schmeichler, den Priester, den Arzt, die Dirne, die Kupplerin. Da es wenige Schauspieler gab, mussten sie verschiedene Rollen übernehmen, was durch das Tragen entsprechender Masken leichter möglich war. Die Theatermasken waren also Spielmasken und Kunstprodukte.

Mittelalterliche Mysterienspiele

In der Geschichte des christlichen Abendlandes waren es meistens religiöse Anlässe, zu denen Masken getragen wurden. Im Hochmittelalter hatten die Mysterienspiele ihre Blütezeit, grosse geistliche Dramen mit Szenen aus der Heilsgeschichte, vor allem aus der Passion Christi. Sie dienten dazu, den Gläubigen das Unfassbare zu erklären und die Geheimnisse des Glaubens zu veranschaulichen. Dies geschah durch maskierte Darsteller. Maskenträger traten auch an Prozessio-

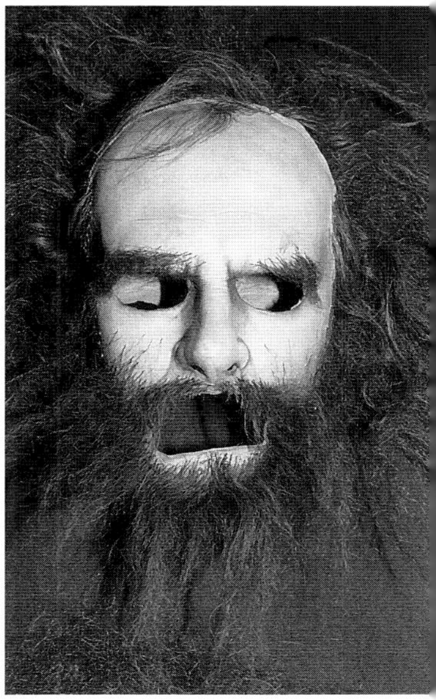

Theatermasken aus Papiermaché von Wolfgang Utzt, Maskenbildner am Deutschen Theater. Maskenausstellung des Schauspielhauses Zürich.

nen, an Fronleichnam, Pfingsten und anderen Festen im Kirchenjahr auf. Später kamen Martini, St. Nikolaus, Weihnachten und Dreikönig dazu. Fasnacht als Maskentermin folgte erst später.

Bei den Theatermasken der Mysterienspiele wussten die Zuschauer – ähnlich wie jene des antiken Theaters – sofort, mit wem sie es zu tun hatten, wenn diese oder jene entsprechend gekleidete oder maskierte Figur die Bühne betrat. In den Mysterienspielen kamen Engel und Teufel, Kaiser und König, Bauer und Knecht als typische Rollenträger vor. Diese Rollen und weitere wie Fürst, Graf, Papst und Bischof führten gelegentlich zu einer so starken Identifizierung von Rolle und Rollenträger, dass sie zum Familiennamen des Schauspielers wurden.

Commedia dell'arte

Die Commedia dell'arte, die italienische Stegreifkomödie des 16. Jahrhunderts mit ihren typischen Figuren und Masken, hat das Volkstheater im Alpenraum nachhaltig beeinflusst. Die Schauspieler trugen meist lederne Halbmasken. Die spielerisch improvisierten Aufführungen verulkten mit ihren Spässen und ihrem derben Humor bekannte Personen und lokale Vorkommnisse. Motive waren menschliche Schwächen, Fehltritte oder Schildbürgerstreiche. Die Aufführungen fanden auf Marktplätzen, in Theaterhäusern, an königlichen und fürstlichen Höfen statt. Die Commedia dell'arte hat auf unser Maskenwesen einen sehr starken Einfluss ausgeübt, vor allem auf die Gestaltung der Menschengesichtsmasken.

In unserem Jahrhundert erfährt die Theatermaske eine Renaissance. Medien und Schauspieler suchen nach neuen Ausdrucksformen. Theaterleute setzen die Maske als Stilmittel ein, das bestimmte Figuren in einfachen, charakteristischen Zügen zeigt, ein Stilmittel, das auch verfremden und Sehgewohnheiten aufbrechen kann.

Brauchtumsmaske

Die europäischen Brauchtumsmasken entwickelten sich aus den Theatermasken und wurden vor allem beeinflusst durch das Christentum.

Seit dem Mittelalter ist die Fasnacht die bevorzugte Zeit des Maskenlaufens geworden. Das Tragen von Holzmasken ist aber nicht nur an der Fasnacht üblich. In der Schweiz werden Masken in Obwalden bei Alpentladungen an der Sennenchilbi, in Laupen beim Achetringele an Silvester, in Kandersteg beim Maskenlaufen am 1. Januar und in Interlaken bei der Harder-Potschete am 2. Januar getragen. An verschiedenen Orten erscheinen Hexenlarven am Vorabend zum 1. Mai, in der Walpurgisnacht, oder auch am 11. 11., wenn in manchen Maskengebieten die Fasnacht beginnt. In Österreich laufen die Perchten, Krampusse und Klaubauf bei den Nikolausspielen in der Zeit vom 6. bis 8. Dezember und an Dreikönig. Masken werden also wieder wie im Mittelalter an Anlässen rund um das ganze Jahr getragen, ausser in der Sommerzeit. Schwerpunkt des Maskentragens ist aber eindeutig die Fasnacht.

Sinn und Zweck der Maske haben sich seit dem Mittelalter stark verändert. Aufklärung und Wissenschaft haben den Zauberbann gebrochen und den Mummenschanz aufgedeckt. Rationalismus und Vernunftdenken haben Mythos, Magie und Aberglauben weitgehend verdrängt. Die Furcht vor den Dämonen ist gewichen, die Maske hat ihre Gewalt verloren. Dadurch wandelte sich ihre ursprüngliche Bedeutung, sie wurde zum Attribut des Theaters und der reinen Komik. Das Brauchtum ist heute stark vom Spielerischen und Parodistischen, dem Imponiergehabe, der Unterhaltung, dem Wunschbild, der Volksjustiz und dem Rollenwechsel geprägt. Allerdings scheint der Materialismus unserer Zeit Gegentendenzen geweckt zu haben, die dem Magischen und Mystischen, dem Aussergewöhnlichen und Übernatürlichen wieder Auftrieb gaben. Heilende und unheilbringende Geisterbeschwörungen treiben neuerdings offen und versteckt ihr Unwesen. Und auch der Aberglaube ist noch im Leben einfacher Menschen rudimentär vorhanden.

Maske von Albert Anton Willi (1872–1954) aus Domat/Ems im Kanton Graubünden. Eine karikierende Schreckmaske, inspiriert von Menschen aus dem eigenen Dorf. Besitz der Gemeinde Ems.

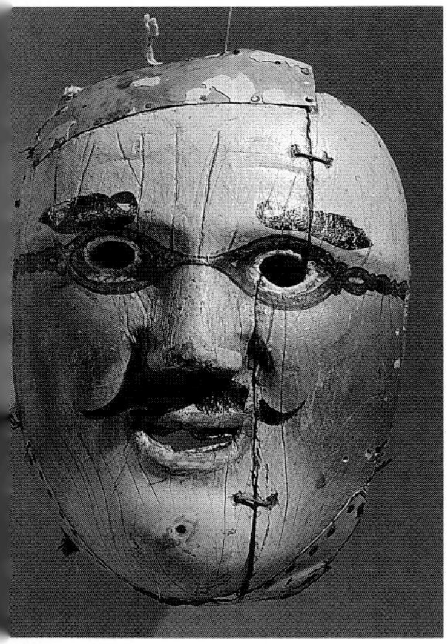

Mummerie und Johee aus Einsiedeln, Kanton Schwyz (ganz oben). Kopien von zwei barocken Masken mit ruhigen, schönen Gesichtszügen, geschnitzt von Richard Büeler aus Schwyz.
Oben ein Märchler Rölli aus dem 19. Jahrhundert, von einem unbekannten Schnitzer geschaffen.

Zu den exotischen Masken darf der Aff aus dem Sarganserland gezählt werden. Eine von Walter Egli aus Flums geschaffene Maske.

Die zahlreichen Fasnachtsorganisationen sind bestrebt, ihr Brauchtum zu legitimieren. Man bemüht Ortssagen, um Anhaltspunkte für neue Maskenkreationen zu finden. Ein anderes Kennzeichen für die Veränderungen ist, dass Maskenauftritte Zuschauer haben und organisierte Umzüge an die Stelle des freien Maskenlaufens treten. Dies führte auch dazu, dass neben den Schreckmasken die «Schönen» entstanden sind. Diese «schönen Masken» kamen im Barock- und Rokokozeitalter auf, zum Beispiel die Einsiedler Mummerie und Johee, die Villinger und Rottweiler Narros und die Imster Roller.

Ein Ausdruck unserer Zeit ist auch das immer häufigere Auftreten der Schreckmasken, die in gewissen Gebieten die ruhigen Masken abgelöst haben. Das Groteske, das sich vor allem in den Figuren von Hexen, Teufeln und phantastischen Fratzen manifestiert, wird oft bevorzugt. Es sind aber auch Mischformen zu sehen, etwa karikierende Porträtmasken oder komische Originale. Die Maske des Wilden Mannes als Schreckmaske kennen wir in der Schweiz, in Deutschland und in Österreich.

Schreckmasken: Teufel, altes Weib, Hexen, Dämonen, Riesen, Wildleute, Tiermasken, groteske Fratzen, Krampusse, Klaubauf, Schiachperchten, Totenköpfe

Mischformen: Narr, Clown, Charaktermasken, karikierende Masken, Harlekin, Bajazzo, Hanswurst, Rölli, Roller, Scheller, alter Herr

Exotische Masken: Tiermasken (Affe), Wilde, Mohren, Orientalen, Chinesen, Indianer, Zigeuner, Türken, Juden

Schöne Masken: Menschengesichter aus dem Rokoko und Barock, Engelsgesichter, Johee, Mummerie, Narros, Schönperchten

Die Maske als Kunstobjekt

Noch nie wurden so viele Masken geschnitzt wie heute. Kommt es durch die Vielzahl der Masken und Maskenträger zu einer Verflachung und Nivellierung? Während in Deutschland an der Fasnacht massenhaft Masken getragen werden, werden in der Schweiz viel mehr Masken geschnitzt als getragen. Ist es eine Sinnentleerung, wenn die Maske nur als volkskundliche Schnitzarbeit angesehen wird? Oder genügt allein schon ihre Existenz? Ich meine, dass die blosse Beschäftigung mit der Maske ohne den brauchtümlichen Hintergrund sinnlos ist. Nur durch das Brauchen der Maske bekommt sie Leben und Ausstrahlung. Die Spuren des Tragens sollen sichtbar sein; die Maske muss nicht immer gleich schön und wie neu aussehen. Sie soll Erlebnisse ausstrahlen. Mensch und Maske müssen sich etwas zu sagen haben und Erinnerungen austauschen können. Nicht der künstlerische Stil allein darf eine Maske prägen, sondern ebenso das Umfeld, in dem sie entstanden ist, die Menschen, die in einer Gemeinschaft, in einer bestimmten Landschaft leben. Vermischungen verschiedener Typen sollten nach Möglichkeit vermieden werden.

Die Verbreitung durch die Medien und die Möglichkeit, Maskenanlässe in ganz Europa zu besuchen, bergen die Gefahr in sich, dass Formen miteinander vermischt und verschmolzen werden. Deshalb braucht es die Brauchtumspfleger in den verschiedenen Maskenlandschaften, die versuchen, die Tradition zu wahren und das Brauchtum nach alter Sitte weiterzuvermitteln.

Wie steht es um das Maskenschnitzen als Volkskunst? Die Hochschätzung von Masken aus früherer Zeit beruht darauf, dass diese aus einer persönlichen Beziehung zwischen Hersteller, Maske, Landschaft, Brauchtum und Maskenträger entstanden. Der Schnitzer nahm sich Zeit für eine Maske. Langsam entwickelte sie sich; man wartete, bis sie aussagekräftig war. Heute geht alles zu schnell. Man setzt, wenn viele Masken herzustellen sind, die Kopierfräse ein. Die Maske wird damit zum Konsumartikel, zur Massenware. Die Maskenschnitzer schaffen Masken auf Vorrat. Wenn sie zu wenig Träger finden, werden die Masken zu Schmuckstücken an der Wand, zum Zweck von Schau und Prestige, oft weil sie aus der Sicht ihrer Besitzer zu «schön» sind oder weil dieser so viel dafür bezahlt hat. Ob dies maskenkundlich einen Sinn hat, ist fraglich. Aus hand-

Schreckmasken. Tschäggätä aus dem Lötschental, Wallis. Masken aus dem Maskenkeller der Familie Riederlerjen aus Wiler.

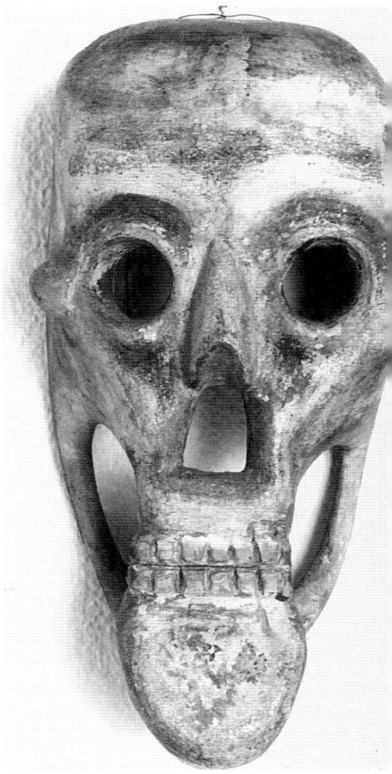

Totenmaske von Luzern. Schnitzer unbekannt.

werklich-künstlerischer Sicht behalten die Masken aber dennoch ihren Wert; ausserdem besteht die Möglichkeit, sie jederzeit wieder ins Brauchtum überzuführen.

Die Maske kann als Ausdruck ihrer Zeit und Pflege der Tradition im spielerischen wie im theatralischen Bereich ein nachhaltiges Ausdrucksmittel sein. Für den Maskenschnitzer ist es wichtig, dass er eigenwillig und mit viel Phantasie schnitzt, sich aber besinnt auf die traditionellen Masken aus der eigenen Landschaft.

Masken unserer Zeit

Ausserhalb des volkstümlichen Brauchtums kennen wir heute viele Masken, die zu einem bestimmten praktischen Zweck getragen werden. Sie haben einen realen Bezug zu unserem Leben und sind zu Gebrauchs- und Verbrauchsgegenständen unserer Zivilisation geworden. Die Maske hat sich über die Fasnacht hinaus neue Räume erobert.

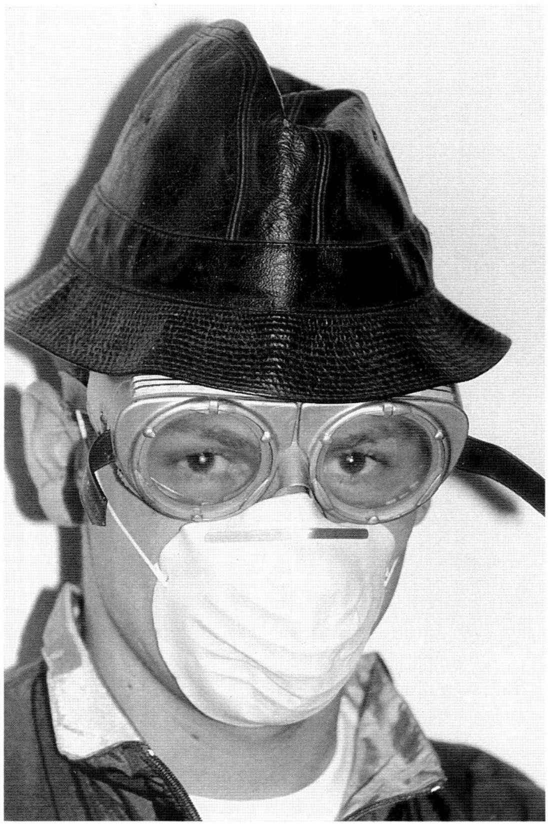

Schon eine Sonnenbrille oder Schutzbrille, dazu ein Schal oder eine Schutzmaske über Nase und Mund sind eine wirksame Tarnung.

Justiz- und Protestmasken

Früher war der Scharfrichter bei Todesurteilen mit einer Maske vermummt. Polizisten tragen Schutzmasken. Verbrecher tarnen sich mit Masken, um unerkannt zu bleiben. Aus demselben Grund oder um nicht diskriminiert zu werden, tragen die Teilnehmer an Demonstrationen oft Masken. Bei Krawallen will man sich im Schutz der Anonymität austoben können. Die Maske ist zum festen Bestandteil verschiedener Protestkulturen geworden. Sie gilt als Widerstandsmerkmal gegen die Zwänge des herrschenden Systems und dient als Selbstschutz vor staatlicher Gewalt und Bespitzelung.

Die heutige Begründung des Vermummungsverbotes bei Demonstrationen ähnelt den Fasnachtsverboten, die seit dem Mittelalter immer wieder erlassen worden sind. Man wollte nicht, dass es im Schutze der Maske zu Ausschreitungen kommt oder grober Unfug getrieben wird. Die Verbote konnten aber nur in Zeiten politischer Krisen und Unruhen durchgesetzt werden. Im Unterschied zu Strassendemonstrationen mit teilweise ernsthaften politischen Veränderungsabsichten war die fasnächtliche Revolte immer ein «Revolutionsspiel» ohne Umsturzcharakter.

Schutzmasken

Bei Spiel, Sport und Arbeit schützen Masken die Menschen vor körperlichen Gefahren. Bei sportlichen Wettkämpfen, beim Fechten etwa, im Eishockey, beim Tauchen oder bei fernöstlichen Kampfsportarten wie Karate und Kendo, müssen Masken getragen werden.

Auch vor den Folgen und Auswirkungen technischer Errungenschaften muss sich der Mensch in zunehmendem Masse abschirmen. Seit er gefährliche Arbeiten ausführt (Schweissen etwa oder der Umgang mit chemischen Stoffen und Giften), braucht er Masken, um Verletzungen

Eine kreative Maske aus Papiermaché, hergestellt aus verschiedenen Abfallprodukten oder Gebrauchsgegenständen des Alltags, getragen an der Luzerner Fasnacht.

vorzubeugen. Die Entwicklung der Rauch- und Feuermaske ist aus dem Grubenbau hervorgegangen. Die Chirurgenmaske schützt als hygienische Notwendigkeit in allen Bereichen der Medizin Ärzte, Pflegepersonal und Patienten vor Infektionen. Die Maske schützt den Körper und ist zum Sicherheitsgerät geworden.

Gasmaske

Im Ersten Weltkrieg setzten die Deutschen erstmals in der Kriegsgeschichte Giftgase ein. Die französischen Soldaten waren in den Schützengräben diesen chemischen Mitteln vorerst schutzlos ausgeliefert. Die ersten Gasmasken wurden entwickelt. Sie dienen heute auch als Schutzmassnahme für den Fall atomarer Katastrophen. In verschiedenen Grossstädten werden infolge der hohen Luftverschmutzung von den Polizisten im Strassenverkehr Masken getragen. Die Gasmaske ist so vom Kriegsutensil zur Schutzmaske in verschiedensten Bereichen geworden.

Militärische Bekleidungsstücke fanden schon im 19. Jahrhundert Eingang in die Fasnacht. Uniformteile findet man in der Schweiz und in Deutschland vielfach im Fasnachtsgeschehen. Die Gasmaske aber weist Merkmale und Bezüge auf, die sie von anderen militärischen Utensilien unterscheidet. Der fasnächtliche Gebrauch der Gasmaske kann einen politischen Protest ausdrücken. In Basel wurde sie zum Symbol für die Umweltverschmutzung.

Abfallmasken

Die Fasnachtsbastler und Hobbykünstler haben die Kunststoffe und Abfallprodukte unserer Verpackungsindustrie für die fasnächtlichen Bedürfnisse entdeckt. Ihre Fundgrube ist der Supermarkt. Plastiktüten, Folien, Kehrichtsäcke, Papier- und Kunststoffabfälle von Baustellen werden zu originellen Kostümen umfunktioniert. Wertlose Materialien werden zu kunstvollen Objekten gestaltet. Man spielt mit dem Absurden. Es entstehen Groteskmasken wie Schlangen, Eulen, Kröten, aber auch Phantasiemasken aller Art.

Schmink- und Kunstmasken

Die Schminkmaske ist in allen Kulturen die älteste Maske. Das Beschmieren des Gesichts mit Erd- und Naturfarben war schon bei den Naturvölkern, den Indianern und Afrikanern die einfachste Form der Gesichtsvermummung. Sie war wichtiger Bestandteil von Ritus und Kult. Im Theater des asiatischen Raumes, in China, Japan und Indien, gab es neben geschnitzten Masken auch die Schminkmaske, die aus dicken Schichten von Farbe bestand. Diese historischen Formen der Gesichtsbemalung finden ihre heutige, moderne Fortsetzung in verschiedensten Formen der Performance-Kunst und des «Body-painting» und ebenso in dem die Abgrenzung und Andersartigkeit betonenden Erscheinungsbild der Punks.

Auch der Alltag ist geprägt von Maskierungen. Schon die Sonnenbrille ist eine wirkungsvolle Vermummung. Die Gesichter der Skifahrer sind mit bunter Sonnenschutzfarbe geziert, als gingen sie auf Kriegspfad. Die Verwendung von Brillantine, Gel oder schockfarbenen Haarsprays ist nicht zuletzt über das Experimentierfeld der Fasnacht populär geworden. Auch Kleider können das Erscheinungsbild des Menschen stark verändern. Die Mode führt zu einem intensiven Versteck- und Verkleidungsspiel. Der Alltag holt die Fasnacht ein.

Für ihren Auftritt in Film und Theater werden die Schauspieler vom Maskenbildner vor ihrem Auftritt geschminkt, oft in einer Weise, die – ähnlich wie die alten Theatermasken – die Typisierung, die entsprechende Rolle unterstreicht. Durch ihre Verwendung in der Kunst wurde die Maske stilisiert und ästhetisiert.

Die Schminkmaske, als älteste Form der Maskierung, wird heute in vermehrtem Masse wieder zur kreativen, spielerischen, künstlerischen Verwandlung des Gesichts an der Fasnacht verwendet.

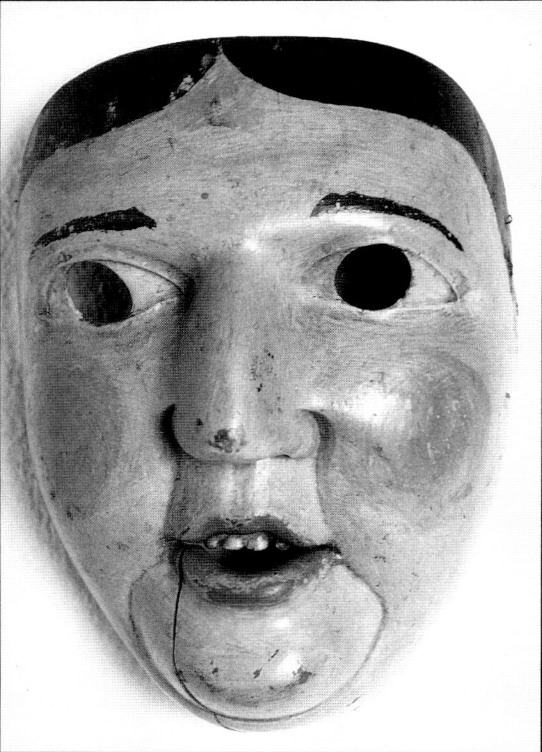

Barocke Menschengesichtsmasken, den Engelsgesichtern der sakralenKunst ähnlich, entstanden um 1800 und sind in verschiedenen Gebieten heimisch, vor allem in der Innerschweiz und im süddeutschen Raum.

Geschichte der Fasnacht

Die Fasnacht im Mittelalter

Die Entwicklung des Fasnachtsbrauches ist von seinen Anfängen bis ins 20. Jahrhundert keineswegs geradlinig und kontinuierlich verlaufen. Die Fasnacht wurde häufig durch die geistliche und weltliche Obrigkeit reglementiert und hatte sich dem jeweiligen Zeitgeist anzupassen. Darum hat sich ihr Erscheinungsbild immer wieder gewandelt.

Zwar gab und gibt es einander widersprechende spekulative Theorien über den heidnischen oder christlichen Ursprung des Fasnachtsfestes, doch historisch gesicherte und eindeutige Erklärungen über Ursprung und Entwicklung der Fasnacht und des Maskentragens fehlen. Die Fasnacht pauschal als heid-

resrhythmus, ins Kirchenjahr, eingebunden, die Fasnacht wurde in engen Zusammenhang mit der Fastenzeit gestellt. Viele Elemente haben sich im Laufe der Jahrhunderte vermischt und unser heutiges Fasnachtsfest geprägt. Es hat sich über Kulturen und Sprachgrenzen hinweg im gesamten Einflussgebiet der römischen Kirche verbreitet. Der Einfluss des Christentums auf das Fasnachtsfest war grösser als die mythologisch ungewissen Spuren aus vorchristlicher Zeit. Die ältesten gesicherten Hinweise auf das Fasnachtsbrauchtum im deutschen Sprachraum reichen ins 13. Jahrhundert zurück. Ratsprotokolle, Rechnungen, Polizeiordnungen, Gerichtsakte und Chroniken geben seit dem Mittelalter einschlägige Auskunft.

Die Diskussion um die Etymologie der Wörter «Fasnacht», «Fas**t**nacht», «Karneval» führte zu verschiedensten Sinndeutungen und Spekulationen. Den Begriff «Fasnacht» führten einige Volkskundler auf das mittelhochdeutsche Wort «vaselen» in der Bedeutung «gedeihen, fruchten» oder «faseln» im Sinne von «Unsinn reden», «Unsinn treiben» zurück. Unter Bezug auf die Form «Fas**t**nacht» bezeichnet das Wort den Vorabend vor der Fastenzeit.

Der Rhythmus des christlichen Kirchenjahres hat sicher einen wesentlichen Einfluss auf die Fasnachtsbräuche gehabt. Schon früh galt die Terminregelung der Fastenzeit und der Fasnacht durch die Kirche. Fasnacht und Fastenzeit bedingen und ergänzen einander. Die Fasnacht wurde zeitlich klar begrenzt. Sie stellt die sinnliche Gegenwelt dar, das Weltliche, das es zu überwinden gilt. Die Kirche gab damit zugleich den Gläubigen Gelegenheit, sich vor der Fastenzeit nochmals auszutoben, ehe die entsagungsvollen, enthaltsamen Tage begannen. So kam es zu den üppigen Gelagen und «Vasenachtsessen», die dann derart ausarteten, dass Kirche und Obrigkeit sich jahrhundertelang mühten, sie in Schranken zu halten.

Fasnachtstermine

Auf dem Konzil von Nicäa im Jahre 325 wurde festgelegt, dass Ostern auf den ersten Sonntag nach Frühlingsvollmond falle. Von diesem Termin ist die Fastenzeit und damit auch die ihr vorangehende Fasnacht abhängig. Sie gehört also zum Osterfestkreis und ist wie dieses ein bewegliches Fest. Es sind 35 verschiedene Oster- und Fasnachtstermine möglich. Zur Bestimmung des Termins der Fasnacht ist die 40tägige Fastenzeit von Ostern aus zurückzurechnen.

Dabei sind zwei verschiedene Zählungen möglich: Nach alter Rechnung beginnt die Fastenzeit am Dienstag nach Invocavit (sechster Sonntag vor Ostern). Die Fasnacht fällt demnach auf den Vorabend dieses Dienstags und die Tage davor.

Am Konzil von Benevent im Jahre 1091 wurde nach einer Bestimmung Papst Gregors des Grossen der Beginn der Fastenzeit auf Aschermittwoch, sechs Tage vor dem ursprünglichen Termin, festgelegt. Der Grund: Die Sonntage wurden als Gedächtnistage der Auferstehung Christi in der Zählung der 40tägigen Fastenzeit ausgenommen, so dass ihr Beginn um sechs Tage vorverschoben wurde. In den meisten katholischen Orten nahm die Obrigkeit – daher auch die Bezeichnung «Herrenfasnacht» gegenüber der «Bauernfasnacht» – den neuen Fasnachtsbeginn an. Basel und einige andere Orte feiern heute noch nach dem alten Fasnachtstermin.

Im Hochmittelalter verstand man wie vielerorts auch heute noch unter der «Vasenacht» in einem weiteren Sinn die Zeit von Dreikönig, dem 6. Januar, bis Aschermittwoch. Die eigentliche Hauptfasnacht begann am Samstag vor Estomihi (siebter Sonntag vor Ostern), dem heutigen Fasnachtssamstag. Sie wurde Herren- oder Pfaffenfasnacht genannt. Später wurde dann der Schmutzige Donnerstag in die Fasnachtstage einbezogen. Am Sonntag nach Aschermittwoch (Invocavit) folgte dann die Alte Fasnacht, die Bauernfasnacht, die aber nur einen Tag dauerte. An diesem Sonntag feierten die Bauern, Knechte und Mägde mit Fasnachts- und Tanzspielen.

Der Auftakt der Fasnacht ist an vielen Orten der 11. 11. um 11 Uhr 11. Es entstanden Elferräte, die die Fasnacht organisieren. Die Elf ist seit dem Mittelalter eine närrische, unheilige Zahl. Mit ihr wird die Zahl der Zehn Gebote Gottes überschritten; sie wird deshalb mit dem Verstoss gegen die

Fassnacht oder Fastnacht – Trinkgelage in der Zunftstube mit dem gekrönten Bacchus, auf dem Fass sitzend.

Ordnung, gegen Sitte und Gesetz assoziiert. Die Ausdehnung der Fasnacht zurück bis Martini hat den Grund, dass parallel zu der vorösterlichen Fastenzeit auch vor der 40tägigen Vorbereitung auf Weihnachten beziehungsweise Epiphanie nochmals mit viel Essen und Trinken gefeiert wurde, bevor dann eine Zeit des Fastens und der Besinnung folgte. Zugleich war Martini Erntefest.

Der Martinstag hatte darüber hinaus, ebenso wie der Aschermittwoch, auch eine wirtschaftliche und soziale Bedeutung. Beide Daten waren wichtige Termine in rechtlichen und wirtschaftlichen Angelegenheiten: Geschäftsabschlüsse und der Wechsel von Dienstverhältnissen wurden auf diese Daten gelegt, ebenso Zinsleistungen und Jahresabrechnungen. Die Zinsen wurden oft in Form von Naturalien abgeliefert; so gibt es für das 13. und 14. Jahrhundert Belege, dass mit «Fasnachtshühnern» bezahlt wurde. Seit dem 16. Jahrhundert ist das Abholen von Küchlein belegt. Weltliche und geistliche Herren versorgten die Armen mit Speis und Trank und besuchten die Spitäler, um den Kranken eine Gabe zu bringen. In den Städten wurden auf diesen Termin die Räte neu gewählt. All dies geschah zu dem Zweck, dass nichts die folgende stille Zeit der Einkehr störe. Da die Fastenzeit die Zeit der Abstinenz, einschliesslich der sexuellen Enthaltsamkeit, war, wurden auch Heiratstermine vor der Fastenzeit angesetzt.

Speisen als prägendes Element

Ein wesentliches Merkmal beim Übergang von der Fasnacht zur Fastenzeit war die Umstellung der Essgewohnheiten als spürbares Ereignis im Leben der Menschen.

In der Fasnachtszeit wurde ausgiebig gegessen und getrunken. Die bevorzugten Nahrungsmittel waren Fleisch und Eier. Die Metzger machten gute Geschäfte, mussten in der Fastenzeit dann jedoch auf jeden Verdienst verzichten; ihre Zunft spielte daher bei den Fasnachtsfestlichkeiten eine wichtige Rolle. Wirtschaftliche Aspekte führten wohl auch zur Verlängerung der Fasnachtszeit. Ursprünglich nur der Vorabend der Fastenzeit, wurde sie auf sechs Tage verlängert, wo-

Fasnachtsküchlein, Krapfen, Pfannkuchen – Fasnachtsgebäck aus der Innerschweiz.

Fasnacht	Fastenzeit
Speisen	
Fleisch, Wurst, Käse, Eier, Speck, Küchlein, Krapfen, Hühner, Wein, Enten, Wildschwein, Fasan, Rebhuhn, Schinken	Fisch, Aal, Zwiebeln, Sardinen, Schnecken, Meerestiere, Bohnen, Rüben, Lauch, Mandeln, Äpfel, Brezeln
Verhalten	
Fressen, Saufen, Lärm Tanz, sündhaftes Treiben	Gottesfurcht, Beichte, Predigt, Busse, Kirchgang
Wirtshaus	Kirche
Narrenschiff	Kirchenschiff
Überfluss	Askese
Sexualität	Enthaltsamkeit
Katzenmusik	Fastenklappern
Gottesferne	Gottesnähe
fasnächtlicher Heischezug	Prozessionen
Hölle	Himmel
amor carnalis	caritas
Vergänglichkeit	Ewigkeit
Tod	ewiges Leben

bei der Freitag wegen des Fleischverbotes als Fasnachtsbeginn nicht in Frage kam. Deshalb wurde der Donnerstag gewählt. Heute heisst er noch – mit Bezug auf das in dieser Zeit üppig verwendete Fett – der «fette», «feiste», «schmalzige» oder «schmutzige Donnerstag» («schmutzig» ebenfalls im Sinne von fett) oder auch da und dort «Eierdonnerstag». Mancherorts wurde er auch der «unsinnige Donnerstag» genannt, der Tag des Beginns der Narretei. Der Samstag war der «Schmalzsamstag», an dem Küchlein und Krapfen gebacken wurden, der Sonntag war der «Küchleinsonntag», an dem die fetten Speisen verzehrt wurden.

«Jetzt kunt die lustig Fasnachtszit,
wo's Brotwürst rägnet und Chüechli schnit.»

Der Fasnachtsmontag, im Rheinland und andernorts Rosenmontag geheissen, wurde auch als «geiler Montag» bezeichnet, wobei «geil» wohl in seiner ursprünglichen Bedeutung als «lustig, fröhlich, übermütig» zu verstehen ist.

Fasnachtsspiele

Einen wesentlichen Bestandteil der mittelalterlichen Fasnacht bildeten die Mysterienspiele. Nach und nach wurden deren religiöse Inhalte durch weltliche ersetzt. Solche Spiele wurden bald zum Hauptvergnügen der Fasnachtstage. Der Spielplatz war im Freien, in Gasthäusern und Zunftsälen. Die Szenen wurden auf einer beweglichen, mit Rädern versehenen Bühne vorgeführt und konnten somit auf verschiedenen Plätzen der Stadt gezeigt werden. Es wurden meist Stücke mit derbem, komischem, obszönem Inhalt aufgeführt. Hans Sachs verfasste zu Beginn des 16. Jahrhunderts aussagestarke Stücke voll derber Bauernschläue. Zweck des Fasnachtsspiels war, dem Menschen im Hinblick auf die nachfolgende Zeit der Umkehr seine Schwäche und Lasterhaftigkeit vor Augen zu führen.

Barock und Rokoko

Im 17. und 18. Jahrhundert kam es zu einem Bruch mit der mittelalterlichen Theologie. Die Einbettung in den religiösen Bezugsrahmen und damit das Verständnis für die Fasnacht in ihrem ursprünglichen Sinn ging weitgehend verloren. Die Verbote häuften sich. Man wollte die Fasnacht abschaffen.

Im Barock und Rokoko kam an den Höfen die italienische Bühne mit dem Harlekin auf. Er wurde zur beliebten Fasnachtsfigur. Die Schreckgestalten, die Geister, Dämonen und Teufel verschwanden und machten idyllischen Schäferszenen Platz. Das höfische Leben wurde selbst zur Quelle neuer Masken. Beliebt waren vor allem die heiteren Figuren. Die Französische Revolution und die Neuordnung Europas setzten diesem barocken Stil ein Ende.

Fasnachtsspiel im 14./15. Jahrhundert (oben). Das Rollenspiel war beliebt: Bürger verwandelten sich in Teufel und Narren.

Tanz der fasnächtlich verkleideten Bürger von Luzern (unten).

Zu den exotischen Fasnachtsmasken gehören der Jud, der Indianer, der Neger. Der Jud, eine Einzelfigur im Sarganserland (ganz oben), und der Neger (rechts), beide geschnitzt von Justus Stoop aus Flums, der Indianer (oben) von Holzbildhauer Bruno Länzlinger, ebenfalls aus Flums.

Romantik und Neuzeit

Die heutige Form der Fasnacht hat sich erst nach der Französischen Revolution entwickelt. Eine bemerkenswerte Sinnverschiebung fand statt.

Nach der politischen Entmachtung Napoleons brach in den europäischen Staaten ein neues Nationalgefühl an. Eine Begeisterung für alles Volkstümliche breitete sich aus, was sich durch die grosse Beachtung von Volksliedern, Volkssagen und -märchen, Volksfesten, -trachten und -bräuchen kundtat. Die Romantik war die Gegenbewegung zur Aufklärung. Das Irrationale trat in den Vordergrund. Dem reinen Vernunftdenken setzte man die Beschwörung des Dunklen, Unbegreiflichen, Urtümlichen und Mythischen entgegen. Darum suchte man auch den Ursprung der Fasnacht wieder in der grauen Vorzeit. Man war bestrebt, Vergangenes, Untergehendes zu retten – Tendenzen, die übrigens auch heute wieder spürbar sind. Man wollte Überliefertes sammeln, bewahren, erneuern und dem Volk weitergeben. Das Bürgertum begann die Fasnacht mit romantischem Gepräge auszustatten. In höfischen und bürgerlichen Kreisen kamen exotische Figuren, Indianer, Neger, Chinesen, Inder und Zigeuner, als Brauchfiguren auf.

Unter dem Einfluss des seit dem Spätmittelalter an den italienischen Fürstenhöfen (in Florenz, dann auch in Rom und Venedig) glanzvoll gefeierten Karnevals fasste auch in den deutschen Städten die vornehme, prunkvolle Form des Karnevals Fuss. Die Fasnacht bekam also Konkurrenz. Bälle und Umzüge wurden Mode. Das Karnevalistische mit den fröhlichen Unmaskierten entwickelte sich vorab im Rheinland. Auf dem Land pflegten die Handwerker die alte, derbe Fasnacht mit der Maskierung weiter, teilweise vermischt mit karnevalistischen Brauchtumsformen.

Fasnachtsforschung im 20. Jahrhundert

Die Fasnachtsforschung ist noch relativ jung. Zu Beginn des 20. Jahrhunderts begann in deutschen Städten die Erforschung des Fasnachtsbrauchtums. 1928 wurde die schwäbisch-alemannische Narrenzunft gegründet. Diese Vereinigung wollte alle Brauchformen erfassen, um sie in ihrer Originalität zu bewahren.

Karl Meuli lehrte, dass die Masken ursprünglich die Geister der verstorbenen Ahnen verkörperten und dass die Fasnacht ein Besuchsfest der toten Ahnen sei. Das Maskenwesen schien Karl Meuli ein tief religiöses Fest, eine Entsühnungs- und Reinigungszeremonie. Durch die Masken habe man die althergebrachte Ordnung schützen und Unrecht rächen wollen. Die alljährliche Erneuerung in der Natur wurde zur Unterstützung der Fruchtbarkeitstheorie herangezogen, die mit dem Toten- und Vegetationskult gut verknüpft werden konnte. Auch der Volkskundler Richard Weiss sah die fasnächtlichen Maskengestalten in Zusammenhang mit Toten- und Vegetationsdämonen. Er hielt dazu jedoch fest, dass die Sinndeutung mancher Brauchelemente zwiespältig sei, da sich die Fasnachtsbräuche vermischt hätten. Die grossen Festbräuche zwischen Winter und Frühling könnten in Spuren von alten heidnischen Anschauungen stammen. Zu verschiedenen historischen Zeiten hätten aber die Brauchträger unterschiedliche Motivationen, Funktionen und Bedeutungen gehabt.

Nach dem Zweiten Weltkrieg setzte eine wahre Renaissance des alten Brauchtums ein. Archivmaterial und Sagen wurden zur Erforschung verschwundener Brauchformen herangezogen. Viele Narrenzünfte sind übrigens auf diese Weise entstanden.

Moderne Fasnachtsforschung

Die historische Fasnachtsforschung bekam in den fünfziger Jahren durch die archivalische Forschung von Hans Moser neue Impulse. Er wandte sich ab von den heidnisch-mythologischen, kultischen Deutungen der Fasnacht und des Maskenwesens. Das Ziel der Brauchtumsforschung war seiner Meinung nach herauszufinden, in welcher Umwelt, Zeitsituation, Sozialschicht und Gesellschaft, in welchen rechtlichen und religiösen Bindungen an Herrschaft und Kirche die Bräuche lebendig waren. Hermann Bausinger schreibt: «In Wirklichkeit ist die Fasnacht ein historischer Komplex, handelt es sich um konkrete, zusammengewachsene Bräuche, von denen gewiss nur weniges in die Vorgeschichte zurückführt und von denen auch nur einzelne Elemente jene ackerbäuerliche Substanz aufweisen, die den Vergleich mit Bräuchen der Naturvölker rechtfertigt.»

Hans Moser stellt in seinen Untersuchungen fest, dass die Verwendung von Masken erst seit dem 15. Jahrhundert nachgewiesen werden kann. Lebensfreude, Parodie und Volksjustiz, Spiel, Scherz, Spott und Vermummungslust waren es, welche im Spätmittelalter zum Tragen von Masken Anlass gaben. Sie wurden im Zusammenhang mit Scherzbräuchen, Heischebräuchen und verschiedenen Formen von Fasnachtsspielen wie etwa dem Verjüngen der alten Frauen oder dem Spiel von der verkehrten Welt gebraucht.

Dietz-Rüdiger Moser gab eine ganz neue Fasnachtsinterpretation. Nach seiner These ist die Fasnacht ein Instrument der kirchlichen Heilslehre. Neu ist daran, dass fasnächtliche Brauchformen auf theologisch vorgegebene Bilder, Symbole und Werthaltungen zurückgeführt werden. Der Autor sieht im augustinischen Zweistaatenmodell die Vorlage für die Fasnacht. Nach dieser Deutung erhält die Fasnacht als Gegenstück zur Fastenzeit einen grundsätzlich negativen Charakter. Die kirchliche Lasterlehre sei für die Entwicklung und Gestaltung der Fasnacht von grosser Bedeutung gewesen. Die Fasnacht sei ein von der Kirche bewusst verwendetes Instrument, das seit dem 13. Jahrhundert eingesetzt worden sei, um die Bevölkerung zur moralischen Umkehr zu bringen. Die sexuellen Ausschweifungen, die Völlerei und die hässlichen Maskierungen hätten ihren Sinn darin, die Menschen für kurze Zeit sündigen zu lassen, ihnen die Sündhaftigkeit der Welt vor Augen zu führen, damit sie sich in der anschliessenden Fastenzeit um so leichter vom irdischen Bösen lösten und wieder dem Reich Gottes zuwendeten. Auch Werner Mezger meint, dass die Kirche das Narrentreiben in der spätmittelalterlichen Fasnacht gefördert und die Narrenfigur mit dem Sündenfall verknüpft habe.

Hermann Bausinger plädierte 1983 für eine komplexere Fasnachtstheorie, die sich nicht auf einzelne Modelle stützt. Eine Fixierung auf eine bestimmte Theorie verschliesse die Sicht auf Entwicklungen und Veränderungen.

Norbert Schindler schliesslich betonte 1984 «Wildheit» und «Zivilisation» als die beiden Pole, welche die «verkehrte Welt» ausmachen. Ihr konkreter Ausdruck sei Lachkultur und Körperlichkeit. Der Karneval ist ein Fest des Körpers, der Mimik und Gestik, des Spieles und Tanzes, des Essens und Trinkens und der Sexualität.

Fasnachtssynthese

Die Fasnacht und das Maskenwesen als rein heidnisch-uralten oder aber nur christlichen Ursprungs zu deuten, wäre zu naiv und pauschal. Ähnliche Anschauungen, wie sie die heidnische Zeit pflegte, mögen in Spuren noch im Bewusstsein der Menschen vorhanden sein. Es ist anzunehmen, dass das Christentum einen sehr starken Einfluss auf die Fasnacht gehabt hat. Jeder Versuch, die Fasnacht einer bestimmten Theorie unterzuordnen, muss als einseitig in Frage gestellt werden.

Die Fasnacht ist ein heterogenes Brauchtum. Die Grenzen zwischen dem Weltlichen und Kirchlichen, aber auch zwischen dem Heidnischen und Christlichen waren seit jeher fliessend. Weltliche und kirchliche Einflüsse können gleichzeitig den Brauchkomplex Fasnacht und Maskenwesen beeinflusst und verändert haben. Das populäre Fest wurde von der Kirche toleriert, aber möglichst unter Kontrolle gehalten. Lasterhaftigkeit im Narrentum und Gutes bei Gott, Revolte und Ventil waren nicht unbedingt Widersprüche, sondern eben Zeichen der Vielgestaltigkeit des Lebens. Das Fasnachtsbrauchtum, das zu allen Zeiten stark vom improvisiert Spielerischen geprägt war, hat sich den jeweiligen Zeitströmungen angepasst.

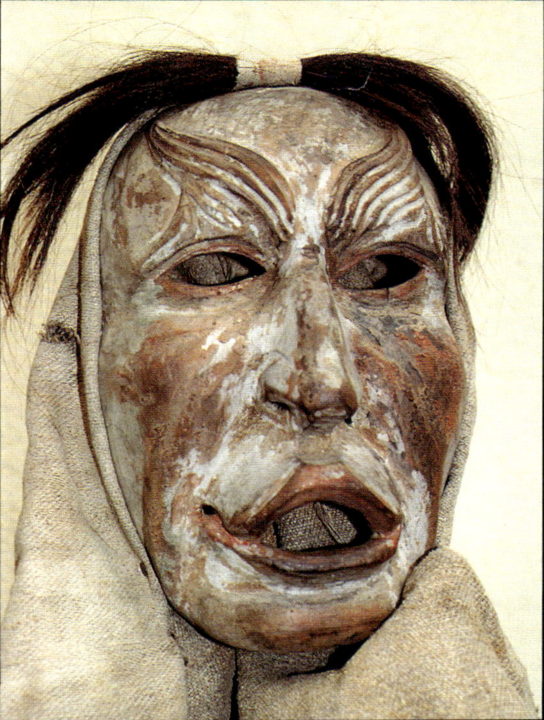

Alte Maske
des 19. Jahrhunderts,
aus der Innerschweiz,
wahrscheinlich aus
dem Raume Schwyz/
Einsiedeln/Steinen.
Schnitzer unbekannt.

Geschichte der Holzmaske

Der Ursprung der Holzmasken ist ebenso wie jener des Maskenwesens nur zu vermuten. Auch ist es recht schwierig, die Geschichte und Entwicklung der Masken über die verschiedenen Zeiträume zu verfolgen und die Masken genau zuzuordnen.

Bei meinen Betrachtungen richte ich den Blick ausschliesslich auf die mitteleuropäischen Masken. Die vorchristlichen Masken der Römer und Griechen, die ägyptischen Totenmasken und die Masken der verschiedenen Naturvölker beziehe ich nicht in meine Darstellung ein. Da das Gesicht in verschiedenen Brauchtumszusammenhängen verhüllt wurde, möchte ich

Teufelsmasken sind alte Masken, die ursprünglich aus den geistlichen Schauspielen des Mittelalters stammen und heute noch gerne an der Fasnacht getragen werden. Oben eine Teufelsmaske von Felix Brotzer aus Aadorf.

Maskenverbote

Die kirchliche und weltliche Obrigkeit sprach, vor allem anlässlich von Exzessen, immer wieder Verbote gegen das Maskentragen wie auch gegen andere Fasnachtsbräuche aus. Daraus lässt sich auf die Verbreitung der Masken selbst schliessen. Als Quelle dienen frühmittelalterliche Bussbücher und Berichte von den Synoden. Darin sind zahlreiche heidnische Bräuche bezeugt, die sich trotz Missionierung und schweren Strafen bis ins 11./12. Jahrhundert erhalten haben; ob dabei allerdings Masken getragen wurden, ist ungewiss. Eine weitere Quelle, die über Aufkommen und Verbreitung der Masken Auskunft gibt, sind Rechnungen von Handwerkern.

Schon der heilige Augustinus, im Jahre 354 geboren, eiferte gegen die Narrenfeste. Die Kirche wandte sich damals entschieden gegen die

Die originelle Figur des Langnasni, links eine Maske von Walter Mullis aus Sargans, rechts eine von Peter Mannhart aus Flums.

volkstümlichen unchristlichen Maskenbräuche. Cäsarius von Arles wies im Jahre 543 auf die Neujahrsmummereien hin. Tiermasken begegnen uns beim heiligen Eligius (gestorben um 659), der sich entschieden «gegen die schändlichen Neujahrslarven in Kalbs- und Hirschgestalt» wandte. In der gleichen Tradition steht der heilige Pirminius, von 724 bis 728 Abt des Klosters auf der Reichenau. In seinen «Dicta» schreibt er: «Am ersten Tag des Monats sollt ihr nicht Felle von Hirschen und Pferden anziehen. Männer sollen keine Frauenkleider und Frauen sollen keine Männerkleider an diesen Tagen oder zu anderen Spielen tragen.» Diese Mahnung zeigt, dass die Kirche sich mit alten und neuen Glaubens- und Kultformen befasst hat. Obwohl es schwierig ist, den Sinn der Tiermasken zu ergründen, belegen diese Quellen, dass es im frühen Mittelalter Masken und Maskenbräuche gab.

Schon sehr früh wurde gegen die Exzesse und das wilde Treiben an der Fasnacht mit Verboten eingeschritten. Im Jahre 1300 wurden in Regensburg alle Mummereien und Tänze untersagt. Von 1452 stammt ein Zeugnis, welches das «verpunden geen» verbietet; damit waren Tuchverhüllungen gemeint. Das Schwärzen der Gesichter mit Russ wurde in Nürnberg und Ulm untersagt. In Überlingen gab 1496 das Tragen des «Teufelshäs», des Teufelsgewands, Anlass zum obrigkeitlichen Einschreiten. Überhaupt sind vom Ende des 15. bis ins 18. Jahrhundert zahlreiche Verbote von Teufelsdarstellungen wie auch von Totenlarven bezeugt. Auch zum Nürnberger Schempartlauf, dem bekanntesten, in zahlreichen Zeugnissen belegten spätmittelalterlichen Fasnachtsbrauch, gab es Verbote: Im Jahre 1496 verfügte der Nürnberger Rat, nicht mehr «so unsaubere Schenberte mit grossen Nasen zu tragen» – die närrische Nase hat also ihre Tradition. 1524 nahm Nürnberg die Reformation an; der Schempartlauf wurde abgeschafft. Aus Rottweil ist 1545 ein Verbot belegt, sich mit Larven zu verkleiden, und ebenso verbot die Stadt Konstanz 1595 «das mit Schemen oder sonst verbutzen, vermummen oder verkleiden». Kriegk schreibt zu den Fasnachtsverboten: «Die Sucht, sich zu verkleiden und vermummt über die Strassen zu gehen, war in den mittelalterlichen

Städten so gross, dass sie auch zu anderen Zeiten des Jahres sich geltend machte und dass überall Verbote dagegen erlassen wurden, deren immer wiederkehrende Erneuerung jedoch zeigt, wie wenig sie fruchteten.»

Während nach der Reformation die evangelische Kirche die Fasnacht als unvereinbar mit ihren theologischen Grundsätzen aufs stärkste bekämpfte und unterdrückte, versuchte die katholische Kirche schon frühzeitig ein eigenes Maskenwesen zu entwickeln und dieses ins Kirchenjahr einzubeziehen. Die Wurzeln lagen im geistlichen Schauspiel und in den Schülerspielen, die seit dem 9. Jahrhundert immer beliebter wurden. So werden etwa am Kinderbischofsfest Masken getragen. Bei diesen Spielen und Festen kamen Tiermasken, Dämonen- und Teufelsmasken vor. Für den Zug des Knabenbischofs in Regensburg im Jahre 1249 sind «monstra larvarum» bezeugt. Eine Strassburger Abbildung zeigt eine Hirschmaske aus dem Jahre 1280. Seit dem 15. Jahrhundert sind Masken mit menschlichem Antlitz, die hässlichen und fratzenhaften Masken des «Schemparts», belegt.

Das Bürgertum der aufblühenden Städte nahm die Maske als Brauch- und Festelement auf; auch die Kirche pflegte es weiterhin. Das 14. und 15. Jahrhundert war die grosse Zeit des geistlichen Schauspiels. Man nimmt an, dass die ersten Holzmasken in den Klöstern für Theateraufführungen geschnitzt und immer wieder verwendet wurden. An der Fasnacht wurden diese Masken ausgeliehen. Vom ursprünglich sakralen Gebrauch ging die Holzmaske so in den Gebrauch an der Fasnacht über. Schauspielmasken wurden zu Narrenmasken.

Das höfische Maskenwesen ist seit dem 13. Jahrhundert bezeugt. Zeugnisse von Stadtbränden um 1392 berichten vom «Maskenfest am Kaiserhofe Maximilians», das mit Tiermaskierungen, Mohrenkostümen und Schäferidyllen begangen wurde. Das 15. Jahrhundert war auch die Blütezeit der an den Höfen der Barockfürsten aufgeführten Maskenspiele vom «Wilden Mann», einer in Sage, Volksglauben und Brauchtum weit verbreiteten Figur. Belegt ist ferner, dass am englischen Königshof im 16. Jahrhundert bei Maskenspielen Stoff- und Lammfellmasken getragen wurden.

Für die Vermummung und Verlarvung gab es im frühen Mittelalter verschiedene Termine. Man maskierte sich an Festtagen wie Sankt Nikolaus, Weihnachten, Neujahr, Dreikönig, Ostern, Pfingsten und bei Hochzeiten. Die Fasnacht ist als Maskentermin seit dem 13. Jahrhundert belegt. Im Laufe der Zeit wurde sie zum Hauptanlass des Maskentragens, wobei sie aber nicht losgelöst von den anderen Bräuchen des Winterhalbjahrs betrachtet werden kann. Während sie zuvor in einer gewissen Konkurrenz zu den übrigen Vermummungsfesten stand, wurde sie ein eigenständiges, etabliertes Fest. Das Bürgertum als politische Kraft hat das Fasnachtsfest demokratisiert und ihm neuen Aufschwung gebracht.

Datierung der Holzmasken

Auf den Abbildungen der Maskenfeste Kaiser Maximilians sind sogenannte Gittermasken erkennbar. Pappmaché-Masken sind erst aus dem 17. und 18. Jahrhundert bezeugt. Seit 1692 fertigten Dresdner Wachsbossierer Wachsmasken für das Theater an. Auf Abbildungen der Larven des Nürnberger Schempartlaufs schliesslich ist der doppelte Zeichenstrich sichtbar; daraus lässt sich ableiten, dass diese Masken von einer gewissen Wandstärke gewesen sein müssen, also aus Holz gewesen sein könnten.

Es ist eine starke gegenseitige Beeinflussung zu vermuten zwischen den Masken des Volksbrauchs und jenen des Schauspiels. Die Masken der religiösen Spiele, die über längere Zeit immer wieder getragen wurden, lieh man an der Fasnacht aus. Sie mussten haltbar sein, was ebenfalls für Holz als Werkstoff spricht.

Viele Belege sind während den Kriegszeiten, vor allem im Dreissigjährigen Krieg, aber auch bei Stadtbränden vernichtet worden. Sichere Belege von Holzmasken kennen wir erst seit Beginn des 18. Jahrhunderts. Es ist nicht genau festzustellen, ob es sich dabei um Fasnachts- oder Theatermasken handelte.

Der Melser Widderhörni, eine alte archaische Teufelsmaske aus dem 19. Jahrhundert. Schnitzer unbekannt. Historisches Museum St. Gallen.

Seit Anfang des 19. Jahrhunderts sind die Holzlarven selbstverständlicher Teil des Brauchtums. Friederich Eser schreibt im Jahre 1815 über die Rottweiler Fasnacht: «Das Kostüm der Narren vom Fache bestand in dem sogenannten ‹Schantle› (Schellennarr), Wams und Beinkleider von Zwillich, mit phantastischen Figuren bemalt, und einer Narrenkappe vom gleichen Zeuge mit einer schweren hölzernen Gesichtsmaske.»

Die ältesten noch vorhandenen Holzmasken sind um 250 Jahre alt. Die meisten alten Stücke aus den traditionellen Maskenlandschaften der Schweiz, Deutschlands und Österreichs, die heute bei privaten Sammlern und in den Museen zu finden sind, datieren vom Beginn des 19. Jahrhunderts.

Eine alte primitive Melser Maske. Historisches Museum St. Gallen.

Die Hersteller der Holzmasken

Wer hat die Holzmasken geschnitzt? Es waren vor allem die Handwerker der Zünfte, Bildhauer, Schreiner, Steinmetzen, Zimmerleute, Drechsler und Wagner. Seit der Gewerbefreiheit um 1789 zählten auch nichtprofessionelle Schnitzer dazu.

Als zu Beginn des 19. Jahrhunderts der organisierte Karneval aufkam, wandten sich die oberen Schichten von der traditionellen volkstümlichen Fasnacht ab und vergnügten sich auf den Bällen. Die ländliche Bevölkerung blieb aber der alten Fasnacht treu. In Villingen, Rottweil, Imst, Flums, Kriens, im Lötschental und an anderen Narrenorten begann damit der grosse Aufschwung der Holzmasken.

Viele Maskentypen der heutigen Zeit entstanden am Ende des 18. Jahrhunderts. Seit dem Beginn des 19. Jahrhunderts sind die Maskenschnitzer zum Teil namentlich bekannt. Die Masken wurden zu dieser Zeit aber oft noch im geheimen geschnitzt. Man wollte an der Fasnacht, beim Klaubaufgehen und den Perchtenläufen nicht erkannt werden.

Die Holzmasken fanden in den verschiedenen Landschaften sehr unterschiedliche Ausprägung. Die Glattlarven der süddeutschen Narros mit ihrem barocken Lächeln, die Imster Roller und Scheller mit menschlichem Antlitz, die individuellen Charaktermasken des Sarganserlandes, die gutmütigen, verschmitzt grinsenden Krienser Wöschwyber und die schreckenerregenden Fratzen der Lötschentaler Masken sind Ausdruck der Menschen und ihrer Landschaft.

Holzmasken überdauern manchmal mehrere Generationen. Im Laufe der Zeit erhalten sie neue Funktionen, und damit verändert sich ihr Erscheinungsbild. Die alten Masken verlieren aber ihre Lebendigkeit und Kraft nicht. Sie beeindrucken durch ihre Einfachheit und Klarheit und üben eine ganz eigene Faszination aus.

Klaubauf aus Matrei in Osttirol. Wie die Krampusse versinnbildlichen diese bei den Nikolospielen auftretenden Figuren winterliche Drohgestalten.

Masken vor der Fasnacht

Klaubauf, Krampus, Perchtenlauf

Der 6. Dezember ist der Tag des heiligen Nikolaus. Er lebte im 4. Jahrhundert als Bischof von Myra in Kleinasien. Seine Gestalt erfreut sich grosser Beliebtheit im Volksbrauchtum. Das Nikologehen ist in den Alpenländern ein weitverbreiteter Brauch. In Erinnerung an den mildtätigen Heiligen werden an diesem Tag oft Geschenke verteilt. Nikolaus ist zwar immer die Hauptfigur dieser Bräuche, doch haben in vielen Gegenden seine Begleiter – insbesondere Klaubauf und Krampus – ein ganz eigenes Gepräge erhalten und üben auf Zuschauer und Teilnehmer eine besondere Faszination aus.

Klaubauf im Osttiroler Matrei

Das Klaubaufgehen oder Krampuslaufen ist ein Masken- und Nikolausbrauch in Österreich. Er findet in Matrei und andern Osttiroler Orten am 4., 5. oder 6. Dezember in Form von Umzügen und Hausbesuchen statt.

Der Zug setzt sich aus zwei Gruppen zusammen. Voran geht Nikolaus mit zwei Engeln, gefolgt von Lotter, Lütterin und Spielmann. Die Engel tragen einen Korb mit allerlei Süssigkeiten, Lotter und Lütterin betteln um Geld. Ausser den Engeln sind alle Maskierten Burschen. Die zweite Gruppe des Klaubauf bilden pelzverhüllte Gestalten mit grossen Schreckmasken und umgehängten Kuhglocken. Durch kraftvolles rhythmisches Hüftwippen und kurzes Aufspringen oder Laufen bringen sie die Glocken zu lautem Dröhnen.

Das Klaubaufgehen beginnt in Matrei um 18 Uhr und dauert bis Mitternacht. Nach festgelegtem Plan werden Privathäuser und Gaststätten besucht, die «Stubenbesuche» erfolgen häufig auf Vereinbarung. Die Ankunft der Nikolausgruppe wird durch Schellenlärm angekündigt.

Nikolausauftritt und Tischheben

Eine Eigentümlichkeit dieses Brauches ist das Raufen um den Stubentisch. Beim Eintreten der Nikolausgruppe warten die Hausbewohner schon ungeduldig in der Stube. Junge Leute sitzen verteidigungsbereit hinter dem Tisch, die Mädchen werden von den Burschen abgeschirmt. Die älteren Bewohner halten sich eher abseits des Stubentisches bei der Ofenbank auf.

Als erster tritt Sankt Nikolaus ein. Er spendet Segen, spricht feierliche Worte, belehrt die Kinder und prangert mit humorvollen Worten allerlei Verfehlungen der Hausbewohner an. Dann überreicht er den Kindern die von den Eltern vorbereiteten Geschenke, und die Engel verteilen Gebäck und Süssigkeiten, während von draussen durch die Tür schon einige Klaubauf hereindrohen. Nun lässt Nikolaus den Spielmann, den Lotter und die Lütterin in die Stube. Zur Harmonikamusik des Spielmanns tanzen Lotter und Lütterin und erhalten dafür Geld in den Bettelsack.

Darauf stürmen die Klaubauf mit erhobenen Armen in die Stube. Die Balgerei um den Stubentisch beginnt. Die Klaubauf versuchen den Tisch durch die Türe in den Vorraum zu zerren, die

«Tischheben», ein Wettkampf der Klaubauf mit den Familienangehörigen, denen sie ihren Besuch abstatten. Zeichnung vom sechzehnjährigen Helmut Trost.

Hausbewohner versuchen diesen mit vereinten Kräften festzuhalten. In fröhlicher, ausgelassener Stimmung kommt es bei diesem sogenannten Tischheben zu ohrenbetäubendem Poltern und Schellen. Bei dieser Balgerei sind besonders die Mädchen beliebte «Opfer». Der Kampf um Tisch und Mädchen wird oft lange und verbissen geführt, da von seinem Ausgang Stolz und Ansehen abhängen. Nach dem Tischheben verabschiedet sich Sankt Nikolaus und zieht mit der Klaubaufgruppe weiter.

Nach den Stubenbesuchen erfolgt in Matrei oft erst gegen 10 Uhr nachts der Einzug der Gruppen auf dem Hauptplatz. Nachdem sich Nikolaus mit den Engeln und dem Spielmann verabschiedet haben, betteln Lotter und Lütterin noch eine Weile. Dann beginnen die Klaubauf mit einzelnen Zuschauern wilde Balgereien. Sie zerren die Leute in die Mitte des Platzes und werfen sie rücklings auf den Boden. Sie sprechen nicht oder lassen höchstens ein kurzes Brummen hören. Das ausgelassene Treiben dauert bis Mitternacht.

Der Klaubauf, eine schwere Schreckmaske. Die grossen Nasenlöcher dienen den Maskenträgern als Guckloch.

Die Figur des Klaubauf

Die Deutung des Namens «Klaubauf» ist nicht einfach. Die gotische Form unseres Verbs «laufen» war «hlaupan» und bedeutete ursprünglich wohl soviel wie «im Kreise hüpfen, tanzen». Im Altisländischen heisst laufen «hlaup». Hupfauf und Klaubauf kommen in Österreich auch als Familienname vor. Volksetymologisch wird «Klaubauf» von «Aufklauben», also Auflesen oder Aufsuchen schlimmer Kinder abgeleitet.

Die heutigen Klaubauf tragen grob zusammengenähte Lammfellmäntel. Früher, als in der Gegend noch Wölfe heimisch waren, waren es noch Wolfspelze. Der Pelz soll die Wildheit betonen. Da der Klaubauf gefährlich und imponierend wirken soll, sind die Masken sehr gross und mit langen Zähnen und grossen Warzen versehen. Der Gesichtsausdruck ist verzerrt. Im Gegensatz dazu waren die alten Masken kleiner, einfacher und wirkten ruhiger.

Die heutigen schreckenerregenden Groteskmasken sind erst in den dreissiger Jahren entstanden. Diese Maskenentwicklung hat Tobias Trost, ein begabter Schnitzer, massgebend beeinflusst. Er stellte Masken her, bei denen die Nasenlöcher dem Träger als Öffnung für die Augen dienen. So entstanden die Riesenmasken mit ihrem starken Ausdruck, wobei vor allem die Augenpartie phantasievoll gestaltet wird.

Ein weiterer wesentlicher Bestandteil der Maskierung ist das Geläute. Die Klaubauf haben riesige Kuhglocken umgeschnallt. Ist dies wohl Ausdruck des Imponiergehabes der jungen Burschen? Wollen sie den Mädchen damit Eindruck machen? Maske, Pelz und Schellen können bis zu vierzig Kilogramm wiegen. Das Klaubaufgehen bedeutet daher eine gewaltige körperliche Anstrengung, so dass der Maskenträger um Mitternacht oft völlig erschöpft ist.

Nikolaus und Krampus in Gastein

In Gastein kommt Sankt Nikolaus in Begleitung eines Engels, des Körbelträgers und einer Gruppe von fünf bis sieben Krampussen. Nikolaus und seine Begleiter bilden zusammen eine sogenannte Passe, wobei Sankt Nikolaus als Hauptfigur die Passe leitet. Am 5. und 6. Dezember findet das Krampuslaufen statt, ein bei der Gasteiner Bevölkerung ebenso wie bei den Touristen sehr beliebter Brauch. In Badgastein und Hofgastein laufen, jede für sich, an die 30 Passen mit je etwa zehn Teilnehmern.

In die Gasteiner Passen hineinzukommen ist schwer. Man fängt als Rutenträger an. Das ist ein Bub, der ohne Verkleidung mitgeht und an besondere Leute Ruten verteilt. Dann wird man, wenn eine Rolle frei wird, Körbelträger und nach Bewährung mit viel Glück Krampus, was allerdings Jahre dauern kann. Die Nikolausposition ist für viele unerreichbar.

Die Figur des Krampus

Die beliebteste Rolle ist der Krampus. Er trägt eine Holzmaske, die von Ziegen- und Widdergehörn geziert wird. Im Gasteiner Museum sind die ältesten Krampusmasken über 150 Jahre alt. Typisch für die ältesten Masken sind die spitzen Ohren und die Fangzähne. Die Masken haben ein menschenähnliches Teufelsgesicht.

Bei der Figur des Krampus in Gastein steht die Repräsentation der Passe im Vordergrund. Maske und Maskengewand zeigen an, zu welcher Passe man gehört. Jede Passe erscheint in einer anderen Farbe. Während der langen Wege von Hof zu Hof brüllen die Krampusse, um einander ihre Position anzuzeigen. Es gibt kein Maskengeheimnis, jeder weiss, wer in welcher Passe mitmacht. In Gastein kennt man keine Raufereien wie in Matrei, was schon wegen der Hörner der Krampusse nicht möglich wäre.

Die Krampusse tragen Holzmasken mit Ziegen- und Widdergehörn. Sie machen wilde Drohgebärden und schrecken die Leute.

◁ Nikolaus und Krampus aus Radstadt in Österreich. Die Hauptfigur dieses Brauches ist Sankt Nikolaus, die beliebteste Figur aber der Krampus.

Beim Krampuslaufen in Gastein werden die Stuben nicht nur von einer Passe, sondern von vielen Passen nacheinander aufgesucht. Die Kinder erleben in einer Nacht zehn bis fünfzehn Nikolausbesuche. Die einzelnen Gruppen begegnen einander nach einem fest geregelten Ritual. Die Nikoläuse bleiben stehen, begrüssen einander und lassen dann die Krampusse in eigenartig ritualisierten «Rempeltänzen» symbolisch die Kräfte messen. Man droht einander wohl mit den Hörnern, stösst aber nur mit den Schultern gegeneinander und zieht dann weiter. Manchmal winken sie einander freundlich zu und tänzeln laut brüllend von dannen.

Perchtenlauf

Im Salzburger Land, besonders im Gasteinertal, in St. Johann, Bischofshofen und Altenmarkt, ist der Brauch des Perchtenlaufens erhalten geblieben oder erneuert worden. Er wird alle vier Jahre am 6. Januar abwechslungsweise an einem der Orte als Umzug durchgeführt.

Gasteiner Perchtenlauf

Der Gasteiner Perchtenlauf ist seit dem 14. Jahrhundert belegt und zählt zu den ältesten Brauchtumsveranstaltungen im Salzburger Land. Der Perchtenumzug findet zwischen Neujahrs- und Dreikönigstag an verschiedenen Tagen in den beiden Gemeinden Badgastein und Hofgastein statt.

An den Gasteiner Perchtenumzügen wirken ungefähr hundert Personen mit, von denen zwanzig «Kappenträger» sind. Die Perchtenläufer haben pro Tag und Lauf mit ihren schweren Kappen eine Gehzeit von acht bis neun Stunden und eine Strecke von jeweils 14 bis 16 Kilometern zu bewältigen. Das Gewicht der Kappen beträgt bis zu 50 Kilogramm, und sie haben eine Höhe von 2,5 Metern. Frauen wirken an den Perchtenläufen nicht mit.

Was früher wirklich ein Laufen von Hof zu Hof war, wurde wegen der seit dem 19. Jahrhundert immer grösseren und schwereren Kappen zu einem gemessenen Schreiten und Sich-Drehen. Höhepunkt der Perchtenläufe sind die Reverenzen der «Schönen» zum Segen der Bewohner eines Hauses oder zu Ehren bestimmter Bürger. Zu Musikbegleitung tanzen sie einen langsamen Walzer und verneigen sich danach. Sie brauchen dazu die Unterstützung der Gesellin, denn es wäre der Percht unmöglich, sich allein mit der schweren, mit Spiegeln und reichem Schmuck bestückten Kappe, «Tafel» genannt, zu verneigen.

Die Percht kann männlich oder weiblich sein, menschenfeindlich oder menschenfreundlich, schön oder hässlich – letztere werden «schiach» genannt. An den Pongauer Perchtenläufen gibt es die «Schönen», Symbol des Guten, und die «Schiachen», die Hässlichen, als Sinnbild des Bösen. Die Schiachperchten treten in Teufelsmasken auf.

Unter den zahlreichen Masken fallen besonders die Turmperchten und die Jagdperchten auf.

Die älteste, über 170 Jahre alte Krampusmaske Gasteins. Heimatmuseum Badgastein.

Typisch für den Krampus, ein Sinnbild des Bösen, sind die spitzen Tierohren, das Ziegen- und Widdergehörn und die Fangzähne; zu seiner Kleidung gehören Schaffelle und die Rumpelglocke.

An den Gasteiner Perchtenumzügen an Dreikönig wirken mehr als hundert Personen mit. Auffallend sind die Turmperchten, deren Kappen ein Gewicht von mehr als 50 Kilogramm haben können. Neben den «Schönperchten» mit ihren kunstvollen Kappen laufen die «Schiachperchten» in Teufelsmasken.

Weitere Masken sind die Hexe, der Bär, der Rauchfangkehrer und andere Figuren aus dem bäuerlichen Lebenskreis. Ein christliches Element im Perchtenzug bildet die Gestalt des Königs Herodes und seiner Frau.

Nach dem Volksglauben ist die Perchta eine heidnische, germanische Göttin, die mit den Naturkräften in enger Verbindung steht. Erst in jüngster Zeit haben Quellenstudien erkennen lassen, dass es sich bei den Perchten um Gestalten aus vorwiegend christlichem Brauchtum im Zusammenhang mit dem Dreikönigstag handelt. Das Wort «Percht» geht nämlich, wie die Monseer Glossen des 11. und 12. Jahrhunderts und das Oberaltaicher Evangelienbuch belegen, auf die deutsche Lehnübersetzung «Giperchtennacht» für Epiphanie zurück und bezeichnet Gestalten, die an diesem Fest, am Dreikönigstag, auftreten. Die «Domina Perchta» stellt eine Teufels- und Lasterallegorie dar, eine Gestalt der Sünde. Ihr Auftreten am Dreikönigstag diente dem Zweck, den Gläubigen sinnfällig zu zeigen, warum die Erscheinung des Gottessohnes in der Welt überhaupt nötig war. Da nach der Lehre der Kirche die Laster Instrumente des Teufels sind, wurden die Perchten als Teufel dargestellt.

Rauriser Perchten

Alljährlich gehen am Nachmittag und Abend des 5. Dezembers die Schiachperchten und die Schnabelperchten um. Die Schnabelperchten klopfen an Fenster und Türen und bitten um Einlass. Sie wollen nachsehen, ob in den Häusern Ordnung herrscht. Wenn Frau Percht im Haushalt Unordnung vorfindet, droht sie, der Hausfrau den Bauch aufzuschlitzen. Denn was ihr Besen zusammenkehren kann, wird in einem symbolischen Akt in «aufgeschlitzte» Bäuche gestopft. Daher wird die Percht beschenkt, um sie davon abzulenken, in alle Ecken zu schauen.

Krampus- und Perchtenlauf in Altenmarkt

Die einzelnen Gruppen, bestehend aus jeweils drei Krampussen, dem heiligen Nikolaus, einem Engel, einem Vorläufer mit Korb und dem Leiter

Schiachperchten oder Krampusse, links aus dem Heimatmuseum Badgastein, rechts aus Altenmarkt.

Die Habergoas, eine Figur des Perchtenumzugs von Altenmarkt.

der Gruppe, machen Hausbesuche. Danach treffen sich alle Gruppen zum gemeinsamen Lauf mit Glocken- und Schellengeläute bis zum Kirchplatz. Den Ausklang bildet ein gemütliches Zusammensein mit der Bevölkerung bei Schnaps, heissem Tee und Würstchen.

Das Perchtenlaufen findet in Altenmarkt als festlicher Umzug am Dreikönigstag statt. Im Laufe der Zeit sind viele Altenmarkter Ortssagen ins Brauchtum eingeflossen und liessen zahlreiche neue Maskenfiguren entstehen. So wirkten am Perchtenlauf 1975 folgende Figuren mit: der Rettenbachbock als Teufel, der Teufelbründeljäger mit seiner Sennerin und der Hexe, der Trappenkarlindwurm, die Habergoas, der Bär mit Bärentreiber. Neben den Schön- und Schiachperchten, wie Tüchl-, Turm-, Vogel-, Wild-, Schmuck-, Glokken-, Spiegel-, Schnabel- und Almbetriebsperchten, wirken Figuren wie Hexen, Teufel, Umträger, Werch- und Tannzapfenmännchen, Hanswurst, Wahrsager, Rösslereiter, Wilderer, Jäger, König Herodes mit dem hohen Gericht auf dem Festwagen, Reiter mit Peitschen, die Altenmarkter Wappenpercht, eine pompöse Federpercht mit Pfauenfedern sowie das Krimmeler Hexenspiel mit.

Das Mitterndorfer Nikolospiel

In Mitterndorf, im steirischen Salzkammergut, findet am 5. Dezember, am Vorabend des Nikolaustages, nach einer alten, sorgsam gehüteten Überlieferung das Nikolospiel statt.

Der Zug kündigt sich mit scharfem Peitschenknall, Schellengeläute und dumpfem Rollen an und steigert sich zu einem höllischen Lärm. Die Schab, ganz in Stroh gehüllt, mit riesigen meterlangen Hörnern auf dem Kopfe, schreiten behäbig dem Zug voran und machen die Strasse frei. Paarweise folgen ihnen die übrigen Gestalten des Zuges. Zunächst kommt der in eine Polizeiuniform gekleidete Quartiermacher und der Nachtwächter, die Hellebarde und Horn mittragen. Sie sorgen für Ordnung im Zug. Dann folgen der Schimmelreiter und der Bartel mit dem Korb voller Süssigkeiten für die Kinder. Der Bartel trägt eine nach allen Seiten lächelnde Maske. Nun folgen die Mesner mit ihren Klingelbeuteln, der Engel im Sternengewand und mit der Lilie in der Hand, begleitet vom Rollenträger, der eine grosse Rute schwingt. Dann folgen im bischöflichen Ornat der heilige Nikolaus mit dem Pfarrer. Der Bettelmann mit seinem krummen Stock und der Tod mit der Sense bilden das nächste Paar. Es folgen die Habergeiss, der Schmied mit dem Hammer und dann die Krampusse, als erster der Höllenfürst Luzifer mit seiner Gabel. Er wird von kleinen Krampussen an einer Kette gehalten. Neben ihm finden wir, mächtig und lang, den Eheteufel. Ihnen folgen paarweise weitere Krampusse in kunstvollen Holzmasken. Zuletzt kommt der Nikolojäger, der unter den Krampussen für Ordnung sorgt.

Im Gasthaus sitzt dichtgedrängt eine grosse Kinderschar, ruhig und voll Erwartung. Die Schab hört man schon vor den Fenstern. Der Quartiermeister betritt die Gaststube und fragt den Wirt, ob er mit seinen Gesellen eintreten dürfe. Hat er die Zustimmung, tritt der Nachtwächter mit seiner brennenden Laterne ein. Er gibt die Zeit an und mahnt, aufs Feuer und aufs Licht achtzugeben. Ihm folgt der Schimmelreiter, der den vor den Tischen freigelassenen Platz umreitet und symbolisch die bösen Geister vertreibt.

Franz Strick in Mitterndorf (Steiermark) hat eine private heimatkundliche Sammlung mit den schönsten Masken des Nikolospiels.

Zug des Mitterndorfer Nikolospiels aus dem Steirischen mit dem Nikolo, dem Bettler, dem Tod, den Schab, den Krampussen und verschiedenen anderen Figuren.

Alte Masken aus der heimatkundlichen Sammlung Strick in Mitterndorf in der Steiermark. 200jährige ruhige Charaktermasken des Nikolospiels.

Krampus, vermutlich aus dem Lande Salzburg. Maske im Tiroler Volkskunst-Museum Innsbruck.

Barocke, sehr alte Luzifermaske des Nikolospiels, wahrscheinlich aus dem Lande Salzburg, möglicherweise an die 200 Jahre alt. Luzifer ist der Oberteufel im Nikolospiel.

Krampusmasken mit Glocken aus dem heimatkundlichen Museum Mitterndorf in der Steiermark.

Mit einem jähen Ruck springt dann die Tür auf, und herein stürmen die Rollenträger. Die Engel weisen die schrecklichen Gesellen zurück, und mit einem «Gelobt sei Jesus Christus» erscheint der Bischof mit dem Pfarrer. Mit ruhigen Worten belehrt er die Kinder und bittet den Katecheten zu prüfen, was die Kinder in der Schule gelernt haben. Ist der Bischof zufrieden, verteilt der Bartel den Kindern die Gaben.

Dazwischen ertönt eine Stimme: «Herr Pfarrer, Herr Pfarrer, Herr geistlicher Herr, bitt gar schön, kemmans a wenig her.» Mit diesen Worten meldet sich der Bettelmann zu seiner Beichte. Er zählt alle seine Schandtaten auf. Darauf erscheint der Tod mit schwingender Sense und setzt dem Leben des Bettelmannes ein Ende. Sogleich erscheinen zwei Krampusse und zerren den Bettelmann aus dem Wirtshaus. Der Bischof ermahnt die Versammelten, sich das eben Gesehene zu Herzen zu nehmen, und verlässt mit dem Pfarrer den Saal.

Nun ist der Platz frei für die Mächte der Finsternis, und schon stürmt murrend und stampfend der Eheteufel über die Schwelle. «Ich bin der Teufel der Eh», so beginnt er und erzählt, wie er es anstellt, seine Ehe zu zerstören. Draussen ist es indessen immer unruhiger geworden. Luzifer lässt sich kaum mehr halten. Sobald der Eheteufel seine Worte gesprochen hat, stürzt er herein, die zwei Krampusse, die ihn an der Kette halten, mit sich reissend. Wild stösst er seinen Dreizack in den Boden. Er wettert und ruft die anderen Krampusse herein, um gleich alle Anwesenden in die Hölle mitzunehmen. Ein wilder Tumult entsteht. Die Krampusse fuchteln mit den Ruten herum, die Habergeiss hat es auf Frauen wie Männer abgesehen. Da ertönt das Hornsignal des Nachtwächters und bereitet dem Spuk ein Ende. Die Krampusse verlassen den Raum und stürmen hinaus zu den Schab, die draussen Wache halten. Von neuem formiert sich der Zug, um in der nächsten Wirtschaft aufzuspielen.

Silvester- und Neujahrsbräuche im Kanton Bern

Das Achetringele von Laupen

Wenn sich das Jahr seinem Ende zuneigt, suchen die Laupener Knaben nach Kuhglocken und Treicheln. An fünf Meter lange Stangen werden Wacholderzweige gebunden, und der Metzger muss Schweinsblasen bereithalten. Die Besenmannen beginnen ihr Treiben, ausgerüstet mit geschnitzten Holzmasken, Fellen und dem Wacholderbesen.

Das alte Jahr austreiben

Der Ursprung dieses Tuns liegt im Dunkel der Geschichte. «Es isch scho lang so dr Bruch gsi.» Schon 1840 schrieb der bernische Regierungsstatthalter Christian Wehren: «Grössere Knaben sammelten Kuhtreicheln, Schellen, Glocken, Hörner und ähnliches Zeug und zogen damit, von grösseren Burschen, mit Dornbesen an langen Latten, umgeben, am Sylvesterabend lärmend durch das Städtchen: wer zum Fenster hinausguckte, dem ward mit dem Dornbesen ein Nasenstüber, oft unsanft, applizirt.»

Das Wort «ache-tringele» heisst soviel wie «hinunterschellen». Das alte Jahr wird von den Tringelern seinem Ende zugeführt, ausgeläutet. Symbolisch sollen die bösen Geister ausgetrieben werden. Die Besenmannen, dämonisch mit Holzmasken vermummt, sollen die Unholde verjagen. Die Wacholderzweige dienen im Volksglauben als Abwehrmittel gegen Teufel, Hexen, Dämonen und schädliche Tiere.

Das Achetringele in Laupen fand anfangs des 19. Jahrhunderts in Verbindung mit dem «Weihnachtskindli» statt, das am Heiligen Abend gespielt wurde. Das Gerassel und der Lärm passten aber dem Pfarrer gar nicht, und er konnte mit

Der Laupener Altjahresbrauch des Achetringelens. Die Holzmaske, das Fell und der Besen gehören zum Besenmann. Mit prall aufgeblasenen Schweinsblasen ziehen sie am Silvesterabend durch die Strassen.

Mühe den Brauch auf Silvester verschieben. Der Stadtrat von Laupen befasste sich wiederholt mit dem Lärmspuk. Im Dezember 1827 verbot er den lärmenden Umzug. Dies muss die Jugend erst recht zum Widerspruch gereizt haben: «Die Rotte zog über die Sense und verübte den Spektakel auf freiburgischem Gebiet, verstärkt durch Hörner und Backmulden, die in Bassgeigen verwandelt wurden. Dorthin reichte der Arm des Statthalters nicht.»

Im 19. Jahrhundert war das Achetringele in erster Linie ein Lärmbrauch, der das Ende des Jahres ankündigte. Ob damals schon Holzmasken getragen wurden, ist nicht belegt. 1924 erhielt der Lärmbrauch die heutige, seither nicht mehr veränderte Form. Er wird von den Einheimischen mit Begeisterung begangen und zieht auch viele auswärtige Besucher an.

Besammlung der Achetringeler beim Schloss. Nach dem geordneten Umzug folgt das wilde Nachspiel, das «Brätschen» mit den Schweinsblasen.

Der Umzug

Am Silvesterabend nach dem Nachtessen besammeln sich die älteren Schulknaben beim Schloss. Um acht Uhr beginnt unter gewaltigem Glocken- und Treichellärm der Umzug vom Schloss zum Städtchen hinunter. Voran marschieren die grössten Buben, die Bäsemanne, in Felle gekleidet, mit bemalten Schreckmasken. Jeder trägt eine fünf Meter lange Stange, die zuoberst mit einem Wacholderbesen versehen ist. Am Gürtel baumeln an kurzen Stecken befestigte aufgeblasene «Blattere» (Schweinsblasen). Den langsam schreitenden Bäsemanne rennen die jüngeren Blatteremannli voraus, mit Schweinsblasen bewaffnet und mit einem schwarzen Strumpf über dem Kopf. Sie ordnen den Zug und halten im Städtchen den Weg durch die Zuschauermassen frei, indem sie mit ihren «Blattere» um sich schlagen. Den Bäsemanne folgen die Achetringeler; das sind jüngere Schulknaben, die grösseren mit schweren Treicheln, die kleineren mit Kuhglocken. Sie tragen weisse Hemden, auf dem Kopf Zuckerstockhüte mit bunten Papierzotteln. Sie schütteln die Treicheln und Kuhglocken und machen einen Heidenlärm.

Im Städtchen wird der Zug von vielen Zuschauern erwartet. Der Achetringelerzug hält an verschiedenen Plätzen an; die Bäsemanne gruppieren sich in der Mitte, die Tringeler bilden einen weiten Kreis, stehen still und lassen ihre Glocken schweigen. Nun ruft der Anführer der Bäsemanne den Silvesterspruch:

«Das alte Jahr nimmt hüt es Aend,
jetz gäht enanderen alli d'Händ,
tüet uuf es jedes Feischter,
löht uus die böse Geischter,
mir zieh mit Lärm vo Huus zu Huus
u jage se zum Stedtli uus!
Hujuu ...»

Zum «Hujuu» setzt der Schellenlärm der Tringeler kräftig ein; die Wacholderbesen senken sich nach allen Seiten – oft bis vor die Nasen der Zuschauer. Dann erheben sie sich wieder in die Kreismitte, es wird still, und der Sprecher verkündet mit lauter Stimme den Neujahrswunsch:

«Im neue Jahr viel Glück u Säge,
Gsundheit un es längs zäjs Läbe,
z'ässe gnue u z'wärche gnue
u jedem Meitschi e Schatz derzue,
das tüe mir allne wünsche!
Hujuu ...»

Holzdruck von Ernst Ramseier zur Harder-Potschete in Interlaken am 2. Januar, am Berchtoldstag oder Bärzelistag.

Nun setzt der Lärm wieder ein, der Zug formiert sich von neuem und drängt sich durch die Gassen des Städtchens zum nächsten Platz, wo sich das gleiche Zeremoniell wiederholt. Auf dem Bärenplatz findet der Umzug sein Ende.

Nun folgt der zweite, unorganisierte Teil. Die Bäsemannen entledigen sich der Maske und des Besens und tauchen mit den Blatteremannli in die Zuschauermenge. Sie «brätschen» mit den «Saublattere» auf den Boden und suchen ihre Opfer unter den Mädchen, die zwar davonrennen, sich aber auch ganz gerne erwischen lassen. Mit Schwung sausen die Schweinsblasen auf ihre Rükken, was aber nicht weh tut. Das Brätschen macht Lärm und zieht sich manchmal lange hin, bis die letzte «Blattere» zerfetzt ist. Dieser ungeordnete, wilde Ausklang bildet ein Gegengewicht zum genau geregelten Umzug.

Harder-Potschete in Interlaken

Um den Thunersee sind am Berchtoldstag noch eine ganze Reihe von Bräuchen lebendig. Einer der bedeutenderen ist die Harder-Potschete in Interlaken.

In diesem Brauch sind verschiedene Elemente verschmolzen. Der Bärzelistag oder Berchtoldstag am 2. Januar, die Figur des Hardermannlis und die Harder-Potschete hatten ursprünglich nichts miteinander zu tun. Der Brauch hat zwar andere Hintergründe, bildet von seiner Funktion her aber eine Art Ersatz für die in den katholischen Gebieten übliche Fasnacht.

Ein alter Heischebrauch

Im Berner Oberland war der Bärzelistag schon seit jeher der Tag, an dem Jünglinge verkleidet, als Chlummlen, die bösen Geister vertrieben.

Maske an der Harder-Potschete in Interlaken. Den Namen «Potschen» erhielten sie von den Schweinsblasen, die sie mit sich führen.

Grosse Holzmaske an der Harder-Potschete in Interlaken vom 2. Januar 1991. Es gibt nicht nur furchterregende, sondern auch gutmütige «Potschen».

Hardermannli und -wybli sind die Hauptfiguren der Harder-Potschete. Dem Brauchtum liegt die Sage vom Hardermannli zugrunde. Die ersten Masken wurden von Hans Trauffer aus Brienz geschnitzt. Die neuen sind das Werk von Alfred Schild aus Interlaken.

Der «Chrismaa» mit Holzmaske und Tannenzweigen aus der Maskengruppe der Pelzmarti von Kandersteg, die am 1. Januar ihren Brauch pflegt.

Der Volksmund erklärt den Brauch des Chlummlens folgendermassen: Nach altem Brauch erhielt das Volk vom Kloster Interlaken alljährlich zwölf Mass Wein, zwölf Brote und fünf Churerbatzen. Ein Schreiben des Schultheissen von Unterseen nennt die Spende «guet Jahresgaben». Als die Regierung das Kloster Interlaken 1528 im Zuge der Reformation in seinen Besitz nahm, wollte sie die alljährliche Spende an die Bevölkerung aufheben. Doch das liess sich das Volk nicht gefallen. Maskiert zogen die Einwohner zum Kloster und forderten Brot und Wein. Die Obrigkeit schlichtete den Streit und befahl, der Landvogt habe die Gaben wie früher an die Chlummler auszurichten. Es handelt sich demnach im Kern um einen Heischebrauch.

Die Sage vom Hardermannli

Am 2. Januar kam es früher auch zu «Bubenkriegen», die in den Gemeinden Interlaken, Unterseen und Matten arg ausarteten. Diese wilden Prügeleien wollte man in geordnete Bahnen lenken und schuf dazu den neuen Brauch. In Anlehnung an die Sage vom Hardermannli ist es 1956 gelungen, dem Bärzelistag ein traditionelles Gepräge zu geben.

Unterhalb des Hardergipfels findet sich seit Jahrhunderten ein Felsabbruch, der wie ein riesiges Gesicht eines Mannes aussieht. Dies ist das Hardermannli. Von der Entstehung dieses seltsamen Naturbildes erzählt eine Sage:

Als das Kloster Interlaken auf der Höhe seiner Macht stand, waren Fülle und Üppigkeit die Losung der Mönche geworden. Damit wich auch der Ruf der Frömmigkeit, den dieses Kloster im ganzen Lande genoss. Einst traf ein hoch am Harder spazierender Mönch ein Unterseener Mädchen beim Holzsammeln. Er stellte ihm nach und jagte es den Waldweg entlang. Da sprang das verfolgte Mädchen in seiner Angst über die furchtbare, jähe Fluh hinaus und fand den Tod. Der Mönch aber wurde vom himmlischen Richter irdischer Untaten in Stein verwandelt und dazu verflucht, unerlöst Jahrtausende lang zur Stelle seines Verbrechens hinunterzuschauen.

Der Brauch in seiner heutigen Form

Das Hardermannli ist die Hauptfigur der Harder-Potschete. Ihren Namen erhielt sie von den «Potschen» oder «Süüblaateri», den Schweinsblasen, welche von Metzgern auf den 2. Januar in grosser Menge bereitgestellt werden. Solange sie noch weich und dehnbar sind, werden sie mit Luft gefüllt. Früher liessen die Knaben die aufgeblasenen Potschen auf die kreischenden Mädchen niedersausen. Die Bezeichnung des Requisits ging auf seine Träger über und gab dem Brauch seinen Namen.

Das Hardermannli und sein Wybli, begleitet von zwei Zwergen, verstecken sich heimlich in einer Scheune des Chriisviertels in Interlaken, bis sie am frühen Nachmittag von den Kindern aufgestöbert und gefangengenommen werden. Unter dem Jubel der Bevölkerung ziehen sie zum Marktplatz. Hier haben sich inzwischen Dutzende von Waldgeistern eingefunden. Es sind Naturgestalten aus der oberländischen Sagenwelt. Da sind einmal die Schnääghüsler, für ihr Gewand wurden Hunderte von Schneckenhäusern durchbohrt und auf ein Sacktuch genäht. Dann gibt es den Hobelspänler, den Chrisäschtler, den Sagispändler, den Tannzäpfler, den Stächpälmer, weiter mit Moos und Flechten behangenes Waldvolk oder Berg- und Walddämonen, die in Baumflechten gehüllt sind. Typische Sagengestalten aus dem Berner Oberland sind ferner Elfen und Nebelgestalten aus dem Sumpf und dem Burggemäuer der Weissenau, der Lombachzwerg, die Höhlenzwerge und die Wildjäger aus dem Beatusloch.

Ein echter Chlummler trägt, anders als bei der Fasnachtsvermummung, immer ein Kleid aus den natürlichen Materialien des Waldes. Die Masken sind nicht alle aus Holz, aber man legt grossen Wert darauf, dass sie selber gefertigt werden und aus Naturprodukten bestehen.

Der Zug wird formiert und setzt sich in Bewegung. Voran marschieren die Treichler in langsamem, bedächtigem Schritt, die Treicheln schwingend. Hinter ihnen folgen Hardermannli und -wybli mit ihren Begleitern. Das Mannli trägt ein kleines Tannenbäumchen in der Hand. Eine ganze

Pelzmarti von Kandersteg. Zum Zug gehören ein Huttefroueli, der Plätzlimaa, der Chrismaa, der Lyrimaa, der Chindlifresser und weitere Figuren. Der Pelzmarti schwingt die um seinen Leib gebundene Schelle, das Gesicht ist mit einer Fellbekleidung vermummt. Die Gruppe trägt verschiedene Larven aus Schminke, Tuch, Pelz, Papiermaché und Holz.

Schar von Wald- und Wassergeistern folgt ihnen. Den Schluss bildet die Buuremusig in blauen Hirtenhemden und schwarzen Hüten und die Tambouren. Die Umzugsroute ist festgelegt und führt durch die Stadt auf den Marktplatz, wo das Potschenkomitee die besten Masken prämiert. Jeder Teilnehmer erhält eine Suppe, Wurst und Tranksame. Die Erwachsenen unternehmen nach dem Umzug einen «Pintencher», eine Runde durch die Wirtshäuser. Mit dem Einbruch der Dunkelheit verschwinden Hardermannli und -wybli und alle vermummten Gestalten.

Für das Hardermannli, das Harderwybli und weitere Begleiter wurden wertvolle Holzmasken geschaffen. Eine ganze Anzahl davon schnitzte der Brienzer Hans Trauffer. Die neuen sind das Werk von Alfred Schild, Holzbildhauer in Interlaken. In der beschriebenen Form wird der Brauch, heute von einem Komitee von Kulturbeflissenen und Geschäftsleuten der Region gefördert, seit 1955 durchgeführt.

Der Pelzmarti von Kandersteg

Wie das Laupener Achetringele war auch der Neujahrsbrauch Pelzmartiga ursprünglich ein Mittwinterbrauch am Heiligen Abend. Die Pelzmarti drangen zu den weit in der Landschaft verstreuten bäuerlichen Heimwesen vor und lösten mit ihren Fell- und Pelzmaskierungen, ihren geräuschvollen Auftritten und Drohgebärden bei den Kindern Angst und Entsetzen aus. Sie spielten die Furchteinflössenden, gaben sich aber am Ende friedlich und beschenkten die Kinder mit Früchten und Nüssen.

Die Pelzer waren früher im ganzen Simmental und Frutigtal anzutreffen. Der Brauch bildete sich in den ersten Jahrzehnten nach 1900 stark zurück und ging beinahe völlig verloren. Heute erscheinen die Pelzmarti noch in Kandersteg, und zwar am Neujahrstag. Junge Burschen, die für die Rekrutenschule ausgehoben sind, pflegen die Tradition weiter.

Ein Herr führt die Gruppe an. Damit Fröhlichkeit und Ausgelassenheit nicht überborden, sorgt er, der Heri, mit Gehrock, Stehkragen und Zylinder elegant in Schwarz gekleidet, dafür, dass Ordnung herrscht. Er umrundet die Gruppe und warnt mit einem Peitschenhieb die übermütigen Gesellen. Zum Zug gehört auch ein Huttefroueli, der Plätzlimaa, der in einem Kostüm von Lumpen oder Jasskarten einherhüpft, der Chrismaa, der seine Tannenzweige wirbeln lässt, der Lyrimaa, der seine Leier dreht; mit dabei ist auch der Chindlifresser hinter der bösen Maske, der den Kindern einen Schrecken einjagen möchte. Der Pelzmarti schwingt die um seinen Leib gebundene Schelle, das Gesicht ist mit einer Fellbekleidung vermummt. Die Gruppe trägt verschiedene Larven aus Schminke, Tuch, Pelz, Papiermaché und Holz.

Mit Kuhglockengerassel setzen sie den Passanten auf der Strasse nach, ziehen von Gaststätte zu Gaststätte und amüsieren sich mit den Feriengästen. Sie haben ihren Spass und wollen mehr sein als nur touristische Attraktion.

Altjahresel in Schwarzenburg

Am Silvesterabend verkleidet sich eine Gruppe von jungen Schwarzenburgern an einem geheimen Ort und wartet auf den Glockenschlag der Dorfkapelle. In geräuschvollem Zug zieht die Schar mit dem «Esu» durch die Gassen und Strassen Schwarzenburgs und lockt die Menschen in die Winternacht hinaus. Die Zuschauer säumen die Strassen des Dorfes und warten auf den Altjahresel. In den Gasthäusern findet sich kaum ein Platz.

Dieser Brauch ist nirgends schriftlich belegt. «S isch geng glych gsi», sagen die alten Leute. Weil die Berner Obrigkeit die Fasnachtsbräuche verboten hatte, wurde der Lärm-, Heische- und Parodiebrauch auf den Altjahresabend vorverschoben.

Um acht Uhr hört man vom Chäppeli her Hornstösse. Aus dem Dunkel zwischen den Häusern lösen sich die vermummten Gestalten, schreiten auf eine Wirtschaft zu und bitten den Wirt um Einlass. Ein Hornstoss kündigt dem Zug an, dass es dem Esel erlaubt ist, ins Wirtshaus einzutreten. Darauf drängt sich die ganze Schar, der Anführer des Zuges, der Esel mit seinem Führer, der Pfarrer, das Brautpaar, die Musikanten, der Teufel, das Hinnerefürfroueli, der Söiplaaterehengscht, das Huttefroueli, der Fässlimann, die Briefträger und die Kässeler, ins Gasthaus. Nach einem erneuten Hornzeichen des Anführers erhält der Dorfpfarrer das Wort.

Er liest den Gästen die Altjahrpredigt vor, eine Art Schnitzelbank. Dafür erhält der Fässliträger, der auf einem Tragräf ein Fass mit sich führt, vom Wirt eine Spende in Form von Weisswein.

Wenn der Esel seine störrischen Sprünge macht, wird er vom Treiber verprügelt; dabei müssen die Gäste aufpassen, dass ihre Gläser und Teller nicht vom Tisch gefegt werden.

Das Huttefraueli ist eine Art Zwittergestalt, die einen Burschen im Korb auf ihrem Rücken mit sich zu tragen scheint.

Nun bewegt sich der Zug nach einem festgelegten Plan durch das Dorf. Bei jeder Wirtschaft wird haltgemacht. Auf dem Dorfplatz schlägt der Pfarrer seine «Brattig» auf und liest jenen Zuschauern, die in den Restaurants keinen Platz gefunden haben, die Altjahrpredigt vor. In humoristischer Weise werden die lokalen Ereignisse des vergangenen Jahres aufs Korn genommen und mit einem «Guetjaarwunsch» abgeschlossen. Umringt wird der Zug von den Kässelern, die vor den Zuschauern hüpfend mit der Geldbüchse rasseln. Jede Spende wird mit hoher, verstellter Stimme mit einem herzlichen «Es guets Nöis» verdankt.

Die Gestalten des Altjahreselbrauchs

Die Volksmeinung erklärt den Brauch des Altjahresels als Vertreibung der bösen Geister aus dem Dorf und als Ausdruck der Hoffnung auf ein glückliches neues Jahr. Die Gestalten verkörpern die Gegensätze: Alt und Neu, Gut und Böse, Vergangenheit und Zukunft.

Der *Anführer* leitet die Gruppe und holt bei den Wirtsleuten die Erlaubnis ein, ins Gasthaus eintreten zu dürfen. Dabei verschafft er sich mit dem Horn den nötigen Respekt. Er trägt eine Uniform und gebärdet sich als Hüter des Gesetzes.

Der *Altjahresel* und der Eselsführer verkörpern das abtretende Jahr. In gebückter Haltung in die Eselsvermummung gehüllt, muss ein junger Bursche als Träger dieser Rolle wie ein Esel bocken und steckt dafür vom Eselsführer Prügel ein – symbolische Strafe für alle Enttäuschungen, Unglücksfälle und alles Böse, das das vergangene Jahr gebracht hat. Der Altjahresel wird zum Sündenbock gestempelt, bringt aber zugleich mit seinen störrischen Sprüngen das Publikum zum Lachen. «Das ist die letzte Eselei im Jahr», meinen die Zuschauer.

Der *Eselsführer,* gekleidet mit weisser Mütze und weisser Maske, symbolisiert den Tod – Weiss ist seit jeher in vielen Kulturen die Farbe des Todes. Seine Maske sieht einem Totenschädel ähnlich. Er muss den Esel, der in seiner Vermummung nichts sieht, durch das Dorf führen und manchmal den schweren Eselskopf stützen, damit sein Träger nicht zu sehr ermüdet.

Dem Esel und seinem Führer folgt das *Brautpaar,* er im Frack, sie im langen weissen Brautkleid. Tanzend bewegen sie sich von Wirtshaus zu Wirtshaus. Sie versinnbildlichen das neue Jahr, von dem man erwartet, dass es besser ausfallen werde als das alte. Hinter der Maske der Braut versteckt sich wie bei den andern Gestalten ein Bursche.

Der *Pfarrer* ist der Gegenspieler des Teufels. Er hält in allen Wirtschaften und auf dem Dorfplatz die Altjahrpredigt. Er nimmt sich die Narrenfreiheit, statt aus der Bibel die «Brattig» in Versform zu lesen. Mit seinem Zylinder verkörpert er ein Stück obrigkeitlicher Macht.

Der Söiplaaterehengscht hält in der Hand einen Stock mit Schweinsblasen, den Söiplaatere, mit denen er in die Zuschauermenge schlägt.

Der *Teufel* spielt die Rolle des dummen Kerls und wird von den Kindern zum besten gehalten. Mit seiner «Rärre», der Rätsche, bringt er Leben in die Zuschauerreihen und verjagt Buben und Mädchen, wenn sie zu frech werden.

Das *Hinnerefürfroueli* ist doppelgesichtig und symbolisiert den Wechsel vom alten zum neuen Jahr. In seinem langen, schwarzen Kleid rennt es einmal vorwärts, einmal rückwärts auf die Zu-

Mit seiner «Rärre», der Rätsche, bringt der Teufel Leben in die Zuschauer und verjagt die Buben und Mädchen.

Der Fässlimann sammelt in einem Fass die «Eselsmilch», den von den Wirtsleuten gespendeten Weisswein.

schauer zu und teilt mit seinen zwei Schirmen Hiebe aus. Es handelt sich um eine Art Hexe.

Das *Huttefroueli* sieht aus wie eine Frau, die einen Burschen im Korb auf ihrem Rücken mit sich trägt. Es versucht mit der Narren- und Streckschere den männlichen Zuschauern den Hut vom Kopf zu reissen.

Der *Söiplaaterehengscht* oder Spreuermann erscheint mit weitem Hemd und Hosen, prall gefüllt mit Stroh. Er ist kugelrund. Fällt er einmal um, kann er nicht mehr aus eigener Kraft aufstehen, was zu seiner komischen Beliebtheit beiträgt. In der Hand hält er einen Stock, an dem getrocknete Schweinsblasen hängen, mit denen er respektlos auf die Zuschauer einschlägt, Hiebe, die weniger schmerzhaft sind als vor allem einen beeindrukkenden Lärm machen.

Der *Fässlimann* sammelt die «Eselsmilch», den von den Wirtsleuten gespendeten Weisswein, ein, der dann am 1. Januar von den Burschen beim «Ussuufet» nach dem Mittagessen getrunken wird.

Die *Kässeler* sammeln in ihren Blechbüchsen Geld, das für den Unterhalt der Figuren und Kostüme verwendet wird. Bleibt etwas Geld übrig, wird es für einen kleinen Imbiss verwendet, den die Mitwirkenden beim Verteilen der Rollen erhalten. Die Bevölkerung erkauft sich mit einer Spende einen Neujahrswunsch.

Die *Pösteler* in ihren Uniformen verkaufen das Altjahrblatt, in dem jedes Jahr ein Stück Dorfgeschichte aufgezeichnet ist.

Die *Eselsmusig* begleitet den Zug. Sie hat mehr laut als schön zu spielen.

Gegen elf Uhr verschwindet die ganze Gesellschaft spurlos, der Spuk ist zu Ende.

Weder in den Chorgerichtsmanualen noch in den Protokollen des Gemeinderates findet man Angaben über den Altjahreselsbrauch. Anfangs des 20. Jahrhunderts war der Brauch unter dem Schutze billiger Masken in ein wüstes, ungeordnetes Treiben mit Saufgelagen ausgeartet. Dies änderte sich im Jahre 1952, als der Schwarzenburger Lehrer Hermann Binggeli den Brauch erneuerte. Bei einem Holzbildhauer in der Innerschweiz liess er Masken herstellen, die Anklang fanden und heute noch verwendet werden. Er verfasste während vieler Jahre die Altjahrpredigt und gab die Schwarzenburger «Altjahrblätter» heraus. Heute hält eine Schar Burschen, geleitet von Walter Wenger, den Brauch aufrecht.

Wattwiler Chrummbach-häxen. Sie treiben seit 1972 ihr Unwesen.

Die Gestalt der Hexe und ihre Hintergründe

Die Hexe stellt heute eine der gängigsten Fasnachtsfiguren dar. Dabei handelt es sich um ein relativ junges Brauchtum, das noch nicht sehr eingehend erforscht ist. Stehen die krummnasigen Besenschwingerinnen mit der mittelalterlichen Hexenverfolgung in Zusammenhang? Ist die Fasnachtshexe eine neuere Erscheinung oder hat sie ältere Wurzeln?

Es gibt im Brauchtum fasnächtliche Hexenzeremonien, die sich an die historischen Fakten anlehnen. Die mittelalterlichen Schauprozesse und Hinrichtungen werden in spielerischer Form in Hexentaufen, Hexengerichten, Hexensprüngen und Hexenverbrennungen am Ende der Fasnacht dargestellt. Auf der anderen Seite werden jedoch auch Vorstellungen aus Mythologie und Volksglauben aufgenommen, etwa im Motiv der Walpurgisnacht, der Nacht vor dem 1. Mai, in der die Hexen besondere Zauberkräfte entfalten sollen.

Charakter und Aussehen

Die besenbewehrte Hexe kehrt an den Fasnachtsumzügen den Boden, sie ist bisweilen als Ordnerin des Maskenzuges tätig, drängt die Zuschauer zurück und macht Platz. Auf der anderen Seite tanzen die Hexen im Umzug aber auch gern aus der Reihe. Sie treiben allerhand Schabernack, schlagen waghalsige Pur-

Hexenritt. Holzschnitt von Ernst Barlach, 1923.

zelbäume, klettern an Dachrinnen auf Balkone, entführen junge Mädchen und sperren sie in den Zwinger – und die Lacher haben sie immer auf ihrer Seite. Die Fasnachtshexe zeichnet sich besonders durch ihre Wildheit aus, was sie zur attraktiven und beliebten Maskenfigur macht. Sie rennt, springt und wälzt sich auf dem Boden. Die jungen Männer, die diese Rolle spielen, wollen ihr sportliches Können demonstrieren und treiben vor allem mit dem weiblichen Publikum ihre Spässe.

Ist es die Wildheit, die grössere Freiheit, das Derbe und Hässliche, der Spass am ausgelassenen Tun, die so faszinieren? Ein Umzug ohne Hexen wäre wie eine Suppe ohne Salz. Das freie, wilde Spiel unter der Hexenmaske führt manchmal zu einem nicht unerwünschten Chaos im wohlgeordneten Fasnachtsumzug. Sie sorgen für Unterhaltung, Bewegung und Kurzweil.

In ihrem Äusseren ist die Hexe zum Mannweib geworden. Ihre Merkmale sind die Kleidung, der Besen und vor allem das Maskengesicht. Im Gesicht fällt besonders die lange Nase auf, die etwas Archaisches, Animalisches, Erdhaftes spüren lässt. Zugleich drückt sie auch das lustvoll Riechende aus.

«An der Nase des Mannes
erkennt man den Johannes.»

Die Verbrennung von drei Zauberinnen zu Derneburg, Flugblatt von 1555.

Wandel des Hexenmotivs

Das Hexenmotiv, das sich bis ins Mittelalter zurückverfolgen lässt, ist vielschichtig und schillernd. Verwurzelt in vorchristlichen Glaubensvorstellungen, erhielt es seine Ausprägung vor allem durch die theologische Dämonenlehre des Mittelalters und wurde massgeblich geformt und beeinflusst durch die Geschichte der Hexenverfolgungen und Hexenprozesse.

Grundlage sind alte, vorchristliche Vorstellungen von Wesen, meist Frauen, mit besonderen Zauberkräften und «geheimem» Wissen. Diese Vorstellungen wandelten sich entscheidend unter dem Einfluss der Kirche und ihrem Bild von der Frau als schwächer im Glauben und daher minderwertig und als Verursacherin aller Sünde. Die Hexe wurde mit dem Teufel in Verbindung gebracht, Teufelspakt und Teufelsbuhlschaft gehören in diesen Zusammenhang. Damit lieferte die Kirche auch die theologische Begründung für die späteren Verfolgungen.

Diese Entwicklung schlug sich auch im Wandel der Wortbedeutung nieder. Das Wort «Hexe» leitet sich her von «hagzissa», «hagazussa», der Bezeichnung für ein sich auf Zäunen oder Hecken aufhaltendes dämonisches Wesen, das man sich in Gestalt einer verkrüppelten oder zerzausten Frau vorstellte. Die Bedeutung dieses Wesens wandelte sich im Volksglauben zu einem bösen weiblichen Geist, und im ausgehenden Mittelalter wurde «Hexe» die Bezeichnung für eine Frau, die mit dem Teufel im Bunde stehen und über magisch-schädigende Kräfte verfügen soll. Seit dem 13. Jahrhundert fand diese Hexenvorstellung in zahlreichen Zeugnissen von Ketzergerichten und Hexenverbrennungen ihren Niederschlag.

Die historischen Hintergründe der Hexenverfolgung

Die Hexenverfolgungen sind ein sozialpsychologisches Phänomen, das vor dem Hintergrund seiner Zeit gesehen werden muss. Es war eine Zeit des Umbruchs: Bis dahin geltende religiöse, politische und geistige Ordnungen zerbrachen. Es herrschten Inquisition, Religionskriege, Bauernkriege, Inflation, Nahrungsmittelknappheit, und dies vor dem Hintergrund von aussergewöhnlichem Bevölkerungszuwachs, Frauenüberschuss und einer allgemeinen Verelendung. Die Hexe diente als Erklärung für die damalige Not und die Missstände.

Vom 14. bis zum 17. Jahrhundert fand eine grossangelegte, systematische Hexenverfolgung statt. 1487 erschien, von zwei Dominikanern geschrieben, der «Hexenhammer», der als Strafkodex für die Hexenprozesse diente. Er erlaubte die Folter ausdrücklich als Mittel der Beweisführung. Die schlimmste Zeit der Hexenverfolgung dauerte von 1590 bis 1630. Der Hexenjagd fielen

Narrenlaufen an der schwäbisch-alemannischen Fasnacht mit freien Figuren und Hexe. Holzschnitt von Lothar Rohrer.

Altes Weib und Hexe sind sowohl im Fasnachtsbrauchtum wie auch in Sage und Märchen nicht voneinander zu trennen. Hexe und Wybli von Niggi Stoop aus Flums.

Hunderttausende von Frauen und Männern zum Opfer. Um als Hexe in Verruf zu geraten und Gefahr zu laufen, angeklagt zu werden, genügte schon, in irgendeiner Weise aufzufallen und von der Norm, vom Alltäglichen abzuweichen: dies konnte sowohl durch Hässlichkeit wie auch durch besondere Schönheit geschehen oder auch durch ungewöhnliche Körpermerkmale – rote Haare, Warzen im Gesicht, vielleicht ein Ansatz zu einem Buckel, eine krumme Nase, ein Hinkefuss – oder ein auffälliges Verhalten. Die Hebammen wurden besonders argwöhnisch beobachtet, da sie über «geheimes» heilkundliches Wissen verfügten.

Im Zuge der aufkeimenden Aufklärung kam von Ärzten und Naturwissenschaftern Kritik am Vorgehen gegen die Hexerei auf. Hexenwerk galt als Einbildung, und die Hexen wurden als Geisteskranke angesehen. Die letzten Hinrichtungen von Hexen fanden 1782 in Glarus und 1793 in Posen statt.

Altes Weib und Hexe

Die Figur der Hexe ist sowohl im Fasnachtsbrauchtum wie auch in Sage und Märchen nicht zu trennen von jener des alten Weibes.

Von Abt Pirmin, 753 auf der Insel Reichenau gestorben, ist die Aussage belegt: «Geht nicht als Hirsche oder als alte Weiber verkleidet umher! Ihr Männer sollt keine Frauenkleider, ihr Frauen keine Männerkleider anlegen.» 1430 wird in einem Traktat aus dem Kloster Indersdorf erwähnt, dass die «alten weib des teufels plasbälger» seien, das Wirken des Teufels also unterstützten. Ihre äusserliche Hässlichkeit wurde als Zeichen der inneren Schlechtigkeit gesehen, und es wurden ihnen dieselben oder ähnliche Merkmale zugeordnet wie später der Hexe.

In einem 1545 entstandenen Fasnachtsspiel von Hans Sachs «Der Teufel und das alte Weib» wird die Verbindung zwischen den beiden Figuren

Alte Wyber waren die Vorläuferinnen der Hexen im Fasnachtsbrauchtum. Flumser Wybli mit Masken von Niggi Stoop (Flums), Erwin Fritschi (Jona) und Jost Ribary (Oberägeri). ▷

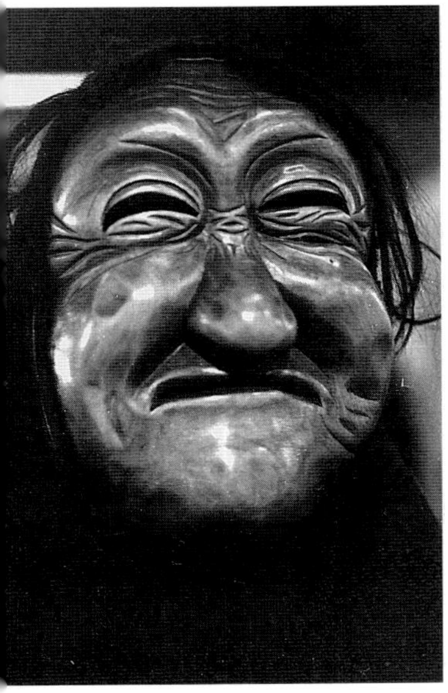

Aus der Figur des alten Weibes wurde die Hexe, ohne Zähne, mit eingefallenem Mund, langer Nase und Warze, eine Schreckgestalt der Kinder. Oben eine Maske von Anton Klauser, unten eine von Peter Cavelti, beide aus Flums.

ausdrücklich hergestellt. Das alte Weib lehrt darin den Teufel das Fürchten:
«Spitze Nase, helle Stimm,
wohnt der Teufel darin.»

In den romantischen Märchentexten finden wir die Synthese der Motive des alten Weibes und der Hexe in voller Ausprägung. Das alte Weib als Hexe – ohne Zähne, mit eingefallenem Mund und hervortretendem Kinn, rothaarig, bucklig, dürr und schmutzig, mit krummer, langer Nase und abstossenden Warzen, auf einen Stock gestützt, die Katze oder den Raben auf der Schulter – wurde zur Schreckgestalt der Kinder. Aus dem magischen, zaubernden Wesen war eine hässliche Hexenfigur geworden, die in dieser Form in der Fasnacht Einzug hielt.

Seit dem 15. Jahrhundert taucht die Hexe auch im Bereich der Kunst, des Theaters, in Witz und Karikatur auf. Während in der Volkskultur und in der Fasnacht die Hexe lange das alte Weib blieb, wurde sie vor allem in der Malerei erotisiert und als junge Verführerin, auf dem Besen reitend, um das Feuer tanzend und Gift mischend, dargestellt.

Die Hexe als Fasnachtsfigur

Die ältesten Hexenfiguren sind jene der Perchten bei den Schemenläufen in Tirol. Im südwestdeutschen Raum haben sie sich seit 1930 massenhaft verbreitet. Ausgangspunkte waren Offenburg und Gengenbach. In der Schweiz gibt es in der March im Kanton Schwyz in fast allen Dörfern eine Hexenzunft nach dem Vorbild der schwäbisch-alemannischen Narrengesellschaften. Einflüsse aus anderen Gebieten sind in die traditionellen Fasnachtsgebiete eingedrungen. Manche Bräuche wurden nachgeahmt. Vielfach waren Künstler die Initiatoren für die Kreation der Hexenholzmasken, wobei ihnen die Hexen aus den Märchen als Vorlage dienten. Das Hexenwesen ist heute weniger eine Erinnerung an die historischen Hexen, sondern vielmehr ein freies Spiel mit dem Thema der Wildheit.

Die neueste Fasnachtsforschung nimmt an, dass die ersten Hexen an der Fasnacht wohl schon vor dem Ende der Hexenverfolgung im 18. Jahrhundert auftraten. Sie sind Ausdruck eines viel breiteren, tiefer verwurzelten Gedankenguts und nicht reduzierbar auf das historische Faktum der Hexenverfolgungen und Hexenprozesse, wiewohl diese natürlich ihren Niederschlag im Fasnachtsbrauchtum fanden. So wurde in Luzern 1823 an der Fasnacht ein Hexenprozess aufgeführt – die letzte Hexe war in Glarus erst 1782 verbrannt worden. 1852 trat im Saulgau in einem Fasnachtsumzug eine Hexengruppe auf, in der ein kleiner Junge einen Bock als Teufel mitführte. 1861 sind Hexen auch in Köln in einem fasnächtlichen Umzug nachgewiesen.

Mit der Figur der Hexe steht die Teufelsgestalt in enger Verbindung. Sie bildet den Gegensatz zum Guten und Göttlichen, zu Wohlgestalt, Sittlichkeit und Sündlosigkeit: Der Teufel wird als böse, stinkend, hässlich, animalisch, triebhaft und geil dargestellt.

Teufelsauftritte an der Fasnacht können seit der ersten Hälfte des 15. Jahrhunderts belegt werden. 1475 gehörte der Teufel zu den Figuren einer der «Hölle» genannten Schauwagen am Nürnberger Schempartlauf. Eine Illustration von 1539 zeigt die Teufelsfigur von Nürnberg als fratzenhafte mächtige Gestalt mit Hörnern und Krallen, bewehrt mit Schellen, Gabel und Hacke. Teufelsgestalten finden sich heute an der Fasnacht in Einsiedeln, im Sarganserland, im süddeutschen Raum, in Tirol, im Salzburgischen und andernorts.

Die Fasnachtshexe heute

Die Fasnachtshexe ist heute zur Spielfigur geworden. Neben der alten, hässlichen Hexe steht die vor allem in der Literatur und in der bildenden Kunst vertretene junge, verführerische Hexe. Die Hexenmaske findet auch bei den Frauen – vielleicht als Ausdruck einer neuen, anderen Weiblichkeit – Anklang. Als Requisiten dienen ihr der Hexenschrubber, der Zauberstab, das Spinnennetz auf der Wange, Zahnlücken, Schönheitsfehler. Die moderne, verführerische Hexe ist zügellos, geheimnisvoll, ungehemmt, dämonisch verspielt und lebt ein gewisses Machtgefühl aus. Das Erotische, Frivole, Provokative wird dargestellt durch Schminke, Augenbrauen, rote Lippen, lackierte Nägel – Ausdruck einer Zauberkraft, die dem Mann gefährlich werden kann. Die Hexe ist zum Symbol der weiblichen Sexualität geworden. Lust und Angst, Verbotenes und Ersehntes liegen dicht beieinander. Das Motiv der Hexe hat eine Umwertung erfahren und erhielt einen zusätzlichen Aspekt als positives Symbol für weibliche Eigenständigkeit und Auflehnung gegen jede Unterdrückung.

In einer Zeit der strengen Logik und der exakten Wissenschaften üben die Künste der Hexen wieder eine grosse Faszination aus: Mythos und Magie in allen Formen sind wieder sehr im Schwange.

Fasnachtshexen und -teufel in der Schweiz

Die meisten Hexenlarven sind Neuschöpfungen, die in der Schweiz und in Deutschland erst nach dem Zweiten Weltkrieg entstanden. Um der Figur einen Hintergrund zu geben, lehnte man sich oft an geschichtliche Begebenheiten oder lokale Sagen an oder aber erfand selbst eine Ursprungslegende. Die meisten neuen Hexentypen der schwyzerischen March haben teilweise einen süddeutschen Einschlag, obwohl sie von Innerschweizer oder Sarganserländer Maskenschnitzern geschaffen wurden.

Im Fasnachtsbrauchtum der Höfe im Kanton Schwyz spielen die Hexen eine wichtige Rolle. Wiler Hexen (ganz oben) und eine Wollerauer Hexe (oben), geschnitzt von Markus Kläger aus Pfäffikon.

Die Sihlhexen von Schindellegi, geschnitzt unter Anleitung des Hexenmeisters und Schnitzers Rudolf Kyburz aus Schindellegi.

Hexen aus dem Gebiet der Höfe im Kanton Schwyz: die Wiler Hexe mit dem Schirm, die Wollerauer Hexe mit den Basthaaren, die Räbä-Häx von Freienbach mit schwarzen Haaren und die Sihlhexe von Schindellegi mit dem Besen.

Hexen in Ausserschwyz

Ein Kerngebiet des fasnächtlichen Hexenbrauchtums ist Schwyz, insbesondere Ausserschwyz mit der March, dem Gebiet zwischen Walensee und oberem Zürichsee, und dem nördlich der March gelegenen Gebiet der Höfe.

Die Hexen der Höfe

Wollerauer Hexen: Seit 1939 gibt es die Wollerauer Hexen. Diesen lokalen Maskentypus schuf Josef Blattmann aus eigener Phantasie. Die Wollerauer Hexe trägt eine gebeizte Holzlarve mit Bast-Haartracht, einen Jutesackrock und in der Hand eine Schweinsblase oder einen Reisbesen. Sie ist die Hauptfigur der Wollerauer Fasnachtstradition.

Nach dem Dreikönigstag mit der Narrenfahrt und der symbolischen Übernahme der Amtsgewalt gelangt das närrische «Hexenblatt» zum Verkauf. Am Güdelmontag, dem Fasnachtsmontag, treffen sich die Narren auf dem Schulplatz zur Mehlsuppe und zum Hexentreiben. Dabei jagen die Hexen die Dorfjugend. Die Alte Garde und die Fasnachtsgesellschaft Fidelitas veranstalten den Narrenkongress. Der «Güdelziischtig» ist der Abfassung der Anklageschrift für das Hexengericht am Abend reserviert, wo die Figur des Beckitogg dem Feuer übergeben wird.

Wiler Hexen: 1948 entstanden die Wiler Hexen, ebenfalls geschaffen von Josef Blattmann. Die Wiler Hexen tragen eine leicht braun gebeizte Holzlarve, ein schwarzes Altweibergewand mit weissem Spitzenunterrock, dazu in der Hand einen Schirm und ein Täschchen. Haupttag der Fasnacht ist der Güdeldienstag mit Maskenprämierung, Umzug und Kinderbescherung.

Freienbacher Räbä-Häxä: Freienbach schuf 1975 unter Bezug auf die Rebberge in der Leutschen die Räbä-Häxä. Ihre Larve sieht der Lötschentaler Maske ähnlich.

Sihlhexe von Schindellegi: In Schindellegi wurde 1926 die Schellenzunft gegründet. Sie besteht heute aus zwei Gruppen: den Schelle-Füfzgi und den seit 1985 bestehenden Sihlhexen. Die eine Figur wurde vom Schellenas des Kartenspiels, die andere von einer Ortssage abgeleitet. Die Hexenmasken wurden unter der Anleitung von Hexenmeister Ruedi Kyburz von Frauen und Männern selber in Schnitzkursen geschaffen. Inzwischen zählt die Clique schon mehr als 20 Hexen. Am Güdeldienstag wird nach dem Fackelumzug und Malefizgericht die Sihlhexe verbrannt. Ausserhalb der Fasnacht feiern die Sihlhexen in der Nacht vom 30. April auf den 1. Mai am Ufer der Sihl mit Höllengebrüll und Tanz die Walpurgisnacht, taufen die Junghexen und nehmen sie in ihren Bund auf.

Märchler Hexen und Tüüfel

Die Stockberghexe und die Waldhexe von Siebnen: Siebnen ist die fasnächtliche Hochburg der March. Dort kennt man die nach einer Lokalsage geschaffene Stockberghexe und die Siebner Waldhexe. Schon zu Beginn des 20. Jahrhunderts waren die Tannchrieshexe und die seit 1835 nachgewiesene Waldhexe bekannt.

Die Figur der Stockberghexe entstand 1959; die Siebner Waldhexen wurden 1961 gegründet, bis 1963 nannten sie sich Buechberghexen. Die Stockberghexen tragen ein braungrünes Kostüm. Die Siebner Waldhexen fallen durch ihre Maske mit der Bogennase und dem spitzen Kinn auf.

Ihre Anlässe sind der Maskenball und der Bockabend. Die Aktivmitglieder werden von der Clique mit Hexenkostüm samt Maske ausgerüstet.

Märchler Hexen aus dem Kanton Schwyz. Vorne liegend die Dürrbachhexe von Schübelbach, links die Moorhexe von Tuggen, mit der Gabel der Lauitüüfel aus Reichenburg, daneben die Amaliahexe von Galgenen, die Siebner Waldhexe mit der karierten Schürze, mit dem Besen die Stockberghexe von Siebnen, dann die Schlipflochhexe von Altendorf und, leicht verdeckt, die Grüblerhexe von Wangen.

Die Stockberghexe von Siebnen in der March im Kanton Schwyz.

Die Dürrbachhexe von Schübelbach, eine nach einer Ortssage um 1965 entstandene Figur.

Kostüm und Maske bleiben Eigentum der Clique und werden nur an der Fasnacht ausgeliehen. Zur Stockberghexe ist folgende Sage überliefert:

Vor vielen, vielen Jahren war der Gipfel des Stockberges noch von einem dichten, undurchdringlichen Urwald bewachsen. Kein Mensch wagte sich in die geheimnisvollen Tiefen der Wildnis des Stockberges, denn eine alte spindeldürre Hexe trieb dort ihr dunkles Wesen. Sie stand mit dem Teufel im Bunde und schmiedete allerlei wüste Ränke gegen die Bewohner der Ebene, die sich zu Füssen des Stockberges ausbreitet.

Ihr war eine besondere Kraft zu eigen. Sie hatte nämlich die Fähigkeit, schreckliche Gewitter hervorzurufen und Wiesen und Bäume der Bauern mit taubeneigrossen Hagelkörnern zu vernichten.

Niemand war imstande, dieser furchtbaren Landplage Abhilfe zu schaffen. Nur das Magnusglöcklein, das im Turme der Kapelle von Buttikon hing, vermochte ihrem schändlichen Treiben Einhalt zu gebieten. Wenn das Glöcklein läutete, erlahmte die Zauberkraft der Hexe, und sie war machtlos.

Eines Tages schickte sie in ihrer üblen Laune ein schweres Unwetter, vermischt mit einem noch nie dagewesenen Hagelschlag, über die bedrückten Bewohner von Schübelbach und Buttikon. Der Sigrist von Buttikon läutete in seinem Eifer gleich mit allen Glocken Sturm. Das Seil der Magnusglocke aber zog er am weitesten hinunter, um der Glocke einen vollen Ton zu entlocken. Wie die Hexe das durchdringende Bimmeln des Magnusglöckleins vernahm, spürte sie, dass ihre Zauberkraft gebannt wurde. In unermesslicher Wut wollte sie sich auf das Türmchen stürzen, um die Magnusglocke zu zerstören. Sie sprang mit einem Riesensatz von den Höhen des Stockberges gegen Buttikon hinunter, um die Kapelle zu zerstampfen. Aber der Wind trug sie in die Luft, und sie landete unter schrecklichen Flüchen und Verwünschungen im «Richterheim». Durch die gewaltige Wucht ihres Aufpralls zeichneten sich die Abdrücke ihrer Hände und Füsse tief in den Stein ein, auf dem sie landete. Die Hexe zog sich, zu Tode verwundet, in ihren Schlupfwinkel zurück. Von da an hörte man nie mehr etwas von ihr. Nur die Abdrücke konnte man noch bis vor wenigen Jahren, ehe der Stein gesprengt wurde, im «Richterheim» bewundern.

Aus: «Sagensammlung der Landschaft March», von Erwin Ruoss und Bruno Zwicker.

Dürrbachhexen aus Schübelbach: Das Dorf Schübelbach brachte aufgrund eines lokalen Sujets und einer Ortssage die Figur der Dürrbachhexe hervor. Gründungsjahr der Dürrbachhexen ist das Jahr 1965. Die Hexenmaske besitzt zwei lange, gelbe Zähne unten und einen oben, ein kräftiges, spitzes Kinn und eine markante Nase. Als Kopfbedeckung wird eine Perücke auf Flachs oder Rosshaar getragen, eventuell auch ein isländisches Schaffell als Haartracht. Als Kleidung dienen lange weisse Unterhosen und ein hellblaues Kleid. Am Gürtel hängt eine kleine Glocke, um den Hals eine Kette mit Medaillen. In der Hand hält sie einen kräftigen Stock. An den Füssen tragen die Dürrbachhexen Holzschuhe mit übergrossen Gummiflossen. Die Dürrbachhexen sprechen unter der Larve mit verstellter Stimme, sie nennen dies «bräugen», und verteilen den Zuschauern den «Rosouli», einen nach altem Rezept hausgemachten Fasnachtslikör.

Siebner Waldhexe, eine Figur der 1961 gegründeten Gruppe.

Aktivmitglied kann jede männliche Person werden, die in bürgerlichen Ehren und Rechten steht. Aktivitäten sind die Hexentreffen, der Maskenball, die Maskenprämierung und das «Prisbödälä».

Eine alte Sage erzählt, dass im 16. Jahrhundert die Bauern einer schrecklichen Hexe ausgeliefert waren. Bei jeder Gelegenheit hatte sie ihre Hände im Spiel; in Haus und Stall oder gar auf der Jagd, der besten Einnahmequelle der damaligen Zeit. Mit besonderer Vorliebe quälte sie die Jäger im Dürrbachtobel und jagte ihnen immer wieder jede sicher scheinende Beute ab. Die Hexe war überaus hässlich und voll Runzeln. Das kräftige und spitzige Kinn verriet ihre Energie und Boshaftigkeit. Sie hinkte, und in ihrem Mund fehlten auch die langen, spitzen, gelben Zähne nicht, dieses typische Merkmal jeder richtigen Hexe. Sie hauste in einer Höhle am Unterlauf des Dürrbaches, war aber meistens unterwegs. Mit unglaublicher Geschwindigkeit flog sie in Lumpen gehüllt auf einem dicken, dürren Ast umher und belästigte immer wieder von neuem ihre geplagten Opfer. Jedes Lebewesen, das sich nicht rechtzeitig in Sicherheit bringen konnte, wurde von ihr umgebracht. Von der kleinen Maus bis zum grossen Bären, vom zarten Fink bis zum starken Adler zitterten alle vor dem Ungetüm. Da die Hexe stets klein und gebückt auf die Lauer ging, verstand sie es durch Zauberei, sich in eine gewaltige Hexe zu verwandeln, so dass sich jeder hütete, mit dem Ungeheuer den Kampf aufzunehmen.

So trieb sie ihr böses Spiel bis zur dunklen kalten Winternacht vom 26./27. Jänner 1578. Gegen zwanzig kräftige Männer überraschten sie gegen Mitternacht mit viel List in ihrer Höhle. Mit einem zielsicheren Wurf mit der Steinschleuder wurden ihr im Schlaf die Zauberzähne eingeschlagen, bevor sie ihre Zaubersprüche sprechen konnte. Hätte die Hexe dieses Vorhaben geahnt, so hätten diese tapferen Männer ihren Wagemut sicher mit ihrem Leben bezahlt. So wurde sie endgültig erledigt und in das grausige Dürrbachtobel unterhalb des Stockberges verbannt.

Nur noch ab und zu macht sich die Alte bemerkbar, wenn sie bei schweren Gewittern im Hochsommer auf ihrem Stecken durch das unheimliche Tobel reitet.

So werden dem schäumenden Wildbach Geröll und Schuttmassen zum Transport mitgegeben, was die Bewohner von Schübelbach immer wieder von neuem an die dunkle Vergangenheit erinnert.

Moorhexe von Tuggen. Gründungsjahr dieser Gruppe war 1975.

Moorhexen von Tuggen: Unter Bezug auf die Linthebene, die früher Sumpflandschaft war, gibt es in Tuggen die Moorhexe. Gründungsjahr dieser Gruppe war 1975. Die Moorhexen tragen eine buntfarbene Kleidung mit Moorblumenmustern. Die geschnitzte Holzmaske weist eine grosse Hakennase, zwei lange Hakenzähne und Warzen auf. Die Masken sind mit einer Fellumrandung und einem Kopftuch eingefasst.

Jedes Mitglied soll nach Möglichkeit ein eigenes Kostüm besitzen. In den Statuten heisst es, dass Rauflustige und chronische Trinker zu meiden seien, da sie für den Verein keine Ehre einlegen. Die Anlässe sind der Bockabend, der Hexenball und das Märchler Hexentreffen.

Von der Moorhexe aus Tuggen wird folgende Sage erzählt:

Unbekannte Hexen sollen von jeher im weiten, wilden Gebiet der Linthebene gehaust haben. Diese hässlichen Moorhexen, mit Hakennasen und Warzen im Gesicht, schlichen geisterhaft durch das fast undurchdringliche Röhricht, über Sand- und Kiesbänke der Limmat – denn so nannte man in alten Tagen die Linth – und überflogen mit Hilfe ihrer buschigen Besen mit Leichtigkeit die vielen Nebenarme der «Limmat». Nur selten verirrte sich ein Tuggener Bürger in diese Einsamkeit und störte das wilde Treiben der umherschwirrenden Geister. Zwar liessen ihn die Hexen ins Dorf zurückkehren, nicht aber, ohne ihm das tödliche Sumpffieber anzuhängen.

Es versteht sich, dass sie die Korrektion der Linthebene als Verstoss gegen ihr Herrschaftsgebiet betrachteten und durch manche Unfälle an Menschen den Bau des Linthkanals zu verhindern suchten. Auch den Ölbohrern sollen die erbosten Moorhexen Rache geschworen haben, indem sie des Nachts abwechselnd ins Bohrloch stiegen und das Öl fortbliesen. Ihren offensichtlichen Erfolg sollen die Moorgeister mit einem ausgelassenen Hexenball gefeiert und dazu auch die Lauitüüfel und Stockberghexen eingeladen haben. Dennoch verschwanden die Moore der Linthebene nach und nach, und man sagt, die Hexen hätten sich ins Mannesmoos auf den Buechberg zurückgezogen. Dort blühen seitdem im Juni einige blaue Schwertlilien, welche die Hexen zum Andenken an ihre alte Heimat mitgenommen haben sollen. Diese letzte Zuflucht wollten die Moorhexen anscheinend mit allen Mitteln verteidigen. Als sich eines Tages ein Pferd in das Moos gewagt habe, hätten die Hexen das arme Tier hohnlachend in den sumpfigen Morast gezogen. Tagsüber sollen sich die Hexen zwischen den Felsen des Höllgrundes – heute nennt man diese Gegend Kamelberg – aufhalten und bei Gefahr hinter das nahe Hölloch huschen. Des Nachts aber höre man die Moorhexen im Rascheln des Buchenlaubes und auf ihren Besen um das Mannesmoos jagen.

Lauitüüfel von Reichenburg: Trägerin des Reichenburger Fasnachtsbrauchtums ist die Fasnachtsvereinigung Narrhalla. Die Lauitüüfel von Reichenburg wurden im Jahr 1975 von der Narrhalla gegründet. Sie tragen kunstvolle Holzmasken mit Hakennase, Stoffhörnern und einer Geissenfellkapuze. Das Kleid besteht aus einem braunen Rock und Hosen, die mit Fell besetzt sind. In der Hand hält der Lauitüüfel eine hölzerne Heugabel. An den Füssen trägt er mit Fellen beklebte Holzschuhe. Jedes Mitglied sollte nach Möglichkeit ein eigenes Kleid besitzen. Von Dreikönig bis zum «Chlyne Zischtig», zum Fasnachtsdienstag, treibt sich der Lauitüüfel im Dorf herum. Mit den Hörnern und der Gabel erschreckt er die Zuschauer. Am «Chlyne Zischtig» beginnt um 5 Uhr auf dem Dorfplatz das Teufelsaustreiben. Die Hetzjagd treibt die Tüüfel zum Dorf hinaus, Richtung Spritzenhaus, durch die Spielhofgasse hinauf zur Laui, zur höchsten Alp, der Kistleralp, wo sich im Guggerwald der sagenumwobene Tüüfelstein erhebt.

Die Lauitüüfel von Reichenburg in der Schwyzer March, gegründet 1975.

Biegen wir zwischen Reichenburg und Buttikon in den Bergweg ein, so erreichen wir in wenigen Schritten den Wald. In Windungen steigen wir empor, immer höher gegen die Kistleralp. Die Bäume stehen dicht, und nur selten gelingt ein Blick in die Ebene tief unter uns. Plötzlich treten wir in das volle Sonnenlicht einer Waldweide. Es ist ein Zipfel Wiese, die wie eine Zunge in den Wald hinunterreicht. Diese Zunge wird von stattlichen Tannen hufeisenförmig umsäumt. Noch ein paar Schritte diese Weidezunge aufwärts, und wir stehen vor dem Hexenstein.

In bestimmten Quatembernächten kommen alle Hexen der March und der Höfe auf ihren Besen hiehergeflogen, um in dieser geschützten Lichtung ihren Hexentanz aufzuführen. Von einem solchen Hexenfest weiss ein Senn zu berichten, der einmal zu vorgerückter Nachtstunde von der Alp ins Tal stieg. Nichtsahnend schritt er den schmalen Steig hinunter gegen den Wald, als er ein Sausen hörte und einen heftigen Windstoss verspürte, wie wenn etwas hart an seinem Kopfe vorbeigeflogen wäre. Die Tannen ringsum rauschten plötzlich auf, dann spürte er etwas auf sich zukommen, bückte sich unwillkürlich, und tatsächlich flog etwas erneut haarscharf über ihn hinweg. Der Senn war wahrlich nicht als Angsthase bekannt, doch so etwas kam ihm höchst sonderbar vor, und er verzog sich unter eine der tiefhängenden Tannen, wo er sich sicher fühlte. Neugierig spähte er durch die Äste auf die Lichtung, doch soviel er auch schaute, er konnte in der Dunkelheit nichts wahrnehmen.

Plötzlich liess ihm ein teuflisches Gelächter das Blut in de Adern erstarren. Dann ging ein Prasseln los, wie wenn jemand mit Stöcken zusammenschlüge. Zu seinem Erstaunen sah er, wie der Stein in der Lichtung, den er gut kannte, zu glühen anfing. Er wurde heller und heller, bis er weissglühend die ganze Lichtung erhellte. Nun sah er Gestalten in weiten Röcken, die wie besessen mit Besenstielen auf den Stein einstiessen, dass die Funken stoben. Sie stiessen ein Gelächter aus, das durch Mark und Bein ging, setzten sich dann plötzlich auf ihre Besen und jagten auf ihnen um den Stein herum, schneller, immer schneller. Mit einem Male entstieg dem Stein ein grüner Rauch. Dieser Rauch blieb nun über dem Stein hängen und nahm immer mehr die Form einer Gestalt an, die auf dem Steine sass. Die Hexen rasten auf ihren Besen um den Stein, ein Höllengelächter ertönte, und ein beissender Gestank verbreitete sich auf der ganzen Lichtung.

Wie lange dieses Treiben anhielt, konnte der Senn nicht sagen, denn es wurde ihm plötzlich übel. Der Käse, den er auf seinem Räf trug, schien mit einem Male schwerer und schwerer zu werden und seine Füsse schwächer. Er wollte die Last vom Rücken nehmen, rutschte aber aus – und wie es das Unglück wollte, löste sich der Käse und rollte den Hang hinunter, genau auf den Stein zu. Es erfolgte ein heftiger Knall, der Stein erlosch plötzlich; ein Sausen und Brausen über der Lichtung, ein heftiges Rauschen in den Wipfeln der Tannen, dann war es still, sehr still.

Der Senn hatte sich nach einer Weile von seinem Schrecken erholt, getraute sich unter seiner Tanne hervor und ging über die Lichtung auf den Stein zu. Dort fand er seinen Käse liegen. Er war noch leidlich rund und nicht gebraten, wie er angenommen hatte. Auch der Stein fasste sich kühl an, und auch die Staude stand noch daneben. Ungläubig fuhr sich der Senn immer wieder an die Stirn und betastete den Stein, und da griffen seine Fingerbeeren in Vertiefungen und Löcher, wie sie Besenstiele in einen Teig drücken würden. Eiligst packte er seinen Käse auf das Räf und stieg den Weg nach Buttikon hinunter, wo er sein Erlebnis erzählte. Kaum einer schenkte seinem Bericht Glauben, und doch, wer's nicht glaubt, soll einmal hinaufsteigen zum Hexenstein und sich die Besenlöcher ansehen – kaum einer dürfte nachher noch zweifeln (können)!

Marchring, Heft 3, S. 11 (mitgeteilt von A. Tuor, Reichenburg)

Amaliahexe von Galgenen: Die Amaliahexe von Galgenen geht auf eine Vorläuferin aus dem 19. Jahrhundert zurück. Die geschwärzte Röllimaske dieser Figur ist heute im Marchmuseum Rempen ausgestellt. Zweck der 1955 gegründeten

Amaliahexen von Galgenen in der March, Kanton Schwyz, gegründet 1955.

Amaliazunft ist gemäss ihren Statuten die Förderung und Pflege alter Fasnachtsbräuche und das Wurstverteilen an die Galgener Jugend. Der Zunftrat besteht aus fünf Mitgliedern: Zunftmeister, Zunftkassier, Zunftschreiber, Zunft-Originalius und Zunft-Materialverwalter. Mitglied kann jede

Die Schlipflochhexe von Altendorf in der Schwyzer March.

Person werden, die bestrebt ist, die Zunft nach Kräften zu unterstützen. Die drollige Amaliahexe trägt eine dunkle Maske mit zwei langen Zähnen und Warzen. Als Kopfbedeckung dient ein Schaffell. Hosen und Kittel sind mit breiten, farbigen Stoffetzen, «Blätzli», bedeckt, auf denen zusätzlich Fellstücke aufgenäht sind. Über die Hüfte trägt sie einen Gurt mit Schellen und Rollen. Anlässe sind das Wurstverteilen, die Teilnahme am Fasnachtsumzug und am Einschellen sowie die Organisation des Scheese-Rennens.

Schlipflochhexe von Altendorf: 1977 wurde in Altendorf die Schlipfloch-Clique gegründet. Sie ist für den Kinder- und Fasnachtsball verantwortlich. Am Güdelmontag wird die Schlipflochhexe verbrannt. Die Figur der Schlipflochhexe nimmt Bezug auf den nächtlichen Erdrutsch von 1704, der nach der Sage von der bösen Hexe im Schlipfloch ausgelöst wurde.

Hexen aus dem Toggenburg

Wattwiler Chrummbachhäxen: Aus dem Gebiet der March im Kanton Schwyz stammende Fasnachtsbegeisterte gründeten 1972 in Wattwil die Chrummbachhäxen. Man war bestrebt, der Maskengründung mit einer Sage aus der Umgebung oder einer frei erfundenen Geschichte einen scheinbar historischen Hintergrund zu verleihen. Die Fasnächtler berichten dazu die Geschichte vom Chrummbach-Hämel und seiner Frau.

Im 18. Jahrhundert gab es im Toggenburg Männer, die in ihrem Dorf gerne zu Ansehen gekommen wären. Da es ihnen am nötigen Geist fehlte, bemühten sie sich, wenigstens ihre körperlichen Kräfte zu entwickeln. Einer dieser Männer war der Chrummbach-Hämel aus Wattwil, ein gefürchteter Streithahn. Das Weib des Hämel soll mit dem Teufel im Bunde gestanden haben. Sie war eine gefürchtete Hexe, die ihr Unwesen vor allem in der Nacht trieb. Manches Jungtier soll sie in den Ställen umgebracht und die armen Bauern geplagt haben, wo sie nur konnte. Einen besonderen Hass hatte die Hexe auf die jungen Mädchen, denen sie auflauerte, um sie in den Wald zu verschleppen und dann verzweifelt und heulend den Heimweg suchen zu lassen.

Dieser Figur soll die Chrummbachhäxe nachempfunden sein. An der Fasnacht tritt sie jedoch als gutmütiges Wesen auf und verteilt kleine Schleckereien an die Kinder; die Kinder erhalten am Fasnachtsumzug die beliebte Hexenwurst. Manchmal nehmen die Chrummbachhäxen ein junges Mädchen in ihre «Scheese», einen alten Kinderwagen, und führen es ein Stück mit, um es dann bald wieder mit fröhlichen Gesten zu entlassen.

Hexen und Tüüfel der Innerschwyz

Rigitüüfel von Arth: In der Gemeinde von Arth erschienen 1971 erstmals die Rigi-Tüüfel, die seit 1989 vereinsmässig organisiert sind. Gestalten aus der örtlichen Sagenwelt darstellend, tragen sie Holzmasken mit Zähnen und Pelzhaaren und um den Bauch einen feinklingenden Rollengurt. Heute sind die Rigitüüfel die Begleiter der 1946 gegründeten Chässuppegsellschaft Goldau.

Eine weitere, erst vor kurzem gegründete Gruppe sind die *Schutt-Häxe von Arth.*

Zürcher Hexen

Die Höllochhexen von Winterthur: Die Legende von den Höllochhexen ist ein Beispiel für eine Neuschöpfung des beliebten Hexensujets. Dabei wurde versucht, den Lokaltypus einer Hexenmaske an einem anderen Ort ins Brauchtum einzuführen. Die Höllochmaske wurde von Heimwehmärchlern des Schwyzervereins von Winterthur geschaffen. Eine erfundene Geschichte, die Legende vom Heimwehsepp und den Höllochhexen, soll das neue Brauchtum untermauern.

Es lebte einmal ein junger Bursche im alten Lande Schwyz. Seine Familie fand ihr karges Auskommen weit oben am Berg. Eines Tages nahm der Vater seinen Ältesten beiseite und sprach lange mit ihm. Darauf schnürte Sepp sein Bündel mit dem Nötigsten, verabschiedete sich und zog die Hügel hinab ins Tal. Der erste Abschnitt seiner Reise bereitete dem Sepp nicht sonderlich Mühe, war er es doch gewohnt, auf steilen Hängen herumzuklettern. Die lange Strecke auf dem glatten Asphalt, die dann folgte, liess seine Beine immer müder werden, und seine Füsse in den hohen Schuhen begannen zu schmerzen. Sein Mut sank mehr und mehr, und seine frohe Erwartung wandelte sich in düsteres Grübeln. Als er endlich in der Stadt anlangte, warfen ihm die Leute hämische Blicke zu, und manch einer liess im Übermut eine abschätzige Bemerkung fallen, die unseren Sepp schmerzten. Das war der Einzug ins «gelobte Land». In der Folge häufte sich Kümmernis auf Kümmernis, und alles zeigte sich ganz anders, als es die prahlerischen Erzählungen seiner Kameraden geschildert hatten. Eines Tages verlor er seinen Arbeitsplatz, den er nach mühsamer und tagelanger Suche endlich gefunden hatte.

Nun stand sein Entschluss fest: Nach Hause! Heim in seine geliebten Berge! Es konnte ihn nichts mehr halten, und bald trugen ihn diesmal die schnellen Räder des Zuges in die Nähe seiner Heimat. Schon erreichte Sepp die untere Waldgrenze vor dem steilsten Stück seines Weges. Plötzlich begann er zu zaudern. In seine Wiedersehensfreude mischten sich Zweifel.

Was wird der Vater sagen? Seine Mutter würde ihn nur anschauen, seine Geschwister ihn vielleicht sogar verhöhnen. Trotzdem weiter! Aber könnte er das ertragen? Er hätte doch keine frohe Stunde mehr. Immer diese vorwurfsvollen Blicke. Sein Stolz begann sich wieder zu regen. Nein, diese Schande konnte er nicht auf sich nehmen. Wie von ungefähr verliessen seine Füsse den Weg und strebten auf noch schmäleren und steileren Pfaden nach oben, immer weiter weg vom heimischen Hof. Nach langem Wandern ohne Rast und Ziel, bei einbrechender Dämmerung, fand sich Sepp vor einem offenen Felsentor. Hier wollte er ausruhen und die Nacht verbringen. Nun war er noch einsamer und trauriger als zuvor und rief sein Elend weit hinunter ins Tal, und sein Rufen drang bis zuhinterst ins dunkle Hölloch.

In dieser Vollmondnacht stiegen die Hexen ans helle Licht. Aus allen Ritzen und Löchern erhoben sich ihre grausigen Gestalten. Sie kamen auf ihren Besen durch die Lüfte geritten und tanzten den unheimlichen Reigen der Höllochhexen. Mitten in ihrem schwarzen Tun erblickten sie den Sepp, der mit Schrecken dieses schauerliche Treiben verfolgt hatte. Schon erhoben sie ihre schrillen Stimmen, stürzten sich auf den armen Schwyzer, und ehe er sich's versah, verschwanden sie mit ihm im dunklen Loch und zerrten ihn in die Finsternis.

Nie sah und hörte jemand wieder etwas vom Heimwehsepp.

Die Höllochhexe von Winterthur, geschnitzt vom Holzbildhauer Sepp Schnyder aus Kriens.

Die Schutthäxä von Arth im Kanton Schwyz.

Figuren der Narrenzunft Chlösterli von Urdorf, rechts das Wy-Buurli, unten das Waldmanndli vom Aspgraben und ganz unten der Dorfmuser, alle geschaffen von Sepp Schnyder von Kriens. Die Figur des Teufels von den Schwarzen Engeln aus Flums (ganz rechts) wurde geschaffen von Hugo Reichlin aus Flums.

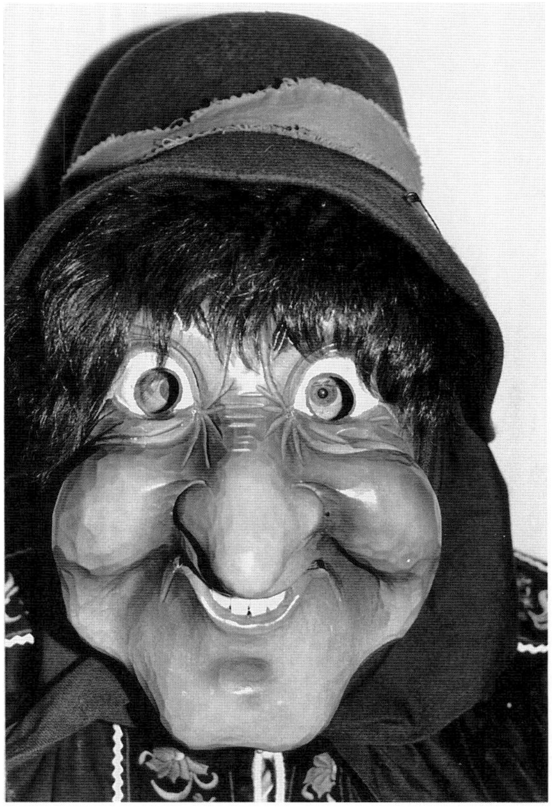

Narrenzunft Chlösterli Urdorf: Hauptereignis der 1980 gegründeten Zunft der Chlösterli-Häxen ist die Feier der Walpurgisnacht. Die Hexen, mit Holzmasken und Gewändern in den Farben Grün, Braun und Gelb, versammeln sich beim Chlösterlibrunnen, wo neue Mitglieder getauft werden und sie mit ihrem Hexenschrei den Brunnengeist herbeirufen. Die Gruppe wird von Zunftmeister Heinz-Josef Wissmann geführt.

Sarganserländer Hexen und Teufel

Die Hexenmasken des Sarganserlandes sind Erzeugnisse des 20. Jahrhunderts und kamen in grosser Zahl erst nach dem Zweiten Weltkrieg auf.

Ein Spezialist für Teufelsmasken ist der bekannte Maskenschnitzer Hugo Reichlin in Flums. Er gründete 1950 zusammen mit andern Fasnächtlern die Fasnachtsgruppe Schwarze Engel, die alljährlich mit ihren Masken am Fasnachtsumzug teilnimmt. Holzbildhauer Bruno Länzlinger schnitzte ebenfalls viele Teufelsmasken von hervorragender künstlerischer Qualität. Niklaus Stoop war einer der ersten Schnitzer, der die Hexenlarven in Flums populär machte. Seine sorgfältig gearbeiteten Masken zeugen von meisterhaftem handwerklichem Können.

Die Masken der hässlichen «alten Weiber» waren die Vorläufer der Hexenlarven, als Hexen werden sie im Sarganserland erst im 20. Jahrhundert bezeichnet. An der Flumser Fasnacht treten heute noch viel mehr Alte-Wyber-Larven auf als eigentliche Hexenmasken.

Der Hexe verwandt ist die Sagengestalt des dämonenhaften Schrättlig. In den Sarganserländern Sagen von A. Senti findet man Geschichten von Händeln mit Teufeln, Hexen und Schrättligen, von Schadenzauber und Teufelskunst.

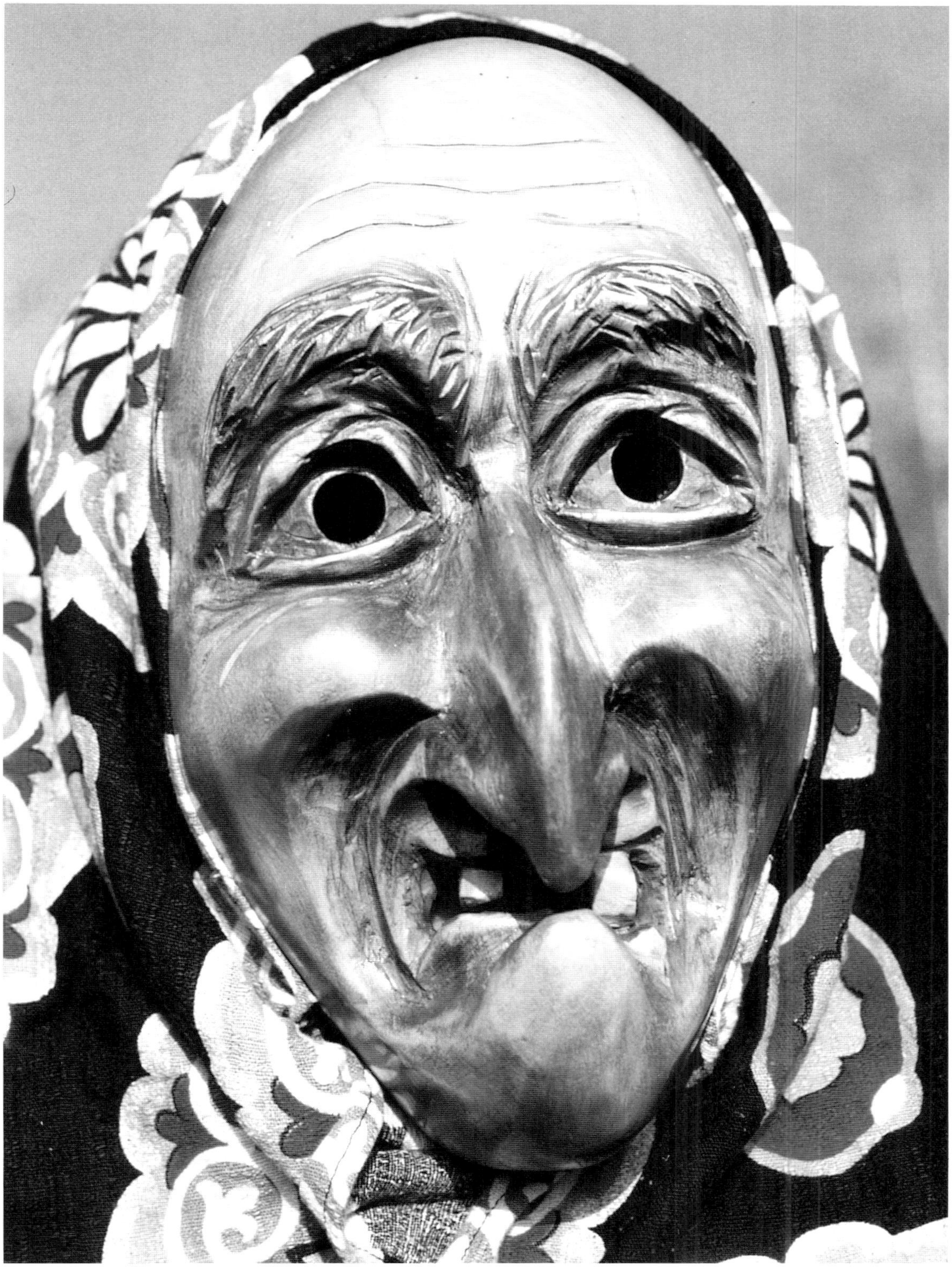

Eine Sarganserländer Hexe von Walter Mullis aus Sargans.

Holzbildhauer Bruno Länzlinger aus Flums schnitzt Teufelsmasken von hervorragender künstlerischer Qualität. An der plastischen Schnitzerei erkennt man den Meister.

Hexen aus dem süddeutschen Raum, oben Masken von Emil Werwein, unten eine Wollmatinger Riethexe aus Konstanz.

Hexen in den südwestdeutschen Narrenzünften

Hexenzünfte in der Schweiz, vor allem aber jene im Südwesten Deutschlands leiten die Hexen als Fasnachtsfiguren von den mittelalterlichen Hexenprozessen oder von örtlichen Hexensagen ab.

Nach Wilhelm Kutter hat sich die Hexenfigur aus dem Wilden Weib, dem Gegenstück des Wilden Mannes, entwickelt; das Kräuterweib habe sich zur Hexenfigur gewandelt. Das Wilde Weib kommt in Ehingen vor. Das Wald- und Stadtweiblein, das in Bad Waldsee, Altdorf, Weingarten, Aulendorf und Möhringen auftritt, ist eine sanfte Schwester der Wildweibergestalt.

Als Fasnachtsfigur ist die Hexe erstmals in Oberschwaben in der Mitte des 19. Jahrhunderts nachweisbar (Saulgau 1840), seit dem Beginn des 20. Jahrhunderts auch im Schwarzwald. In den fünfziger Jahren eroberte die Hexenfigur die schwäbisch-alemannische Fasnacht. Auch bei den Narren am Bodensee, im Hegau und Linzgau, erfreut sich die Hexe als Narrenfigur grosser Beliebtheit.

Hexengruppen gibt es in fast allen Dörfern, so die Pfullendorfer Hexen, jene von Kirchen-Hausen, Emmingen, Gengenbach, Bräunlingen, Hüflingen, Saulgau, Bad Waldsee, Aulendorf, Rottenburg, Munderkingen, Offenburg, Konstanz, die Münsterhexen, die Burghexen Friedingen, die Schlosshexen Wiechs, die Markelfinger Hexen, die Mimmenhauser Hexen, die Geisinger Hexen, die Löffinger Hexen und Furtwanger Hexen.

Offenburger Hexen

«Schelle, schelle, Sechser,
alli alti Hexe! Narro!»

Ein Gemisch von fröhlicher Angst und heiterem Schrecken verbreitet sich, wenn dieser Ruf durch die Offenburger Altstadt schallt. Seit der Gründung der Offenburger Hexenzunft im Jahre 1936 vollführen die Hexen mit ihren riesigen runden Augen ihren tollen Besensprung und spielen die gespenstischen Hexenrituale. Sie fahren mit ihren Besen in die Zuschauer und ergreifen die kreischenden Frauen mit fester Hand, um sie in den hölzernen Käfig zu sperren. Prominente werden mit dem «glühenden Stempel» als Fasnachtsnar-

Die Offenburger Hexen sind die ältesten Hexen aus dem Schwarzwald, 1933 ins Leben gerufen. Sie waren beim grossen Narrentreffen der schwäbisch-alemannischen Zünfte 1935 in Offenburg zum erstenmal am Umzug zu sehen.

Die Bräunlinger Ur-Hexe. Besonders furchterregend wirken die von Valentin Hofacker geschaffenen Masken mit dem stechenden Blick und dem höhnisch verzogenen Mund.

ren gezeichnet. Zum Hexenzeremoniell gehören der Hexenspuk, das Hexenfeuer, der Besentanz und die Sprüche um den dampfenden Hexenkessel.

Während des Zweiten Weltkriegs ist den Offenburgern der Hexenspass vergangen. Aber schon 1947 warfen die Offenburger Hexen wieder Wecken, Äpfel, Gutsele und Würste in die Zuschauermenge. 1948 wurde der erste Hexenball durchgeführt.

Am 11. 11. ist Fasnachtseröffnung in der Offenburger «Hexekuchi». An der Spitze der Offenburger Hexen steht der Hexenmeister mit seiner Schreckmaske, einem mächtigen Hexenkopf mit vier Hörnern, Hauern, einer langen Zunge und einem zottigen Bocksbart – ein furchterregender Herrscher über seine wilden Hexen. Sie tragen ein rotes Kopftuch mit weissen Punkten, sechs geflochtene Strohzöpfe, an denen kleine Schellen hängen; die Füsse stecken in Ringelsöckchen und Strohschuhen. Unter den Masken der Offenburger Hexen stecken Männer, die erst nach zweijähriger Prüfungszeit von den Aktiven zu jungen Hexen ernannt werden. Büttel oder Sechser nennt man die Hexenanwärter, dies ein Bezug auf die früheren sechs Stadtknechte, die mit dem Hexenfang beauftragt waren. Die Frauen der Hexenmaskenträger und die weiblichen Zunftmitglieder tragen ein farbiges Ziegelspättlekleid, eine Form des Blätzlekleids, eine Holzmaske und eine «Saubloder».

Vierzehn Tage vor dem Schmutzigen Donnerstag setzen die Hexen vor dem Rathausbalkon den Hexenbesen zum Zeichen dafür, dass sie die Gewalt übernommen haben. Am «Fasnetsamschdig» wird auf dem Wochenmarkt das beliebte Hexengmüs von den Hexen und Hästrägern, anderen Kostümierten, verkauft. Der Erlös dient dem Kauf von Orangen und Gutseln für den Hexenfrass. Am Abend schwärmen die Hexen durch die Lokale der Altstadt und sorgen für Hochstimmung. Der «Fasnetsunndig» ist reserviert für den grossen Kinderumzug. Am Fasnachtsmontag ist Strassenfasnet. Der Dienstag bildet den Höhe-

Hexenspuk aus Offenburg

Gespenstisch das Bild:
Hexen – wie wild
ihr grusig Gesicht
im Fackellicht.

Huschend und hastend
um sich tastend,
kichernd und gurrend
ein Opfer zurrend,
schlängelt sich ihr Zug
zum Hexenspuk.

Im Dunkeln der Nacht
wird Feuer entfacht:
Das knistert und knallt,
und der Hexenruf schallt,
das lodert empor,
und sie tanzen davor –
schon stürzt es zusammen
in züngelnden Flammen,
das Strohkonterfei
der Hexerei.

Dann seht, was sich tut
im Schein der Glut:
durchs Feuer springend –
höllischer Hexenspuk!

Dann schlängelt ihr Zug
sich, huschend und hastend
im Fackellicht tastend,
zurück in die Nacht –
die Fasenacht.

Aus: «Offenburger Hexenzunft»
von Heinz Venghaus

Rottenburger Hexen. Die Zahl der Hexen ist in Rottenburg auf 18 beschränkt.

punkt für die Offenburger Hexen. Nach dem Umzug wird beim Neptunbrunnen den Kindern unter ihren Rufen «Gizig, gizig, gizig» der Hexenfrass zugeworfen, Orangen und Gutseln, dazu Wecken und Würste. Immer wieder ertönt der Ruf:

«Gizig, gizig, gizig isch die Hex,
Wenn sie nit so gizig wär,
gäb sie au ebbes här...»

Wenn die Dunkelheit hereingebrochen ist, beginnt das feierliche Ritual. Der Hexenfeuerwerker zündet die vier Meter hohe Strohhexe an. Um die auflodernden Flammen und unter dem Knallen der Raketen, die sich in der Puppe befinden, führen die Hexen ihren Tanz auf. Bevor das grosse Feuer verlöscht, schwingen sich die Hexen auf ihren Besen über das Feuer. Später geht es in der Hexenküche bis Mitternacht weiter bis zum letzten Ruf:

«Schelle, schelle, Sechser,
alli alti Hexe, Narro!»

Fasnachtshexen in Österreich

Tiroler Hexen in Imst

In der österreichischen Sagenwelt sind die Hexen die ehemaligen Erdmütter und Dämoninnen. Diese furchterregenden Gestalten haben sich in die unterhaltenden Hexen der Fasnacht gewandelt, die von Imster Männern dargestellt werden.

Die Hexen bilden eine gesonderte Gruppe unter den Mitwirkenden des Fasnachtszuges. Die Hexenmuater ist die oberste Gebieterin über die Hexenahle, Hexengrossmutter, den Hexenvater und die Hexenbande. Der Hexenwagen, das Zuhause der wilden Gestalten, wird immer mitgeführt. In den wohlgeordneten städtischen Fasnachtszug bringen die Hexen ein chaotisches Durcheinander.

Ihre Schnappmaske ist eine zweiteilige Vollmaske aus Holz. Sie zeichnet sich aus durch eine krumme, wildverwachsene, warzige, mit langen Schweinsborsten bestückte Nase und besitzt Augendeckel. Die Hexe vermag zu trinken, zu rauchen, aber auch zu schnappen. Die zwei Teile der Holzmaske sind mit Gummibändern am Hinterkopf befestigt. Beim Öffnen und Schliessen der Kinnlade, also beim Schnappen, ertönt ein furchterregendes Klappern, oft begleitet vom kreischendem «Huijuijujujujuui» oder «Jujujujujujuui», als Ausdruck von Übermut und Kampfgeist.

Auf dem Kopf sitzt die Fatzelkappe der alten Imster Tracht und blonde Flachshaarzöpfe mit roten Maschen am Zopfanfang. Eine weisse, mit Spitzen besetzte Unterhose, die bis unter die Knie reicht und mit Band und Masche abgeschlossen ist, ein weisser Unterrock mit Spitzenband, eine weisse Leinenbluse, ein Hexenkittel aus rotem Stoff und eine blaue Trachtenschürze bilden die Fasnachtsbekleidung der Hexe. Das mit Fransen versehene Schultertuch darf nicht fehlen. Gemusterte weisse Schafwollstrümpfe und schwarze Schnallenschuhe sind die Fussbekleidung.

Ein Besen von Birkenreisern mit einem kurzen, verknorpelten Stiel wird, in der rechten Hand gehalten, über die Schulter gelegt. Während des Tanzens wird der Besen waagrecht über dem

Kopf gehalten. Am Schluss des Tanzes wird er mit johlendem Gekreische senkrecht hochgehoben.

Die Hexenmutter tritt im Kostüm des Wifligsackners auf, einem schweren Faltenrock und Mieder mit rotem Brustlatz, eine Birkenrute in der Hand. Sie trägt eine ganze Larve, die furchterregend wirkt, mit heraushängender Zunge und zwei langen Eberzähnen im Oberkiefer.

Die Hexenahle, die Grossmutter, trägt altmodische Kleidung, statt des Schultertuches einen Schal, statt der Fatzelkappe einen alten Hut, darunter eine strähnige Flachsperücke. Das Larvengesicht ist voller Falten und Runzeln, und der Mund zeigt Zahnstummel. Sie hat einen Korb umgehängt, stützt sich auf ihren Stock und verteilt aus einer alten Schnupftabaksdose eine scharfe Prise.

Der Hexenvater, auch Hexenmeister genannt, im Kostüm des Altfrankspritzers mit Frack, lederner Kniebundhose und Schnallenschuhen spielt eine untergeordnete Rolle. Er führt das Hexenbuch mit sich, in dem sich die Hexen zu Beginn des Schemenlaufens mit roter Tinte eintragen müssen.

Die Hexenmusik

Die Hexen kennen wie die Roller und Scheller zwei verschiedene Fortbewegungsarten. Bei der gewöhnlichen Fortbewegung hüpfen sie wild und ziellos mit schwingenden Besen. Von Zeit zu Zeit bleibt die Hexenkapelle stehen, und die Spieler stellen sich im Kreis um den Hexenkapellmeister. Sobald sie ein Stück anstimmen, kommt die ganze Hexenbrut herbeigehüpft, oder sie wird von der Hexenmutter herbeigetrieben; sie bilden einen Kreis und beginnen zu tanzen. Auf je vier Schritte geradeaus folgen vier Schritte mit Drehung rechtsherum um die eigene Achse. Während des ganzen Tanzes wird der Besen waagrecht hochgehalten. Wenn das Stück geendet hat, schwärmen die Hexen wieder auseinander.

Die Musikanten sind schulpflichtige Buben, die, mit Blechinstrumenten, Trommeln und Tschinellen ausgerüstet, schaurige Töne von sich geben. Der Missklang wird allerdings von einem strengen Rhythmus beherrscht. Das Repertoire

Die Hexen bewegen sich wild hüpfend fort und schwingen dazu den Besen. Von Zeit zu Zeit bleiben sie stehen, wenn die Hexenmusik zu ihrem Tanz aufzuspielen beginnt.

Die Imster Hexen tragen eine zweiteilige Schnappmaske mit wildverwachsener, warziger Nase. Die Maske ist mit Schweinsborsten bestückt. Die Hexe kann dank ihrer besonderen Maske trinken.

der Hexenmusik besteht aus vier Stücken, deren Ursprung auf die Militärmusik der zweiten Hälfte des 18. Jahrhunderts zurückgeht. Jedes der Stücke ist auf einem einzigen Akkord aufgebaut. Die Musikanten tragen holzgeschnitzte Masken mit Augendeckeln, Flachsperücken mit schulterlangem Haar und eine rote Zipfelmütze, schwarze Kniehosen und weisse Hemden. Der Kapellmeister tritt im Kostüm des Altfrankspritzers auf. Der Tambourstab in den Farben Gelb, Rot, Blau ist das Zeichen seiner Macht und Würde.

Schwy-Larve von Berschis im Sarganserland, geschnitzt von Primus Broder. Das Schwy wurde an der Fasnacht symbolisch geschlachtet, daher auch der auf der Stirn sichtbare Spalt im Holz.

Tiermasken an der Fasnacht

Herkunft und Entwicklung der Tiermasken

Tiermasken gehören zu den ältesten Masken. Sie sind in allen Erdteilen belegt und haben sich überall dort erhalten, wo sich noch Reste von Jäger- und Sammlerkulturen finden: in Afrika, bei den Eskimos und bei den Nordwestafrikanern.

In der altsteinzeitlichen Bildkunst sind Menschen dargestellt, die, als Tiere verkleidet, kultische oder spielerische Tänze aufführen, bei denen die charakteristischen Bewegungen des jeweiligen Tieres nachgeahmt werden. Dabei ist nicht schlüssig festzustellen, ob die Menschen sich durch die Nachahmung des Tieres dessen Kräfte anzueignen versuchten, ob die Tierlarven als Jagdlist dem Tierbann dienten oder einfach von Spiel und Lust im Umgang mit der Tierwelt und der Natur zeugen.

Nach Paulus Diaconus sollen sich die Langobarden im 6./7. Jahrhundert angesichts des übermächtigen Feindes Helmhauben mit einem Tierkopf aufgesetzt haben, um sich in einem Blutrausch auf den Gegner zu stürzen. Im 8. Jahrhundert verbot der Reichenauer Abt Pirmin in seinem «Missionsbüchlein», an Neujahr in Hirsch- und Kalbfellen «abergläubisch» herumzulaufen. Dies zeigt, dass im alemannischen Raum des Frühmittelalters Tiervermummungen bekannt und verbreitet waren.

Tiermasken werden zu Fasnachtsmasken

Tiere waren seit jeher eines der beliebtesten und häufigsten Fasnachtssujets. Tiermasken und Narrenkleider, die mit Tiermotiven geschmückt sind, gehören schon seit dem Mittelalter zum Fasnachtsbrauchtum. Auch lebende Tiere wurden häufig an der Fasnacht mitgeführt.

Der Chronist und Mystiker Sebastian Franck (1499–1542) berichtet in seinem «Spiegel und bildtniss des ganzen erdtbodens» von fasnächtlichen Verkleidungen: «Ettlich kriechen uff allen vieren wie die thier ... Etlich gehen auff hohen steltzen mit flüglen unnd langen schnäblen seind storcken. Ettlich bern ... Ettlich sein affen.» Der Affe, der in den seit 1450 beliebten Fasnachtsumzügen oft als Narrenfigur vorkam, galt nach Sebastian Franck als teuflischer Verführer des Menschen.

Die Tradition der christlichen Tiersymbolik fand ihren Niederschlag auch in den Fasnachtsspielen und Komödien des Hans Sachs (1494–1576). Eine zentrale Rolle spielt bei ihm der Storch: «Der storch sich vom unzyfer nert; / Also der gotloss auch begert / zu bleyben hie auff erdtereich, / Begert nicht zu Gott in sein reich.»

Abbildung aus dem Traktat «Das Herz des Menschen, ein Tempel Gottes oder eine Werkstätte des Satans», Wien 1846. Das Blatt zeigt den Sünder, in dessen Herzen die sieben Laster, symbolisiert durch Tierfiguren, herrschen.

Tiere als Symbole des Lasters

Das mittelalterliche Denken ist ein Denken in Bildern und Sinnbildern. Die ganze dinghafte Welt wurde als Abbild und Spiegel dahinter verborgener Bedeutungen gesehen. Diese Denkweise fand ihren Niederschlag in einer Vielzahl von allegorischen Spielen und Bildern bis hin zur ausgefeilten Form der Emblembücher, die ausserordentliche Verbreitung fanden und besonders in der Dichtung des Barock nachwirkten.

Tieren wurden seit Jahrhunderten im Volksglauben und Aberglauben mystische Kräfte zugeschrieben. Sie galten als Verkörperung bestimmter positiver oder negativer Wesenszüge. Die christliche Dämonen- und Sittenlehre machte sich diese Deutungen zunutze: Tiere wurden als Sinnbild für Gut und Böse, Tugenden und Laster, Gott und Teufel herangezogen. Die Verwendung von Tieren zur Darstellung der Laster ist in zahlreichen Bildern schon aus dem 16. und 17. Jahrhundert belegt. Sie fand auch in der spätmittelalterlichen Predigtpraxis Eingang und wurde so breiten Bevölkerungsschichten vertraut.

Für die mittelalterlichen Geistlichen und Mönche standen, die sieben menschlichen Laster versinnbildlichend, der Pfau für den Hochmut, der Esel für die Trägheit und Schwäche im Glauben, das heisst die Gottesferne, der Bock für Geilheit und Wollust, der Hund oder die Schlange galt als Bild für den Neid, das Schwein für die Fresssucht, der Löwe für den Zorn und die Kröte für die Habsucht. Die Zuordnungen waren nicht fest, auch wurden noch zahlreiche andere Tiere als Lastersymbole verwendet, immer aber dienten die Tierfiguren der Darstellung des Animalischen, Triebhaften im Menschen. Vor diesem Hintergrund, eingebunden in das christliche Denken, sind auch die tiergestaltlichen Fasnachtsfiguren ursprünglich als Sinnbilder der verschiedensten Laster zu verstehen.

Typische Tierfiguren der Fasnacht

Eine der am häufigsten belegten Tierfiguren der Fasnacht ist der *Bär,* der bereits für das frühe Mittelalter belegt ist und schon seit dem 13. Jahrhundert mit dem Teufel und mit Lasterhaftigkeit identifiziert wird. Im Jahre 1207 liess Papst Innozenz III. am Fasnachtssonntag ein Spiel mit Tieren inszenieren, von dem die Quelle berichtet: «Man tötete einen Bären, den Teufel, das heisst den Versucher unseres Fleisches; man tötete junge Ochsen, das heisst den Übermut unserer Lust; man tötete einen Hahn, die Geilheit unserer Lenden.» Zur Erklärung wird angefügt, dies sei geschehen, «damit wir von nun an keusch und nüchtern leben im Kampf um unsere Seele, um an Ostern würdig den Leib unseres Herrn empfangen zu können.»

Für die seit 1450 einsetzende Verbreitung der Bärenmaske im Fasnachtsbrauchtum ist nicht allein die Tiersymbolik ausschlaggebend. In den Wäldern Mitteleuropas gab es damals noch Bären; sie fanden Eingang in zahlreiche Sagen, wo sie oft verwunschene Menschen darstellen. Bären wurden auch gefangen und in den Befestigungsgräben der Städte und in Zwingern als Schauobjekte gehalten oder zu Tanzbären dressiert. Sie waren eine beliebte Jahrmarktsattraktion. Auch wird der Bär im Volksglauben, ebenso wie der Wilde Mann, als Bote des Frühlings und als Sinnbild der Kraft der neuerwachenden Natur gesehen. Der Grund dafür ist naheliegend: Der Bär lebte im Winter in Höhlen und erschien erst im Frühling wieder in den Wäldern.

Der Bär als Fasnachtsfigur spielt vor allem in Tirol, aber auch in der Schweiz und in Deutschland eine bedeutende Rolle. Oft sind Wilde als Bärentreiber seine Begleiter, so in Tirol in Imst, Nasse-

Der Aff, eine Maske von Anton Klauser aus Flums. Der Affe kam schon seit 1450 an Fasnachtsumzügen vor. Er galt im Mittelalter nach Sebastian Frank als teuflischer Verführer des Menschen.

Das Schwy von Maskenschnitzer Max Tschus aus Walenstadt. Das Schwein stand schon im Mittelalter symbolisch für die Fresssucht und das Animalische im Menschen.

Die Katze, wahrscheinlich von Anton Willi aus Ems geschnitzt. Die Katze galt als magisches, unheimliches Tier und wird oft mit der Gestalt der Hexe verbunden. Rietbergmuseum Zürich.

Der Bräunlinger Stadtbock. Er trat an der Fasnet 1929 erstmals in Erscheinung. Der Stadtbock in Gestalt eines Geissbocks stellt den Winterdämon dar. Er wird von einem geschminkten und verkleideten Bockreiter geritten. Zwei Bocktreiber mit Hanselhäs und Holzmasken treiben die Tiergestalt mit knallender Peitsche vor sich her.

Der Wolfacher Guller, die Figur eines schellengeschmückten Narrs, der auf einem Hahn reitet. Der Hahn galt schon seit dem 13. Jahrhundert als Sinnbild der Geilheit und als dämonisches Tier.

Der Villinger Butzesel mit Stachi. Der Butzesel wird von den Treibern, den Stachi, mit Peitschenknall verfolgt und aus der Stadt getrieben. Um die Ohren des Eselkopfes hängen Würste, welche die irdischen Genüsse symbolisieren.

«Wer kunnt au dert im
Blauhemd mit Goässel
und mit Zwick,
De Butzesel mit de Trieber,
er zieht en Riesascht mit.
Er rennt umenand und sie
fitzed, doch kunnt er in a
Wirtschaft nie,
Mond Trieber saumässig
schwitze, trotzdem singet
älli bim Wi.»

Der Randenwolf aus Nordhalden. Zu dieser Figur wird erzählt, ein Metzger sei einmal von einem Wolf verfolgt worden und habe sich nur retten können, indem er ihm stückweise eine Wurst hinwarf.

Der Seehase von Ludwigshafen, seit 1907 als Gruppenmaske auftretend, von Josef Tränkle aus Elzach geschnitzt.

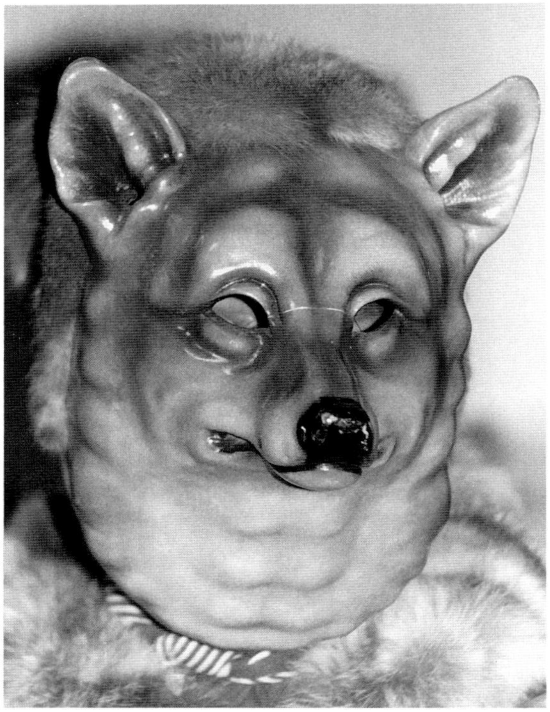

Der Rote Fuchs von Triberg. Der Fuchs galt im Mittelalter als klug und listenreich, aber auch als Verkörperung des Teuflischen im Menschen.

reith, Axams und Absam. Die Bären sind teils mit Fellen bekleidet wie in Imst oder Nassereith, teils mit Stroh und werden dann «Hooriger Bär» oder «Strohbär» genannt, wie zum Beispiel die in Singen auftretende Fasnachtsfigur. Durch das Strohkleid rückt der Bär eher in die Nähe des Wilden Mannes. Im deutschen Städtchen Elzach im Schwarzwald tritt zusammen mit Teufelsmaske und Wildmannsmaske die Figur des Schuddig mit dem Bärengfriss, einer Bärenmaske, auf.

Zusammen mit dem Bären treten oft auch *Pferdemasken* auf. Sie sind in verschiedenen Gebieten Deutschlands (Harz, Mecklenburg) und Österreichs (Innviertel) an der Fasnacht anzutreffen, vor allem aber gehören sie zu der schwäbisch-alemannischen Fasnet. So treten in Rottweil die Brieler Rössle auf, die aus der Figur des Alten Schimmels hervorgegangen sind.

Der *Esel* ist schon seit Sebastian Brants «Narrenschiff» von 1494 und den verbreiteten Tierallegorien des Mittelalters das Sinnbild des Narren schlechthin, und die Eselsohren sind eines der häufigsten Narrenattribute. Vielerorts reitet auch der Narrenkönig auf einem Esel, wodurch die Vergänglichkeit und Nichtigkeit seines Reiches unterstrichen wird. Als Beispiel für die zahlreichen Eselsmasken an der Fasnacht sei der Villinger Butzesel erwähnt, der zusammen mit der elegant herausgeputzten Figur des Stachi auftritt. Seine Hinwendung zu den irdischen Genüssen, die es schliesslich zu überwinden gilt, zeigt sich darin, dass er seinen Begleitern immer wieder zu entwischen sucht, um sich auf ihre Kosten toll und voll zu essen und zu trinken. Zu seinem Kopfschmuck gehören daher auch sinnigerweise Würste.

Der *Fuchs* galt als Verkörperung des Teuflischen im Menschen. Ein verbreitetes Tierattribut in Rottweil, Villingen, Laufenburg und andern Orten ist denn auch der Fuchsschwanz. Auch als Figur tritt der Fuchs auf, etwa in Triberg als der Rote Fuchs oder bei den Elzacher Schuddigen das Fuchsgfriss.

Der *Bock* kommt als Fasnachtsfigur in der Schweiz vor, daneben etwa auch in Ertingen (Saulgau), wo er den Hexenzug anführt. In Bräunlingen wird der Stadtbock von zwei Treibern gejagt.

Vielfach werden von den Tieren auch nur einzelne Elemente übernommen und als Kopfputz verwendet, wie der Hahnenkamm und die Eselsohren, die seit dem 15. Jahrhundert zu den Narrenattributen gehören.

Der *Hahn* galt, wie schon aus dem oben erwähnten Zeugnis des Fasnachtsspiels vom Anfang des 13. Jahrhunderts hervorgeht, als Sinnbild der Geilheit und als dämonisches Tier. Der Hahn tritt in Rottweil als Schiermaiers Guller und in Wolfach und Haslach als Gullerreiter auf.

Um die *Katze* ranken sich im Volksglauben seit jeher viele Geschichten. Sie reichen von Verehrung, ja Anbetung, etwa bei den alten Ägyptern, bis zur Verteufelung zur Zeit der Hexenverfolgung. Die Katze gilt als geheimnisvoll, rätselhaft und verführerisch, ist einerseits Glückssymbol und wird andererseits als unheilbringend angesehen und mit satanischer Magie in Verbindung gebracht. Im «Hexenhammer» von 1487 (siehe Seite 61) wird ausdrücklich darauf hingewiesen, dass sich Hexen gerne in Katzen verwandeln, um ihr teuflisches Unwesen zu treiben. Auch heute tritt die Fasnachtsfigur der Hexe oft zusammen mit der Katze auf. Eine besondere Rolle spielt die Katze als Fasnachtsfigur in Messkirch (Deutschland), wo sie mit einer Holzmaske auftritt, und in Einsiedeln in der Schweiz. Dort werden Katzenmasken aus Pappmaché von der Fasnachtsgesellschaft der Goldmäuder getragen und am Schmutzigen Donnerstag symbolisch verbrannt.

Die Katze ist seit 1939 eine Fasnachtsfigur von Messkirch. Rechts ein Holzdruck von Lothar Rohrer.

Hoorig, hoorig, hoorig isch
die Katz,
un wenn die Katz net
hoorig isch,
dann fängt sie keine
Mäuse nicht,
hoorig, hoorig, hoorig isch
die Katz.

Hoorig, hoorig, hoorig isch
de Hund,
un wenn de Hund net
hoorig isch,
no isch er au net g'sund,
hoorig, hoorig, hoorig isch
de Hund.

Borschtig, borschtig,
borschtig isch die Sau,
un wenn die Sau net
borschtig isch,
no gitt se au kei
Leberwürscht,
borschtig, borschtig,
borschtig isch die Sau.

Katzenmasken der Narrenzunft Arlen aus Rielasingen (oben), darunter der Schafbock von Stetten.

Eine junge Winterthurer Maskengruppe, die «Eulen».

Das Kerngebiet der in grossen Gruppen auftretenden Tiermasken ist der schwäbisch-alemannische Raum. In der Schweiz kommen Tiermasken nur als Einzelfiguren vor. Im Sarganserland treten sie erst seit dem 20. Jahrhundert als Larven auf, etwa der Aff, der Fuchs, das Schwein, die Katze, der Güggel und die Henne. In der Innerschweiz kennen wir den Bock und das Schwein. In Österreich sind vor allem die Bärengruppen mit ihren Treibern bekannt.

Fasnachtstierfiguren kommen in allen Gebieten vor, wobei immer wieder erstaunliche Parallelen zwischen Brauchformen weit auseinanderliegender Gebiete auffallen. So sind beispielsweise Tierwettläufe oder das Schlachten des Fasnachtsochsen am Aschermittwoch für die verschiedensten Gebiete belegt.

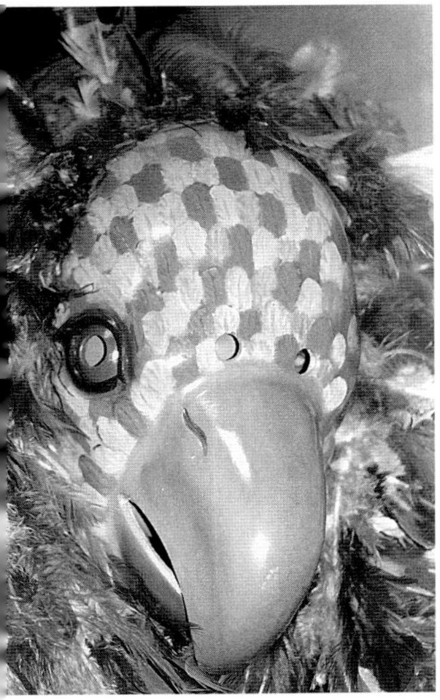

Der Triberger Federeschnabel (oben) und die alte Fledermaus von Sigmaringen (rechts).

Folgende Tierfiguren sind an der Fasnacht vor allem im schwäbisch-alemannischen Raum stark verbreitet:

Bär:	Singen; Imst, Nassereith, Absam und Axams (Tirol)
Esel:	Villingen, Bad Waldsee
Fuchs:	Triberg
Bock:	Bräunlingen
Pferd:	Rottweil, Altdorf-Weingarten
Vogel:	Tettnang, Rottweil, Triberg
Frosch:	Riedlingen
Storch:	Meersburg, Riedlingen, Wellendingen, Haslach, Steisslingen
Fledermaus:	Messkirch, Sigmaringen
Katzen:	Messkirch, Rielasingen
Löwen:	Riedlingen

Der Wilde Mann als Kinderschreck. Eine Abbildung zum Nürnberger Schempartlauf im 16. Jahrhundert. Stadtbibliothek Nürnberg.

Die Wilden

Der Wilde Mann und die Wilde Frau sind uralte und überall im Alpenraum und in Waldgebieten überlieferte Sagenfiguren. Sie sind als Gestalten des freien, natürlichen Lebens im Walde ein Symbol von urtümlicher Kraft, Gesundheit und Fruchtbarkeit, Eigenschaften, die auch ihre Nähe zum Frühlingsbrauchtum erklären.

Die Wilden Leute galten als geheimnisumwitterte Wesen; alte Volkssagen deuteten sie auch als versprengte Heiden, von denen niemand weiss, woher sie kamen und wohin sie verschwanden. In den Sagen werden die in den Bergen und Wäldern beheimateten Wesen als fellbekleidete, kleine, graue, langhaarige Männlein und verhutzelte Weiblein be-

Nürnberger Schempartlauf. Der Teufel zieht den Narren in die Hölle.

der Gestalt des Hofriesen beim «Wiener Turnier» 1560. Das häufige Auftreten der Wildmannmaske an Hochzeiten deutet auf ihre Bedeutung als Symbol der Fruchtbarkeit hin. Auch in der bildenden Kunst hat das Wildleutemotiv Tradition. In den verschiedenen Bildhandschriften zum schon erwähnten berühmten Nürnberger Schempart ist die Figur öfters dargestellt, ebenso in Kölner Karnevals-Bilderbögen. Auf einem Holzschnitt von Pieter Breughel (1525–1569) ist er als eine Mischfigur zwischen Wildem Mann und Narr dargestellt. Nicht zu vergessen sind auch die zahlreichen kunsthandwerklichen Zeugnisse, als Schmuck an Fassaden oder Darstellung auf Wirtshausschildern.

Die Wilden als Brauchtumsfiguren

Berichte über den Nürnberger Schempartlauf belegen, dass die Maskierung als Wilde schon zwischen 1470 und 1480 ein fester Bestandteil der dortigen Fasnacht war. Eine Abbildung aus einer Schemparthandschrift des 18. Jahrhunderts veranschaulicht dies: Sie zeigt einen Umzugswagen mit turmartigem Aufbau, in dessen Mitte mit Hörnern und Bocksbart der Teufel steht; links und rechts von ihm beugen sich eine Wilde Frau und ein Wilder Mann aus dem Fenster und drohen mit Keulen und Fackeln. Ein weiterer Wilder mit einer Zipfelmütze mit Narrenschellen zeigt sich auf den Zinnen des Turmes, ein anderer, dessen Fellbekleidung auf dem Bauch ein Gesicht ziert, läuft hinter dem Wagen her.

Die Wilden Männer und Wilden Frauen, auch letztere von Männern dargestellt, gehörten früher zu den am weitesten verbreiteten Maskengestalten. Das Motiv des Wilden Mannes kommt an der Tiroler Fasnacht, in ausgeprägtester Form in Telfs, an verschiedenen Orten in der Schweiz, etwa in Basel als Begleiter des Vogel Gryff und an der Älplerchilbi in Obwalden und Nidwalden, ebenso wie an verschiedenen Orten in Deutschland, zum Beispiel in Singen als Hooriger Bär (Strohbär) vor. Neben den traditionellen, alten Maskengestalten erscheinen heute überall im deutschsprachigen Raum vermehrt neugeschaffene Wildleutefiguren.

Heute werden die Motive oder der Hintergrund für die Schaffung neuer Wildleutefiguren meistens in der Sagenwelt gesucht, wobei Charakter und Ausformung der Figuren variieren. Als Geistergestalten finden wir sie in Bad Säckingen, Markdorf, Ehingen, Möhringen, Bad Cannstatt, Immendingen im Allgäu, als Sagengestalten in

Willisau, im Sarganserland, in der Innerschweiz, in Basel, in Telfs in Tirol; Wilde Männer als Helfer der Sennen gehören zur Älplerchilbi in Obwalden, als Tschämmeler treten sie in Vitznau, Gersau und Küssnacht auf. Als Partner heilkundiger Waldweiblein findet man sie in Bad Säckingen, Ehingen, Weingarten und Furtwangen. Als Teufels- und Springnarren gehören sie zur Fasnacht in Rottweil, Bad Waldsee, Saulgau, Triberg, Hornberg, Rottenburg und Offenburg.

Die Kleidung der Wildleute besteht aus Flechten, Stroh, Flachs und Tierfellen. Das Gesicht ist mit einer Holzmaske oder mit einer Maske aus Holzrinde und Moos bedeckt und mit einem Bart versehen. Statt eines Stockes oder einer Keule schwingen sie ein junges Bäumchen, das sie am Stamm festhalten.

In den an der Fasnacht auftretenden Wildleutefiguren verschob sich die Bedeutung des freien und natürlichen Lebens, das sie ursprünglich repräsentierten, immer mehr zugunsten des Dämonischen, Roh-Natürlichen, des Sittenlosen, Wüsten, Unheimlichen und Fremdartigen. Der Wilde Mann wurde oft als Menschenfresser und Schreckgestalt dargestellt. Die Wilden gehörten wie der Narr zu den Gottesfernen, in denen nach christlicher Auffassung der Teufel symbolisch zum Ausdruck kam.

Wildleute an der Älplerchilbi in der Schweiz

Urkundlich nachgewiesen ist die Älplerchilbi erstmals 1624 in Stalden in Obwalden. Die Gründungen der meisten Älplergesellschaften, die heute Veranstalter und Träger des Brauchs sind, fallen ins 18. und 19. Jahrhundert. Jene von Sarnen wurde 1882 gegründet.

Wilder Mann (oben) und Wilde Frau (unten). Darstellungen aus einer Schemparthandschrift nach 1539. Staatsbibliothek Berlin.

Wildleute an der Älplerchilbi in Sarnen im Kanton Obwalden. Dieser Maskenbrauch findet nicht an der Fasnacht, sondern im Herbst statt. Die Gründung der meisten Älplergesellschaften fällt ins 18. und 19. Jahrhundert.

Die Älplerchilbi ist in Obwalden ein grosses Dorf- und Volksfest im Herbst, ein Erntedankfest. Jedes Dorf hat seine eigene Älplerchilbi. Die Älplerchilbi beginnt am Morgen mit einem feierlichen Dank- und Gedächtnisgottesdienst. Unter Begleitung von Musikanten und Fahnenschwingern ziehen die Älpler und ihre Frauen, angetan mit der schönsten Tracht, zusammen mit den Ehrengästen in die Pfarrkirche ein. Der Ehrenprediger hält die Festpredigt und erhält traditionsgemäss einen Laib Käse. Nach dem Gottesdienst beginnt der weltliche Teil der Feier. Nun treten der Wildma und das Wildwyb in Aktion. Mit dem «Grotzä», einem bis auf den Wipfel entasteten Tännchen, wischen sie Strassen und den Platz für die Ehrengäste und vertreiben die vorwitzigen Kinder. Die Wilden Leute verkörpern die unbändige Natur und das Bedürfnis, natürlich, frei und unabhängig zu leben.

Die Wilden begleiten die Älpler während der ganzen Chilbi. Während des Gottesdienstes müssen sie als «heidnische Geister» in Ausstand tre-

Der Wildmann als Einzelfigur, eine Holzmaske von Lukas Ramer aus Flums.

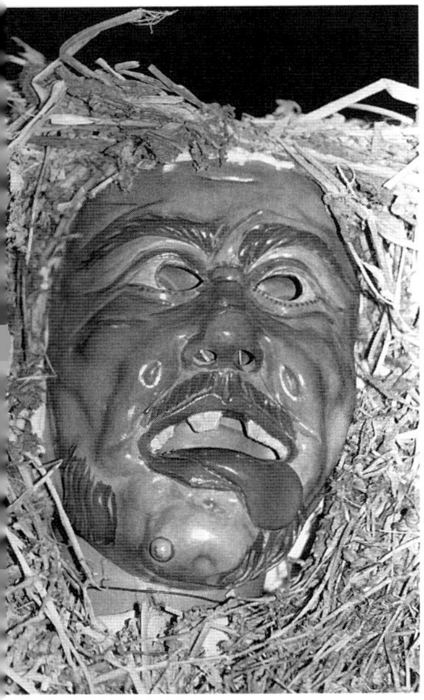

Der Hoorige Bär von Singen (links), ein in Erbsenstroh gehüllter Wildmann mit Schreckmaske. Rechts ein Holzdruck von Lothar Rohrer.

Zu den Elzacher Schuddig im Schwarzwald gehören auch die Bartmasken, eine Form der Wildmannmaske. Narrentreffen in Überlingen.

Die Wilden an der Telfer Schleicherfasnacht, die den in einem Fass auf einem Wagen stehenden Panzenaffen ziehen, sind in Baumbart gehüllt und tragen eine hölzerne Halbmaske.

Eine alte Halbmaske der Wilden Männer. Die Larven sind dunkelbraun, meistens gebeizt; auffallend sind die lange Nase, der herabhängende Schnurrbart aus Kuhschwänzen und die stark hervortretenden Augen.

Telfer Wilder, in Baumbart gehüllt. Der Schurrbart ist ausnahmsweise geschnitzt.

ten. Den ganzen Tag treiben sie Schabernack und erfreuen die Leute mit ihren Streichen und Sprüchen. Während die Älpler ihren «Znyni» essen, beginnt die Jagd der Wilden. Sie beschenken die Kinder mit Chräpfli und Nüssen. Ihren Hauptauftritt haben die Wilden aber am Nachmittag, wenn sie, von Darbietungen der Trachten- und Jodlergruppen umrahmt, im Ring ihre Sprüche aufsagen: In Versform geben sie heitere Vorkommnisse zum besten, die sich während des vergangenen Jahres zugetragen haben, wobei aber einem Beschluss des Landrates zufolge Übertreibungen zensuriert wurden, damit niemand beleidigt werde. Zeitweise war die Älplerchilbi mit einem Schwinget oder mit Volksspielen und Festumzügen verbunden. Heute geht man aber nach den Sprüchen gleich zum Tanz über, der bis zum Morgen dauern kann. Den eigentlichen Abschluss der Chilbi bildet aber erst der Zahlabend, wiederum verbunden mit Tanz, zwei bis drei Wochen später, wenn die Älpler die Rechnung für Speis und Trank mit dem Wirt begleichen.

Die Telfer Wilden an der Schleicherfasnacht in Tirol

Schon vor 1900 zogen die Wilden beim Schleicherlaufen durch das Dorf Telfs.

Die Wilden wirken beim Fasnachtsumzug als Ordnungsmannschaft, ähnlich wie die Sackner in Nassereith. Sie halten den Platz für die Festwagen, für die Schleicher, die Bären und die anderen Fasnachtsgestalten frei und sorgen für Ordnung. Die Wilden sehen schreckenerregend aus, sind aber den Zuschauern gegenüber sehr höflich und aufmerksam. Die Wilden hatten in einer Art offizieller Heischefunktion bis 1950 die Aufgabe, die Leute zur Kasse zu bitten. Diese Wilden, Hanser genannt, trugen zur Unterscheidung einen Löwen aus Pappe auf dem Kopf. Seit 1955 wurden sie durch die Gruppe der Kassierer ersetzt.

Eine zentrale Figur der Telfer Fasnacht ist der Panzenaffe, der, in einem Fass stehend, auf einem Wagen (bis 1900 einem Schlitten) durch den Ort gezogen wird. Der Wagen wird von einem Esel gezogen, den ein Wilder führt. Die Vorderseite des Fasses ziert ein Affenkopf. Affen und Wilde sind Symbole des Urwalds, des Urtümlichen, Ungebändigten. Der Panzenaffe schlägt die Tschinelle, schneidet dazu Grimassen oder streckt dem Publikum die Zunge heraus. Ein Wilder schlägt dazu mit einem Stock den Takt auf dem Fass.

Die Wilden sind völlig in Baumbart gehüllt. In der Hand schwingen sie einen knorrigen Prügel. Die Wilden bilden die einzige Gruppe an der Telfer Fasnacht, die eine hölzerne Halbmaske trägt. Auffallend sind die lange Nase mit der grossen Warze, der lange, herabhängende Schnurrbart aus Kuhschwanzhaaren und die stark hervortretenden Augenbrauen. Die Larven sind von dunkelbrauner bis schwärzlicher Farbe, meistens gebeizt. Viele Wilde haben sich ihre Holzmaske selber geschnitzt. Die ältesten Telfer Holzmasken finden sich heute bei privaten Sammlern und in Museen.

Über die Herkunft und Bedeutung der Telfer Wilden wurden verschiedene Theorien entwickelt. Für die einen stellen sie Waldmenschen dar, wie sie in Sagen und Märchen vorkommen. Nach einer anderen Anschauung verkörpern sie – im Sinne der Winteraustreibung – die Dämonen der rauhen Winternächte, die durch die prächtigen, farbigen Gestalten der Schleicher als Symbol des sieghaften Frühlings vertrieben werden. Nach einer anderen Deutung wiederum sind die Wilden das Sinnbild des Wüsten, Unmässigen, Rauflustigen. Auch mit dem Almabtrieb wurden sie in Verbindung gebracht und als Schutzgeister der Sennen bei Gewittern und anderen Naturereignissen gesehen.

Narr mit Schelle auf einer Spielkarte von Peter Flötner, um 1535. Germanisches Nationalmuseum Nürnberg.

Die Narren

Der Begriff der Narrheit hatte während des ganzen Mittelalters wenig mit Fröhlichkeit und Humor zu tun. Als Narr wurden Geisteskranke, Verrückte, in irgendeiner Weise nicht Zurechnungsfähige bezeichnet. Die alte Bezeichnung «Narrenhaus» zeugt noch davon. Narren und Krüppel wurden auf dieselbe Ebene gestellt. Wie der Krüppel durch ein körperliches Gebrechen gezeichnet war, war dies der Narr durch einen geistigen Mangel: beide wichen von der Norm ab und wurden aus der Gemeinschaft ausgegrenzt. Im mittelalterlichen Denken konnten sie nicht mehr als Ebenbild Gottes gelten, sie waren durch den Teufel Gezeichnete, der ja selber als verkrüppelt und hinkend dargestellt wurde.

Natürliche Narren und Schalksnarren

Im Mittelalter kannte man neben den sogenannten «natürlichen Narren», den körperlich oder geistig Behinderten, die «Schalksnarren», ganz normale, intelligente Menschen, die mit Talent und Verstellung zur Unterhaltung ihrer Zuhörerschaft die Narrenrolle spielten. Zu ihrer typischen Tracht gehörte die Narrenkappe mit den glöckchenbehangenen Zipfeln und den langen, spitzen Eselsohren, bisweilen auch Schnabelschuhe und die Marotte in der Hand. Diese Narren gehörten seit dem 12. Jahrhundert fest zum höfischen Leben, sie wurden so-

Tscherler Rölli von 1910, eine einzigartige Röllimaske mit Blätzlikleid und breitem Rollengurt (daher der Name Rölli). Der Tscherler Rölli ist eng verwandt mit dem Walenstadter Rölli.

gar zu einer Art Standesmerkmal, das man selbst im Wappen führte. Die ursprünglich aus Frankreich stammende Tradition der Hofnarren hatte ihren Höhepunkt im 15. und 16. Jahrhundert.

Unter dem Deckmantel der Narrenfreiheit konnten die Hofnarren sich gegenüber ihren Herren ungestraft Kühnheiten erlauben, die andern Mitgliedern des Hofstaates Kopf und Kragen gekostet hätten: sie konnten Kritik üben, Lächerlichkeiten blossstellen, Missstände anprangern und unliebsame Wahrheiten sagen. Ganz im Gegensatz zum dummen Toren avancierte der Narr so zum Träger höheren Wissens und zum Vermittler von tieferen Einsichten, die dem Herrscher sonst vielleicht verschlossen geblieben wären. Shakespeare stellte den Narren als einsamen Weisen inmitten einer Welt von Toren dar. «Kinder und Narren sagen die Wahrheit», wie es schon bei Hans Sachs heisst. Die Rolle des Hofnarren stand dabei immer im Spannungsfeld zwischen Scherz und Ernst, Unsinn und Weisheit, Erheiterung und Furchteinflössen.

Je dreister ihre Aussprüche gegenüber den Herrschern waren, desto mehr wurden sie auch zu den Lieblingen der breiten Bevölkerung. Anekdoten und Sprüche machten sie populär und widerspiegelten, was die Leute den Mächtigen gerne einmal selbst gesagt hätten.

Wangser Rölli von Anton Grünenfelder. Diese laufen an der Wangser Fasnacht und sind den Melser Rölli und den Märchler Rölli aus dem Kanton Schwyz ähnlich.

Genau in dieser Form lebt der Narr mit der Eselsohrenkappe und den Schellen als Fasnachtsfigur weiter, er geniesst Narrenfreiheit und übt närrische Kritik, die in spielerischer, heiterer Weise auf Missstände aufmerksam machen kann, ohne ernsthaft an der gegebenen Ordnung zu rütteln. Dieses Rügerecht wird in Schnitzelbänken und Fasnachtszeitungen wahrgenommen, die Umkehrung der Verhältnisse geschieht durch die Machtübernahme über die Rathäuser.

Narrengewand, Rollen und Schellen

Weissnarren, Fleckle-, Blätzle- oder Spättlegestalten

Unabdingbar mit der Fasnacht verbunden und auffälligstes Zeichen des Rollentausches ist die Verkleidung. Maske und Narrenkleid werden zusätzlich durch weitere Zeichen der Torheit wie Marotte, Eselsohrenkappe, Hahnenkamm und Schellen ergänzt.

Die Narrenkleider zeichnen sich immer durch ihre Buntheit und die Vielfalt der dekorativen Details, Muster, Applikationen, Bemalungen, aufgenähte Schellen, aus. Bereits beim schon mehrfach erwähnten Nürnberger Schempartlauf wurden die Fasnachtsgewänder mit Motiven verschiedenster Art bemalt, mit Pfauenfedern, Spiegeln, Spielkarten und Tierbildern, welche als Symbole der zu überwindenden menschlichen Laster (Hoffart, Selbstsucht, Triebhaftigkeit und Zufallsglauben) zu verstehen sind. Ein Vergleich der Narrenkleider lässt erkennen, dass neben den phantasievollen Vermummungen aus neuerer Zeit auch traditionelle, alte Formen der Narrenkleidung verwendet werden. Zu den im schwäbisch-alemannischen Raum am weitesten verbreiteten Verkleidungstypen gehören die Weissnarren sowie die Fleckle-, Blätzle- oder Spättlegestalten mit ihren Flickengewändern. In der Schweiz tragen zum Beispiel die Walenstadter Rölli, die Zuger Greth Schell, der Blätz von Schwyz und die Laufenburger Narros Blätzligewänder.

Möhringer Hansel aus dem Narrenschopf Dürrheim. Eine Narromaske mit Fuchsschwanz, bemaltem Weissnarrenhäs und Rollengurt.

Die Weissnarren

Der «Weissnarr» – ein 1950 von Wilhelm Kutter für die grosse Gruppe der Hansele und Narros geprägter Begriff – trägt ein weisses Leinengewand, das je nach Zugehörigkeit zu einer bestimmten Gruppe in verschiedener Art bestickt oder mit Ölfarben bemalt ist. Die Bildmotive bestehen aus Blumen, Früchten, Gestirnen, Tieren und Menschen. Zu den Weissnarren gehören die Rottweiler und Villinger Narros und jene von Hüfingen, Donaueschingen, Bräunlingen, Möhringen, Schramberg, Tiengen und Umgebung.

Schon für die Zeit um 1200 ist das bemalte Narrenkleid belegt, wie eine Stelle im «Tristan» Gottfrieds von Strassburg zeigt:

«Er hiez im ein toren kleit
An der stete machen
Von wunderlichen sachen:
Einen rok seltsaen getaen,
Und eine gugel daran,
Uz snoe dem tuoche, daz was gra;
Dar uf gesniten hie unt da
Narren bilde uz roter wat,
Daz nie man gesehen hat
So toerich einen rok gestalt.»

Dürrheimer Narros mit gesteifter Halskrause, bemaltem Weissnarrenkleid, seidener Krawatte, Fuchsschwanz und Ledergurten mit Rollen.

Der Typus des Weissnarren ist teilweise wohl beeinflusst durch den Hans Wurst des Wiener Volkstheaters, eine Figur, die ursprünglich das «fleischliche Leben» verkörpern sollte, dann aber zum Inbegriff des Tölpels und Spassmachers wurde. So ziert das Gewand der Narren von Bräunlingen die gemalte Figur eines Hansels, der jenem des Wiener Volkstheaters ganz ähnlich sieht. Heute stellt das «Kleidlemachen» bei den Weissnarren eine eigentliche künstlerische Tätigkeit dar, in der es die Rottweiler Gschell und Biss mit ihrer Malerei zur grössten Fertigkeit gebracht haben.

Donaueschinger Hansel aus dem Narrenschopf Dürrheim. Die Narrolarve ist eine Glattlarve mit aufgemaltem Bärtchen. Das lieblich lächelnde Gesicht wird von Blumen, Früchten, Federn und Bändern umrahmt. Dazu trägt er ein bemaltes Weissnarrenkleid.

Flecken-, Blätzle- oder Spättlekleider

Die Flickenkleider sind vermutlich im 15. Jahrhundert aufgekommen. Die erste bildliche Darstellung stammt aus der Zeit um 1600: Sie zeigt die Figur des Arlecchino, des Spassmachers der italienischen Commedia dell'arte in einem mit bunten Flicken besetzten Kostüm.

Die Flickenkleider bestehen aus einem Untergewand aus Baumwolle oder Leinen, auf dem kleine Stoffstückchen aufgenäht sind. Beim sogenannten Blätzle- oder Spättlekleid sind die einzelnen Stoffflicken nach den Regeln der jeweiligen Zunft gestaltet: aus bestimmten Farben und Formen, oft in regelmässigen Reihen dachziegelartig so dicht übereinandergelegt, dass der Grundstoff

Zwei Zeller Spielkartennarros und ein Bändelenarro. Als vor den Toren von Zell eine Papiermühle entstand, kamen findige Narren auf die Idee, aus den Papierabfällen Streifen zu schneiden und daraus ein Fasnachtskleid zu basteln. Eine jüngere Variante ist der Spielkartennarro.

kaum mehr zu sehen ist. Solche Fasnachtskleider tragen in der Schweiz die Rölli von Walenstadt im Sarganserland, die Narros von Laufenburg, der Blätz von Schwyz oder die Greth Schell in Zug; in Deutschland finden wir sie in Oberndorf am Neckar und bei den Elzacher Schuddigen, um nur einige Beispiele zu nennen. Sonderformen der Flickengewänder sind solche mit Bändern und Federn, wie sie beispielsweise vom Bändelenarro in Zell am Harmersbach oder dem Federehannes in Rottweil getragen werden. Eine spezielle Form des Flecklegewandes trägt der Spielkartennarro von Zell am Harmersbach.

Zur Bedeutung der Flicken- und Blätzlegewänder an der Fasnacht wurden schon verschiedenste Theorien entwickelt. Die neueste Fasnachtsforschung nimmt an, dass diese Gewänder erst im Spätmittelalter im höfischen und städtischen Bereich aufkamen. Das Blätzlegewand war in seiner Herstellung sehr einfach und billig, fanden sich doch leicht alte Stoffreste. Erst später wurden die Stoffflicken in genau vorgeschriebener Farbwahl und Reihenfolge aufgenäht.

Schellen und Rollen

Eines der häufigsten und am weitesten verbreiteten Attribute der Narrenkleidung sind Schellen und Rollen. Schellen sind grosse Glocken, die meistens an einem ledernen Hüftgürtel um den Bauch getragen werden; Rollen sind kleinere oder grössere Glöckchen oder bis apfelgrosse Metallkugeln mit eingesägtem Schallschlitz und darin herumrollenden Metallkugeln. Sie sind als Einzelrollen an den Narrenkappen oder am Narrenkleid befestigt oder werden – wie in der süddeutschen Fasnachtslandschaft verbreitet – als Rollenband oft kreuzweise quer über die Brust und den Rücken, teilweise auch als Hüftgürtel um den Bauch getragen. Zuweilen sind die Rollen auch an den Knöcheln oder Knien des Narrengewands befestigt. Die Glocken, die von ihren Trägern durch rhythmisches Aufspringen zum lautstarken Klingen gebracht werden, können ein beträchtliches Gewicht aufweisen, etwa jene der Scheller von Imst oder die Treicheln der Joheen von Einsiedeln, die nur von starken Männern während des ganzen Tages getragen werden können. Rollen und Schellen, die mehr als 25 Kilogramm wiegen, sind heute an der Fasnacht keine Seltenheit.

1709 beschreibt der Wiener Prediger Abraham a Sancta Clara den «einfältigen Narren» als einen Menschen, der «hint und vornen» mit Schellen geziert sei.

Schellen und Rollen gehören in Deutschland zum Rottweiler Narrensprung, zum Strählen der Villinger Narros, zum Tanz der Bräunlinger Hansel ebenso wie zum Umzug der Wolfacher Hansel. An der Strassenfasnacht in der Schweiz finden sie sich bei den Walenstadter und Märchler Rölli, bei der Nüsslerrott im Kanton Schwyz und der Zuger Greth Schell mit den Löli, bei den Mummerie und Johee von Einsiedeln. In Österreich sind sie prägendes Merkmal der Imster Roller und Scheller: «D Imster giahn i d'Schalla», heisst es, wenn alle paar Jahre der Schemenlauf stattfindet. Scheller werden die Narren mit den schweren Treicheln, Roller jene mit den leichteren Rollengurten genannt. In der Schweiz tragen die Einsiedler Joheen schwere Treicheln und die Mummerien das leichtere Geröll.

Die Schellen und Rollen als Kleiderbesatz haben ihren Ursprung in der Priesterkleidung des alten Orients. Schon die Bibel beschreibt das Kleid des Hohepriesters als mit Glöckchen und Granatäpfeln geschmückt. Die Glöckchen sollten, wie dem alttestamentlichen Bericht zu entnehmen ist,

Imster Scheller aus Tirol mit prächtigem, spiegelgeschmücktem Kopfputz, markanter männlicher Maske mit riesigem Bart und grossen, bis zu vierzig Kilogramm schweren Schellen.

Seine Schellen bringt der Imster Scheller zum Dröhnen, wenn er zusammen mit dem feineren Roller, einer Figur mit engelhafter Glattlarve, seine Tanzbewegungen, «Ehestandsbewegungen» genannt, vorführt.

Einsiedler Mummerie aus dem Kanton Schwyz. Das Kostüm und die barocke Maske des Mummerie haben eine gewisse Ähnlichkeit mit jenen der Imster Roller. Er trägt eine schwarze, kraushaarige Perücke mit Filzhut, ein gelb-schwarz-rot gestreiftes Tüchlikleid und eine Mühlsteinkrause. Über der Schulter hängt ein breites Pferdegeröll.

Der Narr von Pfäffikon (Schwyz), eine junge Narrenfigur mit Eselsohren, Glöcklein und Marotte. Die Maske, in den Farben von Päffikon gehalten, wurde von Markus Kläger geschnitzt.

die Aufmerksamkeit auf den Gottesdienst lenken. Immer wieder wurden die Glocken von den Kirchenvätern als Zeichen der Hinwendung zum Jenseits gedeutet. Vor diesem Hintergrund ist zu verstehen, dass auch der Papst um das Jahr 1000 Glöckchen an seiner Kleidung trug. Etwa von der gleichen Zeit an und bis ins 13. Jahrhundert sind sie auch als kaiserliches Herrschaftszeichen belegt. Der Glöckchenbehang verflachte in der Folge zunehmend, wurde zum Schmuck der vornehmen Kleidung und später auch jener der Mittel- und Unterschichten. In einem Sprichwort aus dem 15. Jahrhundert heisst es noch: «Wo die Herren sein, da klingeln die Schellen.» Der Schellenschmuck wurde zur Volksmode und nahm derart überhand, dass in Ulm 1406 das Tragen von Schellen und Glocken in der Kirche ausdrücklich untersagt werden musste. Ende des 15. Jahrhunderts distanzierten sich die Vornehmen vom Schellenschmuck, vermutlich weil das Volk und die Narren ihn inzwischen übernommen und umgedeutet hatten.

Neben der Tradition des Glockenschmucks als Herrschaftszeichen gibt es noch eine Überlieferung in anderer, negativer Bedeutung. Nach biblischer Auffassung ist der Mensch ohne Liebe, ohne Hinwendung zu Gott und zum Nächsten, gleich dem «tönenden Erz oder einer klingenden Schelle» (1. Kor. 13, 12). Aus diesem Zusammenhang heraus wurden die Schellen zum typischen Attribut der Kleidung von Narren und Krüppeln: Beide hatten sich im mittelalterlichen Denken von Gott abgewandt, waren Sünder und Gottlose. Auf einem Gemälde von Pieter Breughel sind denn auch Krüppel mit Schellenbändern zu sehen.

Eselsohren, Marotte und Spiegel

Klassisches Merkmal des Narren ist in vielen Gebieten auch heute noch die Narrenkappe mit den Eselsohren. Im Sinne der mittelalterlichen Tierallegorie weist sie auf die Lasterhaftigkeit ihres Trägers hin, insbesondere auf Trägheit und mangelnden Glaubenseifer. Heute kaum mehr im ursprünglichen Sinn verstanden, dient sie ganz allgemein als Zeichen des närrischen Treibens und fasnächtlicher Ausgelassenheit.

In der Hand trägt der Narr oft die Marotte, die seit 1440 in Bildzeugnissen, so in zahlreichen Holzschnitten zu Sebastian Brants «Narrenschiff», und in der Narrenliteratur der Zeit als eines seiner typischen Merkmale belegt ist. Noch heute gehört sie zur Ausstattung vor allem der deutschen Narros und Hansele. Die Marotte besteht aus einem Stab oder einer Keule, die mit einem geschnitzten Porträt ihres Trägers, des Narren, versehen ist. Sie ist das Sinnbild der törichten Selbstgefälligkeit und Selbstbespiegelung und damit nach mittelalterlicher Vorstellung der Abkehr von Gott und dem Nächsten.

Ähnliche Bedeutung hatte der im Fasnachtsbrauchtum weniger verbreitete Spiegel als Kennzeichen des Narren: Er war Sinnbild der Eitelkeit und Hoffart und findet sich in dieser Bedeutung auf vielen Holzschnitten des Mittelalters. In einem anderen Sinn, nämlich als Mahnung zur Selbsterkenntnis, wird er zu Beginn des 18. Jahrhunderts

Die Marotte, in welcher der Narr sein Ebenbild wiedererkennt, ist das älteste Kennzeichen der Narrheit überhaupt.

Abbildung des geschwätzigen Narren aus Sebastian Brants «Narrenschiff», Basel 1494.

Drei Narren mit Narrenkappe, Eselsohren und Marotte in selbstverliebtem Zwiegespräch und obszöner Pose. Sie zeigen die Folgen der Fixierung des Narren auf sich selbst. Kupferstich von 1642 nach einem Blatt von Pieter Brueghel.

dargestellt. Neben dem historischen Beispiel der Nürnberger Schempartläufe sind die Spiegel noch heute Teil des Kopfputzes der Imster Roller und Scheller und der Thaurer Spiegeltuxer in Tirol.

Der Narr als Sinnbild der Triebhaftigkeit

Die Zurschaustellung der triebhaften Seiten des Menschen war seit dem Mittelalter Teil der Fasnacht. Sie fand ihren bildhaften Ausdruck in der Darstellung fleischlicher Genüsse sowohl im unmittelbaren wie im übertragenen Wortsinn. Der Mensch wird als ein auf seine Körperlichkeit reduziertes Wesen gezeigt, ausschliesslich durch Triebe und leibliche Bedürfnisse bestimmt und ohne jede geistige Dimension.

Der üppige Fleischgenuss als Zeichen der Unmässigkeit und Völlerei ist immer noch in verschiedenen Brauchhandlungen gegenwärtig: Würste werden präsentiert und umhergetragen, sie dienen als Kopfschmuck des Villinger Butzesels, und auch die an der Rottweiler Fasnacht auftretenden

Der Hanswurst, die Verkörperung des Fleischlichen, ziert bis heute die Weissnarrenkleider.

Der Villinger Butzesel, mit Würsten geziert, Symbol der fleischlichen Genüsse in all ihren Bedeutungsfacetten.

Brieler Rössle versuchen immer wieder auszubrechen, um sich in den Metzgereien mit Würsten schmücken zu lassen. Die Beschränkung auf das Fleischliche wurde denn auch zum Inbegriff des Narrentums schlechthin, wie es die Figur des Hans Wurst verkörpert; bis heute ziert er die Narrenkleider der süddeutschen Weissnarren. Fleisch und Würste dienen nicht nur als Narrenschmuck, auch ihr Verzehr gehört, neben anderen Speisen, zu verschiedenen Fasnachtsbräuchen.

Das Fleisch und die fleischlichen Genüsse stehen, wie schon der Wortgebrauch zeigt, in einem engen Zusammenhang. Bereits in der Sprache der Bibel wird der Geschlechtsakt als «fleischlicher Akt» bezeichnet. Zahlreiche Fasnachtsspiele und bildliche Darstellungen aus dem 15. und 16. Jahrhundert belegen, dass Körperlichkeit und Sexualität seit Jahrhunderten ein Thema der Fasnacht und des Narrentums waren. Dabei waren Sprache und Bilder oft sehr direkt und unverhüllt. Ein spätmittelalterliches Fasnachtsspiel (zitiert bei D.-R. Moser) lässt eine Frau vom erfolglosen Animieren ihres Mannes zum Beischlaf sprechen:

«Er graif mir wohl mit der hand daran
Und macht uns paiden ain grossen lust,
Das ich in drucket an mein prust
Und halset und kusset in an ain packen
Und ward in in den hinder zwacken
Und sprach: Ich lass dich nit mit ruo schlafen,
Du tuest mich dan mit Adams gerten strafen
Und spilt im vor mit schimpflichen sachen;
Noch kunt ich in nie rasig machen,
Das er wolt auf sitzen und lernen reiten
Und wie man solt mit frauen streiten.»

Verschiedenste bildliche Darstellungen, so etwa eine Federzeichnung von Urs Graf aus dem Jahr 1523 oder Holzschnitte von Hans Brosamer (um 1530), veranschaulichen die Liebestollheit des Narren, welcher der üppigen Sinnlichkeit einer nackten Schönen erliegt. Als Zeichen der Geilheit dienen bei Urs Graf der Bocksbart am weit vorspringenden Kinn und die Büschel aus Hahnenfedern an seiner Kappe. Hans Sachs lässt eine verführerische Dame in solchem Zusammenhang triumphierend sagen: «Mit süss und schmeichelhafftig wortn / Fell ich die narren an vil ortn / Trenck sie mit gifft aus meyner schaln / So müssen sie das gloch bezaln.»

Die Lust am Derben und Groben, am Überschreiten aller Regeln von Sitte und Anstand wird auch heute noch bei den Umzügen und verschiedensten Brauchhandlungen sichtbar. Vor allem unter der Maske der Hexe gehen die Narren recht unzimperlich mit dem weiblichen Geschlecht um. Warnungen vor ihrem verwerflichen Treiben lassen sich daher über lange Zeit verfolgen. So wird an der Elzacher Fasnacht warnend verkündet: «Ihr Mütter, wenn der Narren Zeit rückt an, / Hängt euren Töchtern Schlösser an. / Und wenn der Narr den Schlüssel hat, / So denkt, was ich euch gesagt!»

Immer wieder ein beliebtes Thema ist das Zeigen von Bettwäsche und Leibwäsche. So ziehen die Krienser Wöschwyber in der Innerschweiz

Der Narr als Sinnbild der Unmässigkeit und Triebhaftigkeit fand seinen Niederschlag in zahlreichen Bildzeugnissen, so etwa in einem Kupferstich aus dem 16. Jahrhundert von Barthel Beham. Rijksprentenkabinett Amsterdam.

demonstrativ ihre Röcke hoch und zeigen den Zuschauern ihre Unterwäsche. In Villingen und andern Orten der schwäbisch-alemannischen Fasnacht werden Bett- und Leibwäsche an Leinen quer über die Strasse gehängt. Bei Umzügen werden mancherorts Betten mitgeführt, in denen das Liebesleben vorgeführt wird, wobei öfters junge weibliche Zuschauerinnen als Beteiligte ausgesucht werden. Noch krasser wird die fleischliche Lust und ihre Vergänglichkeit beim Schemenlauf in Imst in Tirol dargestellt: Als schönes junges Paar führen Roller und Scheller auf offener Strasse die Bewegungen des Geschlechtsverkehrs, «Ehestandsbewegungen» genannt, zur Schau. Zwei verhutzelte alte Leute, die Figuren von Laggeroller und Laggescheller, versuchen – allerdings vergeblich – es ihnen gleichzutun. In diesen Zusammenhang gehört auch das Mädchenjagen der Lötschentaler Roitschäggättä, das Mädchenfangen der schwäbisch-alemannischen Fasnacht und ähnliche meist von Hexen ausgeführte Brauchhandlungen an vielen anderen Fasnachtsorten.

Von der Kirche als sündhaft betrachtet, war es nur naheliegend, alles Geschlechtliche und damit auch Hochzeiten der Zeit der Fasnacht zuzuordnen. In der Fastenzeit waren Hochzeiten verboten, damit nichts diese Zeit der Einkehr und der Enthaltsamkeit störte. In der Literatur finden sich zahlreiche Belege dafür, dass die Fasnachtszeit als bevorzugter Heiratstermin galt:

«Tantzen, springen, frölich leben,
Daz bringt die vassnacht überlautt.
Darzu verkaufft man manche prautt.»

Und in einer anderen um 1515 erschienenen Schrift heisst es:

«Es ist ein kurtze fasenacht
Noch wirt menge hochzeyt gemacht.»

Wie stark man die Hochzeiten in der Fasnachtszeit zu fördern suchte, belegen verschiedene Bräuche, deren Ziel es war, die ledig gebliebenen Frauen blosszustellen und dem Spott der Zuschauer auszusetzen. Bekanntestes Beispiel ist das sogenannte Eggenziehen des 15. und 16. Jahrhunderts, bei dem am Aschermittwoch die noch ledigen Mädchen im heiratsfähigen Alter vor einen Pflug gespannt wurden. Dieser Brauch lebte in weiteren, abgewandelten Formen noch an verschiedenen Orten fort.

Ebenso wie die Hochzeiten wurden auch Tanzvergnügen, die von der Kirche als unzüchtig und verwerflich verurteilt wurden, vornehmlich auf die Fasnachtszeit festgelegt. Es galt: «Wer syn tochter frumm wil hon, / Der lass sy an kein dantze gon.» Der Tanz ist ein wesentliches Element fasnächtlichen Treibens, bei dem besonders

Ein Holzschnitt aus dem 16. Jahrhundert, der in drastischer Deutlichkeit die Fixiertheit des Narren auf Körperlichkeit und Sexualität zeigt.

im Spätmittelalter der erotische, ja eindeutig sexuelle Aspekt im Vordergrund stand. Die einleitenden Worte zu einem beliebten damaligen Fasnachtstanzspiel, die mit Derbheit, Anzüglichkeit und selbst Obszönität nicht zurückhalten, machen dies deutlich:

«Wer tanzen wil von jungen und alten,
Der sol dreu dink am tanz hie halten:
Das erst, das er am tanz kain frauen
Nit heimlich in der hend sol krauen;
Das ander, das er nit sol werben
Der leiben ümb die untern kerben;
Das dritt, das er kainn schiss loss,
Das in der wirt icht arsposs.»

Und im weiteren Verlauf des Spiels sagt einer der Mitwirkenden zu einer schönen Jungfrau:

«Find ich euch in einem meienpad,
so wil ich euch an der selben stat
Mit meinem ailften vinger krauen.»

Narren und Altweibermühlen

Viele Fasnachtsspiele haben eine belehrende Absicht: Sie wollen dem Menschen den Spiegel vorhalten, sein Verhalten als töricht entlarven und ihn zu tieferer Einsicht führen. Dazu gehört auch das Motiv der Altweibermühle, das in Abwandlungen in zahlreichen Fasnachtsspielen vorkommt. Verjüngungsspiele an der Fasnacht sind schon seit dem 15. Jahrhundert belegt, wobei neben dem Motiv der Mühle auch jenes der Jungschmiede verbreitet war. Ursprungsgebiet der Altweibermühlen ist der niederländische oder norddeutsche Raum.

Der Wunsch nach ewiger Jugend, die Vorstellung, den Lauf der Zeit und des Alterns aufhalten zu können, gehört zu den ältesten Sehnsüchten des Menschen. Dies als Torheit und Narrheit, also als typisches Motiv der «verkehrten Welt» aufzuzeigen, ist Gegenstand der betreffenden Spiele.

Die Mühle wurde in Volksglaube und Sagen, wohl begründet durch ihre Lage ausserhalb der Ortschaften, seit jeher mit Spuk, Zauber, Hexerei und dem Teufel in Verbindung gebracht und wurde aufgrund ihrer einsamen Lage auch als Schauplatz des Erotischen, Unmoralischen, als Ort des Lasters gesehen. Das Handwerk des Müllers galt wegen des Verdachts des betrügerischen Umgangs mit dem ihm anvertrauten Getreide als unehrlich, man glaubte, er stehe mit dem Teufel im Bunde. Nach der christlichen Auslegung des Mittelalters war die Mühle Sinnbild der Rastlosigkeit und Ziellosigkeit des weltlichen Treibens. In einer Predigt aus der Zeit um 1498 aus der Gegend des Oberrheins heisst es: «... sie lauffen herumb gleich wie ein Windtmühl, die treibt der windt auff welche seiten er dazu gath.» In dieser Bedeutung taucht das Motiv der Mühle beim Nürnberger Schempartlauf auf, und bei Sebastian Brant ist es zum ausdrücklichen Narrenthema geworden, das ab 1500 in verschiedenen Formen im Narren- und Fasnachtsbrauchtum vorkommt.

Aus dem 16. und 17. Jahrhundert stammen die ersten Narrenmühlen in der bildenden Kunst. Die älteste bekannte Darstellung ist ein niederländischer Holzschnitt von 1600, der eine «Altweibermühle» zeigt: Alte Frauen werden auf dem Rükken oder mit Schubkarren herbeigebracht, durch

Die Altweibermühle in der Darstellung eines Holzschnitts von Marx Anton Hannas, Augsburg 1630. Germanisches Nationalmuseum Nürnberg.

Die Altweibermühle. Holzschnitt um 1600. Kupferstichkabinett Amsterdam.

die Mühle gelassen und kommen kopfüber als junge Mädchen wieder heraus. Das älteste und zugleich bekannteste Fasnachtsspiel zu diesem Thema, die «Altweibermühle von Trippstrill», wurde um 1787 von Georg Anton Bredelin geschaffen und ab 1800 an der Fasnacht in Wolfach im Kinzigtal aufgeführt; die Umgestaltung in die heutige Form stammt von Josef Krausbeck. Seit der Mitte des 19. Jahrhunderts tauchen vielerorts Altweibermühlen an der Fasnacht auf, so auch beim Telfer Schleicherlaufen und beim Schemenlaufen in Imst in Tirol. In Sterzing darf die Altweibermühle bei keiner Fasnacht fehlen. Beim dortigen Mühlen-Spektakel geht es makaber zu und her: Hexenähnliche Weiber werden an einem Galgen zu den Müllersknechten auf die Mühle gehievt und in den Trichter geworfen, um die Mühle als junge Mädchen wieder zu verlassen. Der Zauberspruch des Müllers lautet: «Allo, mein Mühlrad! Wie der Wind! Dich hurtig trill herum! Nimm sie nur wacker bei dem Grind! Die ganz Natur kehr um!»

In der Schweiz kennt man die Altweibermühle als Alti Rellete oder Meitli-Rellen in Wollerau und anderen Orten des Kantons Schwyz. Die Bezeichnung kommt ursprünglich von «röllen/rällen», was Enthülsen oder Mahlen von Korn oder Obst bedeutet.

Anlass zur Verjüngung meist der Frauen durch ihre Ehemänner ist, ihre erotische und sexuelle Attraktivität zu erneuern, denn, wie die Inschrift auf einem Kupferstich zum Thema lautet: «Alte Weiber in dem Bett / machen ein verdriesslich Leben.»

Immer wieder werden die Folgen einer solchen einseitigen Verjüngung thematisiert. Die erfolgreich verjüngten Frauen des Wolfacher Fasnachtsspiels haben für ihre altgebliebenen Ehemänner nur Spott übrig und laufen ihnen mit einem jüngeren Liebhaber davon. Die Weberin zu ihrem Mann: «Ei bhüt mich Gott vor dir! Um einen Kavalier ich buhl. Ich brauche keinen Weberstuhl. Geh, Weber, flieh vor mir.»

Narrenschiff – Kirchenschiff

Auf die Fasnacht 1494 erschien in Basel «Das Narrenschiff» des Sebastian Brant, das eines der erfolgreichsten und populärsten Bücher seiner Zeit wurde. Im Bild des Narrenschiffs, das die Narren und Gottlosen trägt, geisselt Brant alle menschlichen Torheiten und Laster als Verstösse gegen die

«Das Narrenschiff» von Sebastian Brant, an der Fasnacht 1494 in Basel herausgegeben. Rückseite des Titelblatts.

Gebote der Kirche. Auch die Deutung der Fasnachtszeit als Gegenwelt zur nachfolgenden Fastenzeit findet sich bei ihm, und entsprechend deutlich verweist er auf den Aschermittwoch als Ende des Narrentreibens.

Sebastian Brants «Narrenschiff» ist jedoch vor dem Hintergrund der langen Tradition dieses Motivs zu sehen. Die Fahrt mit dem Schiff über das Meer mit seinen Gefahren war schon bei den alten Völkern ein beliebtes und verbreitetes Bild für das Leben; in frühchristlicher Zeit wurde es umgedeutet zum Schiff der Kirche im Meer der Welt. Grundlage bildete Matthäus 8,23 «Jesus trat in ein Schiff» und Lukas 5,3 ff. mit der Bezeichnung der Kirche als «Schiff Petri», was, erstmals beim Kirchenschriftsteller Tertullian ausgeführt, zu einem äusserst beliebten Bild in Kirchenschriften und Predigtliteratur wurde. Bei seiner Ausformung spielte vor allem die franziskanische Tradition eine Rolle: Sie war es, die dem Kirchenschiff mit Christus als Steuermann das Narrenschiff mit dem Teufel als Steuermann als Gegenbild gegenüberstellte. Ziel war, dadurch möglichst viele Menschen zur Umkehr, bildlich zum Verlassen des Narrenschiffs und zum Besteigen des Kirchenschiffes als Schiff des Heils, zu bewegen. Durch das Werk Sebastian Brants erlangte diese Vorstellung im Spätmittelalter eine ausserordentli-

Der Narr erleidet Schiffbruch, bildhafter Ausdruck der Folgen von Sünde und Gottesferne. Aus Sebastian Brant, «Das Narrenschiff».

che Verbreitung und Geläufigkeit, die sich in einer Fülle von Narrenschiff-Predigten und ebenso in zahlreichen Darstellungen der bildenden Kunst niederschlug.

Für das Fasnachtsbrauchtum ist das Motiv des Narrenschiffs beim Nürnberger Schempartlauf von 1506 und 1539 belegt. Dort wurde eine Schiffsattrappe auf Rädern umgeführt, deren Ausstattung und Besatzung in einer Chronik folgendermassen geschildert wird: «Item sie heten segelpaum und ein wannen darauf, darin sass ein teufel, der traib vil narrenweis...» Am Ende wurde das Schiff gestürmt und verbrannt. Es ging darum zu demonstrieren, dass das Narrenschiff mit dem Ende der närrischen Zeit am Aschermittwoch untergehen muss, die Narren sich in das Schiff des Heils, die Kirche, retten müssen. Auch im Fasnachtsbrauchtum der jüngeren Zeit ist das Narrenschiff immer noch beliebt, so gehörte und gehört es immer wieder zu den bevorzugten Wagentypen beim Karneval in Köln, Mainz, Düsseldorf und Freiburg. Auch die in ihrer Form einem Schiff ähnliche rheinische Narrenkappe ist wahrscheinlich in diesem Zusammenhang zu sehen. Der Hintergrund der mittelalterlichen Vorstellung vom Schiff der Busse und jenem des Heils ist jedoch durch die Aufklärung allmählich in Vergessenheit geraten und hat sich durchmischt mit rein spielerischen Formen der Piraten- und Seefahrerromantik.

Heidnische und exotische Narrenfiguren

Türken, Mohren, Juden, Indianer, Zigeuner, Chinesen und «Japanesen» gehören schon seit dem Mittelalter zur «verkehrten Welt» der Fasnacht. Sie waren Nichtchristen, aus der Sicht der Kirche also Aussenseiter und eine Bedrohung der mittelalterlich-christlichen Welt- und Wertordnung. Daher wurden sie im Fasnachtsbrauchtum auch zu Narrenfiguren, zur Verkörperung des Gottlosen, Bösen. Dies wurde noch durch die Tatsache verstärkt, dass die Türken seit dem 14. und 15. Jahrhundert für das Abendland eine tatsächliche militärische Bedrohung bedeuteten.

Die Türken waren seit 1500 Gegenstand von Fasnachtsspielen, wobei sie unter anderem auch als «guter Heid» eine Rolle spielten, so in einem Fasnachtsspiel von Hans Rosenplüt. In Nürnberg traten erstmals beim Schempartlauf von 1507 junge Kaufleute als Türken verkleidet auf. Bis heute sind die Pluderhosen der Weissnarren von Rottweil und Oberndorf mit Türkendarstellungen geschmückt. Türken gehören vielerorts in verschiedenster Form zum Fasnachtsgeschehen.

Die Mohren, als eine weitere Gruppe «Ungläubiger», waren bereits am Nürnberger Schempartlauf von 1485 zu sehen und haben bis heute nichts von ihrer Beliebtheit im Fasnachtsgeschehen eingebüsst. Während auf der einen Seite schon das Schwärzen des Gesichts zur Kennzeichnung als Mohr genügt, treten auf der anderen Seite Mohren mit aufwendigem Fasnachtskostüm und geschnitzter Holzmaske auf, so in Imst und Nassereith in Tirol oder, geschminkt und mit Holzlarven von bescheidenerer Form, im Sarganserland.

Der Indianer von Paul Stoop aus Flums (oben), eine beliebte Fasnachtsfigur der Kinder im Sarganserland.

Der Mohr, geschnitzt von Franz Gantner aus Flums, eine Einzelfigur im sarganserländischen Fasnachtsbrauchtum.

Narr mit Schweinsblase. Relief auf der Brunnensäule des Storchen- oder Pfeiferbrunnens von Hans Gieng in Bern, entstanden 1544/46.

Auch die Juden als Nichtchristen gaben im Fasnachtsgeschehen willkommene Spottfiguren ab, Negativgestalten, von denen man sich absetzen konnte. In Regensburg sind solche Auftritte schon im 15. Jahrhundert bezeugt. Im Sarganserland wurde im 19. Jahrhundert eine Judenlarve geschnitzt und als Einzelfigur an der Fasnacht getragen.

Die Verkörperungen des Fremden und Exotischen geben bis heute beliebte Fasnachtsgestalten ab. Indianer- und Zigeunerfiguren finden sich an der Fasnacht im Kanton Schwyz in der Rott der Nüssler, am Karneval von Bellinzona tritt der König Rabadan auf, und auch die Japaner der aus konkretem politischem Anlass entstandenen Japanesenspiele der Schwyzer Fasnacht sind vor diesem Hintergrund zu sehen (siehe Seite 171).

Narrenbrunnen

Der Brunnen spielt für die Narren seit dem Spätmittelalter eine wichtige Rolle. Es gab schon im 15. Jahrhundert eine auffallend grosse Zahl von Brunnenbräuchen, die oft dem bäuerlichen und handwerklichen Lebenskreis zuzuordnen sind; verbreitet war das Brunnenwerfen auch als Aufnahmeritual in Handwerkszünfte und studentische Burschenschaften und hat sich als solches zum Teil bis heute erhalten. Bei Hans Sachs findet sich erstmals die Erwähnung der Wasser- und

Jungbrunnen mit einem auf der Brunnensäule stehenden Narren. Holzschnitt von Erhard Schön, um 1535. Germanisches Nationalmuseum Nürnberg.

Narrenbrunnen in Wolfach, mit den Fasnetfiguren Wohlauf-Mann mit ausgestrecktem Arm, Mehlwurm-Hansel, Rösle-Hansel, Nussschalen-Hansel, Schellen-Hansel und der Hexe Alde Rungunkel.

Brunnenfigur des Hanselebrunnens von Hüfingen.

Brunnenstrafe im Zusammenhang mit den Narren. Brunnenbräuche waren als Abschluss der Fasnacht am Aschermittwoch verbreitet.

Der Brauch des Brunnenwerfens wird in vielen Verboten erwähnt. So werden 1436 in Basel die Handwerksburschen ermahnt, «an Eschermittwochen nit einander zu trengen, ze zehren und in den Brunnen zu werffen». Der Rat zu Bern verbot 1480 «das werfen der junkfrauen in die bäch». Den Zünften von Freiburg war seit 1539 das «vassnachten, königreich, eschermittwochen und butzengon oder brunnentragen» verboten.

Hanselbrunnen von Donaueschingen. Der Leitspruch der schwäbisch-alemannischen Fasnacht ist: «Freuet Euch von früh bis spoht, dass es jetzt wieder drgege goht!»

Das Brunnenwerfen galt als symbolische Bestrafung der Narren. Am Ende der Fasnacht diente es dazu, die Narren von der Torheit zu befreien und damit das Ende der närrischen Zeit zu besiegeln. In Waldshut war es üblich, am Ende der Fasnacht den Narro zu ersäufen. Auch in Überlingen behauptete sich die Sitte, einander gegenseitig in den Brunnen zu werfen. Bis heute bildet nach dem Umzug am Fasnachtssonntag der Brunnensprung zweier junger Männer den Mittelpunkt des örtlichen Narrentreibens. Auch das Bespritzen der Zuschauer mit kaltem Brunnenwasser ist vielerorts Teil der Fasnachtsbräuche. Besonders ausgeprägt erhalten hat es sich in Imst in Tirol, wo die Altfrank-, Mohren- und Engelspritzer die Zuschauer mit einem dünnen Wasserstrahl aus ihren Wasserspritzen necken. Ähnliche Figuren treten auch in der anderen Tiroler Fasnachtshochburg, in Nassereith, auf. Zu den fasnächtlichen Brunnenbräuchen ist auch das Waschen der Geldbeutel am Aschermittwoch zu zählen.

In ganz anderer Bedeutung dient das Wasser an verschiedenen Orten auch als Narrentaufe, als Zeichen der Aufnahme neuer Mitglieder in den Kreis der Narren. Um dies zu versinnbildlichen, wird zum Beispiel in Haslach im Kinzigtal eine Puppe aus dem Wasser gezogen.

Narrenbrunnen sind ganz ausgeprägt eine Besonderheit des schwäbisch-alemannischen Raumes. In der Schweiz kennen wir nur den Fritschibrunnen in Luzern und den Greth-Schell-Brunnen in Zug, die jedoch keine brauchtümliche Funktion haben, sondern der Selbstdarstellung der Zünfte dienen. Im südwestdeutschen Gebiet wurden in ähnlichem Sinne etwa seit den 60er Jahren unseres Jahrhunderts viele Brunnen mit den lokaltypischen Maskengestalten, mit Narros, Hansele, Hexen und anderen ortstypischen Figuren, gekrönt. Die Verewigung von Narrengestalten macht auf das Fasnachtsbrauchtum aufmerksam und betont dessen Bedeutung für den Ort.

Der Kappedäschle-Brunnen von Radolfzell. Es gilt der Spruch: «Aller Anfang ist schwer, und die Narrheit ist aller Weisheit Anfang.»

Alte Märchler Maske, ein Vorläufer des Märchler Rölli.

Holzmaskenbrauchtu der Schweiz

Kerngebiete und Ausstrahlungen

Kerngebiete des Maskenwesens und des Brauchtums mit Holzmasken in der Schweiz sind das Sarganserland (Kanton St. Gallen) mit Flums als Maskenzentrum, Kriens im Kanton Luzern, der Kanton Schwyz mit den Orten der March (Siebnen) und der Höfe (Wollerau) sowie im Wallis das Lötschental mit den Dörfern Kippel, Wiler und Blatten. Die Holzmasken des Sarganserlandes und der Innerschweiz sind ebenso wie jene des Lötschentals erst seit dem 19. Jahrhundert belegt. Nur einzelne Holzmasken reichen bis ins 18. Jahrhundert zurück.

Daneben gibt es Gebiete, die mit ihren typischen Holzmasken eine eigenständige Maskenkultur aufweisen. Das sind in der Stadt Zug die Greth Schell mit den Löli und in Unterägeri die neuere Gruppe der Badjöggel, im Kanton Schwyz die Einsiedler Johee und Mummerie, der Välädi und der Talibasch von Steinen, der Bartli von Brunnen und die Rigilüüt von Küssnacht. Weiter zählen dazu die Narros von Lau-

Die alte Chrottni-Maske von Flums diente vielen Schnitzern seit dem 19. Jahrhundert als Vorbild.

Alte Sarganserländer Holzmaske aus dem 19. Jahrhundert, genannt Pelz-Mühli, von Hergöttlischnitzer Emil Kalberer (1835–1905), aus Mels. Er schnitzte für das ganze Sarganserland. Typisch für seine Masken ist die Mund- und Bartpartie. Historisches Museum St. Gallen.

tringeler in Laupen und des Altjahresels in Schwarzenburg. Zu erwähnen sind schliesslich die Holzmasken der Wilden Leute an der Älplerchilbi in Ob- und Nidwalden.

In verschiedenen Gebieten ohne alte Fasnachtstradition wurde neues Brauchtum meistens von «Heimweh-Fasnächtlern» geschaffen, die aus einem traditionellen Brauchtumsgebiet stammen. Im Kanton St. Gallen sind so in Trübbach, Schmerikon, St. Gallen, Wattwil und Jona Holzmaskengruppen entstanden, deren Gründer aus dem Sarganserland oder aus dem Kanton Schwyz stammen. Das gleiche gilt für die Kantone Thurgau und Zürich: Die Holzmaskenzunft Arbon zeigt Einflüsse von Sarganserländer Maskenschnitzern; später kamen eigene Masken dazu. In Aadorf und Warth sind ebenfalls zwei Sarganserländer Maskenschnitzer tätig. Sogar die Masken von Fritz Stäger in Genf haben ihre Wurzel im Sarganserland. Die Masken der Zürcher Schnitzer Strassmann, Bachmann und Hofstetter und der Narrenzunft Chlösterli Urdorf weisen sarganserländische, schwyzerische oder bündnerische Einflüsse auf; diejenigen der Röllibutzen aus Zürich sind beeinflusst von Traditionen aus der March im Kanton Schwyz. Auch in den Glarner Masken von Zorzi aus Niederurnen finden wir sarganserländische und schwyzerische Züge.

Im *Kanton Schwyz* sind vielfältige Durchmischungen und Vernetzungen festzustellen. Berühmt sind die traditionellen aus dem 19. Jahrhundert stammenden Märchler Rölli von Siebnen, Lachen und Altenburg. Daneben gibt es aber auch neuere Maskengestalten, so die Hexen der March (Siebnen, Schübelbach, Tuggen, Reichenburg, Wangen, Galgenen, Altendorf) und der Höfe (Wollerau, Wiler, Freienbach, Schindellegi), die neben Einflüssen aus dem süddeutschen Raum auch eigene Züge aufweisen. Die Maskengruppen in den Dörfern der Höfe sind erst im 20. Jahrhundert entstanden, wobei die Wollerauer Hexen von Josef Blattmann zu den ältesten zählen. In der Nüsslerrott von Schwyz, Brunnen und Steinen werden neben den traditionellen Wachsmasken wieder erneut Holzmasken getragen, so die Figuren Blätz, Alter Herr, Domino, Bajazzomäitli, Hudi und Zigeunerin. Schon früher, im 19. Jahrhundert, gab es hier alte Holzmasken, die aber abgelöst wurden von den leichten und bequemeren Wachsmasken. Daneben gibt es noch verschiedene neuere Einzelfiguren wie in Seewen den Seefax und den Zünggelehuu, in Arth die Rigi-Tüüfel und Schutt-Häxe, in Gersau den Gerfaz. Neben den Hobbyschnitzern sind es im Kanton Schwyz vor allem die drei bekannten Berufsbildhauer Josef Schibig aus Steinen, Richard Büeler aus Schwyz und Markus Kläger aus Pfäffikon, die Masken herstellen. Zusätzlich steuern aber auch immer wieder Sarganserländer und Luzerner Maskenschnitzer Larven für verschiedene Maskengruppen bei. Weil das Sarganserland die grösste Zahl an Hobbyschnitzern in der Schweiz zählt, wurden Masken für die Schwyzer Märchler, die Höfner und sogar für Brauchtumsgruppen im schwäbisch-alemannischen Raum geschnitzt.

Ein Merkmal der *Maskenlandschaft des Sarganserlandes* ist die grosse Vielfalt und Individualität der Masken. Typische traditionelle Maskentypen sind der Chrottni und der Josni von Flums; daneben gibt es viele individuelle Maskentypen, die Namen von Dorforiginalen erhielten. Die ältesten Holzmasken von nicht namentlich bekannten

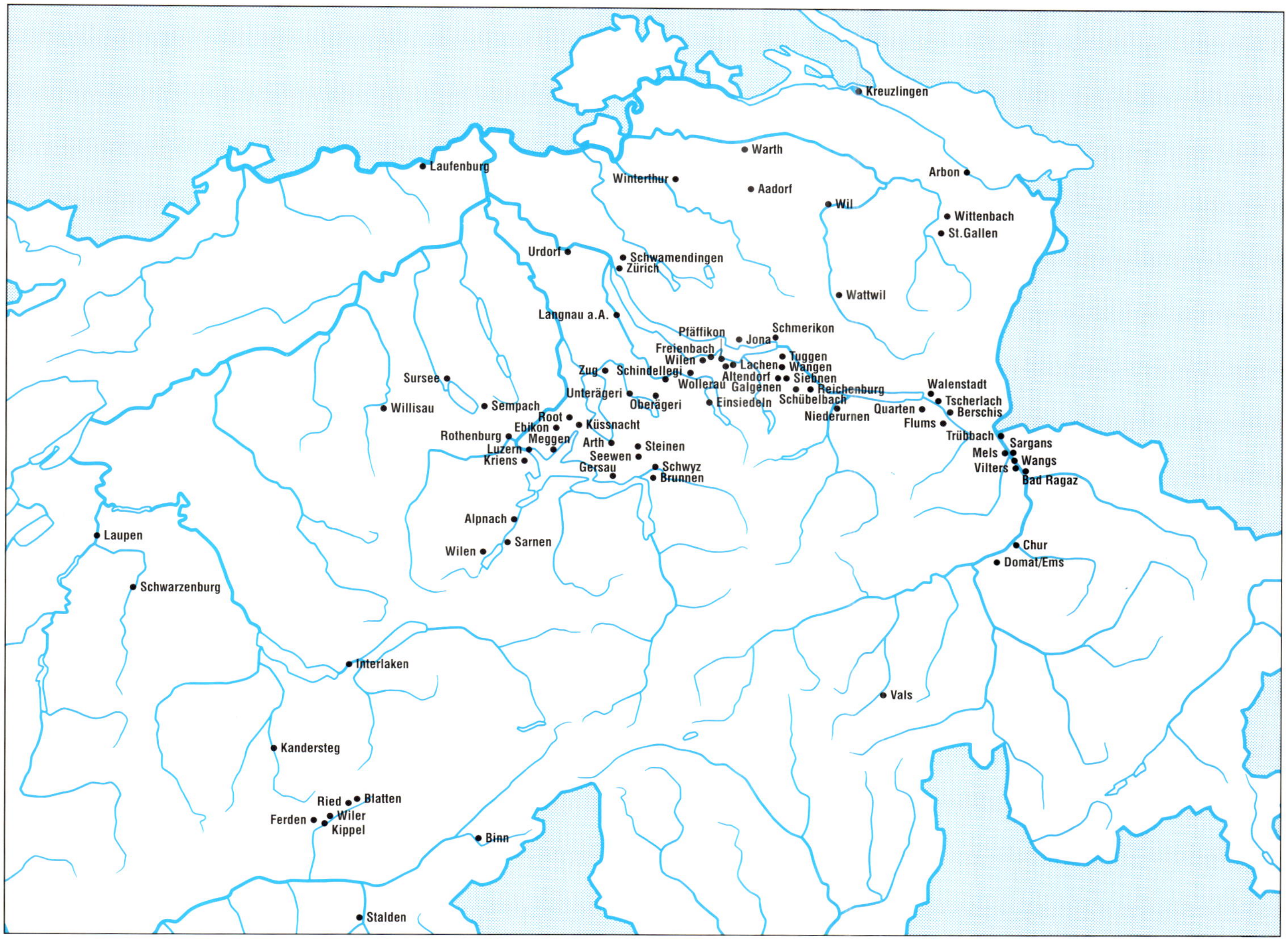

Schnitzern stammen vom Beginn des 19. Jahrhunderts. Zu den berühmtesten Maskenschnitzern gehörten der «Herrgöttlischnitzer» Emil Kalberer von Mels (1835–1905), der Malermeister Josef Gassner (1853–1938), Niklaus Bless (1862–1957), und der bekannteste Maskenschnitzer der Gegend, Justus Stoop (1869–1950), alle von Flums. Neben der Holzmaskenhochburg Flums sind die traditionellen Walenstadter Rölli und die Holzlarven von Berschis, Tscherlach, Mels, Sargans, Wangs, Vilters, Quarten und Bad Ragaz zu erwähnen. Unter den noch tätigen Holzmaskenschnitzern und Brauchtumspflegern sind – neben einer Vielzahl von Hobbyschnitzern – vor allem Hugo Reichlin, Bruno Länzlinger und Niggi Stoop, alle von Flums, Paul Mannhart von Berschis und die neu gegründete Gemeinschaft der Schnitzerfreunde Flums zu erwähnen.

Im *Kanton Luzern* sind die verschiedenen Maskengruppen in den Dörfern stark von den Krienser Holzmasken beeinflusst. Die Gallizunft, die Krienser-Original-Bööggen und andere Maskengruppen fördern das Brauchtum. Zu den ältesten Masken gehören die sogenannten Murmasken von Gallus Rüttimann (1792–1867). Der wohl bekannteste Krienser Maskenschnitzer war Alois

Die Hauptorte des Fasnachtsbrauchtums in der Schweiz.

Eine Luzerner Maske von Casimir Grüter, ein naturalistisches Menschengesicht darstellend (links). Rietbergmuseum Zürich.

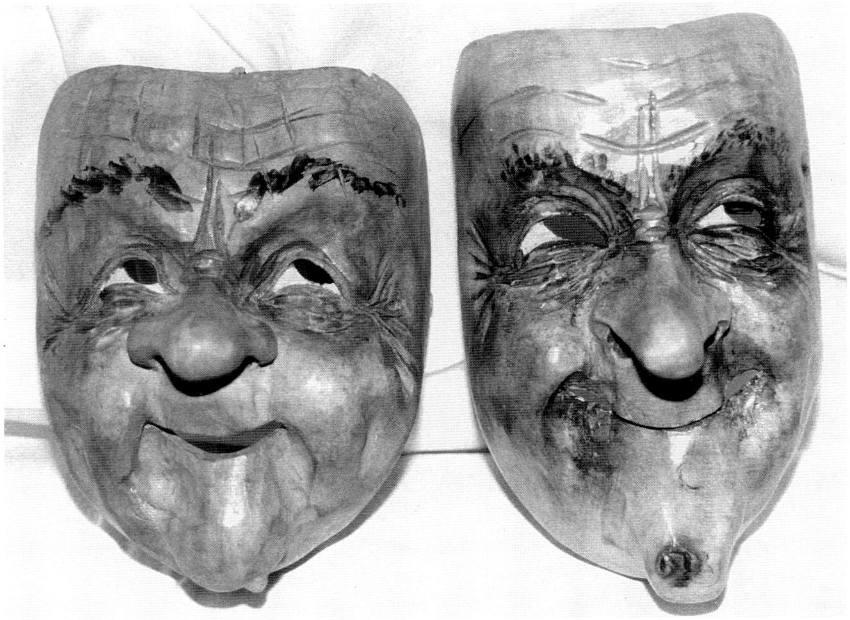

Rechts zwei Krienser Masken von Alois Blättler. Er schuf den Grundtyp der heutigen verschmitzten Kriensermasken.

Märchler Maske von Siebnen im Kanton Schwyz. Typisch sind die drei Stirnfurchen, die Brille, der geschnitzte Schnauz und das Kinngrübchen. Rietbergmuseum Zürich.

Blättler (1903–1978). Er hatte einen prägenden Einfluss auf die heutigen Holzmaskentypen. Die Anzahl der von den Krienser Holzbildhauern Sepp Schnyder, Toni Meier und den vielen Hobbyschnitzern wie Franz Schütz, Robert Bucher, Adolf Büchi, Tony Furrer, Karl Meier und Alois Peter geschaffenen Masken ist mit jener der Sarganserländer Schnitzer vergleichbar.

Die Krienser Larven zeichnen sich durch einen typischen, stark ausgeprägten Gesichtsausdruck aus, der die Herkunft der Maske sofort erkennbar macht; man denke nur an den Deckelböögg, das Bärnerwiib, das Wöschwiib, den Puurema und die Puurefrau. Abwandlungen von Krienser Maskentypen finden wir in Luzern, Willisau, Ebikon, Meggen, Root, Rothenburg, Sempach, bei der Chlösterlizunft Urdorf sowie in anderen Gebieten der Schweiz (beispielsweise bei den Höllochhexen von Winterthur). Die bekannte Fritschimaske der Stadtluzerner Fasnacht war während einiger Zeit aus Holz geschnitzt, heute handelt es sich dabei um eine Kunststoffmaske. (Die Fritschimaske von 1922 wurde in Brienz und nicht etwa in Kriens hergestellt, dies ein weiteres Beispiel der gegenseitigen Beeinflussung und Vernetzung der verschiedenen Maskenlandschaften.) Vater und Sohn Grüter von Luzern können als Vorläufer der Vereinigung der Maskenfreunde von Luzern bezeichnet werden; sie schnitzen in ihrer Schnitzstube auf dem Allenwindenturm Luzerner Charaktermasken und unterstützen die Pflege des Brauchtums.

Im *Kanton Wallis* ist das Lötschental mit den Orten Kippel, Wiler und Blatten das Kerngebiet des Maskenschnitzens. Die wilden Schreckmasken des Lötschentals, die Tschäggätä, sind – ebenso wie die Sarganserländer und Innerschweizer Holzmasken – erst seit dem 19. Jahrhundert belegt. Die Bekleidung der Tschäggätä ist aus Fell und Jute, anders als bei den Sarganserländer Maskenfiguren, zu denen «Huttlen», das heisst alte Kleider, gehören, und den Kriensern, die Trachten und Uniformen tragen. Herausragende Lötschentaler Maskenschnitzer waren Johann Siegen (1800–1886), Josef Murmann aus Kippel (1808–1874), Peter Bellwald, Wilhelm Lehner, Josef Rittler und Johann Imseng aus Wiler, Felix Blötzer aus Ferden, Ignaz Ebener, Josef Ebener, Hans Seeberger und Willi Rieder aus Kippel. Der bekannteste Maskenschnitzer ist Jakob Tannast

Lötschentaler Tschäggätä
aus dem Maskenkeller
der Familie Rieder-Ierjen
aus Wiler im Lötschental.

Lötschentaler Tschäggätä aus dem Maskenkeller der Familie Rieder-Ierjen aus Wiler im Lötschental.

aus Wiler. Unter den heute tätigen Schnitzern sind Moritz Siegen von Ried, Walter Tannast sowie Agnes und Ernst Rieder-Ierjen von Wiler zu erwähnen, letztere besitzen den bekannten Wiler Maskenkeller. Die Tschäggätä haben ihren grossen Auftritt am Umzug am Fasnachtssamstag. Ausserhalb des Lötschentales befindet sich eine Schnitzerwerkstatt in Binn.

Ein den Lötschentaler Tschäggätä ähnlicher Maskentypus ist der Pelzmarti von Kandersteg. Die Maskenorte im *Kanton Bern* sind in erster Linie beeinflusst von der Brienzer Schnitzerschule und den Innerschweizer Maskenschnitzern; so wurden die Schwarzenburger Holzmasken von Krienser Schnitzern hergestellt. Die ersten Masken der Harder-Potschete von Interlaken wurden von Hans Trauffer (gestorben 1967) geschnitzt. Weitere Maskentypen stammen von Holzbildhauer Alfred Schild aus Interlaken.

Während sich in den traditionellen Kerngebieten ein ursprüngliches Maskenbrauchtum erhalten konnte, wurden in den Randgebieten Maskentypen und teilweise auch das Brauchtum übernommen und mit örtlichen Sagen vermischt.

Maske von Albert Anton Willi aus Domat/Ems. Willi war ein Einzelschnitzer aus einem Randgebiet der Schweizer Maskenlandschaft. Er schnitzte groteske Menschenfratzen.

Der berühmteste Maskenschnitzer der Maskenhochburg Flums, Justus Stoop (1869–1950). Er schnitzte mit primitiven Werkzeugen ausdrucksstarke Larven und vermietete sie für 50 Rappen an der Fasnacht.

Ostschweizer Holzmasken-Fasnachtsbrauchtum

Sarganserländer Geschichte und Fasnachtsbrauchtum

Im frühen Mittelalter begann das Christentum vom Churer Bischofssitz aus zu erstarken. Im 8. Jahrhundert wurde das Kloster Pfäfers im Sarganserland gegründet. Der Abt von Pfäfers hatte wohl in religiöser Hinsicht Einfluss auf das Sarganserland, die politische Macht aber lag in den Händen der Ritter, die vom Schloss Sargans aus regierten. 1483 kauften die 13 eidgenössischen Orte dem letzten Grafen die Grafschaft ab. So wurde das Sarganserland eine Vogtei der Alten Eidgenossenschaft. Die beiden Städtchen Sargans und Walenstadt nahmen eine bevorzugte Stellung ein. Die bedeutendsten Landgemeinden waren Mels und Flums.

Als Untertanen der 13 Alten Orte mussten die Sarganserländer den Vögten gehorchen. Trotz zeitweiser Verbote durch die kirchliche und weltliche Obrigkeit wurde alljährlich das Fasnachtsfest veranstaltet. 1663 untersagte der aus Flums stammende Abt Justus Zink den Untertanen des Klosters Pfäfers «solliche weltliche üppigkeiten, als das sind das tanzen, seitenspil, mummereyen, auch insonderheit das nächtliche juchzen und geschrei und andere dergleichen ungebühren alles ernsts und bei höchster ungnad». Unter den «mummereyen» kann

Flumser Butzi mit individuellen Holzmasken und in «Huttlen» gehüllt, aufgenommen zu Beginn des 19. Jahrhunderts. Die Fasnacht in den Dörfern des Sarganserlandes war seit jeher einfach und derb.

Charakterlarven von Justus Stoop aus Flums. Sammlung Robert Ottiger, Zürich.

man fasnächtliche Feste in Verkleidung und Vermummung vermuten.

Der Unterwaldner Landvogt Hans Balthasar Müller verbot im «Grossen Mandat» von 1695/96 den Sarganserländern das Tanzen während des ganzen Jahres, ausgenommen an Chilbi und Nachchilbi, an Hochzeiten und am Fasnachtssonntag, -montag und Dienstag vor Aschermittwoch. 1791 berichtet der Walenstadter Poet Franz Joseph Benedikt Bernold (1765–1841) vom Brauch des Scheibenschlagens und erwähnt dabei «in Larven gehüllte» junge Leute, die die Knaben und Mädchen jagten.

Als die Franzosen die Schweiz im Jahre 1798 besetzten, erhielt das Sarganserland seine politische Freiheit. Aus den Wirren der napoleonischen Zeit ging es schliesslich als Teil des Kantons St. Gallen hervor. Auch weiterhin blieb das Sarganserland zwischen Churfirsten und Pizol während Jahrhunderten blosses Durchgangsland. Seine eigene wirtschaftliche und politische Entwicklung wurde bis weit ins 19. Jahrhundert hinein vernachlässigt. Die Talschaft war der «arme

Süden» des Kantons St. Gallen. Die Abgeschlossenheit und Isoliertheit haben den Charakter der Bevölkerung und die Eigenständigkeit ihres Brauchtums geprägt.

Das Fasnachtsfest und der Brauch des Maskierens reichen weit ins Mittelalter zurück und sind älter als die Holzlarven. Über das Aufkommen der Holzmasken im Sarganserland gibt es wenig gesicherte Erkenntnisse. Ihre Entstehung reicht kaum 200 Jahre zurück. Sie wurden als Brauchtumsmasken für die Fasnacht geschaffen. Da diese Art von Maskierung zur einfachen Heische- und Bettelfasnacht gehörte, die vor allem von Handwerkern und Arbeitern gepflegt wurde, nahm die Oberschicht der Bevölkerung kaum Notiz davon. Lediglich in bezug auf Exzesse sind gelegentliche Gebote und Verbote der weltlichen und geistlichen Obrigkeit belegt.

Die Fasnacht in den Dörfern des Sarganserlandes war seit jeher einfach und derb. Es gab keine einheitliche Kostümierung: Die Butzi und Huttli hüllten sich in irgendwelche alten Kleidungsstücke, und die Masken waren selber geschnitzt und billig. Im Mittelpunkt standen immer die Ausübung einer Art Volksjustiz und die Heische- und Bettelbräuche. Alte Bräuche wie das Waschen der Geldsäckel im Brunnen, das Schwingen des Aschenstrumpfes, das Vergraben der Fasnachtspuppe, die früher hier verbreitet waren, sind seit Ende des 19. Jahrhunderts vergessen.

Holzmasken als Charaktermasken

Die Holzmasken des Sarganserlandes sind typische Volksmasken, von Arbeitern und Handwerkern geschnitzt. Sie stellen in ihrer Vielfalt und Individualität ein Phänomen in der schweizerischen Maskenlandschaft dar. Die bekannten Fasnachtslarven werden in Flums, in Berschis, Tscherlach, Walenstadt, Mels, Sargans und Wangs geschnitzt. Künstler der sakralen Kunst, Tiroler Bergwerksarbeiter oder fahrende Handwerker aus dem süddeutschen Raum könnten um 1800 die ersten Maskenschnitzer gewesen sein.

Typische Flumser Masken, links der Josni, daneben zwei Chrottni.

Die ältesten Holzlarven sind Charaktermasken, Porträtmasken. Sie zeichnen Sarganserländer von altem Schrot und Korn. Schnitzkünstler aus der Dorfgemeinschaft schnitzten mit primitiven Werkzeugen Masken, das wirkliche Leben nachbildend und glossierend. Es sind ruhige, glatte Menschengesichter, stark in ihrer schlichten Ausstrahlung. Dorforiginale, Wirtshaushocker oder Armenhäusler lieferten mit ihren hervorstechendsten physiognomischen Eigentümlichkeiten, etwa einer ausgeprägten Mundpartie, einer langen Nase, aufgeblasenen Backen, Runzeln und Warzen, die beliebtesten Modelle.

Flumser Doppelbutzi von Erwin Fritsch-Stoop aus Jona, gelaufen an der Fasnacht 1992. Der Typus einer weiblichen Gestalt, die in ihrem Korb auf dem Rücken einen Mann zu tragen scheint, ist an vielen Orten im Masken- und Fasnachtsbrauchtum belegt.

Es tauchten immer wieder neue Masken auf, die im Volksmund einen Namen erhielten, sei es nach dem Schnitzer, der Art des Ausdrucks oder dem Original, das damit verspottet wurde. Neben dem populärsten Flumser, dem Chrottni, sind auch der Josni, der Schlumpf, der Schnider, der Struss, der Doppelbutzi, der Berschner Sennhuser, Fuhrma, Pelzmühli, Gmeindsni und die Walenstadter Rölli markante Sarganserländer Maskengesichter. Auf die alte Chrottnimaske zurückzuführen ist der gängige Spruch: «Du häsch ä Chrottnigrind.» Das war ein Schimpfname für ein breites, törichtes Gesicht.

Die alten Larven sind heute zu Kunstgegenständen geworden: wertvolle Einzelstücke, an der Fasnacht getragen und dadurch von einer besonderen Patina gezeichnet und an eine Vergangenheit erinnernd, deren Geisteshaltung geprägt war vom einfachen, bescheidenen Lebensstil.

In Flums, Berschis, Walenstadt und Tscherlach nennt man die Maskenträger «Butzi», in Mels «Huttli», und in Wangs heissen sie «Haudili». Das Fasnachtstreiben nennt man dementsprechend «butznen» oder in Mels «huttlimachen».

Flumser Butzi

In Flums gab es nie eine «feine» Fasnacht, sie war immer wild und ausgelassen, derb und vielfach grob. Auswüchse des Treibens, das oft in Schlägereien ausartete, hatten zur Folge, dass die Flumser Fasnacht im ganzen Kanton berühmt-berüchtigt wurde. Flums ist heute im Sarganserland die Hochburg der individuellen Strassen- und Häuserfasnacht.

Die Flumser Butzi, die nach alter Tradition Holzmasken tragen, zogen unter dem Schutz der Maske in kleinen Gruppen durch das Dorf und heischten in den Häusern zu essen und zu trinken.

Darin hat sich ein Rest alten Beuterechts erhalten. Blieb ihnen eine Türe verschlossen, kletterten sie die Hauswände hoch und stiegen durch die Fenster ein. Ihr «Rauä», das wilde Rufen mit verstellter Stimme, war schon von weitem zu hören und erfüllte vor allem die Kinder mit Angst, obschon sie von den Butzi nichts zu befürchten hatten.
Ein Heischespruch der Kinder lautet:
«I bi ä luschtige Fasnachtsstumpä
und haa nu chlyni Baili
so gänd mer doch äs Füfzgerli
so chani wider häili!»

Auch die üblichen Fasnachtsspeisen, Türkenbrot (eine Art Maisbrot) und Fasnachtsküchlein, sind in die Sprüche eingegangen:
«Vil Butzi, vil Türggä!»
«Gly isch wider Fasenacht,
wo my Mueter Chüechli bacht,
Winn si aber käini macht,
pfyf ich uf diä Fasenacht!»

Masken der neuen Vereinigung der Flumser Schnitzerfreunde, markante Menschengesichter- und Charaktermasken.

Ehemalige Sarganserländer gehen am Schmutzigen Donnerstag in St. Gallen «butznen». Masken aus der Maskensammlung A. Bärtsch, Warth.

Masken von Schnitzern der Fasnachtsgesellschaft Flums. Individuelle Maskentypen, jede Maske ist ein Original.

Flumser Holzmasken von Holzbildhauer Bruno Länzlinger. An den plastischen Formen der Charakterköpfe erkennt man den Meisterschnitzer.

Als Pfarrer Alois Gemperle, von 1906–1931 Pfarrer in Flums, im Jahre 1925 das Pfarrblatt einführte, befasste er sich schon in der zweiten Nummer mit dem «Fasnachtsärgernis»: «Fürs erste sollen sich alle merken, die Fasnacht machen wollen nach Flumserart, dass sie den gewöhnlichen Anstand nicht vergessen. Also ein Butzikleid, das nicht aller Sittlichkeit Hohn spricht, nicht der ist der schönste Butzi, der Ärgernis gibt und halb entkleidet oder noch schlimmer durch die Strassen brüllt wie ein Indianer im Urwald, nicht der ist der schönste, der mit bluttriefenden Händen und Armen, mit blutigen Tierfellen und ekelerregenden Gegenständen aufrückt und um sich schlägt. Auch der Butzi darf unter der Maske nicht vergessen, dass er doch ein Mensch und ein Christ ist, ein Ebenbild Gottes, was freilich mitunter allzusehr in den Hintergrund gerückt wird. Fürs zweite mögen die Butzi sich merken, dass sie die fremden Leute gehen lassen. Es ist nicht jedermanns Sache, umhergerissen zu werden, ein Spektakel zu erleben und Schlötterlinge hinzunehmen, die alles andere als Anstand und Nächstenliebe verraten. Butzi und Butzinnen! Man spricht auch anderswo über das Fasnachtstreiben in Flums, was nicht immer zur Ehre der Gemeinde beitragen dürfte. Die faulen Ausreden, es sei in früheren Zeiten noch ganz anders zu und her gegangen, werden dem Ansehen von Flums wenig nützen. Und zum Schluss vergesset nicht, dass nachts um 12 Uhr die Fasnacht geschlossen werden soll. Alles hat seine Zeit!»

«Der Pfarrer im Dorf hatte nie Freude an den Holzmasken», meinte lachend Justus Stoop, der bekannteste Flumser Maskenschnitzer. Der Geistliche meinte, dass hinter den Larven sündige Gedanken und Taten gedeihen würden. Stoop gab ihm zur Antwort, das treffe nur für Larven aus Papiermaché zu, für Holzlarven gelte das nicht.

Maskierung in Huttlä

Die Flumser Butzi sind individuell gekleidet. Jeder sucht sich auf dem Estrich die ältesten und schrulligsten Kleidungsstücke aus der Truhe, um sich zu verkleiden, «verbutznen», wie es hier heisst. Alles ist recht und gut, was hässlich und abstossend wirkt: ein ausgedienter Soldatenkittel, darunter ein alter zerrissener Unterrock, eine Küchenschürze und alte Militärschuhe. Als Kopfbedekkung dient ein Hut oder eine Nachthaube. Mieder, Zwilchwesten, später auch Theaterkostüme waren als Fasnachtskleider geschätzt. «Verschönernd» wirkten um die Beine gebundene Hemden und Fischbeinkorsette. Früher band man sich Felle von Schafen, Ziegen und Kaninchen gleichsam als ausgefallenen Schmuck um den Körper. Kleidung und Larven von Männern und Frauen werden bunt zusammengewürfelt getragen. Für die Strassen- und Häuserfasnacht galt die Regel: «We grüüsiger, we schüüner.» Deshalb rief man den Butzi auch nach: «Gang häi, du grüüsigä Choogä!»

Selten waren die Butzi mit einem Stecken bewehrt. Als Zubehör führten sie «Schwyploutärä», Schweinsblasen, mit sich, tote Mäuse, Kaninchen und Katzen und andere Unappetitlichkei-

Eine ruhige Menschengesichtsmaske von Justus Stoop aus Flums, entstanden um 1900.

Maske von Bruno Bless aus Flums (oben), eine Maske, die mit ihrem Ausdruck von Angst und Schrecken unsere heutige Zeit symbolisiert. Unten der Flumser Fasnächtler Otto Stoop und sein Kind als Butzi.

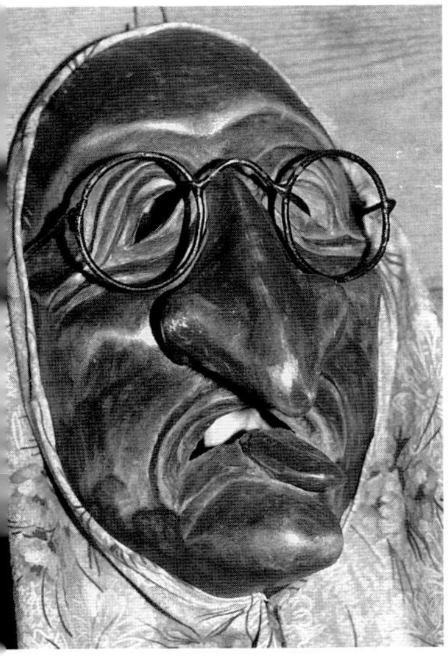

Eine Charaktermaske von Niggi Stoop aus Flums, einem der bedeutendsten Hobbyschnitzer im Sarganserland.

Eine alte Berschner Maske aus dem 19. Jahrhundert, «dr Fuhrma» genannt. Die alten Berschner Holzmasken strahlen etwas Magisches, Unergründliches aus.

ten, mit denen sie plärrend um sich schlugen und freche, vorwitzige Spötter erschreckten. So war es noch vor dem Zweiten Weltkrieg, während es heute allgemein viel gesitteter zugeht; die Gruppen tragen immer noch alte, aber gepflegtere Kleidung.

Ursprünglich eine reine Männersache, werden heute die Larven von Männern und Frauen getragen. Die grösste Schande war es, wenn in Flums, Walenstadt oder Berschis einem Butzi die Larve abgerissen wurde, «huttä» nennt man dies, in Walenstadt sagt man «strupfä».

Berschner Butzi

Das Brauchtum der Berschner Butzi ist stark nach Flums ausgerichtet. Auch viele ihrer Holzmasken stammen aus Flums.

Die Butzi tragen alte «Hudlä» und Holzmasken mit Schultertüchern. Es gibt auch einen Berschner Rölli, eine Figur, die Paul Mannhart nach dem Vorbild der Walenstadter Rölli geschaffen hat. Die Berschner Holzmasken sind Charaktermasken. Sie haben einen besonderen Ausdruck, der etwas Magisches, Unergründliches ausstrahlt. Die unbekannten Schnitzer der alten Berschner Holzmasken hatten ein sicheres Gefühl für ausdrucksvolle Masken. Stirn, Augen, Nase und Mund drücken durch ihre Einfachheit Kraft und Stärke aus. Alte Berschner Holzmasken sind die Gmeindsni, d Mariann, die Schwarz, die Gfrässig, d Bärschneri, dr Fuhrmann und di Blöd.

Bevor 1961 die Berschner Fasnachtsgesellschaft gegründet wurde, kannte man dort nur die Strassen- und Häuserfasnacht. In kleinen Einzelgruppen zog man durchs Dorf. Die Berschner Fasnachtsgesellschaft war die erste Vereinigung im Sarganserland, die Kontakte mit den schwäbisch-alemannischen Narrenzünften aufnahm und heute eines ihrer Vollmitglieder ist. Alle fünf Jahre werden internationale Narrentreffen durchgeführt. In letzter Zeit hat man sich wieder mehr auf die einheimische Fasnacht besonnen und ihr mit verschiedenen Neuerungen Auftrieb gegeben: Die Strassenfasnacht mit Hausbesuchen wurde wiedererweckt, am Schmutzigen Donnerstag wird ein Kutschenrennen durchgeführt, und am Abend findet ein Maskenball statt.

Walenstadter Rölli

Die typische Maskenfigur von Walenstadt sind die Rölli. Sie tragen ein besonderes Fasnachtskleid. Benedikt Frei beschreibt die Kluft 1943 so: «Sie besteht aus Hose und Tschoppen mit aufgenähten ‹Blätzli›, die Hände sind in Handschuhen versteckt, an den Füssen werden die gewöhnlichen Schuhe getragen, Kopf und Schulter sind mit der Blätzlikapuze bedeckt, um den Bauch ist der Ledergurt mit Geröll. Wenn der ‹Rölli› springt, hält er mit der linken Hand die Larve, mit der rechten schlägt er mit dem Stecken, woran ein Aschensack aus einem alten Strumpf, eine Schweinsblase oder ein Knüttel befestigt ist. Er reibt auch den Gefangenen mit der russigen Hand das Gesicht ein. Der Walenstadter hat schon immer Gewicht darauf gelegt, dass sein Fasnachtstreiben gesitte-

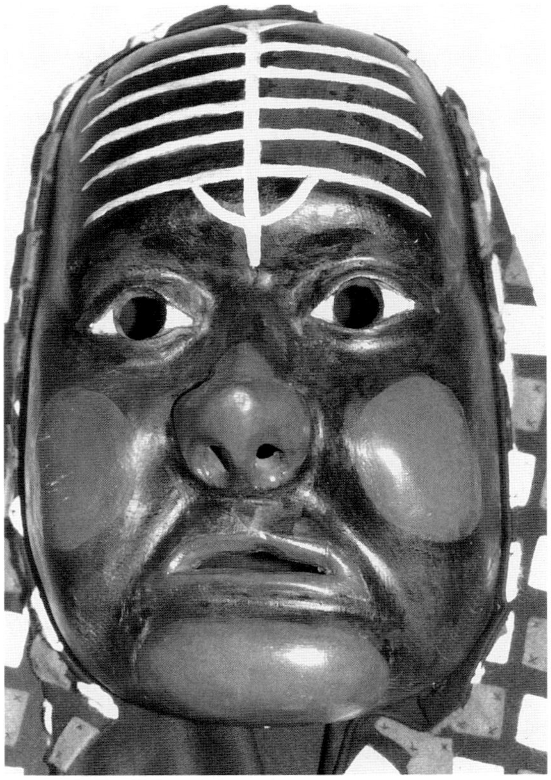

Walenstadter Rölli, «d Heerä», geschnitzt von Bruno Länzlinger aus Flums.

Butzigruppe von Walenstadt vor dem alten Rathaus. Eine buntgemischte Fasnachtsgruppe mit Holzlarven, Blätzlilarven und Gummilarven. Die Masken stellen Originale, den Domino, alte Wyber und neue Rölli nach Märchlerart dar.

ter aussieht als das unflätige Butznen der oberen Gemeinden.»

Eine besondere Stellung unter den Röllimasken nehmen die drei sogenannten «Gmeindslarven» ein, die ältesten Walenstadter Röllimasken überhaupt. Die erste Gmeindslarve trägt den Namen «Alte» und ist unbestritten der König der Rölli im Sarganserland. Die Einmaligkeit dieses Typs lässt vermuten, dass die Walenstadter sich mit einer ureigenen Schöpfung vom dörflichen Maskenlaufen der Flumser abgrenzen und ihre ständische Denkweise betonen wollten.

Aufgrund geschichtlicher Überlieferung in den Dorfchroniken von Tscherlach und Walenstadt ist anzunehmen, dass die Walenstadter Holzmaskentradition nach der französischen Besetzung des Sarganserlandes aufgekommen ist. Die «Alte» mag ein paar Jahre nach den ältesten Flumser Masken entstanden sein. Der auffallende Ausdruck und die Farbgebung dieser Maske lässt an Anklänge aus dem afrikanischen Raum denken. Wer den Urtyp dieser Maske geschnitzt hat, ist nicht bekannt. Vermutlich war es ein Berufsschnitzer, der für das Städtchen Walenstadt einen

«Der Walenstadter Zopf», eine Neuschöpfung von Max Tschus aus Walenstadt, einem talentierten Schnitzer.

Berschner Masken der örtlichen Fasnachtsgesellschaft. Die meisten Masken, die Charakterköpfe des Dorfes darstellen, stammen von Werner Umberg aus Berschis.

Drei Walenstadter Rölli im Blätzikleid. Die Rölli führen am Fasnachtssonntag den Umzug an.

Der Walenstadter Rölli mit dem Lebensbaum auf der Stirn, den einfachen weissen Augen, roten Backen und Nase – eine in der Schweiz einzigartige Maske. Oben rechts von Herrgöttlischnitzer Kalberer aus Mels, oben links von Holzbildhauer Bruno Länzlinger aus Flums, unten rechts von Niggi Stoop ebenfalls aus Flums und unten links von Walter Mullis aus Sargans.

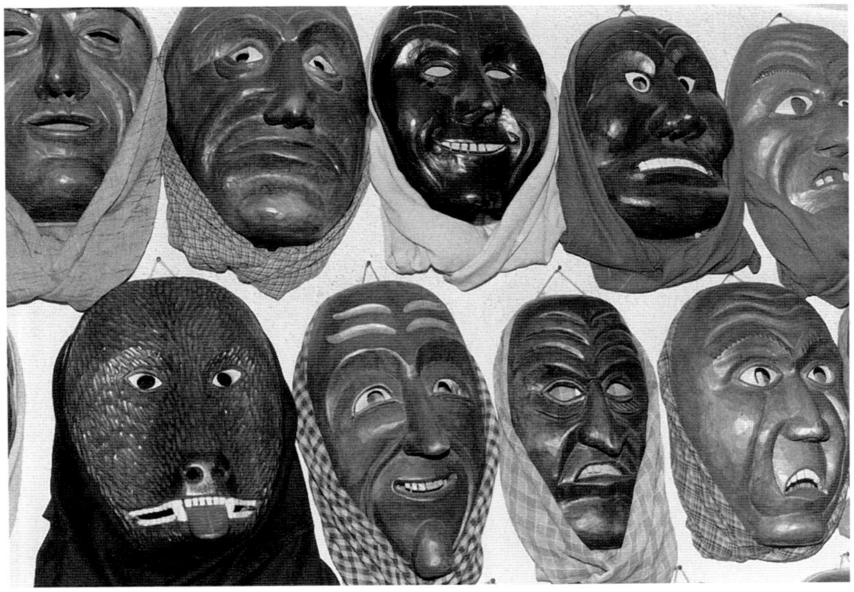

Charaktermasken, Dorforiginalen nachgebildet, aus der Maskenstube von Paul Mannhart aus Berschis.

besonderen Typ gestalten sollte. Das Gewand könnte mit dem Kostüm des Märchler Rölli verwandt sein. Die Farben der «Blätzli» sind aber ganz eigener Art.

Walenstadter Röllimasken. Die «Alte» von 1832 (rechts) und der «Schnapsni» von 1910 (oben). Museum Altes Rathaus, Walenstadt.

In Walenstadt kennt man eine eigentliche Rölli-Hierarchie nach dem Alter und der Bedeutung, die den Masken zugeordnet wurde. An der Spitze stehen die drei eigentlichen Gmeindsni, Alte (1832), Gmeindsni (1890) und Neue (1890); dann die zwei geduldeten Gmeindslarven Heerä und Hämmenä (beide 1890); und schliesslich die allgemeinen Rölli, Tscherler Rölli (1910), Schnapsni (1910), Kleiner Gehrig-Rölli (1937) und Rockni (1937). Diese Originallarven befinden sich, mit Ausnahme des Tscherler Rölli, im Ortsgemeindemuseum im alten Rathaus in Walenstadt. An der Fasnacht laufen von allen diesen Masken ausser jener des Rockni originalgetreue Kopien, dazu noch der Grosse Gehrig-Rölli, der Berschner Rölli und Pillni.

Die meisten Walenstadter Rölli hat der Berschner Maskenschnitzer Paul Mannhart in hervorragender Weise den Originalen nachgebildet.

Röllibräuche

Die Walenstadter Rölli tauchen zu ganz bestimmten, im Reglement festgehaltenen Zeiten im Fasnachtsgeschehen auf. Mit einem alten Spottvers werden sie von den Knaben und jungen Burschen

lautstark mit Hohnrufen angefeuert. Aus Hunderten von Kehlen wird den Maskierten zugerufen:
«Use mit em Butzi, hojä, hojä, hoi!
Hauderä mit em Durethe
Hauderä mit em Doore
eine, eine Butzibueb,
eine, eine Höösi!»

Manchmal hört man auch den Kurzruf:
«Rölli, Bölli, Suppächnölli!»

Darauf brechen die Butzi, die Maskierten, hervor. Alles flieht und stiebt auseinander, durch die Strassen, über die Mauern und Zäune, in Gärten und Wiesen und andere Verstecke.

Früher erhielten die Rölli tagsüber in den Wirtschaften gratis zu essen und zu trinken, soviel sie wollten. Das artete manchmal arg aus, so dass viele Rölli bald betrunken waren.

Während des Zweiten Weltkrieges war im ganzen Land das übermütige Fasnachtstreiben eingestellt. Begeisterte Narren gründeten 1959 die Fasnachtsgesellschaft Walenstadt, die neuen Schwung in die alte Tradition brachte. Heute ist das Verhalten der Rölli nicht mehr so angriffig und roh wie früher. Am Fasnachtssonntag führen sie jeweils den Umzug der Fasnachtsgesellschaft durch das Städtchen an. Unterwegs foppen sie mit losen Sprüchen die am Strassenrand versammelten Zuschauer. Nach dem Umzug geht der fröhliche Fasnachtstrubel auf den Strassen und in den Wirtschaften weiter.

Am Fasnachtsmontag werden die Kinder von den Rölli mit Süssigkeiten beschenkt. Anschliessend machen sie einen Besuch im Krankenhaus, verteilen Gaben und wünschen gute Genesung, ebenso wie am folgenden Tag, am Fasnachtsdienstag, das Altersheim besucht wird, um auch dort frohe und ausgelassene Fasnacht zu feiern. Am Montagnachmittag dringen die Rölli in die Räume des Rathauses ein und bieten den Gemeindebeamten Feierabend. Durch diese Neuinterpretation und die Abkehr von den Rölli als Schreckmasken hat der Brauch in Walenstadt stark Auftrieb erhalten und viele neue Freunde gewonnen.

Um den Röllibrauch in Walenstadt nicht zu gefährden oder zu verfälschen, wurde ein Rölli-Reglement aufgestellt, und der Fasnachtsgesellschaft wurde es verboten, mit den Masken auswärts aufzutreten.

Tscherler Butzi

Tscherlach kennt kein ausgeprägtes Fasnachtstreiben wie die Gemeinden Flums, Berschis und Walenstadt. Das Hauptgeschehen fällt auf den Fasnachtsmontag und beginnt mit dem «Umäschällnä». Schon früh am Morgen sind die sonst stillen Gassen lärmerfüllt. Auf dem Dorfplatz versammeln sich Jugendliche und Erwachsene, ausgerüstet mit Kuhglocken. An der Spitze des Umzugs marschiert der Senn, dann kommen die Schnellner, nach ihnen die kostümierten Kinder und am Schluss die maskierten Erwachsenen. Diese Gruppe «butznet» die Zuschauer an und sorgt für Spass und Belustigung. Der kleine Zug endet auf dem Dorfplatz vor dem einzigen Wirtshaus. Dort umrundet die Schar den Brunnen, worauf der Senn die Auflösung der Gruppen befiehlt. Nun strömt alles dem nahen «Landhaus» zu, wo Tanz und Theatereinlagen stattfinden.

Einer der wenigen bedeutenden Maskenschnitzer aus Tscherlach ist Max Tschus, der die Tscherler Schneckenhexe geschaffen hat. Als Nachfolger von Oswald Zogg setzt er sich für das Maskenschnitzen in Tscherlach ein und fördert das Larventragen im Brauchtum.

Melser Huttli

Die Melser maskieren sich als Huttläwyber, manche auch als feinere Rölli nach Vorbildern aus der schwyzerischen March.

Zum Necken und fasnächtlichen Strassenlärm des Sarganserlandes gehörten stets die Lockrufe der Kinder. Den Melser Fasnachts-Wybern galt der Zuruf:
«Wybli, Wybli, Lumpätätschä,
gang du häi gä ds Gschir abwäschä!»

Manchmal hörte man:
«Huttläwyb, Drägg am Lyb,
Lüüs im Hour,
und das isch wour!»

Melser Rölli nach Märchler Art von Adolf Wachter aus Mels.

Eine Maske von Hugo Berger aus Mels.

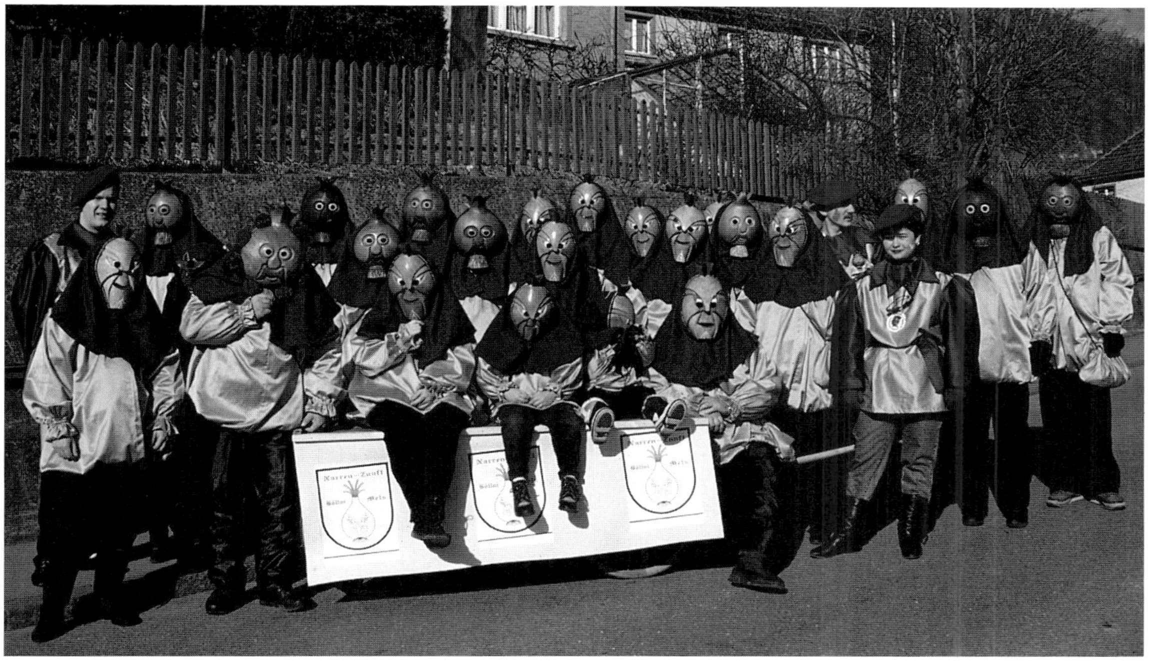

Die Böllni, die junge Narrenzunft von Mels. Der Name ist von der Zwiebelform des Kirchturms hergeleitet, dem auch die Einwohner ihren Übernamen verdanken. Rechts eine Böllnimaske von Max Tschus aus Waldenstadt.

Den Rölli rief man zu:
«Rölli, Rölli, Suppätrölli,
Chärnäbyser, Housäschyser!»

In Mels und Wangs rief man:
«Maschggäradä, Maschggäradä,
gimmer ä Schoggäladä,
und wimer ä käni gischt,
so würf di überä Mischt!»

Die alten Melser Larven sind heute kaum mehr bekannt. Es gab einmal einen Schnoggni, den Muu, den Geisshörni und den Widderhörni. Die Namen der Schnitzer sind unbekannt. Die Larven heben sich deutlich von den Flumser und den andern Sarganserländer Masken ab. Sie wirken sehr primitiv. Die Augen sind einfache Löcher. Stirn, Wangen und Kinn treten stark hervor. Drei alte Melser Larven sind heute im historischen Museum in St. Gallen ausgestellt.

1990 wurde in Mels die erste Narrenzunft im Sarganserland gegründet, die Böllni. Der Name «Böllni» bezieht sich auf die Zwiebelform des Melser Kirchturmes, von der sich auch der Übername für die einheimische Bevölkerung herleitet. Die Zunft versucht mit ihren Holzmasken und durch Schnitzkurse der Fasnacht neuen Schwung zu verleihen. Heute laufen die Böllni am Fasnachtsdienstag im Umzug mit.

Der älteste bekannte Maskenschnitzer des Sarganserlandes, der «Herrgöttlischnitzer» Georg Kalberer (1835–1905), stammte aus Mels. Er schnitzte Larven, die einem Christusgesicht ähnlich sehen, daher sein Übername. Die Holzmas-

Sonnenmasken des Melser Originals Hans Wellinger, der jahrelang als Einzelfigur an der Fasnacht auftrat.

◁ Holzmasken des Tscherlacher Maskenschnitzers Max Tschus, wohnhaft in Walenstadt. Sie stellen Charaktermasken, Hexen, Wilde Männer und fröhliche Maskentypen dar.

Masken von Josef Grünenfelder aus Wangs.

Eine junge Maskengruppe, die Melser Nidbergtüfel. Die Masken sind geschnitzt von Linus Honegger und Alois Tschirky aus Mels und von Max Tschus aus Walenstadt.

Maske von H. Schwitter aus Bad Ragaz.

ken, die er für das ganze Sarganserland schuf, gelten als die schönsten Stücke der Gegend. Erhalten sind noch zwei Melser Larven, der Fazi, die Pelzmühli, der Sennhuser, der Guger, z Totälärvli und zwei Unterterzner Larven.

Wangser Haudeli

Schon vor der Gründung der Fasnachtsgesellschaft im Jahre 1977 machten die Haudeli in Wangs Fasnacht.

Wangser Verse waren:
«Fasnacht isch im Februar,
und du bischt ä tummä Narr!»

Im März hiess es:
«Fasnacht isch im Märzä.
d Haudili tuet mä sperzä!»

Ein Reizvers der Kinder heisst:
«Dou, dou Hüüdili
chum butz mer ds Füüdili
mit emä langä Bääsä!»

Die Holzmaskenschnitzer Anton und Josef Grünenfelder schnitzen seit 1966. Ihre Larven liefen seit 1974 als «Wangser Holzköpfe» an den Fasnachtsumzügen. Später kamen die Wangser Rölli dazu, geschaffen von Anton Grünenfelder.

Sarganser Holzlarven

Das Maskentreiben mit Holzlarven ist in Sargans immer schon von bescheidener Art gewesen. Es liefen die Märchler Rölli der Huttlä-Marie, einer bekannten Maskenverleiherin in Sargans. Die Rölli waren aber eigentlich nie ein traditioneller Bestandteil der Strassenfasnacht in Sargans. Sargans hatte zwar einen bekannten Larvenschnitzer, Coiffeur Walter Mullis. Seine Larven sind aber nie ins Sarganser Fasnachtsbrauchtum hineingewachsen.

Im ganzen Sarganserland gehörten auch Dominos zum Fasnachtsgeschehen, eine Maskenfigur mit Blätzligewand, wie es auch in Schwyz üblich war. Da hörte man den Spruch:
«Huttlo Domino,
hät ä Furz in d' Housä gloo!»
«Huttlo, Domino,
gimer en Chlapf,
so chan i goo!»

Bad Ragaz

Bad Ragaz kennt keine eigene Holzmaskentradition. Erst in den sechziger Jahren schnitzten unter dem Einfluss der Hochburg Flums drei oder vier Schnitzer in ihrer Freizeit Holzmasken.

Die wohl älteste Figur der Bad Ragazer Fasnacht ist die Felbala, ein gutmütiges Weib, das

Die Wangser Haudeli mit Rölli, Tüfel und dem Valeishund. Die Masken sind geschnitzt von Anton Grünenfelder aus Wangs.

Die Felbala-Wyber von Bad Ragaz mit alten St. Galler Trachten und Holzmasken der Schnitzer Schwitter aus Bad Ragaz, Tischhauser aus Flums sowie verschiedener anderer Schnitzer.

Masken von Walter Mullis aus Sargans, ganz oben «dr Gizig», unten die «Pest», rechts der «Fazi».

schon um die Jahrhundertwende eine alte St. Galler Tracht und eine Wachslarve trug. Heute werden von den Felbala-Wybern Holzmasken vom Flumser Schnitzer Tischhauser, dem Bad Ragazer Schwitter und anderen Hobbyschnitzern getragen. Obwohl die Figur der Felbala rund hundert Jahre alt ist, findet man keine Zeile darüber in den Annalen der Dorfgeschichte.

Bad Ragaz kennt als einzige Gemeinde im Sarganserland drei Schmutzige Donnerstage. Höhepunkt ist der grosse Umzug am Fasnachtsmontag, an dem einheimische Gruppen und Wagen teilnehmen dürfen.

Die Maskenschnitzer im Sarganserland

Seit etwa 170 Jahren werden im Sarganserland Holzmasken geschnitzt. Es sind ruhige Menschengesichter, die im Laufe des 20. Jahrhunderts immer groteskere Formen annehmen. Die Schreckmaske ist eigentlich nicht die typische Maske dieser Landschaft. Ausser dem Chrottni, Josni und dem Walenstadter Rölli kennt man keine traditionellen Typen. Die Vielfalt der individuellen Maskengesichter ist das Besondere der Sarganserländer Holzmasken.

Unter den etwa 80 Hobbyschnitzern finden sich nur drei oder vier Frauen und ein Berufs-Holzbildhauer. Die meisten Maskenschnitzer stehen heute im Rentenalter. Wegen des Aufschwungs der Masken in den letzten Jahren sind aber auch viele junge Schnitzer an der Arbeit. Fasnachtsgesellschaften organisieren Maskenschnitzkurse, die auf grosse Nachfrage stossen. Die bekannten Schnitzer Paul Mannhart von Berschis, Titus Honegger, Niggi Stoop, Bruno Länzlinger und Hugo Reichlin von Flums fördern das Maskenschnitzen in Kursen und Schulen. Zu bedauern ist die Tendenz, dass viel mehr Masken geschnitzt als getragen werden.

Fasnachtsbegeisterung und Familientradition sind die Motivation fürs Maskenschnitzen. Fast alle Maskenschnitzer, vor allem Arbeiter und Handwerker, ganz selten Bauern, sind Autodidakten und machten das Schnitzen zu ihrer Freizeitbeschäftigung. Im Sarganserland ist das Maskenschnitzen Handarbeit, die Kopierfräse hat noch nicht Einzug gehalten. Die Masken zeichnen sich daher durch ihre Individualität aus: Jede Maske ist anders, jede ist ein Original. Im Sarganserland trägt nur die neue Böllnigruppe in Mels einheitliche Masken.

Fasnachtsgesellschaften

Während früher die Fasnacht immer nur in kleinen Gruppen gefeiert worden war, entstanden insbesondere nach 1945 im Sarganserland eine Reihe von Fasnachtsgesellschaften und Maskengruppen, die verschiedene alte Bräuche wieder aufgenommen haben.

Gründungen

1938 Fasnachtsgesellschaft Bad Ragaz, Umzug am Fasnachtsmontag, drei Schmutzige Donnerstage, Felbala-Wyber

1954 Schwarze Engel von Flums, Umzug am Fasnachtsmontag, organisiert von der Fasnachtsgesellschaft Flums

Teufelsmasken der Schwarzen Engel von Flums, geschnitzt von Hugo Reichlin aus Flums.

1959 Walenstadter Fasnachtsgesellschaft, Umzug am Fasnachtssonntag mit den Walenstadter Rölli
1962 Berschner Fasnachtsgesellschaft, Schmutziger Donnerstag, Kinderumzug, Fasnachtsmontag Strassenbutznen
1965 Sarganser Fasnachtsgesellschaft, Umzug am Vorfasnachtssonntag
1972 Melser Fasnachtsgesellschaft, Umzug am Fasnachtsdienstag, Rölli, Böllni
1976 Flumser Fasnachtsgesellschaft
1977 Wangser Fasnachtsgesellschaft, Umzug am Fasnachtssonntag mit Wangser Holzköpfen
1979 Fasnachtsgesellschaft Vättis, Fasnachtstreiben am Fasnachtssonntag
1990 Böllni Mels

Aus diesen Gründungsdaten ist zu ersehen, dass es sich um junge Vereinigungen handelt, die nicht auf eine lange Tradition zurückblicken können. Die einzelnen Fasnachtsgesellschaften der Dörfer sind nicht in einem grösseren Verband zusammengeschlossen.

Seit dem Zweiten Weltkrieg wird die Fasnachtsjustiz, die seit jeher im Sarganserländer Narrentreiben eine wichtige Rolle spielte, an den Umzügen und in den Fasnachtszeitungen besonders gepflegt. Die Fasnachtsgesellschaften haben die frühere grobe und derbe Fasnacht «salonfähig» gemacht. Auch das fasnächtliche Betteln, das in unserer Zeit seinen ursprünglichen Sinn verloren hat, schwand. Die wilde Strassenfasnacht hat sich zum gepflegten Prestigelaufen an den Umzügen gewandelt.

Ein neuer Fasnachtsstil hat sich herausgebildet. Der Schaueffekt und die Selbstdarstellung mittels der Maske sind wichtiger geworden als sich zu verstellen und sich im Schutz der Maske auszutoben. Typisches Zeichen für die Schau- und Prestigefasnacht ist auch, dass sie für Zuschauer aufgeführt wird. Ein neues Gruppengefühl verdrängt das Individuelle der Strassenfasnacht. Aus Fasnachtsgruppen sind Vereine geworden, die das ganze Jahr hindurch gesellschaftliche Kontakte pflegen.

Fritz Stäger, ein gebürtiger Flumser, lebt in Genf. Er schnitzte Masken nach Flumser Art und gab ihnen durch die Bemalung eine welsche Note.

Flumser Masken in Genf

Fritz Stäger wuchs in Flums auf, trug an der Fasnacht Sarganserländer Holzmasken und ging damit «butznen». Beim damals bekanntesten Maskenschnitzer Justus Stoop mietete er für 50 Rappen Larven. Später kam Fritz Stäger als Coiffeur nach Genf und betätigte sich daneben als begabter, vielseitiger Künstler und Sammler von alten Geigen, Holzkreuzen und Möbeln. Seine besondere Liebe aber gilt der Volkskunst.

Nach vielen Jahren in Genf sah er an einer Maskenausstellung in Martigny wieder alte Flumser Masken, die in ihm Erinnerungen an die Fasnacht seines Heimatortes wachriefen. Darauf begann er, Masken nach Flumser Art zu schnitzen und nach Genfer Art zu bemalen. Insgesamt hat er 90 Masken geschaffen. Das Lindenholz bestellte er meistens im Format 26 mal 17 cm – er ist nämlich am 26. März 1917 geboren.

Es blieb nicht bei den Kopien von Flumser Masken. Stäger erfand eigene Typen, formal in Flumser Tradition dem Chrottni und Josni nachempfunden, aber mit eigenem Ausdruck. Als Stäger einmal einem Lokomotivführer begegnete, dessen seltsam schiefer Mund ihn beeindruckte, schuf er im Flumser Stil die Chrummschnurrä. Er ersann auch den Doppelnasni und den Dreiäugni. Im Unterschied zu den älteren Flumser Larven sind seine Masken deutlich stilisiert. Weiter jedoch ins Avantgardistische vorzustossen und völlig freie Phantasiemasken zu schaffen, wäre für den expressionistischen Künstler Stäger ein Schritt ins Unerlaubte. Er wollte die Flumser Maskenart beibehalten und die ihnen eigene Wildheit zum Ausdruck bringen.

Masken sollen im Brauchtum auftreten. Als Kunstmasken verlieren sie ihr Leben. Die Maske ist keine historische Mumie, meint Fritz Stäger, sie will auch nicht Kunst sein, sondern Brauchtumsgegenstand, der mit den Trägern an der Fasnacht lebt.

Masken von Fritz Stäger, der Form nach sich am Typus der Sarganserländer Masken orientierend, jedoch von eigenem, individuellem Ausdruck und reizvoller Bemalung.

Im Hof des Stadtmuseums Wil finden sich einige alte, barocke Masken, die wahrscheinlich aus dem Tirol stammen und von Bildhauern der sakralen Kunst geschnitzt wurden. Die Masken können dem Typus des Wilden Mannes zugerechnet werden.

Holzmasken in den Kantonen St. Gallen, Glarus und Thurgau

Die starken Zentren, in denen das Holzmaskenbrauchtum fest verwurzelt ist, strahlen auch auf weitere Gebiete aus. So sind – neben dem Sonderfall der Flumser Masken in Genf – die Masken in weiteren Gebieten des Kantons St. Gallen (St. Gallen, Schmerikon, Trübbach, Wattwil siehe Seite 72), des Thurgaus (Arbon, Warth, Aadorf) und des Glarnerlandes vermutlich zumindest teilweise unter dem Einfluss der Sarganserländer und der Märchler Holzmaskenkultur entstanden. Diese Masken, die auch im Brauchtum an der Fasnacht verwendet werden, sind erst in den letzten 30 Jahren entstanden und sind damit relativ jung.

Masken im Stadtmuseum Wil

Im Hof des Stadtmuseums Wil sind einige alte Masken aus dem 19. Jahrhundert ausgestellt. Das Museum erhielt die Masken schon anfangs des 20. Jahrhunderts.

Wil kennt keine Holzmaskentradition an der Fasnacht. Die Zuordnung der Masken ist schwierig. Sicher ist, dass es alte, wertvolle Stücke sind. Man darf annehmen, dass diese Werke von Berufsbildhauern geschaffen wurden, die wahrscheinlich in der sakralen Kunst tätig waren. Bei Kirchenrenovationen wurden häufig Holzbildhauer aus dem Tirol für Schnitzereien an den Chorgestühlen beschäftigt. Von Einsiedeln weiss man, dass Berufsbildhauer, die zur Fasnachtszeit in der Kirche arbeiteten, nebenbei auch Holzmasken für die Fasnacht schnitzten.

Die Wiler Holzmasken sind nie an der Fasnacht getragen worden. Es sind einfache, schlichte, ruhige Menschengesichtsmasken. Die Masken mit Bart können dem Typus des Wilden Mannes zugerechnet werden. Sie sind in barokkem Stil ausgeführt. Bei den frühen Krienser Charaktermasken und im Tirol finden wir ähnliche Typen.

Der Wiler Holzbildhauer Gruber hat zwei Einzelmasken geschaffen, die er schon selber getragen hat. In Wil konnte sich aber nie ein traditionelles Holzmaskenlaufen an der Fasnacht etablieren.

Holzmasken in Kronbühl

Die im sanktgallischen Kronbühl an der Fasnacht laufenden Masken wurden von Rudolf Bodmer geschaffen. Er war von den Sarganserländer Holzmasken so beeindruckt, dass er sich mit dem Brauchtum näher befasste und 1975 selber zu schnitzen begann.

Mit seinen Masken möchte er zum einen menschliche Schwächen darstellen, zum anderen nimmt er Ereignisse aus seiner Umgebung zum Thema. Nicht das Dämonische, sondern das Alltägliche, Menschliche soll sich im Ausdruck der Maske widerspiegeln. Er schuf die Schrecke, die Blind, den Kornhausgeist oder die Waldohrüle. Später entstanden Werke wie D' Schnüffelnase, De Neurich oder D' Stürschrube. Die jüngsten

Eine Schreckmaske von Rudolf Bodmer, die Alltägliches, Menschliches zum Ausdruck bringen möchte.

Holzmasken beeindrucken durch ihre starken plastischen Formen mit markanten Nasen, Runzeln und Mundstellungen.

Rölli-Club Schmerikon

Der Rölli-Club Schmerikon wurde 1964 gegründet. Die Mitglieder wollen den Fasnachts- und Röllibrauch erhalten und pflegen. Der Rölli-Club führt die Dorffasnacht durch und beteiligt sich an auswärtigen Umzügen.

Bis 1978 mietete man für die Fasnacht die Röllikostüme und Masken in Siebnen. Doch immer war es der Wunsch der Schmerkner, eigene Rölli zu besitzen. Am 22. Februar 1979 trat der Club erstmals in eigener Ausstattung auf. Die 25 Rölli tragen die Farben und die Halbmonde ihres Dorfwappens. Nach ihrer Ansicht symbolisiert die schwarze Hose mit den rot-gelben Borten den dunklen Wald, der den Winter zu vertreiben hat. Das rot-gelb gestreifte Oberteil mit den Schmerkner Halbmonden soll den farbenfrohen Frühling ankündigen.

Trübbächler Weingeister

In Trübbach wird seit 1963 ein Fasnachtsumzug durchgeführt, und zwar an der Alten Fasnacht, der Bauernfasnacht, eine Woche nach dem normalen Fasnachtssonntag.

Die Maskengruppe der Trübbächler Weingeister wurde 1974 gegründet. Die Trübbächler Weingeister entlehnten ihr Sujet vom Weinbau in der Gemeinde Wartau. Dort wurden viele Rebstöcke entfernt, so dass nur noch ein kleiner Bestand übriggeblieben ist. Die Trübbächler Weingeister setzen sich durch ihr Auftreten an der Fasnacht und andere Aktivitäten für den Erhalt der Reben ein.

Zwischen 1976 und 1978 entstanden die Holzmasken der «Weingeister»; sie sind in roter Farbe gehalten, rechts und links mit geschnitzten Weintrauben in blauer Farbe geschmückt. Am olivgrünen Kopftuch hängen zwei Weinblätter und eine Weintraube. Das Kleid besteht aus einer olivgrünen Bluse mit aufgestickten Weinlaubblättern. Die Brust ziert eine Weinranke, zwischen den Weintrauben sind Messingschellen angebracht. Dazu werden eine lange Hose aus dunkelbraunem Stoff und dunkelbraune Schuhe getragen. Die Hände stecken in Wollhandschuhen.

Die Narrengruppe ist Mitglied im Alemannischen Narrenring, führt den Fasnachtsumzug mit Narrentreffen durch, besucht auswärtige Anlässe und pflegt auch verschiedene karitative Veranstaltungen.

Die Maske der Schmerkner Rölli, eine einfache Glattlarve.

Die Trübbächler Weingeister entlehnten ihr Sujet vom Weinbau. Die Maske zieren links und rechts geschnitzte Weintrauben. ▷

Zwei Masken von Erwin Fritschi aus Jona. Die meisten seiner Masken entstanden in den Ferien auf der Flumseralp, wo er seit mehr als 20 Jahren unter Anleitung von Niggi Stoop schnitzt.

Masken von dem aus Niederurnen im Glarnerland stammenden Ernst Zorzi. Sie zeigen faszinierende, ureigene Glarner Charakterköpfe.

Holzmasken von Jona

Erwin Fritschi (1936 geboren) ist durch die Heirat mit Martha Stoop aus Flums mit den Sarganserländer Masken und dem Maskenschnitzen in Berührung gekommen. Seit 1970 schnitzt er jeweils in den Ferien auf der Flumser Alp unter der Anleitung des Meisterschnitzers Niggi Stoop Holzmasken, die er an seinem Wohnort Jona und im benachbarten Rapperswil an den Fasnachtsumzügen laufen lässt. Er ist auch als Maler von Fasnachtsbildern bekannt.

Glarner Masken in Niederurnen

Die Masken von Niederurnen sind Einzelstücke des Holzbildhauers Ernst Zorzi (1914–1981). Er übte seine Schnitzertätigkeit seit dem Zweiten Weltkrieg aus. In einem engen Raum entwarf und schnitzte er Familienwappen und seine originellen Holzlarven, die mit den benachbarten Märchlern und vor allem mit den Sarganserländern verwandt sind.

Niederurnen liegt in der Linthebene, im Durchgangsgebiet zwischen den Maskenlandschaften der March und des Sarganserlandes. Das Glarnerland selbst hat keine Maskentradition. Ernst Zorzi war im Glarnerland ein Einzelgänger, nicht nur als Schnitzer, sondern auch als Mensch und Künstler. Als Humorist und Spassmacher hatte er grosses Interesse an den menschlichen Gesichtszügen, die er als Maskenkünstler in einem Stil von ganz eigener Art karikierte und glossierte. Seine geschickten Hände schnitzten spassige, faszinierende Originale, ureigene Glarner Charaktermasken.

Seine Masken sind eine handwerkliche Meisterleistung, nicht nur als volkskundliches Kunstwerk an der Wand gedacht, sondern zum Tragen an der Fasnacht geschnitzt. Zorzis Einzigartigkeit wird dadurch unterstrichen, dass vor und nach ihm kein Glarner Holzbildhauer Ähnliches geschaffen hat.

Thurgauer Holzmasken in Arbon

Als Knabe schnitzte Fritz Graber mit dem Taschenmesser Hirtenstöcke. Eine Holzmaskenausstellung des Flumser Maskenschnitzers Hugo Reichlin im Schloss Arbon 1973 beeindruckte ihn so nachhaltig, dass er als Schnitzer und Fasnächtler in Arbon eine Holzmaskenzunft ins Leben rief. Der Zufall führte ihn zu Hans Gerber, einem Hobbyschnitzer, bei dem er die Technik des Schnitzens erlernte.

Zum Maskenschnitzen holten sie sich Arvenholz-Halblinge in Davos. In kurzer Zeit schufen sie sechzehn Masken. Dann suchten sie Leute, die ihre Masken am Fasnachtsumzug tragen würden. Als Kostüm wählte man einen Jutesack.

1976 wurde die Arboner Holzmaskenzunft gegründet, die im selben Jahr ihren ersten Auftritt an der Fasnacht hatte und seither mit ihren originellen Masken die Arboner Fasnacht bereichert.

Holzmasken in Warth

Albert Bärtsch ist seit 25 Jahren Reallehrer in Frauenfeld, wo er mit seinen Schülern Maskenschnitzkurse durchführt. Er hat schon mehr als vierzig Holzmasken für das Brauchtum geschaffen und möchte sie an der Fasnacht laufen lassen. Ihn fasziniert neben der Schnitzarbeit die Bemalung der Masken.

Die Teufelsmaske der Arboner Narrenzunft. Ihre Masken entstanden in den letzten Jahren während Aufenthalten der Zunftmitglieder in Tirol.

Meine Masken sind einfache Menschengesichter nach Sarganserländer Art, die ich mit deckenden Farben bemale, wie es im 19. Jahrhundert üblich war.

Felix Brotzer schnitzt typische Sarganserländer Holzmasken, Charakterköpfe von altem Schrot und Korn.

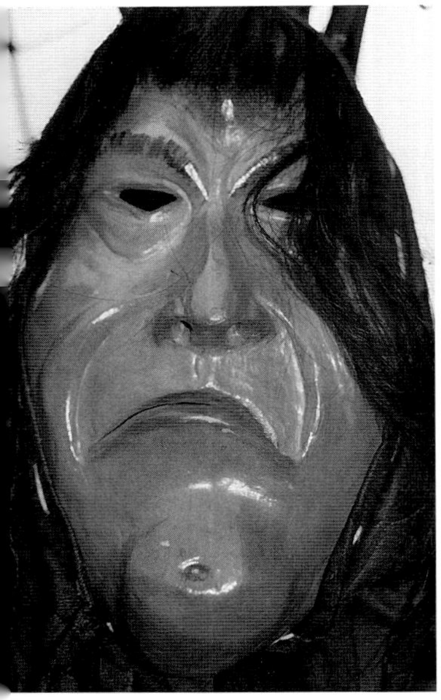

Holzmasken in Aadorf

Felix Brotzer, 1939 in Flums geboren, schnitzt seit 1958 Flumser Holzmasken. Er hat bisher mehr als hundert Masken geschaffen, vor allem Charaktermasken und Masken des traditionellen Typs aus dem Sarganserland. Seit einigen Jahren wohnt Brotzer in Aadorf, wo er weiter als Maskenschnitzer tätig ist.

Röllibutzen von Zürich, beeinflusst von den Märchler Rölli aus dem Kanton Schwyz.

Zürcher Brauchtumsgruppen

Wie auch in anderen Gebieten ohne altes, traditionelles Brauchtum wurden die Holzmasken und Holzmaskenbräuche des Kantons Zürich von einem Gründer oder einer Gruppe initiiert und geprägt, die aus einem angestammten Brauchtumsgebiet kommen und von dort beeinflusst sind.

Die Röllibutzen Zürich

Die Röllibutzen von Zürich sind die älteste Holzmasken tragende Brauchtumsgruppe in Zürich.

Edgardo Schibli, 1919 in Zürich geboren, hatte einen Grossvater, der in Lachen wohnte und als Dorfmaler die Märchler Rölli bemalte. Edgardo nahm als kleiner Bub an der Lachener Fasnacht teil und wünschte sich damals schon, selbst als Rölli durch die Strassen zu ziehen. Die Idee nahm in den fünfziger Jahren Gestalt an. Schibli holte Rölligewänder und Masken aus Lachen und meldete sich beim Umzug der Fasnachtsgesellschaft Zürich an. Bald darauf entstanden zwanzig eigene Kleider, die jedoch nach der Fertigstellung in Lachen einem Brand zum Opfer fielen.

Nun gründete Schibli die Röllibutzen. Altes Brauchtum und alte Masken faszinierten ihn. Er suchte nach den historischen Hintergründen im alemannischen Raum und in Zürcher Quellen. Der Zürcher Rölli ist auf die Ausstrahlung aus dem Gebiet der schwyzerischen March zurückzuführen, wie auch der Rölli von Schmerikon oder der Melser Rölli aus dem Sarganserland. Die Herkunft der Märchler Rölli mit ihren Rollengurten ist wiederum im Umfeld der Harlekins der Commedia dell'arte, der Roller von Imst sowie der Narronen im süddeutschen Raum zu suchen.

Hüttenkopfhexen

In Zürich Schwamendingen treten die Mitglieder des Jodlerklubs Anderglatt und befreundete Begeisterte jeweils an der Fasnacht mit geschnitzten Masken auf, die von Paul Hofstetter, einem gebürtigen Benkener aus dem Kanton St. Gallen, geschnitzt werden. Hofstetter hatte rege Kontakte

Eine zusammengewürfelte Schar begeisterter Fasnächtler von Zürich tragen die Holzmasken von Paul Hofstetter. Sie stellen eine Mischform von Sarganserländer, Märchler und Bündner Masken dar.

zur Märchler und Sarganserländer Fasnacht. Seit 1965 schnitzt er Holzmasken und nimmt seit 1979 an den Fasnachtsumzügen teil. Seine Maskenköpfe lassen den Sarganserländer Stil erkennen, sind aber auch beeinflusst von den Bündner Masken des Paul Strassmann. Daneben zeigen sie auch ganz eigene Charakterzüge.

Bündner Masken von Zürich

Der Gründer und Schnitzer der Bündner Masken von Zürich stammt aus Flums im Sarganserland. Auch hier handelt es sich also nicht um ursprüngliche Zürcher Masken, sondern um eine Ausstrahlung aus einem traditionellen Maskengebiet, nämlich dem Sarganserland und dem Bündnerland.

1966 gründete Paul Strassmann eine eigene Maskengruppe und nahm mit Erfolg an den Fasnachtsumzügen in Zürich teil. Seine Gruppe war eine bunte Schar von Leuten, die ohne gemeinsa-

Paul Strassmann, ein leidenschaftlicher Maskenschnitzer, neben seinen geliebten Masken im Bündnerstil.

men Traditionshintergrund nur lose miteinander verbunden waren, so dass die Pflege des Brauchtums bald einmal erstarb. Paul Strassmann hat mehr als 500 Masken geschnitzt. Ein grosser Teil hängt heute im Paul-Strassmann-Museum in Zürich oder wurde von Heinz-Josef Wissmann aus Urdorf übernommen.

Narrenzunft Chlösterli Urdorf

1980 hat Heinz-Josef Wissmann die Narrenzunft Chlösterli Urdorf gegründet. Er ist Malermeister und gebürtiger Schwabe, wohnt aber seit 1958 in der Schweiz. Die Narrenzunft trägt bei ihren Auftritten Holzmasken des Krienser Maskenschnitzers Sepp Schnyder, dazu Gewänder in den Farben Grün, Braun und Gelb. Es sind Hexen, Teufel und weitere Figuren, die nachts zusätzlich zu den Besen eine Laterne mit sich tragen. Die Gestalten sind nach Figuren aus dem heimischen Sagenschatz gestaltet. Die Narrenzunft hat ein reichhaltiges Jahresprogramm, dessen Höhepunkt die Walpurgisnacht bildet (siehe auch Seite 74). Die Urdorfer pflegen Verbindungen mit Hexengruppen aus Deutschland.

Maskengruppe von Langnau a. A.

Josef Bachmann schnitzt seit 1945. Mit der Fasnacht und ihren Masken kam er erstmals bei seinem Grossvater Josef Mannhart in Flums und später in der Werkstatt des bekanntesten Flumser Maskenschnitzers, Justus Stoop, in Berührung. Bei Paul Strassmann erlernte er die Technik des Maskenschnitzens. Strassmann ist und bleibt sein Vorbild, was auch in der Gestaltung seiner Masken zum Ausdruck kommt. Bachmann versucht aber immer wieder, einen eigenen Stil in seine Maskengesichter zu bringen. Er hat schon mehr als hundert Masken geschnitzt und läuft mit ihnen in einer zusammengewürfelten Gruppe an den Umzügen mit.

Eine Maske von Heinz-Josef Wissmann. Das Schnitzerhandwerk erlernte er bei Hugo Reichlin in Flums.

Die Masken von Josef Bachmann in Langnau a. A. drücken sarganserländische, bündnerische und individuelle, eigene Züge aus.

Bündner Masken

Schon 1497 verbot der Graue Bund das «butzengan», 1646 spricht sich Davos gegen das «Maschgerada oder Buzen gahn» aus. Und auch in die Geschichte gingen die Masken ein: Jürg Jenatsch, der Bündner Freiheitsheld, wurde am 24. Januar 1639 in der vorfasnächtlichen Zeit durch Maskierte ermordet. Im 19. Jahrhundert waren der «Harleging» mit Schweinsblase und die beiden «Alten» in einzelnen Dorfschaften die charakteristischen Narrenfiguren.

Albert Anton Willi, der Schöpfer der Bündner Masken

Die Bündner Masken mit ihrem urtümlich dämonischen Ausdruck sind die Erzeugnisse der bedeutendsten Persönlichkeit der Bündner Maskengeschichte, nämlich von Albert Anton Willi (1872–1954), genannt Natè, aus Domat/Ems. Sein Vater war neapolitanischer Offizier, und sein ältester Halbbruder brachte es bis zum Bischof von Limburg. Albert Anton Willi dagegen war lediglich Wald- und Wegarbeiter und verbrachte sein ganzes Leben in bescheidenen Verhältnissen in Ems.

Der Achtzehnjährige fand im Walde einmal einen Erlenstamm, aus dem ihm ein Gesicht entgegenzublicken schien. Daraus schnitzte er seine erste Maske, mit der er noch am gleichen Tag seine Gefährten in Schrecken versetzte. 1905 begann er zu schnitzen und fertigte im Laufe der Zeit über 400 Masken an.

Seine schreckenerregenden, dämonisch wirkenden Larvengesichter schuf er mit primitiven Werkzeugen meist aus Erlenholz. Abbildungen in Zeitschriften und Erlebnisse mit Menschen aus dem Dorf inspirierten ihn, wobei aber sein persönliches Empfinden beim Schnitzen ausschlaggebend war. Man erzählt von ihm zahlreiche Geschichten. So soll er einsame Nachbarn nachts verkleidet aufgesucht und sie in Angst und Schrecken versetzt haben.

Wie sind seine Masken entstanden? Willi stellte sich oft vor den Spiegel, um Grimassen zu schneiden, die er dann mit seinen Werkzeugen

Bündnermaske von Albert Anton Willi aus Ems. Ohne auf eine einheimische Maskentradition zurückgreifen zu können, schuf Willi einen ganz eigenen Typus von grotesken, dämonischen Grimassengesichtern. Sammlung der Gemeinde Domat/Ems.

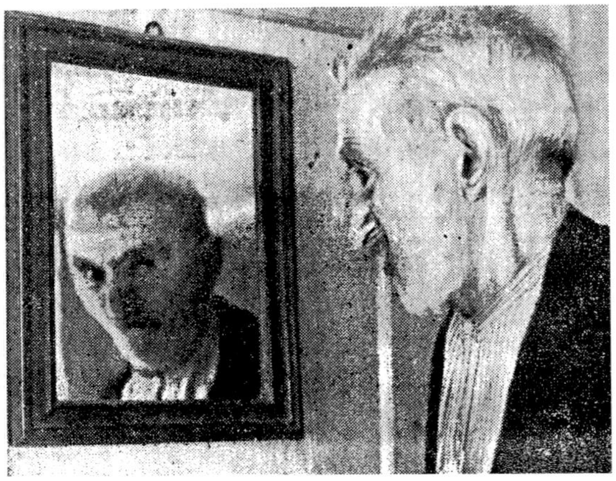

Albert Anton Willi vor dem Spiegel. Oft übertrug er seine eigenen Gesichtszüge und Grimassen auf das Holz.

Willis Bündnermasken kennen keine normalen Proportionen. Sie übersteigern mit ungeheurer Phantasie die Wirklichkeit ins Groteske. Rietbergmuseum Zürich.

auf das Erlenholz übertrug. Er verfügte über eine ungeheure Phantasie und übersteigerte die Wirklichkeit ins Groteske. Die Falten seines eigenen Gesichtes wurden unter seinem Messer zu belebten Linien. Die eigene grosse, krumme Nase, die Willi den Spitznamen «Nasenkönig» eingetragen hat, findet sich als knorriger «Zolggen» in seinen Maskengesichtern. Die Augen glotzen aufgequollen aus dem Gesicht hervor.

Willi kümmerte sich nicht um normale Proportionen, sondern gestaltete mit künstlerischer Eigenwilligkeit, indem er Augen, Nase und Mund im Gesicht nach Belieben verschob, mächtige Warzen daraufsetzte und den Mund, aus dem einmal die Zunge leckt, einmal eine Reihe von Zähnen grinst, bis zu den Ohren emporreichen liess. Den Maskenstil von Willi erkennt man leicht, obwohl jede Larve ein individuelles Produkt ist. Man kennt von ihm einen Neger, den Gandhi, einen Teufel, den Totenkopf, die Katze und viele andere.

Ohne auf eine einheimische Maskenkultur zurückgreifen zu können, ist es Willi gelungen, sich unter den wichtigen Schweizer Maskenschnitzern einen Platz zu schaffen. In den dreissiger Jahren interessierte sich der Sammler Baron von der Heydt für seine Werke und kaufte ihm eine grosse Anzahl Masken ab. Durch die Wirren

Masken von Albert Anton Willi an der Fasnacht. ▷

Maske des Emser Schnitzers Pius Giger.

«Dr Schirmflicker» von Balz Lendi aus Chur.

des Zweiten Weltkrieges wurden sie in die ganze Welt verstreut. Viele Masken befinden sich heute in Privatbesitz und in Museen der Schweiz (Völkerkundemuseum Rietberg, Zürich) ebenso wie in den USA. Eine schöne Sammlung besitzt auch die Gemeinde Domat/Ems.

Valser Tüfel von Holzbildhauer Pius Walker aus Vals.

Paul Strassmanns Bündner Masken

In einem ausgedienten Reservoir der Zürcher Wasserversorgung einige Meter unter der Erde hängen über 250 Bündner Masken von Paul Strassmann. Als angelernter Sanitärinstallateur arbeitete er bis zu seiner Pensionierung als Angestellter des städtischen Wasserwerks Zürich. Seine Masken zeugen von erstaunlicher Schöpferkraft und Professionalität der Ausführung.

1922 in Flums geboren und dort aufgewachsen, kannte Paul Strassmann die Flumser Fasnacht und ihre Holzmasken. Die Anregungen zum Larvenschnitzen erhielt er in den Werkstätten von Justus Stoop und Josef Gassner. Erst nach der Übersiedlung der Familie nach Zürich begann der junge Paul Strassmann, damals erst 16jährig, seine ersten Holzmasken zu schnitzen, weil er mit den Zürcher Papier- und Wachslarven nur wenig anfangen konnte. Seine ersten 50 Masken entstanden im Sarganserländer Stil der Flumser Tradition. Sie sind relativ klein und flach.

Bei einem Besuch im Landesmuseum Zürich wurde er 1948 auf die Larven des Emser Schnitzers Albert Anton Willi (1872–1954) aufmerksam. Dessen Bündner Masken beeindruckten ihn dermassen, dass er beschloss, seinen Stil nachzuahmen. Als begabter Zeichner machte er Skizzen von Willis Schreckmasken. Zunächst schuf er Kopien des Meisters. Später, nach dieser «Lehrzeit» und nachdem er seinen persönlichen Stil gefunden hatte, entstanden Masken nach eigenen Ideen und Vorstellungen, aber immer in Anlehnung an die Tradition des Emsers Willi. Es ist Paul Strassmanns Anliegen, durch Nachahmung der von Willi geschaffenen Masken diese gleichsam zur Tradition werden zu lassen.

Strassmann hat eine eigene Methode, die Masken zu schnitzen. Als Vorlage dient ihm eine Skizze. Diese wird auf einen Karton übertragen, aus welchem Augen, Nase und Mund ausgeschnitten werden. Die Schablone wird dann auf einen nassen Holzklotz, meist Pappelholz, gelegt und mit dem Bleistift aufgezeichnet. Die eigentliche Schnitzarbeit beginnt auf der Werkbank. Nachdem der Rohling in seinen Grundzügen ge-

Paul Strassmann schuf Masken in Nachahmung des Stils von Albert Anton Willi. In technischer Hinsicht, vor allem in der Bemalung der Masken, hat er seinen Meister fast übertroffen. Maskenmuseum Paul Strassmann, Zürich.

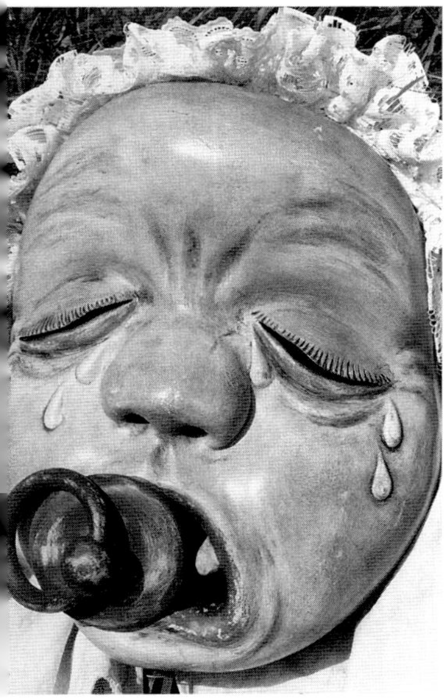

Groteskmasken im Stil der Bündnermasken von Paul Strassmann aus Zürich.

schnitzt ist, folgt das Aushöhlen der Maske. Bevor sie weiter bearbeitet wird, lässt Strassmann die Maske vierzehn Tage trocknen. Dann werden die Gesichtszüge im Detail herausgearbeitet. Mit einer Mischung aus Hartgrund und Ölfarbe bemalt er die Larve und unterstreicht damit ihre plastische Wirkung.

Diese Masken wurden als Bündner Holzmasken am Fasnachtsumzug in Zürich getragen. Dazu gehört eine Kleidung aus Schaf- oder Ziegenfellen. Schon von weitem hörte man die Bündner Strassmann-Gruppe mit ihren Kuhglocken und riesigen Rätschen. Paul Strassmann wollte immer, dass seine Larven im Brauchtum weiterleben und nicht nur als Kunstwerke an der Wand betrachtet werden.

Holzmasken im Kanton Aargau

Fasnacht in Laufenburg

Im Fricktal im Kanton Aargau bildet das Städtchen Laufenburg den Mittelpunkt des fasnächtlichen Treibens, und zwar in enger Verbindung mit dem seit 1802 von ihm getrennten deutschen Laufenburg. In der geteilten Stadt konnte sich ein Zusammengehörigkeitsgefühl in kultureller Hinsicht erhalten, das sich vor allem in der Fasnacht kundtut.

Der Haupterwerb der Laufenburger war – begünstigt durch die nahen Stromschnellen des Rheins – bis in unser Jahrhundert die Fischerei, vor allem der Salmfang. Die Fischer pflegten denn auch in besonderer Weise das Fasnachtsbrauchtum, die Tschätteremusig und das Narrolaufen.

Eine Fischergilde – seit 1924 nennt sie sich Narro-Alt-Fischerzunft – sorgt mit einem Elferrat für das Gelingen der fasnächtlichen Anlässe. Beide Städte haben eine gemeinsame Zunft, die aber getrennt verwaltet wird. Die Tschätteremusig wird meist gemeinsam, das Narrolaufen hingegen seit dem Ersten Weltkrieg getrennt durchgeführt. Zunftbruder kann werden, wer einen guten Leumund und eine eines Narren würdige Einstellung zum Leben hat. Vor dem Totenkopf und einer brennenden Kerze gelobt der neue Narro, die alten Bräuche zu pflegen und der Zunft bis ans Lebensende die Treue zu halten.

An den drei «feisse Donschtig», die dem Aschermittwoch vorangehen, versammeln sich frühmorgens und abends die Narren mit allerlei Lärminstrumenten wie Trommeln, Sägeblättern, Kuhglocken oder Hörnern zur Tschätteremusig. Nach dem alten Rhythmus «D Mülleri hät, si hät . . . » beginnt der Umzug. Langsam zieht er mit ohrenbetäubendem Lärm durch die engen Gassen der Stadt. Als Belohnung erhalten die «Tschätterer» in den Gaststätten eine Mehlsuppe. Im Jahre 1611 hatte der Rat der Stadt diesen Umzug vermutlich im Zusammenhang mit der Pest verboten.

Der Narrolauf am Fasnachtsdienstag ist der Höhepunkt der Laufenburger Fasnacht. Das Narro-Kleid und das Recht, es zu tragen, soll nach

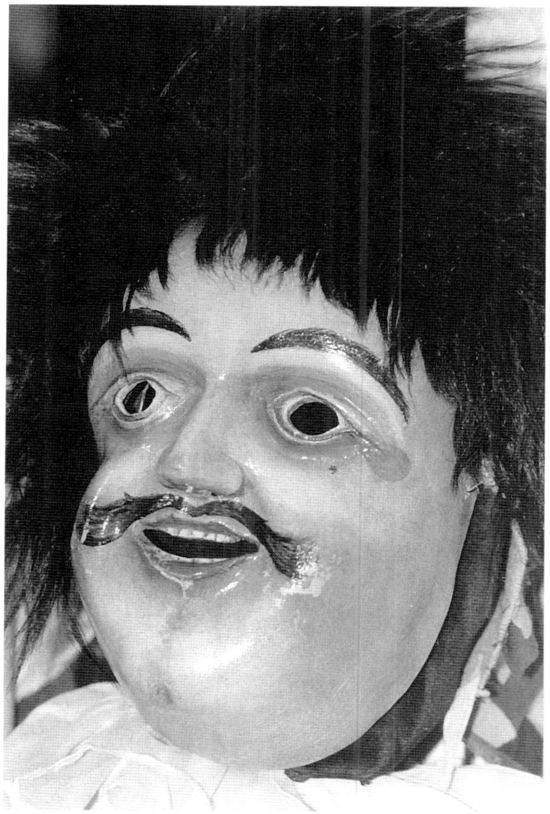

Laufenburger Narro, eine Glattlarve. Das geteilte Städtchen Laufenburg in der Schweiz und in Deutschland feiert die Fasnacht gemeinsam.

Die Narronen schreiten mit umgehängten Säcken voller Orangen, Weggen und Würste durch die Gassen Laufenburgs.

Die Laufenburger Narronen tragen ein bunt geschupptes Blätz-Kleid mit dem Stadtwappen auf dem Rücken, eine barocke Halskrause, ein um die Lenden gebundenes Fischernetz und weisse Handschuhe.

Holzschnitt von Hans Rudiger zur Feier von 600 Jahren Laufenburger Fasnacht.

Laufenburger Narro. Auf dem Kopf trägt der Narr die Schellenkappe und eine Narrenmaske aus Holz.

der Überlieferung 1386 vom österreichischen Herzog Leopold III., der später bei der Schlacht von Sempach fiel, verliehen worden sein. Das Narrenkleid besteht aus Hose und Kittel, auf denen Hunderte von kleinen «Stoffblätzli» aufgenäht sind. Das bunt geschuppte Blätz-Kleid symbolisiert nach der volkstümlichen Überlieferung die übereinanderliegenden Schuppen des Lachses. Den Rücken des Kittels ziert das Stadtwappen; eine barocke weisse Rüsche umgibt den Hals. Dazu kommen noch ein um die Lenden geschwungenes Fischernetz und weisse Handschuhe. Auf dem Kopf trägt der Narr die Schellenkappe und eine Narrenmaske aus Holz, die einen gutmütigen Ausdruck zeigt. Die Masken sind meistens im Besitz der Träger.

Die Narronen schreiten, rückwärts laufend, mit umgehängten Säcken voller Orangen, Weggen und Würste durch die alten Gassen Laufen-

burgs. Hinter ihnen drängt sich die Jugend, die von älteren Burschen mit Stangen zurückgehalten wird. Im Chor rufen die Kinder:
«Luschtig isch de Metzger Meyer,
frisst am Friitig Späck statt Eier.»

«S isch Fasnacht, s isch Fasnacht,
d Buure frässe Würscht,
und wenn sie gnueg gfrässe händ,
so lönd sie langi Füürz.»

«Es hocke drei Narre uf s Hanselis Charre,
Wie lache die Narre, Narri! Narro!»

«Luschtig isch de Fricker Seppli,
suuft alli Schtund es Schöppli!»

«Narro chridewiis,
häsch d Chappe volle Lüüs!»

Je lauter Geschrei und Sprüche tönen, desto reicher fliessen die Gaben. Ein wahrer Regen von Orangen, Weggli und Würsten saust in die schreiende Kinderschar. Das Gabenauswerfen der Narronen ist schon seit dem 17. Jahrhundert bezeugt und fusst wahrscheinlich auf einer Spende der Fischer an die Witwen und Waisen von verstorbenen Mitgliedern ihres Standes.

Um 17 Uhr trifft sich die Zunft zum gemeinsamen Schlusshock, dem sogenannten Hauptbott, an dem der Abschluss der Fasnacht nochmals gefeiert wird. Am Aschermittwoch wird eine mannsgrosse Puppe – der Böögg oder Bantli – auf eine Bahre gebunden und mit Trommeln und Trauermusik auf den Marktplatz gebracht. Mit dem Ausspruch «Es goht degege» wird der Böögg angezündet und verbrennt unter dem ohrenbetäubenden Knallen der Feuerwerkskörper. Unter Trommelklang marschiert der Zunftrat zurück ins Stammlokal zu einem Imbiss und Umtrunk.

Narronen mit Trommlern auf dem Fasnachtsumzug.

Einsiedler Mummerie.
Barocke alte Maske vom
18. Jahrhundert.

Holzmasken- und Fasnachtsbrauchtum der Innerschweiz

Kanton Schwyz

Fasnacht von Dreikönig bis Aschermittwoch

Schwyz ist ein bedeutendes und vitales Zentrum im Fasnachts- und Maskenbrauchtum der Schweiz, das sich durch seine Vielfalt und individuelle Ausprägung auszeichnet. Die verschiedenen Regionen pflegen und betonen ihre charakteristischen Eigenheiten. Schriftliche Zeugnisse sind erst seit Ende des 17. Jahrhunderts fassbar. Wie in den andern Gebieten der Schweiz wurde auch im Lande Schwyz das Fasnachtsfest schon im frühen Mittelalter gefeiert, wahrscheinlich aber ohne Maskierung.

Die Fasnachtstage gelten im Kanton Schwyz noch heute als «hohe Feiertage». Wenn an Dreikönig der «Pannerherr» auf der Säule des Dorfbrunnens in Schwyz fasnächtlich eingekleidet wird, bricht im Schwyzerland das Fasnachtsfieber aus, das bis Mitternacht vor

von den einzelnen Bezirken des Kantons festgesetzt und im Spätsommer des Vorjahres im kantonalen Amtsblatt bekanntgegeben mit dem Hinweis, dass an diesen Tagen öffentliche Tanzanlässe in geschlossenen Gesellschaften und das öffentliche Maskenlaufen ohne Bewilligung oder Meldung gestattet sind.

Der Zusatz «Güdel» bedeutet «fett», «fetter Bauch». An den beiden Tagen vor Aschermittwoch füllte man sich mit fetten Speisen den «Güdel». In dieser Bedeutung ist das Wort auch im folgenden Vers belegt: «Üüsi Chue gid Niidle, e ganze Chübel voll; am Morge chund dr Schniider und frisst der Güdel voll!»

Zur Fasnachtszeit gibt es in zahlreichen Fasnachtsorten des Kantons Schwyz ein besonderes Gebäck: die mit «Kösi» gefüllten Krapfen, die Schenkeli, die Fasnachtschüechli, die Schwyzer Dorfbächler Fasnachtskräpfli, die Maschgeradechräpfli oder die Anisguetzli aus Steinen, die Wollerauer Narrenböcke, die Leutsche-Fischli aus Freienbach, die Einsiedler Hudichräpfli und Bohnen sowie die Eggburger aus dem Viertel Egg in Einsiedeln. In Unteriberg gibt es neben Büürli auch Yberger Würscht, wie heute allgemein in fast allen Fasnachtsorten der March Wurst und Brot verteilt werden.

In Einsiedeln hat sich die Tradition des Narrenbrotes am besten erhalten. Am frühen Nachmittag des Fasnachtsdienstags rücken die Mummerien, Joheen und die Hörelibajassen mit ganzen Säcken zum Brotauswerfen aus. Im Gleichschritt ziehen sie durch die Strassen und halten an drei verschiedenen Stellen an, um nach einem genau festgelegten Ritual einen wahren Brotregen auf die heischenden Kinder und Jugendlichen niedergehen zu lassen. Dabei werden die Brote in hohem Bogen ziellos in die Menschenmenge geworfen, die sich auf der Strasse darum balgt:

«Was Brod uusrühred's? 's wird nüd sy!
Der Johee und der Mummerie,
die dörfed das scho woge,
und 's Gwüsse brucht's nüd z ploge.
An arme Tüüfel het's do guet,
sälang as Mütschli schnye tuet.»

Die Maskierten werden im Kanton Schwyz unterschiedlich benannt. In Innerschwyz heissen sie «Maskeraden» oder «Maschgeraden», in Einsiedeln und im Ybrig «Hudi», in den Höfen «Böögg» und in der March «Butzi». Das Maskenlaufen nennt man in Sattel «Hudnen» und in der March «Butznen». Der Innerschwyzer «Güdelziischtig» heisst in der March «Chli Zyschtig».

Sackweise werden am Fasnachtsdienstag in Einsiedeln von Hörelibajassen, Joheen und Mummerien Brote ausgeworfen. Federzeichnung von Eugen Roth.

Ursprünge der Schwyzer Fasnacht

Das heutige Fasnachts- und Maskenbrauchtum ist, wie der Volkskundler Werner Röllin meint, als Ausdruck der Lebensfreude des 18. Jahrhunderts vor dem Hintergrund des wirtschaftlichen Aufschwungs und der Suche der Dorfschaften nach neuen Identitätsformen im 19. und 20. Jahrhundert zu sehen.

Die tollen Fasnachtstage gab es im Lande Schwyz natürlich schon im frühen Mittelalter. Doch trug man damals noch keine Masken. Die ersten Quellen reichen bis ins 15. Jahrhundert zurück und berichten von der Ausgelassenheit und den Auswüchsen des fasnächtlichen Treibens in der Alten Eidgenossenschaft. So soll im Jahre 1464 Werner ab Iberg an der Fasnacht in Schwyz einen gewissen Hans Ulrich erstochen haben. Im Jahre 1477 zog zur Fasnachtszeit der berühmt-berüchtigte Saubannerzug von Weggis und Arth aus in die Westschweiz. Die älteste bildliche Darstellung der Fasnacht im Lande Schwyz stammt von Diebold Schilling in der «Luzerner Chronik» aus dem Jahre 1513; es zeigt in Farben den Fasnachtstanz von 1509 auf der Landmatte zu Schwyz: Sieben Paare tanzen unmaskiert um einen Tisch herum, auf dem Musikanten stehen.

Im 15. und 16. Jahrhundert war es üblich, zur Fasnachtszeit befreundete Eidgenossen zu empfangen oder anderen eidgenössischen Ständen Fasnachtsbesuche abzustatten. So sind, um nur einige zu nennen, Fasnachtsbesuche der Schwyzer in Zürich 1447, in Bern 1461 und in Basel 1517 bezeugt; umgekehrt statteten 1452 die Luzerner Schwyz einen Besuch ab. Nach der Reformation besuchten sich nur noch die Innerschweizer untereinander. Zum Fest- und Fasnachtszug gehörten Beamte, Landschreiber, Läufer, Landweibel, aber auch Narren, Trommler, Pfeifer, Geiger, Spielleute und Schützen. Ihre Bekleidung war bunt; manchmal trugen sie auch Söldnertracht und Degen.

Ab dem 16. Jahrhundert wurden von der Obrigkeit zahlreiche Gebote und Verbote erlassen, um das fasnächtliche Treiben im Lande Schwyz zu regeln. Es ging darum, Exzesse zu verhindern oder einzudämmen und das tolle Treiben mit seinen

Fasnachtstanz auf der Landmatte zu Schwyz 1509 (oben). Diebold Schilling, Luzerner Chronik 1513. Saubannerzug 1477 (unten). Diebold Schilling, Amtliche Bernerchronik.

Lustbarkeiten auf die offiziellen Fasnachtstage zu beschränken. So bestimmte 1559 der Landrat der March: «Wer will ein fasnacht han uf dem rathhus, der soll den Landlüten geben ein lib, und ob etwas druf zerbrochen wurd, sol der Abträger, So die fasnacht denzemol doruf gehalten hat, bezahlen.» Das Herumlaufen in Narren- und «Butzenkleidern» sowie das «unordentliche und wüste Wesen des Greifflens», also das Maskieren und Lärmen, wurde in Schwyz 1599 bei fünf Pfund Busse untersagt. Verboten war zu dieser Zeit auch der Verkauf von «Küchli und Krapfen». Es ist an-

Alte Schwyzer Holzmaske, vermutlich aus dem 19. Jahrhundert aus dem Raum March/Einsiedeln, Steinen, Brunnen, Arth. Rietbergmuseum Zürich

zunehmen, dass dem Heischen und Stehlen Einhalt geboten werden sollte. 1682 erliess Schwyz eine Einschränkung des Most- und Branntweinausschanks. Ohne Erfolg blieben jedoch die Mandate gegen das Anzünden von Fasnachts- und Mittfastenfeuern. Ebenso wirkungslos war der Beschluss der Schwyzer Landsgemeinde, auf Anraten des Papstes den Schmutzigen Donnerstag als Bettag und ohne Lustbarkeiten zu feiern.

Die Aufzeichnungen des Schwyzer Pfarrers Thomas Fassbind (1755–1824) beschreiben das ausgelassene Treiben der Maskierten in der Mitte des 18. Jahrhunderts im Dorf Schwyz: «Mit dem Tanzen war noch das Maskenlaufen Tag u Nacht in der Fassnacht in Übung, wo junge u alte schaarenweis ganze Tage u Nächte herumlarmten, u won si sich allerlei Frechheiten erlaubten (...) Man sah Hrn mit ihren kleinen Kindern an der Hand narrlaufen. Öfters hielt man kostspielige Vorstellungen und Umzüge von maskierten Personen in grosser Anzahl zu Pferd u zu Fuss (...) Schon anfangs dessen (des 18. Jahrhunderts) wurde die ganze Fasnacht durch alle Wochen 3 mal Bäll und Tänze, sumtuose Gastereyen, Comoedien, Umzüge und Maskeraten gehalten (...) Man trat in allerley Kleidungen auf. Einige erschienen wie Thiere, in Wolfs- und Bärenhäuten, andere stellten Teufel, andere Hexen, alle Narren vor, was sie auch wirklich waren. Einige scheuten sich nicht geistliche Würden und Stände zu beschimpfen, man sah einige als Bischöfe, andere wi Priester und Kapuziner, Klosterfrauen mit Rosenkranz, Weihwädel in der Hand, umher tanzen, Töchter ins Mannskleidern und Knaben in Weibskleidern verkleidet...»

Fassbind schildert missbilligend das Vermummen und Tanzen, die Umzüge und die fasnächtliche Ausgelassenheit. Bemerkenswert ist die Erwähnung von Einzelmasken, Wölfen, Bären, Teufel und Hexen, die offensichtlich zu den ältesten Masken zählten. Von Einsiedeln ist belegt, dass sich die Ratsherren 1696 beklagten, eine Fasnachtslarve in Kalbsgestalt sei aufgetaucht und habe die Leute geärgert.

Die ältesten Holzmasken im Kanton Schwyz

Die ältesten noch erhaltenen Holzmasken im Lande Schwyz, eine aus dem Muotathal und eine aus der March, befinden sich im Schweizerischen Museum für Volkskunde in Basel. Beide Masken stammen aus der zweiten Hälfte des 18. Jahrhunderts. In Schwyz beherbergt das Turmmuseum hinter dem Rathaus zwölf Groteskmasken aus dem 19. Jahrhundert. Keine dieser Masken, denen Namen wie die Zunge Herausstreckende, die Breitmaulige, die böse Alte, die Teufelartige, die zahnlose Alte, die Sühudi-Artige, die Tod-Artige, der Tod, die Katzenartige mit Hörnern gegeben wurden, hat jedoch einen besonderen Lokaltyp hervorgebracht. Ähnliche Masken finden wir bei verschiedenen privaten Maskensammlern und im Volkskundemuseum Rietberg in Zürich. Obschon ihre Herkunft nie genau geklärt wurde, dürften sie dem Raum March-Höfe-Einsiedeln, Steinen, Brunnen oder Arth zuzuordnen sein; einige könnten auch aus dem Raume Luzern-Kriens stammen.

Typische alte Innerschweizer Maske, eine Charaktermaske, einfach und ausdrucksstark. Rietbergmuseum Zürich

Der Schellni, eine alte Maske aus dem Raum Schwyz/Brunnen. Ihr Name erinnert an den «Schellenpuur» des Jasskartenspiels.

Alte Masken aus dem Kanton Schwyz. Oben aus dem Rietbergmuseum Zürich, unten die «Breitmaulige» und die «Teufelartige» aus dem Turmmuseum Schwyz.

Für 1864/65 ist belegt, dass der Maskengarderobier Sebastian Schnellmann aus Lachen zur Fasnachtszeit Holzmasken vermietete. 1883 bot A. Marty in der Zeitung Holzlarven aus seiner Wagnerei an. Auch beim Bartlispiel in Brunnen sind grosse, hölzerne Larven verwendet worden. Das Tragen von Holzlarven ist auch in Arth für die Jahre 1870 und 1880 bezeugt. Jakob Rickenbach berichtet: «Eine Auswahl von Masken hatte man damals noch nicht, aber dafür noch die dauerhafteren, die hölzernen, einzelne sehr schön geschnitzt, andere dagegen schreckliche Grimassen. Die meisten waren nicht der Gesichtsfarbe entsprechend, sondern eintönig gefärbt oder mit Querstreifen über Augen und Mund. Die von uns Jungen gefürchtetsten Masken waren die sog. ‹Holzschuohmaschggärä› und der ‹Tüfel›. Bei der ‹Holzschuohmaschggärä› war die Larve gelbgrau, nur flächig, blockartig geschnitzt, ohne Schnurrbart; sie glich mit dem offenen Mund und den hohlen Augen einer Totenmaske. Diese wurde meistens zu der ‹Sennttrichlä› (Schelle) getragen, ebenso der Tüfel (...) Der Tüfel war eigentlich eine Halbmaske mit gewölbter Stirn, zwei furchtbar grossen Augen, mächtiger Nase, wulstigen Lippen mit heraushängender Zunge und einem dreieckigen Geissfell als Bart. Diese Maskenfiguren sind in Arth verschwunden.»

Zur Schwyzer Fasnachtsrott, wie die Maskierten hier genannt werden, gehörten früher die Figuren des Teufels, des Tirolers (heute in Rothenthurm), des Märchlers (Röllifigur der March) mit Holzlarve, des Ditti (weibliche Figur mit Reifrock und Schnuller um den Hals) und des Gnomen. Um 1940 belebten noch jene von Bäcker, Metzger, Bauer, Viehhändler und Soldat die Schwyzer Rott. Seit einigen Jahren ist die Teufelsfigur wieder vermehrt zu sehen.

Zu den bedeutendsten Holzmasken im Kanton Schwyz zählen die Rölli aus der March. Die grosse Rölli-Maskensammlung von Otto Gentsch mit 61 Holzlarven aus dem 19. Jahrhundert befindet sich im Museum im Rempen bei Siebnen. Sie ist Eigentum des Bezirks March.

In den letzten Jahrzehnten waren es Josef Blattmann aus Wollerau, dessen Nachfolger, der Holzbildhauer Markus Kläger aus Pfäffikon, und Anton Reichmuth aus Schwyz, die als gelernte Holzbildhauer die Schaffung von neuen Holzmasken massgeblich beeinflusst haben. Holzmasken schnitzen heute einige professionelle Holzbildhauer, etwa Richard Büeler in Schwyz und Josef Schibig in Steinen.

Eine wichtige Rolle bei der Schöpfung neuer Masken spielten die Fasnachtstheaterspiele des 19. Jahrhunderts. Maskengarderobiers trugen zur Verbreitung bei, indem sie zuvor als Theaterrequisiten gebrauchte Masken und Kostüme zur Fasnachtszeit vermieteten. Das 1863 erstmals aufgeführte Japanesenspiel beeinflusste mit den Samt- und Seidenkostümen und der Schminke die Gestaltung der heutigen Schwyzer Fasnachtsfiguren. Statt der als primitiv empfundenen Holzmasken präsentierte man sich gerne in exotisch-fremden Kleidern und Masken aus Seide, Wachs, Draht, Samt, Tuch und Papier.

Der Auftakt zur Fasnacht

Das Einschellen

In vielen Gemeinden des Kantons Schwyz wird am Dreikönigstag die Fasnacht mit dem Einschellen eingeläutet. Während die Einsiedler Hudi ihre Schellen umgebunden haben, tragen die andern ihre Glocken an beiden Händen oder an einem Joch über dem Nacken.

Das Einschellen ist vor allem in der March sehr verbreitet. In Lachen findet es am Abend des Dreikönigstages statt: Mit Schellengetön und Peitschenknall setzt sich der Zug der Einscheller in Bewegung, gekleidet in weisse Hirtenhemden und am Joch die wiegenden Glocken. Wie Gewehrfeuer knallen die Geisseln über den Köpfen der Zuschauer. Hinter den Einschellern folgen die Fasnachtsgruppen. In den Dörfern Altendorf, Schübelbach, Siebnen, Wangen, Galgenen, Schübelbach, Tuggen und Reichenburg spielt sich das Einschellen in ähnlicher Form ab.

Auch in den Höfen kündet der «Trichler» und «Geiselchlepfer» die Fasnachtszeit an, so in Wilen-Wollerau, Pfäffikon und Schindellegi.

Greiflet

Der Brauch des Greiflet hat in Schwyz eine jahrhundertealte Tradition. Schon 1599 verbot ihn der Rat von Schwyz ebenso wie das Herumlaufen in Narren- und Butzenkleidern bei fünf Pfund Busse.

Der Greiflet, auf dem alten Rügerecht basierend, war ursprünglich ein Possenspiel, in dem von einer maskierten Person Ereignisse des verflossenen Jahres oder Personen verspottet wurden. Dazu gehörte mit Kuhglocken und Peitschen erzeugter Lärm, früher im nächtlichen Umzug mit Ketten, Kesseln, Pferdegeschell, Rätschen, Sensen und Hörnern verstärkt.

In Schwyz, Gersau und Küssnacht zählt man gegenwärtig zwölf Vereinigungen von Greiflern, die als «Geislechlepfer» und «Trichler» in weissen Hirtenhemden und mit schwarzer Zipfelmütze auftreten. Sie ziehen am Dreikönigstag in einem doppelreihigen Zug durch das Dorf und erzeugen

Die beiden Waldfrauen Strudeli mit Efeuranken (oben) und Strätteli mit Tannzapfenschmuck (unten) gehören zum Greiflet in Brunnen. Masken von Holzbildhauer Richard Büeler aus Schwyz.

mit ihren Kuhglocken und Peitschen den fasnächtlichen Lärm. In Schwyz umrunden sie dreimal den Dorfbrunnen und hören sich zusammen mit dem Volk die Spottverse über Personen und Ereignisse aus dem eigenen Dorf und der weiten Welt an. Zuvor findet das «Priischlepfe» statt, ein Wettbewerb der besten «Geislenchlepfer» im «Chrüüzlischträich». Der heftige Peitschenknall entsteht dabei dadurch, dass die Geissel für einen kurzen Moment die Schallgeschwindigkeit übertrifft.

In Brunnen treten beim Greiflet die beiden Waldfrauen Strudeli und Strätteli auf. Der Name «Strätteli» kommt von der Bezeichnung eines Dämons als «Schratt» oder «Schrättlig», der später auch für die Hexe verwendet wurde. Die beiden Waldhexen wurden ursprünglich wohl von den Greiflern gejagt, doch war dieser Brauch während Jahren vergessen, bis ihn die Fasnachtsgesellschaft Brunnen 1989 in abgewandelter Form wieder aufleben liess. Im heutigen Brauch werden die zwei Waldfrauen am Abend des ersten Fasnachtstages im Wald von Fackelträgern und Greiflern abgeholt und auf den Dorfplatz geführt. Um einen Feuerkreis herum wird mit andern Fasnachtsfiguren und der Katzenmusik eine gespenstisch-fasnächtliche Zeremonie abgehalten. Strudeli und Strätteli dürfen ihr wildes und unberechenbares närrisches Treiben bis Aschermittwoch ausüben.

Den Auftakt der Fasnachtstage bildet jeweils die lautstarke Tagwache der Guggen- und Katzenmusiken. Diese lärmige Fasnachtsmusik kam erst nach dem Zweiten Weltkrieg über Basel und Luzern ins Schwyzerland. Sie ist heute aus dem Fasnachtsgeschehen nicht mehr wegzudenken. Ihre Vorläufer waren die Hudeli-Musig in Oberarth, die Tschättere-Musik in Küssnacht und die Urner Katzenmusik in Brunnen.

Fasnachtsspiele

Die Fasnachtsspiele gehören in Schwyz unabdingbar zu den Narrentagen. Was für die Basler die Schnitzelbänke, sind für die Bewohner am Fusse der Mythen die Fasnachtsspiele. Seit der Mitte des 17. Jahrhunderts sind im ganzen heutigen Kantonsgebiet Theateraufführungen und Narrenspiele bekannt, die sich durch spitze Seitenhiebe und frechen Humor auszeichnen. Bekannt sind folgende Aufführungen: 1687 «Ein Fasnachts Actiönli» in Einsiedeln, 1741 «Das Bartlispiel» in Brunnen, 1762 die Stegreifkomödie «Der Schwärmer» in Schwyz, 1842 eine barocke Sittenkomödie anlässlich der Muotathaler Moosfahrten, 1857 «Circus Carneval» von Ambros Eberle, ein Japanesenspiel, 1861 «Die alte Rellete» in Wollerau und «Die verkehrte Welt», in Lachen aufgeführt.

Muotathaler Moosfahrten

Die Moosfahrt von Muotathal, ein lustiger Schauzug, bei dem alte Jungfern auf Wagen ins feuchte Moos, ins Moor, gefahren wurden, wurde um 1700 zu einer barocken Sittenkomödie umgestaltet. Aufführungen sind in den Jahren 1842 und 1859 bezeugt. Im 20. Jahrhundert wurden die Moosfahrten als zweistündige Umzüge «ums Wasser» aufgeführt, die später in Schauzüge umgewandelt wurden.

Der Name «Moosfahrten» wird zu den «Giritzenmoosgerichten» in Beziehung gebracht, in denen Jungfern satirisch verspottet wurden. Werner Röllin meint dazu: «Die Sterilität der Jungfern bedeutete früher Fluch, und dieser setzte ein, wenn die Heiratsgrenze (25 bis 30 Jahre) um ein paar Jahre überschritten war. Die negative Beurteilung des ledigen Standes betraf vornehmlich das weibliche Geschlecht. Wegen ihrer Unfruchtbarkeit hat der Volksglaube den alten Jungfern besonders einsame und unfruchtbare Örtlichkeiten nach dem Tode angewiesen, vornehmlich Sümpfe, Moore und Wassergegenden, wo Kiebitze (= Giritze) hausen. Dort müssen sie, weil sie den dem Leben gebietenden Gesetzen der Natur nicht folgen, ewig unfruchtbare Arbeiten gleich den Danaiden tun: Hosenladen kauen, Sägemehl knüpfen, Linsen spalten, Wolken biegen ...»

Schwyzer Fasnachtsspiel

Am Schmutzigen Donnerstag 1829 wurde in Schwyz ein grosses Fasnachtsspiel aufgeführt. Der Kupferschmied Leonhard Karl Inderbitzi berichtet: «131 Bewohner von Ibach in der Pfarrey Schwyz haben am 19. März 1829 am Schmutzigen Donnerstag in einem sinnreichen Fasnachts-Zug, der grossen Stoff zur Betrachtung gab, die alte und neue Zeit vorgestellt ... Im Flecken Schwyz auf dem Platz stand eine Bühne mit zwey Stiegen und Brustlehnen versehen, in Mitte derselben ein Fussgestell, und auf diesem eine Pyramide ...»

In diesem barocken Spiel kamen der Herold, der Engel des Friedens, alte, ehrwürdige Männer, Älpler, Schäfer und Schäferinnen, ein Wagen mit einer Haushaltung, der Hausvater, die alte Mutter, ein Knabe, ein Hauptmann mit Federbusch, ein Fähnrich, Krieger mit eroberten Waffen, der alte Mann, ein Wagen mit Wäscherinnen, Bauern, Krämer, Vogelsteller und Bettler vor. Ausser dem Alten Mann ist keine der Figuren ins heutige Maskenrepertoire eingegangen.

Bei den Fasnachtsspielen führt die Rott, eine grössere Gruppe von Maskierten, den Zug der

Schauspieler und nach ihnen die verschiedenen anderen Maskierten zur Tribüne. Viele Schwyzer Maskengestalten sind aus den Fasnachtsspielen hervorgegangen. Das Schwyzer Fasnachtsspiel kann auch als Vorläufer der Japanesenspiele angesehen werden.

Die Japanesenspiele

Wie kommen die urchigen Innerschweizer dazu, als Japaner auf die Bühne zu treten und einem Kaiser zuzujubeln?

Die Japanesenspiele entstanden im 19. Jahrhundert und werden heute noch, seit 1947 im Turnus von fünf Jahren, zur Fasnachtszeit als Freilichtspiele auf dem Hauptplatz in Schwyz aufgeführt. Der Vater des heutigen Fasnachtsspiels von Schwyz ist der Einsiedler Ambros Eberle (1820–1883). Er gehörte zur fröhlichen Schwyzer Tafelrunde, die sich 1857 «Brüder vom tollen Leben» nannte und zum Ziel hatte, für fasnächtliche Belustigung zu sorgen. Ihr erstes Freilichtspiel auf dem Hauptplatz hiess «Zirkus Karneval» und hatte Tierfabeln zum Gegenstand.

Das Japanesenspiel entstand aus einem konkreten politischen Anlass: Die Schweiz hatte zu dieser Zeit auf diplomatischem Weg versucht, mit Japan Handelsbeziehungen anzuknüpfen, doch ihre Bemühungen scheiterten. Das Unternehmen erregte grosses öffentliches Interesse und wurde für die «Brüder vom tollen Leben» das tragende Thema ihres Fasnachtsspiels von 1863: «Die Schweiz in Japan. Grosses japanesisch-schweizerisches Hof- und Volksfest in Yeddo-Schwyz». Ihre Vereinigung nannten sie seither «Japanesengesellschaft Schwyz».

Das Japanesenspiel ist ein Fasnachtsspiel mit einer besonderen Mischung aus Ironie und Spott, Ulk und Selbstbesinnung. Im Mittelpunkt steht der Kaiser von Japan, Hesonusode, umgeben von seinem kaiserlichen Hofstaat von Mandarinen, Geishas und Japanesen, alle in orientalische Gewänder gekleidet. Ihm wird in satirischer Form Bericht erstattet über lokale oder nationale schweizerische Gegebenheiten und Ereignisse, und dabei wird mit Witz und Spott nicht gespart.

Im Mittelpunkt des Japanesespiels in Schwyz steckt «Hesonusode», der Kaiser von Japan. Das Japanesespiel ist ein Fasnachtsspiel mit einer besonderen Mischung von Spott und Ironie, Ulk und Selbstbesinnung.

Das Japanesenspiel wurde – thematisch immer wieder abgewandelt, doch mit gleichbleibendem Grundkonzept – zur festen Tradition, die immer ein begeistertes Theatervolk fand. Nur die beiden Weltkriege brachten einen Unterbruch. Die Neubelebung des Spiels ist das Verdienst von Paul Kamer, der von 1958–1980 dem Freilichtspiel seinen Stempel aufdrückte. 1985 und 1990 ging ein Spiel von Marcel Gaberthuel über die Bühne.

Neben den Spielen organisieren die Japanesen auch Maskenbälle, Umzüge und die fasnächtliche «Altersstubete».

Die alte Rellete

Die Rellete kennt man in Wollerau schon seit 1861. «Rellet» oder «Rellete» kommt von «rällen», was ursprünglich das Mahlen von Korn oder Hülsenfrüchten bedeutete. Mit Mühle und Mahlen hat auch das Fasnachtsspiel zu tun, in dem alte Weiber durch den Mahltrichter «gerellt» werden und verjüngt wieder erscheinen. Hinter der fasnächtlichen Meitli-Rellete steckt der Wunsch, Schönheit, Jugend und erneuerte Lebenslust zurückzugewinnen (siehe auch Seite 110). Die Wollerauer Rellete hat sich mit der Zeit verändert. In das fasnächtliche Possenspiel wurde das sogenannte Malefizgericht integriert.

Die offizielle Eröffnung findet auf dem Schulhausplatz statt. Das Fasnachtsspektakel greift die Aktualitäten des vergangenen Jahres auf. In einer Gerichtssitzung werden Hexen und Bösewichter beschuldigt und von der Güselschufle-Helen und dem Beckitogg verteidigt. Sieben Malefizrichter verurteilen die Angeklagten, die Hexen wegen Alter und Hässlichkeit zur Rellete auf dem Schulhausplatz, die Bösewichter wegen Dummheit, Saufen, sittlichen Vergehen, Überhocken und anderem zur Einzelbestrafung auf dem Kirchplatz. Der Beckitogg selbst wird des pöbelhaften Benehmens beschuldigt; der Prozess wird ihm aber erst am Fasnachtsdienstag gemacht. Nachdem der Scharfrichter den Verurteilten das Urteil vorgelesen hat, folgt die Bestrafung durch Auspeitschen, Zurschaustellung am Pranger, ein Pechbad oder ein Wasserbad in der Waschstande.

Die Wollerauer Fasnachtsgesellschaft Fidelitas spielte «Die alte Rellete» im Jahre 1958 nach der Version von 1938. 1983 folgte eine Neubearbeitung von Alois Bruhin aus Wollerau.

Die Nüsslet und der Schwyzer Narrentanz

Noch vor einigen Jahrzehnten wurde auch im Lande Schwyz nur an Viehausstellungen, an der Chilbi und an Fasnacht getanzt. Heute sind die traditionsreichen Maskenbälle verschwunden, denn getanzt und gefestet wird während des ganzen Jahres.

Das «Nüsslen» ein federnd hüpfender Tanz der Maskierten, gehört heute noch zur Strassenfasnacht in allen Dörfern in und um Schwyz. Die Rott der Nüssler zieht auf einer festgelegten Route durch das Dorf und zu den Wirtschaften. Zum dumpfen Rhythmus der Trommler «Hudi umä jo jo jo» führen sie auf den Fussspitzen eigenartige zierliche Hüpf- und Drehschritte aus. Mit jeweils drei kompliziert aussehenden wippenden Schritten und einer Viertelspause dreht sich jeder Tänzer einmal im Kreise.

Aus der Nüsslerrott von Steinen: Talibasch mit herausgestreckter Zunge und Välädi, beide auf Stöcke gestützt, umrahmt von Alten Herren.

**Güdelmontags-Rott von Schwyz. Viele Nüsslerfiguren tragen noch Wachsmasken, einige die beständigeren Holzmasken.
Der Rottmeister Karl Lüönd, umgeben von Zigeuner, Bajazzomaitli, Hudi, Alten Herren, Lappi (Domino) und Blätz.**

Unterschiedliche Formen des Nüsslet haben sich in Schwyz, Ibach, Brunnen, Steinen und Sattel erhalten. In Schwyz und Ibach dreht sich der Nüssler im Takt der Trommler am Ort hüpfend um die eigene Achse, wobei nur die Zehenspitzen den Boden berühren dürfen. Die Brunner Nüssler tanzen einen eigenen zweiteiligen Tanz auf den Fussspitzen. Die Steiner und Sattler Nüssler führen in kreisenden Bewegungen einen Tanz mit wechselndem Aufsetzen von Fussspitze und Absatz auf. «Z Sännanasä Seffi», der Altnarrenvater, meint zum Narrentanz: «Was im Bluod isch, chümr nid zu de Haar uusästrählä!» Die Nüssler selber sagen: «Nach altem Bruuch und Sittä, wemmer a der Fasnacht z Schwyz wieder schwitzä!»

Und auch dieser alte Spruch gilt immer noch:
«Solangs nu Schwyzer gid am Myte,
lömmer z Nüssle nid uf de Siite!»

Einst waren das Nüsslen und das Maskenlaufen eine Domäne der Männer, verkleidete Frauen traten als Maschgarädle am Abend in den Wirtshäusern auf. Heute machen in der Nüsslerrott Frauen und Männer mit.

Über die Herkunft und den Ursprung des Schwyzer Narrentanzes kann man nur Vermutungen anstellen. Werner Röllin sieht den Ursprung des Nüsslertanzes in den alten Landsknechtstänzen, da Spielleute und Trommler schon immer zum alten Schwyzer Kriegsvolk gehörten. Der Name «Nüssler» soll an die Zeiten erinnern, als noch Nüsse anstelle von Orangen, Brötchen, Würsten und «Füürschtäi» unters Volk verteilt wurden. Eine andere Deutung leitet ihn davon ab, dass die Maskierten früher am Gurt statt Rollen hohle Nüsse getragen hätten, in denen die Steinchen beim Tanz schepperten. Geheischt und gebettelt wird von den Kindern unter heftigem Geschrei mit dem Spruch «Sind-se-guet». Die Schwyzer Maskeraden sind nicht nur gebefreudig, sie

Der Blätz von Schwyz, eine Holzmaske, geschnitzt von Richard Büeler aus Schwyz, mit breitkrempigem «Schinhuet», dessen Rand mit weissen Wollkugeln bestückt ist.

treten auch als gute Unterhalter auf, indem sie auf Strassen und in Wirtshäusern intrigieren, komische Situationen inszenieren und die verkehrte Welt spielen.

Schwyzer Maskenfiguren

Zur Schwyzer Rott, die von zwei Trommlern und dem Maschgeradenvater begleitet wird, gehören sechs Originalfiguren: der Blätz, der die Rott anführt, der Alte Herr, der Domino, das Bajazzomäitli, das Hudi und die Zigeunerin.

Der Blätz: Der Blätz ist die Hauptfigur in der Rott der Nüssler. Im Turmmuseum in Schwyz wird ein altes, aus dem 19. Jahrhundert stammendes Blätzkostüm samt Holzlarve gezeigt. Der Blätz verrät italienische Einflüsse: Er geht auf die Harlekin-Figur der Commedia dell'arte zurück.

Nach einer Erzählung des 11. Jahrhunderts aus der Normandie war «harilo king» der Heerkönig des Wilden Heeres, das in der Neujahrsnacht in finster-unheimlichem Zuge sein Unwesen trieb. Im 14. Jahrhundert schilderte man die Harlekinsleute als wüst vermummte Gesellen, die ihre Possen trieben. Im 16. Jahrhundert traten sie zunehmend als akrobatische Tänzer und Possenreisser auf und eroberten dann als italienische Komödianten die europäischen Bühnen, nach den Forschungen von Werner Röllin bereits Mitte des 18. Jahrhunderts nachweisbar. Noch heute treten in Italien die «Arlecchini» zur Fasnachtszeit als Narrengestalten auf.

Der «Harliging» war schon 1784 ein Mitspieler im Brunner Bartlispiel. Die fürstliche Kanzlei Einsiedeln verbot 1794 das Harliging-Laufen im Klosterhof. Seit 1865 tritt der Harlekin im Fasnachtsspiel und seit 1881 in der Strassenfasnacht auf.

Gangart und Rautenkleid zeichnen den Blätz als Nachfolger des «Arlecchino» der italienischen Komödie aus. Das Blätzlikleid mit Hose und Rock ist mit etwa 2500 rautenförmigen oder runden, buntfarbigen Filzstücken bedeckt. Dazu trägt er einen breitkrempigen «Schinhuet», dessen Rand mit weissen Wollkugeln bestückt ist, und als Maske eine fleischfarbene Bergamaskerlarve aus Wachs oder heute manchmal aus Holz. Über der Schulter trägt er ein «Schellengeröll». In der Hand schwenkt er einen Tannenreisbesen.

Bajass- (links) und Blätzlarve (rechts) von Richard Büeler.

Der Alte Herr: Der Alte Herr als Maskenfigur wird als «freundlicher Alter» in einem Fasnachtsbericht von 1829 erwähnt.

Der Alte Herr, der gemächlich in der Rott mitläuft, trägt weisse Strümpfe, Kniehosen, einen farbigen Junkerrock, ein Spitzenhemd, eine weisse Rokoko-Perücke, einen Dreispitz und schwarze Schuhe mit halbhohen Schäften. Die vornehme Kleidung brachten aus fremden Kriegsdiensten in Frankreich zurückkehrende Schwyzer mit. Die Maske hat einen bräunlich-gelben Grundton, einen eher strengen Ausdruck, eine spitze Nase mit markantem Schnauzbart und Altersfalten. Aufrecht gehend, stützt er sich auf einen knorrigen Stock, den er beim Nüsseln unter den Arm klemmt. Sein Sprechen ist bedächtig und weise. Die Schwyzer sehen im Alten Herrn einen Aristokraten. Das Kostüm wurde schon 1881 vermietet.

Oben Alter Herr, geschnitzt von Holzbildhauer J. Schibig von Steinen, unten links Alter Herr, rechts Hudi von Richard Büeler.

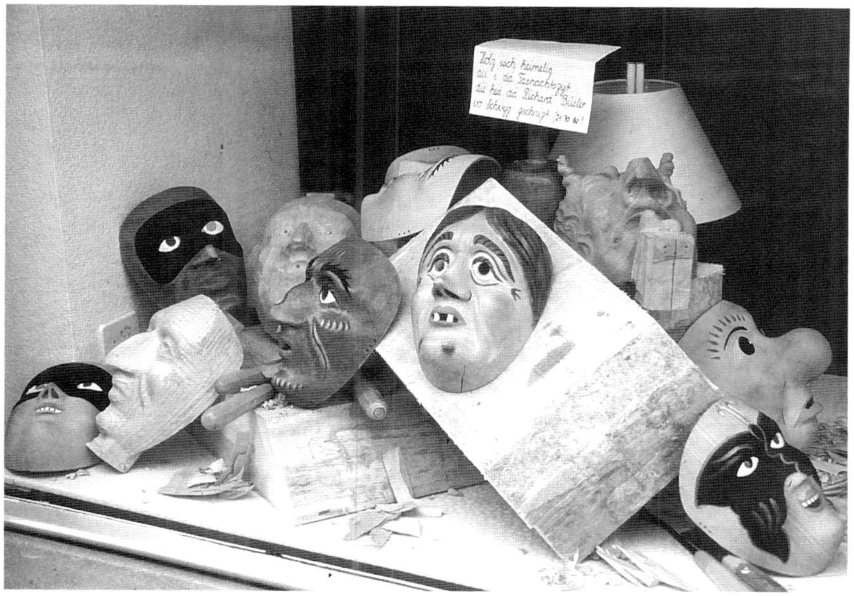

Aus dem Holzblock entstehen, von Richard Büeler geschnitzt, Schwyzer Holzmasken.

Der Domino: Seit dem 19. Jahrhundert gehört auch die aus Italien stammende Dominotracht zum Schwyzer Fasnachtsbrauchtum. 1864 meldete die Zeitung «Bote der Urschweiz»: «Da gehens in die Maskengarderobe und probieren alte Trachten und Dominos oder neue Kostüme.»

«Domino» ist vom lateinischen Begriff für Herr abgeleitet. Ursprünglich für den Kapuzenmantel der Mönche verwendet, wurde «Domino» zur Bezeichnung der an den mittelalterlichen Maskenbällen getragenen mantelartigen Kostüme mit weiten Ärmeln. Man vermutet, dass Wandertheater, Reisläufer oder Händler die Dominofigur nach Schwyz gebracht haben. Der Domino ist eine wilde, wirblige Gestalt, die gerne intrigiert. Mit dem «Holz-Tätscher» schlägt er sich sehr geräuschvoll auf die Schulter oder auf die Hand und versetzt manchmal auch einem Zuschauer einen Schlag. Er trägt ein Samtgewand. Die spitze Kapuze mit Schulterkragen ist ausgestopft. Es gibt verschiedene Dominolarven: das freundliche Mädchengesicht mit der schwarzen Nase und die Lappimaske mit der roten Knollennase.

Das Bajazzomäitli: Der Bajazzo mit dem typischen sackförmigen Kleid und dem Spitzhut ist

Bajazzo (links) und Domino (rechts), geschnitzt von Richard Büeler aus Schwyz.

Alte Maske aus dem 19. Jahrhundert von Schwyz, vermutlich die Figur des Hudi darstellend. Sammlung Robert Ottiger, Zürich.

ebenfalls italienischer Herkunft. Er ist heute Hauptfigur der Muotathaler Fasnachtsrott.

Seit dem Ende des 19. Jahrhunderts gehört das Bajazzomäitli zur Schwyzer Rott. Es trägt ein Samtkleid mit weisser Kräuselrüsche, gelbe Strumpfhosen und schwarze Damenschuhe. Am Kleid sowie am schwarzen Napoleonshut hängen etwa 400 kleine Glöckchen. Seine Larve weist eine dunkle Grundfarbe auf, hat mädchenhafte Gesichtszüge und eine schwarze Fläche in der Form eines Schmetterlings über Nase, Wangen, Augen und Stirn. In der Hand rotiert eine kleine Holzrätsche, der «Trüller».

Das Hudi: Als Hudi bezeichnen die Schwyzer das Rätschwyb, eine redselige, kontaktfreudige Maskenfigur, die nichts mit der Figur des hässlichen alten Weibes zu tun hat. Es trägt einen farbenfroh leuchtenden Reifrock mit Blumenmuster, eine einstige Rokokotracht. Als Kopfbedeckung dient ein Strohhut im Biedermeierstil mit Strohblumen, Bändern und Federn. Hinzu kommt noch ein farbiger Damenschirm, den es bei jeder Witterung aufgespannt hat. Am Arm hängt ein Henkelkorb voller Orangen. Zwischen den Zähnen steckt dem Hudi manchmal eine brennende Brissago – da wird wohl ein Mann darunterstecken.

Die Larve hat einen gelben Grundton und ist markant gestaltet: Hervortretende Augen und Wangen, steile und spitze Nase, hervorstehendes Kinn mit Warzen, zwei breite weisse Zähne zwischen roten Lippen sind die charakteristischen Kennzeichen.

Die Zigeunerin: Die Zigeunerin tritt im Schwyzer Fasnachtsgeschehen nicht nur als Einzelfigur, sondern zusammen mit anderen Fahrenden, den «Feckern» auf.

Die Schwyzer Zigeunerin trägt einen buntfarbigen Rock mit einem grossen Dreieckstuch, das mit einer Sicherheitsnadel an der Brust befestigt ist. Das grosse, bis über den Nacken reichende Kopftuch gleicht einem Schleier. Die Larve in rotbraunem Grundton zeigt strenge, aber ruhige Züge und gleicht einem Indianergesicht. Auffallend sind die Bogennase und die roten Lippen. Die Zigeunerin ist eine sehr lebendige, oft wilde Maskengestalt. Ihr tolles Umherspringen begleitet sie mit Schlägen auf das Holztamburin, das sie in der Hand hält.

Die Maske des Zigeuners von Steinen, von Holzbildhauer J. Schibig.

Sämtliche Figuren
der Schwyzer Rott: hinten
Hudi, Blätz, Alter Herr,
vorne von links Bajazzo,
Bajass, Zigeuner, Lappi
und nochmals ein Domino,

In Gersau tritt neben der Hauptfigur, dem Rölli, der Gerfaz, eine Wildmann-gestalt mit knorriger Holzmaske, auf.

Fasnacht in den Dörfern von Innerschwyz

Rickenbach: Die Fasnacht in Rickenbach gleicht derjenigen im Hauptort Schwyz. Seit 1959 beschert die Fasnachtsgesellschaft am Schmutzigen Donnerstag alle über 70 Jahre alten und kranken Leute mit Wurst, Brot, Orangen und einem Fläschchen Wein oder Kräuterschnaps.

Ibach: Seit 1946 sorgt in Ibach die Fasnachtsrott für närrische Unterhaltung. Die Hauptfigur ist der Alte Herr. Die 1971 gegründete Fasnachtsgesellschaft Kalifat Ibagdad beschenkt am Schmutzigen Donnerstag die Kinder und die Bewohner der Altersheime.

Seewen: In Seewen entstand 1936 unter dem Eindruck der Besetzung Abessiniens die Negus-Gesellschaft Addis-a-Seeba. Zu den Neguanern zählen die sich an eine Ortssage anlehnenden Gestalten Seefax, ein Seegeist aus dem Lauerzersee, mit einer Behaarung aus Seegras und mit einer Harpune bewehrt, und der Zünggelehuu, eine Art Vogelgestalt. Beide Figuren tragen Holzmasken und begleiten die Nüsslerrott.

Arth: Die Figuren Blätz und Rollechläid waren bis um die Jahrhundertwende in Arth bekannt, verschwanden dann aber aus dem Brauchtum. Das Räppli- oder Blätzlikleid der Goldauer Rigi-Tüüfel, die erstmals im Jahre 1971 auftraten, wurde in Anlehnung daran geschaffen. Die Rigi-Tüüfel tragen Holzmasken mit Zähnen, auf dem Kopf Pelzhaare und um den Bauch einen Rollengurt. Sie sind nach einer örtlichen Sage gestaltet und bilden die Ehrengarde des Chäsmeisters, des Präsidenten der 1946 gegründeten Chässuppengesellschaft. Dieser Name leitet sich von dem seit 1920 jeweils am Aschermittwoch und später am Schmutzigen Donnerstag im Restaurant Rigi-Dächli veranstalteten Chässuppen-Essen her. Zusammen mit den Guggenmusiken und den Schutt-Häxe bestreiten sie das Fasnachtsprogramm.

Nach einer Ortsage wurden in Seewen die Figuren «Seefax» (links) und der «Zünggelehuu», eine Art Vogelgestalt geschaffen. Sie begleiten die Nüsslerrott.

Brunnen. Am Schmutzigen Donnerstag hat sich in Brunnen der alte Brauch des Bartli erhalten. Der Bartli ist eine maskierte Gestalt mit Bütte oder Brente, ähnlich jenen kleinen geschnitzten Figuren aus dem 15. und 16. Jahrhundert, die da und dort in Weinbaugegenden noch erhalten geblieben sind. Werner Röllin zeigt auf, dass der «Bartli urkundlich 1542 erstmals nachgewiesen ist und später als hölzerne Figur am Treppenpfosten der Brunner Sust und auf einem Trinkbecher des 17. Jahrhunderts erscheint. Der Brunner Bartlikult geht zurück auf den in der Pfarrkirche Ingenbohl verehrten heiligen Bartholomäus und auf die in Brunnen einstmals liegenden Weinberge des 16. und 17. Jahrhunderts.»

Schon 1741 wurde das Bartlispiel mit 50 Gulden Busse belegt. In den 1770er Jahren wurde das Spiel wieder aufgenommen. 1784 spielte noch der Harlekin die Bartlirolle. Heute finden ab und zu noch Bartlispiele auf dem Kapellplatz statt, seit 1900 veranstaltet von der Bartli-Gesellschaft.

Der Bartli schlendert an der Fasnacht in bärtiger Holzmaske in Begleitung eines Hündchens durch die Strassen von Brunnen. Auf dem Rücken trägt er eine Weinbütte, und er stützt sich auf einen knorrigen Stock. Auf einem Bild von 1824 trägt er einen gefalteten weissen Kragen, einen gelben «Tschopen», knielange, rote Pluderhosen, weisse Strümpfe und grobe Schuhe mit grossen Maschen.

Der Bartli und die Bartliratsherren bringen am Vormittag des Schmutzigen Donnerstags jeder Witwe ein «Witfrauenpäckli» mit Wurst und Brot, Orangen, «Füürschtäi» und Wein. Nach dem Umzug findet das Wurst- und Brotverteilen an die Kinder statt, und abends wird nach einem Fackelumzug durch die Bahnhofstrasse auf dem Platz am See der «Harleking» verbrannt.

Am Güdelmontag ziehen die beiden Rotten von Brunnen und Ingenbohl mit ihren Figuren Blätz, Blätzmäitli, Hudi, Alter Herr, Domino und Bajazzo durch die Strassen. Grosser Beliebtheit erfreut sich am Samstag das Narrenfest nach dem Motto: «Nid is Näscht, as Narrefäscht!» Am Abend des Güdeldienstags findet bei der Schifflände eine «Uuslumpete» mit dem Verbrennen der Fasnacht statt. Die am ersten Fasnachtstag ins Dorf geholten Hexen Strudeli und Strätteli werden in den Wald zurückgeschickt.

Steinen:

Der Talibasch hed wieder z'tue,
Bis er drischlad, gits kei Rueh.
Und sid dr Talibasch wieder däheimä
Fahrts we der Tüfel durs ganze Dorf Steinä.»

Die Rott der Steiner Nüssler, erstmals nachweisbar im Jahre 1861, wird von den zwei Lokalgestalten Talibasch und Välädi angeführt. Die häufigsten Maskenfiguren der Steiner Fasnacht sind Blätz, Fecker, Zigeuner, Bajass, Domino, Alter Herr und Hudi:

«Vorus der Talibasch mit siner Lällä,
Derna dr Välädi mit dr Schällä,
Und de die ganz Rott, wie ei Ma.
Hüt muoss einisch alles gnüsslet ha.»

Talibasch und Välädi tragen ein Blätzlikleid und Holzmaske, der Talibasch kommt mit hängender roter Zunge, Filzkappe und einem Gurt mit mehreren grossen Rollen daher, der Välädi mit blechernem Söldnerhut und einem Gurt mit einer

Talibasch (rechts) und Välädi aus der Steiner Rott. Die ältesten Holzmasken der Steiner Rott sind seit 1937 im Landesmuseum Zürich.

Der Bartli, eine Figur mit bärtiger Holzmaske, schlendert an der Fasnacht in Begleitung eines Hündchens durch die Strassen Brunnens.

Maske der Küssnachter Rigi-Lüüt.

Treichel. Nach Werner Röllin ist der Name «Talibasch» vom tollen «Baschi», der Kurzform für Sebastian, abgeleitet und wurde wegen seines trippelnden Ganges mit dem «Tolpatsch» in Verbindung gebracht. Der Name seines Begleiters Välädi dürfte auf den Personennamen Valentin zurückgehen. Die Originalmasken von Talibasch und Välädi befinden sich seit 1937 im Schweizerischen Landesmuseum in Zürich.

Steinen kennt keinen Schmutzigen Donnerstag. Dafür werden die andern Fasnachtstage um so intensiver gefeiert. Am Montag stürzt sich alles «is Ghüdel», zweihundert Maschgeraden sind keine Ausnahme.

Die Maskierten nüsseln während einer Viertelstunde im Kreis auf dem Dorfplatz, den Talibasch und Välädi mit ihren quer über die Schultern gelegten Holzknebeln gegen die herandrängenden Zuschauer freihalten. Seit 1947 wird alle fünf Jahre ein grosser Fasnachtsumzug veranstaltet. Das «Underemache» am Abend des Güdeldienstags bildet einen Höhepunkt. Der Narrenvater besteigt in Begleitung der schönen Jungfer Steinerräbe auf dem Dorfplatz eine kleine Bühne und lässt Behörden, Klerus und Maschgeraden hochleben:

«Sie söllid läbän inerä guotä Gsundheit,
imenä bschtändigä Wouhlsii
und imenä drüüfachä läbi Houch,
houch, houch – äxtrahouch!»

Nach den Klängen von Ländlermusik vergraben Talibasch und Välädi den Schellenunder, eine Jasskarte, unter einem Dolendeckel. Der Narrenvater und die Steinerräbe – und damit auch die Fasnacht – treten ab. Gleichzeitig ertönen im Kirchturm die Betglocken. Die Tambouren beenden den Narrentanz, aber in den Gaststätten wird bis zur Polizeistunde munter weitergetanzt.

Gersau: Der erste Fasnachtstag findet in Gersau vierzehn Tage vor dem Güdelmontag statt. Er wird morgens um sechs mit einem Petardenknall eröffnet.

Anfangs des 19. Jahrhunderts gab es in Gersau verschiedene Einzelmasken: den Bären, den Landstürmer oder den Napoleönler, das Chellenmannli, die Hexe, den Hinkenden Bauern und den Wilden Mann. In Gruppen traten die Rölli, Beduinen, Indianer und Bajasse auf. 1947 wurde die Röllizunft gegründet. Die Hauptfigur der Gersauer Fasnacht, der Rölli, erhielt mit dem Gerfaz einen Begleiter. Diese Figur stellt einen Wilden Mann mit knorriger Holzmaske dar. Wenn die Kinder «Chääs hööch» rufen, werden sie von den Rölli und Bajassen verfolgt.

Küssnacht: In Küssnacht wird der Schmutzige Donnerstag eine Woche früher angesetzt als in Schwyz. Die Fasnachtsgesellschaft Chalberschwanz kann auf verschiedene aktive Fasnachtsgruppen zählen. Zu ihnen gehören die 1981 gegründeten Rigi-Lüüt, die mit ihren Holzmasken eine Bereicherung im Fasnachtsgeschehen darstellen. Höhepunkt im Rigidorf bildet das spöttische Bühnengespräch auf dem Hauptplatz.

Einsiedeln: Das Klosterdorf Einsiedeln ist ein bedeutendes Fasnachtszentrum im Lande Schwyz. Die Fasnacht ist in der Bevölkerung und in der Tradition fest verwurzelt. Während vor Jahrzehnten noch eine Vielzahl von Figuren an der Fasnacht liefen, der Buur, der Fuhrmann, der Näpeler, der Altvater, der Rüdige, das liederliche Hochzeitspaar, der Mimmelgreis, der Ritter, der Waldbruder, der Scheller, der Tiroler, der Schäfer, der Bajazzo, der Märchler, die Negerinnen, die Chinesen, Perser und Türken, so sind es heute der Domino, der Hörelibajass, der Mummerie und der Johee, der Tüüfel, die Sühudi und die Hexen.

Träger der Einsiedler Fasnacht sind die 1930 und 1934 gegründeten Fasnachtsgesellschaften Goldmäuder – «Mäuder» heisst Katzen – und Bürgerwehr sowie der Turnverein. Sie organisieren abwechselnd am Güdelmontag den grossen Sühudiumzug und geben ebenfalls im Turnus eine Fasnachtszeitung heraus: die Mäuder den «Abäck» und die Bürgerwehr den «Zwärchfellschüttler». Seit 1901 finden der Mäuder- und Bürgerwehrball statt.

Die Goldmäuder organisieren am Schmutzigen Donnerstag die Jugendfasnacht. Sie läuten

Die Einsiedler Höreli-bajassen in weissem Gewand, der Mummerie mit Rollengurt und der Johee in Sennentracht beim traditionellen Brotauswerfen am Fasnachtsdienstag.

Einsiedler Johee mit Glattlarve und Narrenkappe. Dazu trägt er die Feiertagstracht des Schwyzer Senns, Samthosen und weisse Strümpfe.

mit Treicheln die Fasnacht ein. Der Güdelmontag ist der Haupttag der Einsiedler Fasnacht. In aller Frühe wird der Tag mit Schellen und Treicheln eingeläutet. Nach der Sühnemesse im Kloster werden die Kirchgänger vom Sühudizug abgeholt. Angeführt vom Teufel und Fuhrmann mit der Treichlergruppe, bewegt sich der Zug durch die Strassen. Die Sühudi tragen «wüste» Kleider und meist selbstgemachte Papiermachémasken, Larven mit hässlichen Gesichtszügen, Warzen, Beulen, Geschwüren und langen Nasen. Es gilt die Losung: «Je grüüsiger, um so besser.»

Wer das lärmig wilde Getue erlebt, erinnert sich des Spruches:
«Aes isch dr Tüüfel lous!
Jä richtig, chunnt's i allne z'Sinn
Jetzt tageds is allmählig:
D'Einsiedler macht der Tüüfel erscht
Am Güdelmändig sälig!»

Weitere Verse der Einsiedler Fasnacht sind:
«Üseri Fasnacht,
Zoge, zoge, zoge,
Ziehnd am Gygeboge,
Hüt wird tanzed, hüt wird g'lacht,
Hüt ist üs'ri Fasenacht.

Bohne, Chrapfe, Chüechli ässe,
Würst und Späck au nüd vergässe.
Und derzue vom beste Wy,
So söll's a der Fasnacht si.

Tüend die Alte dinne jasse,
Hät's uf all'ne Plätz und Gasse
Tüfle, Hudi, Maschge bunt,
Will hüt all's a d'Fasnacht chunt.

Alli Hünd im Dorf tüend bällä,
G'höret s' d'Trichle umeschälle.
D'Katze stellet 's Muse i,
A der Fasnacht schmuset si.

So wird lustig dure g'fästet
Und e paar Täg numme gnästet,
Chind und Chegel sind debi,
Das söll üs'ri Fasnacht si.»

Schnitzelbank der Goldmäuder, 1949

«Hüt wemmer eis dr Hund abloh,
Hüt isch es Güdelmändig.
He, d'Sek voll Luri hemmer jo;
Ufgleit und agleit simmer scho,
Se wemmer eis driuse
Mit üsre liebe Gspuse . . .

Bajässel, Mäschgli allerhand
Will alls dus Dorf ablaufe
Und stecked d'Lüt im Narregwand,
's Härz lot si einist usenand,
Mängs Juze macht si vüre
Dur siebe Härtholztüre!»

Aus dem Buch «Einsiedler Fasnacht», herausgegeben von der Fasnachtsgesellschaft Goldmäuder, Einsiedeln

Am Güdeldienstag begegnet man in den Gassen den originellsten Einsiedler Fasnachtsgestalten, den Joheen, den Mummerien und den Hörelibajassen. Seit dem 17. Jahrhundert ist das Brotauswerfen der Joheen und Mummerien üblich. Auf die gellenden Heischerufe der Kinder: «I mir eis, i mir eis!» fliegen Hunderte von Brote durch die Luft.

Johee: In einem Zeitungsbericht aus dem Jahre 1890 im «Einsiedler Anzeiger» beschreibt der Redakteur Meinrad Lienert den Johee: «Ein originelles Fasnachtskostüm ist der Johee, und weil ich glaube, es seien noch viele, welchen die Bedeutung dieser Einsiedler Mummerie noch nicht bekannt ist, bin ich so frei, sie kurz zu erklären. Ein Johee ist bekleidet mit Narrenkappe, glatter Holzlarve, mit kurzen Sammethosen, weissen Strümpfen. Abgesehen von der Narrenkappe, trägt er sich wie ein früherer Schwyzersenn im Feiertagsgewand. In der rechten Hand schwingt er den Reisigbesen, um den Leib geht ihm ein gewaltiger Gurt, dran über dem ‹Taschi› die Sennentrichle hängt. Der so bekleidete Johee nun stellt vor, einen ausgelumpten Senn, der den Besen trägt, zum Zeichen, dass bei ihm ausgekehrt ist, und die Treichel, dass er kein Vieh mehr besitzt und die Schelle selber tragen muss; die Narrenkappe aber besagt, er sei ein Narr, dass er es so weit habe kommen lassen. Die Larve aber will

Das Einsiedler Brotauswerfen.

zeigen, dass die Sennen hierzulande gewöhnlich glatt rasiert sind, was auch der Fall ist. Das Brodauswerfen aber soll ein Bild seines früheren Haushaltens sein, er wirft das Brod mit vollen Händen zum Fenster hinaus. Hieraus ersieht man, dass der Johee eine ganz sinnige Mummerie ist, die nicht etwa verschwinden sollte.»

Der Volkskundler Martin Gyr beschreibt den Ausdruck der bartlosen Holzlarve mit der schwarzen «Tüchliperücke» als wehmütig.

Mummerie: Zum Mummerie sagt Martin Gyr in seinem Buch «Schwyzer Volkstum»: «Der Mummerie stellt einen schlanken Fuhrmann dar. Die Holzlarve, die mit einem gepflegten Schnurrbart und einem kraushaarigen Backenbart versehen ist, verrät einen übermütigen Gesichtsausdruck. Über die rechte Schulter des Mummeries hängt ein breites Pferdegeröll. Mit der rechten Hand schwingt er einen Rossschwanz über dem Kopf. Die Mummerie trägt ein rot-gelb-schwarz

Die älteste, kunstvoll geschnitzte Larve des Mummeries stammt von Modelleur Fuchs um 1800. Der Mummerie trägt ein rot-gelb-schwarz gewürfeltes Tüchlikleid, um den Hals eine Mühlsteinkrause des Barocks und auf dem Kopf einen Filzhut mit Feder.

gewürfeltes Tüchlikleid, um den Hals eine Mühlsteinkrause des Barocks, einen Filzhut mit Feder und dreifarbigem Band. Der Mummerie ist ein ausgepfändeter Rosshändler, der sein Vermögen verlor. Da er keine Pferde mehr besitzt, hängt er sein Pferdegeröll selber um.»

Die kunstvoll geschnitzte Larve des Mummerie schuf Modelleur Fuchs um 1800. Tatsächlich gab es nach Linus Birchler in Einsiedeln den Beruf des Larvenmachers noch bis ins 20. Jahrhundert, wobei Holz- und Wachsmasken vorkamen. Ein Wachsmaskenmacher ist schon für das Jahr 1867 aktenkundlich fassbar.

Möglicherweise sind die Maskentypen des verarmten Sennenbauern Johee und des abgewirtschafteten Rosshändlers Mummerie nach Vorbildern aus der Gegend von Imst und Nassereith in Tirol entstanden. Tiroler Holzbildhauer der sakralen Kunst wurden auch in Einsiedeln beschäftigt und brachten verschiedene Brauchtumsformen und Maskentypen in die Schweiz. Auch durch Pilger und die in der Alp- und Viehwirtschaft beschäftigten wandernden Arbeiter kann ein gewisser Austausch zwischen den Regionen stattgefunden haben. Die beiden Masken Johee und Mummerie wurden vermutlich schon Ende des 18. Jahrhunderts an der Fasnacht getragen.

Ende der Fasnacht in Einsiedeln: Am Abend des Güdeldienstags wird auf dem Spitalplatz der Pagat, eine alte Einsiedler Fasnachtsfigur, verbrannt. Nach Martin Gyr wurde im 19. Jahrhundert bei Einbrechen der Nacht, vor dem Läuten der Betzeitglocken, als das Maskentreiben langsam zu Ende ging, ein Zug gebildet. An der Spitze marschierten zwei Tambouren, gefolgt von einem Mann mit einer alten Zunftlaterne. Darauf folgten einige Männer mit Pickeln, dann zwei Träger mit dem Pagat auf einer Bahre. Den Schluss bildeten Masken aller Art. Unter dem Klang eines Trommelwirbels zog die Schar, eine Art Kanon murmelnd, durch die Gassen. In trüber Stimmung vergrub man den Pagat. Diese Form der Beendigung der Fasnacht durch das Begraben einer Puppe erlosch um 1870. 1952 wurde der Brauch wieder eingeführt, doch nun verbrennt man den Pagat. Das Wort «Pagat» ist eine volkstümliche Form für das lateinische «paganus», was «heidnisch» bedeutet. Das Vernichten des Pagat bedeutet das Ende der Fasnachtszeit, des unchristlichen Lebens,

Der «Trauerzug» auf dem Weg zum Begräbnis des Pagats (auf der Bahre liegend), Sinnbild der abtretenden Fasnacht. Federzeichnung von Meinrad Zehnder.

und kündet die Fastenzeit als Rückkehr zum Heil an.

Neben den schon erwähnten Fasnachtsgesellschaften der Goldmäuder und der Bürgerwehr gibt es noch eine Reihe weiterer später gegründeter Gesellschaften, nämlich die Sekerläntä (1973), die Hudi (1974), Sophies Krähen (1973) und das Tolggä-Chörli (1978).

Höfner Bööggen

Wollerau: Das Höfner Fasnachtszentrum ist Wollerau, wo die Fasnachtsgesellschaft Fidelitas das Szepter führt. Mit der Narrenfahrt am Dreikönigstag und der symbolischen Amtsübergabe beginnt die Fasnacht. Kurz darauf wird die Fasnachtszeitung, das «Hexenblatt», zum Verkauf angeboten. Am Fasnachtssonntag findet das Schnitzelbanksingen in den Wollerauer Gaststätten statt.

Der Güdelmontag beginnt mit dem Einschellen. Am Vormittag treffen sich die Narren zur Mehlsuppe und zum Hexentreiben. Die Alte Garde veranstaltet periodisch einen Narrenkongress im Stile der Mainzer Fasnacht. Die Fidelitas besucht die Spitäler in Lachen und Richterswil und die Altersheime in Freienbach und Feusisberg. Am Nachmittag findet die Maskenprämierung der Kinder mit Wurstverteilen und Spielen statt. Der Fasnachtsdienstag ist dem Wurstbankett und der Abfassung der Anklageschrift für das Hexengericht am Abend reserviert. Dann wird der Beckitogg dem Feuer übergeben.

Die Wollerauer Hexen, 1939 von Josef Blattmann geschaffen, sind die Hauptfiguren des Fasnachtsgeschehens. Bei seinen Maskenkreationen liess er sich von den Charakterköpfen seiner Mitbürger inspirieren. Die Wollerauer Hexe trägt eine leicht getönte Lindenholzmaske mit Basthaaren, einen Rock aus Jutesack und in der Hand einen Besen oder eine Schweinsblase.

Um den Fasnachtsumzug und die Wyber-Rellete zu finanzieren, lässt die Fasnachtsgesellschaft Aniskrapfen backen, die beliebten Narrenböcke. Josef Blattmann schnitzte dafür ein Krapfenmodell mit Hexenkopf und der Inschrift «Wollerauer Fasnacht».

Wilen: Im Mittelpunkt der Fasnacht in Wilen stehen die Wiler Hexen, deren Masken ursprünglich von Josef Blattmann und heute von Holzbildhauer Markus Kläger geschnitzt werden. Vorbild dazu waren Hexenlarven aus dem Schwarzwald. Die Wiler Hexen tragen ein schwarzes Altweiberkostüm mit weissem Unterrock und hantieren mit einem Schirm in der Hand.

Freienbach: In Freienbach schuf die Fasnachtsgesellschaft 1975 in Anlehnung an die Rebberge im Leutschen die Räbä-Häx. Zu dieser Gestalt gesellte sich 1986 der Räbechätscher, eine Tiermaske in Gestalt einer Reblaus. Die Fasnachtsgesellschaft veranstaltet einen Fasnachtsabend im Altersheim, den Maskenball, das Weinausteilen, die Kinderfasnacht mit Umzug und Wurstverteilet sowie das «Prisbööggne». Am Güdeldienstag werden aus einer fahrbaren Militärküche Mehlsuppe und Kafi-Zwetschgen abgegeben. Die Narren verteilen Leutsche-Ringli, ein Hefegebäck, und Orangen.

Pfäffikon: Die Pfäffikoner Fasnacht wird bestimmt von den Trottä-Müetterli. Die von Markus Kläger 1979 geschaffenen Holzmasken mit ihrem freundlich lächelnden Altweibergesicht mit Metallbrille und Haarzopf sollen auf eine Ortssage aus der Zeit der Französischen Revolution zurückgehen. Die Fasnachtsgesellschaft gibt die Fasnachtszeitung «Rätsch» heraus, sie organisiert Umzüge, ein Scheesewage-Rennen, das Wurstausteilen und einen Kinderball am Sonntag.

Schindellegi: 1926 entstand in Schindellegi die Schellenzunft. Sie besteht heute aus zwei Gruppen: den Schelle-Füfzgi und den 1985 gegründeten Sihltalhexen. Die Fasnachtsgesellschaft gibt die Zeitung «D' Schelle» heraus, organisiert am Güdelmontag den Kinderumzug, die Maskenprämierung, den Kinderball und das Wurstverteilen.

Der Räbechätscher von Freienbach, eine Tiermaske in Gestalt einer Reblaus (oben), und das Pfäffikoner Trottä-Müetterli, ein freundliches Altweibergesicht (unten), beide geschnitzt von Markus Kläger aus Pfäffikon.

Vorläufer der Märchler Röllimaske, ein einfaches Menschengesicht von Anfang des 19. Jahrhunderts (oben). Landesmuseum Zürich. Ein alter Märchler Rölli von Lachen. Die Maske mit hochgezogenem geschnitztem Schnauz ist seit 1883 nachweisbar. Aus der Sammlung Gentsch, Rempenmuseum Siebnen.

Märchler Butzi – Märchler Rölli

Der Bezirk March ist eine der Maskenhochburgen im Kanton Schwyz. Im Mittelpunkt des fasnächtlichen Treibens steht der Märchler Rölli. Seit der Mitte des 19. Jahrhunderts belebt diese Figur die Strassen von Siebnen, Lachen, Altendorf und der andern Dörfer mit ihrem traditionsreichen Treiben. Nach Ortssagen, volkstümlichem Aberglauben und verschiedensten Überlieferungen sind seit 1960 aber auch neue lokale Hexentypen und Maskengestalten entstanden, die sich erfolgreich ins Narrentreiben der March einfügten. Unter dem Namen «Narrensymposium» schlossen sich 1976 alle Fasnachtsgesellschaften der March zusammen.

Uzytbutznen

Die «Uzyt» war früher die Zeit des verbotenen Maskenlaufens zwischen Dreikönig und den offiziellen Fasnachtstagen. Das «Uzytbutznen» wurde schon 1817 bei Busse verboten. Das Vermummen während dieser Zeit reizte aber ganz besonders, weil man die Obrigkeit mit dem ungesetzlichen Verhalten foppen konnte. Maskierte zogen von Gaststätte zu Gaststätte, nahmen Mitbürger aufs Korn, hielten ihnen ihre Verfehlungen vor und verulkten sie. Die «Uzyt» spielte auch eine Rolle bei der Brautwerbung, erlaubte sie doch, die heimlich Geliebte unerkannt zu beobachten. Wenn eine Tochter den Butzi Kafi-Schnaps, Krapfen und Wein anbot, war dies ein gutes Zeichen.

Heute ist das «Uzytbutznen» nur noch bei den Bauern lebendig und wurde auch dort in den letzten Jahrzehnten weniger intensiv gepflegt.

Der Märchler Rölli

Der Märchler Rölli trat erstmals in der Zeit zwischen 1840 und 1875 auf, also zur Zeit der ersten Industrialisierung in der March. Blätzlikleid, Besen und Geschell gehörten schon immer zu seinen Merkmalen.

«In der March tritt der Rölli erstmals 1877 in den Schriften auf, und seit jener Zeit hat sich sein äusseres Erscheinungsbild nicht mehr wesentlich geändert, wie die Maskensammlung Gentsch beweist. Sie zeigt deutlich den Werdegang dieses regionalen Holzmaskentypus, dessen heutige Charakteristika sind: die drei ornamental geschwungenen Stirnfurchen; die aufgemalte Brille als dekorative Zutat und modisches Attribut; vielleicht ursprünglich jemanden verspottend, der in stilisierter Makkaroniform modellierte, seitlich nach unten gezogene Schnauz, der ursprünglich angemalt, später aber in Holz geschnitzt wurde; der stark stilisierte, seitlich unnatürlich hochgezogene, leicht geöffnete, mit sichtbaren, regelmässigen Zahnreihen geschmückte Mund, der ehemals natürlich geformt war; das Grübchen auf dem rundlichen, ebenmässigen Kinn. Die hölzerne Röllilarve mit ihrer breitovalen Form und dem warmen, in Ocker-Zinnober-Ton gehaltenen Ölanstrich wirkt alt und ruhig. Zur Glattlarve gehört der Chutz, eine kapuzenähnliche Kopfbedeckung. Als Narrenkleid trägt der Märchler Rölli Jacke und Hose, darüber den mit Pferdeglöcklein besetzten, horizontal über den Lenden getragenen Rollengurt (Gschell/Geröll), von dem der Name ‹Rölli› stammt. In den mit weissen Handschuhen überzogenen Händen trägt er eine Stielbürste. Solche Bürsten trugen die ‹vermasgierten› Laufnarren schon 1775 in der Schwyzer March.» (Werner Röllin, «Entstehung und Formen der heutigen Schwyzer Maskenlandschaft»).

Nach Röllin ist Tuggen der Geburtsort des Märchler Rölli. Bekannt war die Figur in den Dörfern Siebnen und Lachen. Da die zahlreichen Theateraufführungen zur Winterzeit eine reichhaltige Garderobe erforderten, vermieteten die Maskengarderobiers Rölligewänder über die Grenzen der March hinaus, ins Gebiet von Einsiedeln, Schwyz und bis ins Sarganserland. 1877 pries der Siebner Martin Deuber im «Marchanzeiger» neue Röllikostüme an. Die rasche Ausbreitung des Märchler Rölli zeigt deutlich, dass dieser Maskentyp in der Bevölkerung grossen Anklang fand.

Um den Ortscharakter zu betonen, schuf Lachen 1883 einen eigenen Lachener Rölli mit weinrot bis zinnoberrot gefärbtem Wollstoffgewand mit schwarzaufgedruckten kleinen stilisierten Blumenmotiven und weissen oder farbigen Wollfransenborden sowie einer Maske mit hochgezogenem Schnauz.

Der Siebner Rölli trägt ein Kleid, das in ornamentaler Anordnung ganzflächig mit bunten Wollbüscheln besetzt ist, wobei die rote Farbe dominiert. Der Rölli wird auch als «Wohlstands-Rölli» bezeichnet, da die gepflegte, schwere Ausführung des Gewands mit den rund 10 000 Wollbüscheln sehr teuer zu stehen kommt. Der Schnauz der Siebner Röllimaske ist im Gegensatz zur Lachener Maske nach unten gezogen.

Seit 1975 hat die Rölligruppe Altendorf ebenfalls einen eigenen Rölli mit schillernd buntfarbigem Kostüm.

Gegen Ende des 19. Jahrhunderts wurde der Märchler Rölli auch in den gehobenen Schichten der Bevölkerung als regionalspezifische Maskengestalt anerkannt. Nach dem Zweiten Weltkrieg bekam er Konkurrenz von neuen Maskentypen, den Hexen. Der Märchler Rölli erfährt heute eine Renaissance und belebt die Strassen und Umzüge wie eh und je.

Vom Blätzlikleid zum Narrengewand: Die typischen Merkmale des Rölli sind die Holzmaske, der Schellengurt, das Blätzlikleid mit der Kapuze, die Bescherungegebärden und die mitgetragenen Attribute, Stielbürste und «Pritsche», ein Lärminstrument. Zwischen den Märchler und den Walenstadter Rölli, dem Schwyzer Blätz, dem Urner Drapoling, den deutschen Hansele und Narros sowie dem Imster Roller bestehen eine Reihe von Ähnlichkeiten und Gemeinsamkeiten, dies vor allem in bezug auf den Rollengurt, teilweise ähneln sich auch die Glattlarven mit dem typischen Gesichtsausdruck und das Blätzli- oder Flickengewand.

Das von bunten Flicken übersäte Narrengewand war früher ein armseliges Lumpengewand aus Stoffresten. Aus dem Flickengewand mit den bunten Tuchfetzen wurde eines mit streng geordnetem Muster aus Rauten, Rosetten und Rondellen; bis zu 2000 und mehr Teile können ein Blätzligewand zieren. Der Typus des Flickenkleids gehört zu den ältesten Fasnachtsgewändern. Es ist im ganzen deutschsprachigen Raum verbreitet.

Siebner Rölli mit den typischen drei Stirnfurchen, dazu Brille, nach unten gezogener Schnauz und Kinngrübchen.

E Rölli gumped 's Dorf dury,
si Stäcke chränzli-voll,
es Gschärli Chinde hindedry,
wo lärmet luut und toll.

De Rölli nimmt es Chränzli
z'Hand,
scho wänd das alli näh
und rüefet «Narro» durenand –
wem sell 's de Rölli gäh?

De chlyne Bayass, wo verzagt
as Muetters Mantel chläbt,
dem Stüli, wo all überragt,
nou nu-meyh Chränzli sträbt?

De Rölli hüpft und gumpt
und git,
sis hölzig Gsicht fyn lacht,
wil syni Hand i mänger Bitt
rächt Fasnachtsfreude macht.

Aus: P. Johannes Heim, «Kleine Geschichte der March» Band III

Lachner Rölli am Umzug in Schwyz mit weinrotem Wollstoffgewand mit Blumenmotiven und farbigen Wollfransenborden. An der Spitze des Zuges der Urrölli mit der Narrhallafahne.

Die drei Märchler Rölli (ganz oben): links jener von Altendorf, in der Mitte von Siebnen, rechts von Lachen. Masken von Holzbildhauer Markus Kläger aus Pfäffikon.

Höfner Bööggen. Das Trottä-Müeterli von Pfäffikon, der Räbe-chätscher von Freienbach, der Narr von Pfäffikon und das Spinner-Bööggli von Bäch. Masken von Markus Kläger.

Rölli von Lachen mit Eierkränzli, die sie an die Zuschauer verteilen.

Höfner Bööggen und Märchler Butzi. Oben die Brestenburgerin von Schübelbach (March) und das Trottä-Müeterli von Pfäffikon (Höfe) unten der Räbechätscher von Freienbach (Höfe) und der Zigerchrütler von Lachen (March). Masken von Markus Kläger.

Die Dorfjumpfere von Altendorf (oben) und das Märtfraueli von Siebnen.

Der Volkskundler Karl Meuli schreibt vom Kleid des Harlekins, es sei mit einem Netz von bunten Rauten regelmässig gemustert. Er vermutet im Rautenkleid eine Fortführung der alten Fellbekleidung. Eine andere Theorie besagt, das Blätzlikleid könnte symbolisch kleine Roggen- und Gerstenfelder darstellen. Solche Bezüge zum Fruchtbarkeitskult unserer Ahnen sind wohl unwahrscheinlich; viel eher war es ein billiges Flickengewand der armen Bevölkerung für die Fasnacht. Heute ist das Rölligewand zu einem der teuersten Fasnachtskleider geworden.

Die Märchler Butzi

Lachen: Die 1864 gegründete Narrhalla Lachen ist die älteste Fasnachtsgesellschaft im Bezirk March. Die Narrhalla besitzt keine Statuten. Bräuche und Traditionen werden bewusst nur mündlich weitergegeben. 1973 hat der Narrenschreiber den Ablauf der Fasnacht mit der Generalversammlung und dem Einschellen am Abend des Dreikönigstages festgehalten:

«Am ersten Fasnachtstag wird, soweit möglich, Strassenfasnacht betrieben, Rölli verteilen Eierkränzli. Vor wenigen Jahren wurde ein ‹Altersbutznen› eingeführt, ein Anlass am Schmutzigen Donnerstag für AHV-Rentner. Am Güdelmontagvormittag rennen Hexen den in alle Winkel und Ecken flüchtenden Kindern nach und erhalten dafür Schüblig, Bürli und Tranksame zum Zmittag. Am Nachmittag herrscht auf den Strassen und in den Gaststätten buntes Maskentreiben. Es werden Maskenprämierungen durchgeführt, und wieder sind es die Rölli, welche die beliebten Eierkränzli verteilen. In unterschiedlichen Abständen werden Fasnachtsumzüge und Maskenbälle unter Mithilfe der Dorfvereine durchgeführt.»

Die typischen Figuren sind der Rölli, der Fosli, der Domino, die Hexe, der Pierrot, der Bajass, der Ritter, der Obernarr und der Lachner Grind, der 1950 für den grossen Umzug «Lachen lächelt» geschaffen wurde.

Der «Chli Zyschtig» bildet mit dem Umzug den Höhepunkt. An der Spitze des Umzugs läuft der Urrölli mit der Narrhallafahne, umgeben von Rölli und Obernarren, gefolgt von Narrenvater und Narrenkassier. Vom Wurstwagen werden wohl an die 2000 Würste und Bürli verteilt. Eine Gruppe Obernarren besucht mit der Fasnachtskutsche Altersheim, Spital, Pfarramt und Polizeiposten. Zum Abschluss treffen sich die Obernarren zum «Lumpenball». Seit 1986 wird wieder der alte Brauch des Geldsäckelwaschens am Aschermittwoch durchgeführt.

1975 entstanden die Gesellschaften Hore-Butzi und 1979 die Lachner Zigerchrütler. Die Hore-Butzi tragen Holzmasken und haben ihren Namen vom Lachener Horn, dem Flussdelta bei der Einmündung der Wägitaleraa in den Zürichsee. Sie führen auf dem Seeplatz ein Fasnachtsspiel auf und halten Schnitzelbänke in den Lachener Gasthäusern ab. Die Zigerchrütler stellen Zigerkrautpflanzerinnen dar. Sie nehmen Bezug auf den Hornklee, der nur in Lachen gepflanzt wird und dem Glarner Schabziger sein Aroma gibt. Nach 25 Jahren wurde 1989 zum 125-Jahr-Jubiläum der Narrhalla wieder ein Narrenspiel unter dem Titel «Lache hüt und früehner» aufgeführt.

Altendorf: Seit 1923 organisiert der Rölli-Club die Ortsfasnacht. Am Güdelmontag wird an der Kinderfasnacht die Schlipflochhexe verbrannt. Am Nachmittag des «Chline Zyschtig» beschenkt der Rölli-Club die Kinder mit Wurst und Brot. Seit 1975 treten die Rölli mit eigenem Kostüm auf. Die Schlipfloch-Clique ist auch für den Fasnachtsball verantwortlich.

Galgenen: Die drollige Amalia-Hexe ist seit 1955 die Fasnachtsfigur von Galgenen. Die Amalia-Zunft organisiert den Umzug mit Brot- und Wurstverteilet, die Maskenprämierung und das Scheese-Rennen.

Schübelbach: Schübelbach kennt zwei organisierte Gruppen: Seit 1965 die Dürrbachhexen und seit 1977 die Brestenburgerinnen. Die Hexenclique veranstaltet das Hexentreffen, die Maskenprämierung und das «Priisbödälä».

Siebnen: In Siebnen sind fünf Fasnachtsgruppen beheimatet: die Röllizunft, die Stockberghexen, die Waldhexen, die Rätschwyber und die Märtfraueli.

Im Marchmuseum in Siebnen befindet sich die schöne Märchler Röllisammlung von Otto Gentsch. Unter der Leitung der Röllizunft fanden schon mehrmals internationale Maskentreffen statt. Zu den Aktivitäten der Röllizunft zählen das Hissen der Narrenfahne am Schmutzigen Donnerstag, die Tagwache, die Rölli-Chnölli-Suppe, die Maskenprämierung am Güdelmontag, das Wurst- und Brotverteilen und schliesslich das Verbrennen der Narrenfahne und der Hexe.

Tuggen: Die Moorhexen beherrschen seit 1975 das Narrengeschehen in Tuggen. 1987 schuf die Fasnachtsgruppe den ersten eigenen Umzugswagen.

Wangen: Seit 1989 kennt man in Wangen die Grübler Hexen. Sie beleben mit ihrem lustigen Treiben die Dorffasnacht.

Reichenburg: Die seit 1920 bestehende Narrhalla Reichenburg gehört zu den älteren Fasnachtsvereinigungen in der March. Hauptfigur ist hier der Märchler Rölli. 1975 entstand nach einer Ortssage der Lauitüfel. Die Holzmasken für diese Figur wurden von den Flumser Holzschnitzern Tischhauser und Cavelti geschaffen.

Schwyzer Fasnacht und Holzmasken

Die ältesten Holzmasken sind wie im Sarganserland, in Luzern, Zug und im Lötschental Ende des 18., Anfang des 19. Jahrhunderts aufgetreten. Einen wesentlichen Einfluss auf ihre Verbreitung hatten die Dorftheater mit ihren Theaterrequisiten. Die Faszination des Exotischen zeigt sich in der Beliebtheit fremdländischer Kleider und Trachten. Die ältesten erhaltenen Masken sind schöne, beinahe engelsgleiche Menschengesichter, Glattlarven, die mit Ölfarben bemalt sind. Sie tragen feine, ruhige Züge und sind in barocker Art gestaltet. Später entstanden ausdrucksstarke Charaktermasken. Fratzenhafte Masken sind meistens Produkte des 20. Jahrhunderts, wobei vor allem die Hexen zu Schreckmasken wurden. Ihre massenhafte Verbreitung erfuhren die Hexenfiguren erst nach dem Zweiten Weltkrieg. Neugeschaffenen Maskentypen versuchte man zu ihrer Legitimation einen geschichtlichen Hintergrund zu verleihen.

Eine alte Aufnahme (1900–1910) von der Zuger Greth Schell mit den Löli, Blätzlinarren mit Schweinsblase, begleitet von der Musik. Bild aus dem Zunftarchiv der Schreiner-, Drechsler- und Küferzunft Zug.

Greth Schell an der Zuger Fasnacht

Zur Zuger Fasnacht gehört die Greth-Schell-Figur, die von ihren Kumpanen, den Löli, begleitet wird. Die Herkunft dieser bekannten Blätzlinarren ist nicht geklärt und wird von den Volkskundlern verschieden gedeutet.

Vom 16. Jahrhundert bis zur Französischen Revolution führte der Rat von Zug das fasnächtliche Szepter in der Stadt. Damals kannte man schon Heische- und Rügebräuche, einen von Trommeln begleiteten Umzug und ein reges Narrentreiben. Bis ins 18. Jahrhundert organisierte der Grosse Rat am Schmutzigen Donnerstag einen Gottesdienst, ein Festessen, Tanz und Maskenspiele. In Zug gab es damals auch ein Narrengericht, eine parodistische Nachahmung des ordentlichen Gerichts, in welchem auch eine Maske, ein «urren-antlitz», vorkam.

RESTAURT A KLIN

Ein Zeitungsinserat im Jahre 1838 berichtet von «bewaffneten Masken» an der Saaltüre eines Maskenballs. Ob dies Greth Schell mit den Löli war, ist nicht feststellbar. Im «Zuger Kalender» von 1875 sind sie jedoch als Narrengestalten dargestellt, die Greth Schell mit der Peitsche, die Löli mit Schweinsblasen. Der Zuger Historiker und Pfarrhelfer Paul Anton Wickert (1816–1893) beschreibt die Figur dort näher: «Das Greth Schell stellt eine Frau in gesetztem Alter dar, die ihren Mann in einem Trag- oder Rückenkorb umherträgt. In Wirklichkeit ist es ein kräftiger Mann, der bis zur Hälfte als Frau bekleidet ist. Der Oberkörper ist als Narr dargestellt, in einem anliegenden Wams, das mit runden, farbigen Tuchstücken über und über bedeckt ist. Als Kopfbedeckung dient eine sogenannte Schellenkappe mit zwei Hörnern und wattiertem Tuch. Der bodenlose Tragekorb ist dem Mann über den Kopf gestülpt, so dass Kopf und Arme darüber hinausragen. Die rechte Hand schwingt eine Peitsche. Der Oberleib und Kopf der Frau ist als Puppe vorn am Tragkorb angeheftet. Damit die Täuschung, als ob zwei Personen statt einer vorhanden seien, besser gelang, musste der Rollenträger des Greth Schell sich stark hintenüber legen, was eine sehr ermüdende, stark anstrengende Haltung bedingt.»

Die Figur der Greth Schell wird begleitet und beschützt von sechs Narren, den Löli. Früher soll das Geleit grösser gewesen sein. Die Kleidung der Löli besteht aus Hosen, die mit runden Flecken besetzt sind, einem kurzen Wams und einer Narrenkappe mit Hörnern, dazu gehört eine Peitsche, an der oft Schweinsblasen befestigt sind. Die Gesichtsmasken sind aus Holz geschnitzt. Früher gab es auch besonders schreckenerregende aus Kupferblech getriebene Masken, die aber sehr schwer waren und an kalten Wintertagen wenig angenehm zu tragen waren.

Wenn auch die Greth Schell als typische Zuger Fasnachtsfigur gilt, so ist doch die Narrenfigur einer Frau als Zwittergestalt mit einem männlichen und einem weiblichen Teil an vielen Orten im Masken- und Fasnachtsbrauchtum anzutreffen, so zum Beispiel in Bischofshofen in Österreich schon im 17. Jahrhundert, in Imst in Tirol, in Badgastein und Altenmarkt im Salzburgischen und in der Steiermark das Körbelweib als Begleitung der Perchten. In Garmisch wird der in einem Korb sitzende Mann von einem alten Weib getragen. In der Schweiz kommt die Figur als Doppelbutzi in Flums im Sarganserland und an Silvesterbräuchen in Meiringen, Schwarzenburg und Kandersteg vor.

Der Typus der Greth Schell ist also im deutschsprachigen Fasnachts- und Maskenraum keine Einzelerscheinung. Es ist anzunehmen, dass der von einem gutbürgerlichen Zuger Geschlecht entlehnte Name «Greth Schell» bedeutend jünger ist als die Figur selbst.

Zur Namensgebung gibt es verschiedene Hypothesen. Pfarrhelfer Paul Anton Wickert meint, dass der bekannten Fasnachtsfigur der Name Mitte des 19. Jahrhunderts gegeben worden sei. Das Geschlecht Schell ist bis ins Jahr 1416 zurück greifbar. Zwei Personen seien, nach Wikkert, historisch von Interesse gewesen. Die eine, Jakobea, als Tochter eines Metzgers im Jahre 1867 geboren, war zweimal verheiratet: Ihr erster Mann wurde in Lenzburg hingerichtet, der zweite war wegen Diebstahls gesucht. Sie ist damit wohl kaum als passendes Vorbild für eine populäre Fasnachtsfigur zu sehen. Die andere, Margaretha Schell, wurde 1672 in Zug geboren, war ledig und übte den Beruf einer Lehrerin aus. Sie starb 1740.

Greth Schell mit der Rute in der einen und einer Orange in der andern Hand.

Die Figur der Greth Schell trägt eine Narrenkappe mit Hörnern.

◁ **Greth Schell von Zug mit ihrem Mann im Korb auf dem Rücken, begleitet von zwei Löli. Um 1910.**

Die Löli mit dem typischen Blätzligewand sind die Begleiter der Greth Schell. Es sind gutmütige Narren, die den Kindern auf ihren Zuruf Süssigkeiten, Würste und Brötchen verteilen.

Eine alte Maske der Greth Schell, vermutlich aus dem 19. Jahrhundert. Zunftarchiv der Schreiner-, Drechsler- und Küferzunft Zug.

Sie erscheint 1717 und 1722 mehrmals in Protokollen des Stadtrates von Zug, da sie sich um die Verfügungen der Schulbehörden nicht kümmerte und in ihrer Schule hie und da ein recht zügelloser Betrieb geherrscht haben soll. Aus diesem Grund und wegen ihrem durch eine Knieverletzung verursachten Hinken wurde über die Schulmeisterin Margaretha Schell viel gewitzelt und gelacht. Sie wurde bald zum Stadtoriginal und schliesslich zur alten Zuger Fasnachtsfigur.

Anders deutet Wilhelm Meyer, Vizedirektor der Schweizerischen Landesbibliothek, den Namen: «Der Name Greth scheint für die Fasnachtsfigur ein geläufiger Name gewesen zu sein. Im Luzerner Hinterland heisst sie die Lange Greth. In Zug hatten diese Greth und ihre Löli stets Schellen an, um mehr Lärm zu machen. Es war die Greth mit den Schellen oder Greth Schell.»

Die seit 1875 nachweisbare Narrengestalt der Greth Schell stellt ein altes Weib dar, das zu später Stunde ihren betrunkenen Mann im Wirtshaus aufstöbert, ihn in einen Rückenkorb steckt und nach Hause trägt.

Die Zuger Narren gelten als «gute Narren», weil sie den Kindern auf ihren Ruf «Greth-Schelle-Bei» Süssigkeiten, Würste und Brötchen verteilen.

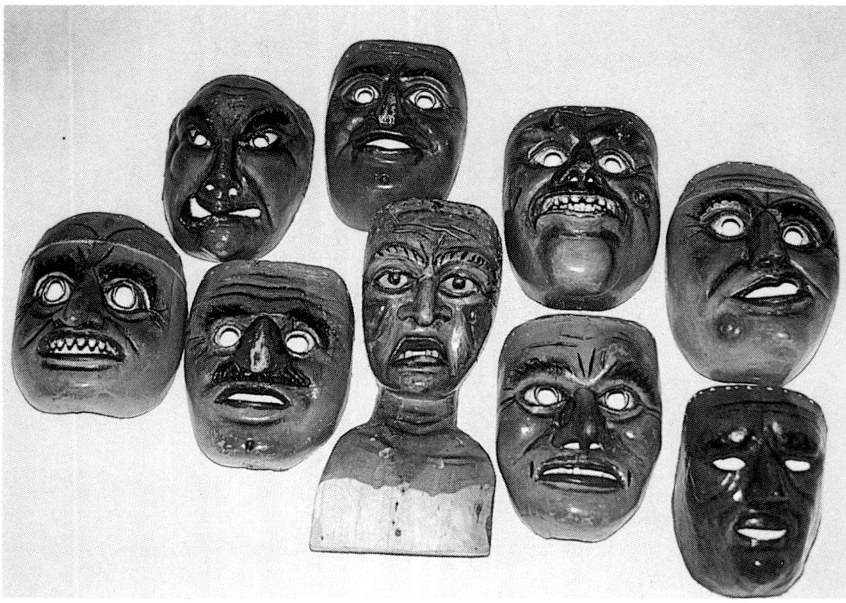

Die alten Masken der Zuger Greth-Schell-Gruppe. Zunftarchiv der Schreiner-, Drechsler- und Küferzunft Zug.

Die Löli verkörpern Schells Saufkumpane. Obwohl der Mundartausdruck «Löli» Dummkopf bedeutet, ist zu bedenken, dass sich auch hinter diesem Namen ein altes, ausgestorbenes Zugergeschlecht verbirgt (z. B. 1374 im Zuger Jahrzeitbuch belegt). Bis 1946 gehörten zu den Löli der Zuger Fasnacht drei besondere Gestalten: der Zyt-Löli trägt auf dem Rücken eine aus Stoff gearbeitete aufgenähte Uhr, deren Zeiger auf halb drei gestellt sind und also an die Stunde erinnern, zu welcher die Greth jeweils ihren Mann abholte. Der Bruun, der sich sehr wild gebärdete, und der Unehliche, eine Narrenfigur von kleinerer Gestalt, sind später hinzugekommen.

Die mit Schweinsblasen bewaffneten Lölinarren tragen heute Hosen, Wams und Narrenkappen mit Hörnern, alles mit Stoffflicken bestückt, dazu einen Schellengurt. Der einstige Ruf der Greth Schell, «Buobe, wen'r Schnitz, Buobe, rüfed Narre», und die Antwort der Kinder, «Jo, jo, Narree», ist dem Geschrei «Greth-Schelle-Bei» gewichen.

Die Schreiner-, Drechsler- und Küferzunft nahmen sich in der zweiten Hälfte des 19. Jahrhunderts des alten Brauchtums an und organisierten in den Jahren 1867 und 1870 Fasnachtsumzüge. Die neuen Brauchträger kauften 1887 die alten Kostüme mit den Kupferblechmasken und ersetzten sie im gleichen Jahr durch Holzmasken.

Am Fasnachtsmontag besucht die Narrengruppe zuerst das Bürgerspital, anschliessend das Kinderheim und verschenkt reichlich Süssigkeiten, Würstchen und Mutschli (kleine Brötchen). Die Fasnachtsaktivitäten der Schreiner-, Drechsler- und Küferzunft beginnen am Güdelmontag mit einem Gedächtnisgottesdienst in der Liebfrauenkapelle, anschliessend folgen das Hauptbott in der Zunftstube des Rathauskellers, das «Schriiner-Möhli» im Hotel Löwen zu Mittag und eine Kinderbescherung auf verschiedenen Plätzen der Altstadt.

Mit der Einweihung des Greth-Schell-Brunnens im Jahre 1977 bezeugte die Zuger Handwerkerzunft als Brauchträger des alten, traditionellen Fasnachtsbrauches ihre Verbundenheit mit der beliebten Narrengestalt.

Badjöggel von Wylägeri

Die Wylägerer Narrenfasnacht wird am Samstag nach dem 6. Januar mit der Inthronisation des Narrenvaters eröffnet. Auf dem Dorfplatz wird der Badjöggelgrind gehisst. Der amtierende Narrenvater wird der Öffentlichkeit vorgestellt, Kette und Narrenstab werden ihm überreicht. Nach der Einsetzung ins Narrenamt gibt der Narrenvater das Fasnachtsprogramm bekannt; er übernimmt die Aufgabe, den Altersnachmittag, die Altersheime und die Spitäler zu besuchen.

Der Name «Wylägeri» für Unterägeri kommt daher, dass der Ort früher von der Muttergemeinde Oberägeri als Weiler bezeichnet wurde, in der Mundart «Wyler». Heute heissen die Dörfer Unter- und Oberägeri. Um aber den alten Namen zu erhalten, wurde 1964 die Fasnachtsgesellschaft Wylägeri gegründet. Zum 25jährigen Jubiläum wurde ein internationales Narrentreffen durchgeführt und die Wylägeri-Fasnachtsgesellschaft 1990 als 68. Zunft in die Schwäbisch-Alemannische Narrenvereinigung aufgenommen.

Am Schmutzigen Donnerstag findet die Kinderfasnacht statt. Am Fasnachtssonntag punkt 7 Uhr werden die Einwohner von Unterägeri durch die Guggenmusik Bettchratzete geweckt. Am Umzug werden Narrenbrot, Wurst, Orangen, Gebäck und Schokolade verteilt. Danach zieht die Nüsslerrott zu den Trommelklängen des Steiner Narrentanzes über den Dorfplatz in die verschiedenen Gaststätten.

Im Jahre 1965 wurde der Badjöggel von Wylägeri aus der Taufe gehoben. Die Figur erinnert an Beat-Jakob Iten ab Kreuzmühle, den Förderer der früheren Fasnachtsaktivitäten, im Volksmund Badjakob genannt. Auf das 25-Jahr-Jubiläum hin wurde der Badjöggel neu eingekleidet: Er trägt eine Holzlarve, versehen mit einer grossen roten Narrenkappe. Zur Badjöggelkleidung gehören ein weisses Hirtenhemd, ein rotes Schultertuch, rote Handschuhe, braune Hosen, gestrickte Socken und Holzschuhe. Um den Bauch trägt der Badjöggel einen Rollengurt mit grossen Schellen, und aus seinem Hosensack hängt der Zipfel eines grossen Nastuches. Während des Umzuges verteilt er Lebkuchen, die er in einem umgehängten Jutesack mit sich trägt.

Die Wylägerer Narrenfasnacht endet am Fasnachtsdienstag. Nach einem Fackelumzug der Narren zum Hauptplatz wird hier der Badjöggel zu den Klängen der von Jost Ribary komponierten «Badjöggelpolka» verbrannt. Dann ertönt das Wyler Nüsslertänzli, und der Narrenvater verabschiedet sich vom Ehrenbadjöggel, der Narrenmutter und allen Helfern mit einem dreifachen «Narrety-Narrety, by üs dihei».

Neue Maske des Badjöggels von Wylägeri (Unterägeri).

Charaktermasken von Jost Ribary von Oberägeri, Gesichter von Menschen aus seinem Bekanntenkreis darstellend.

WFG
WFG

Luzerner Holzmasken und Fachnachtsbräuche

Holzmaskenhochburg Kriens

Kein Ort rund um Luzern besitzt eine so lebendige und eigenständige «Fasnecht» wie Kriens, das als Hochburg des volkstümlichen Maskenschnitzens gilt. Die Luzerner wissen das und besuchen deshalb am Güdidienstagnachmittag den Krienser Umzug. Dafür ziehen an allen anderen Fasnachtstagen die Krienser Bööggen in die Stadt. Die furchterregenden, gurrenden Deckelbööggen, die koketten Bärnerwiiber und Puuräwiiber und die listigen Wöschwiiber sind bekannte Fasnachtsgestalten.

Trägerin der Krienser Fasnacht ist die 1922 gegründete Gallizunft. In ihren Statuten heisst es: «Die Zunft setzt sich zum Ziel, alljährlich einen Gallivater zu wählen, das Krienser Maskenleben zu hegen und zu pflegen und den jährlichen Fasnachtsumzug zu organisieren.» Den Höhepunkt des Umzuges bildet der Landauer mit dem Gallivaterpaar, das eine Menge Orangen unter das Volk verteilt. Am Aschermittwoch trifft sich eine Schar Fasnächtler noch einmal, um den «Nachbrand» zu löschen und mit der «Geldsäckelwösch» die Fasnacht zu beenden. Die Geldbeutel werden im Brunnen gewaschen und dann an der Decke des Restaurants Pilatus zum Trocknen aufgehängt.

Ihren Namen holten sich die Gallizünftler bei einem Krienser Geschlecht, dessen berühmtestes Mitglied wohl Maskenschnitzer Gallus Rüttimann (1792–1867), genannt Murgalli, war. Er wohnte auf dem Heimwesen «uf der Muur», dem heutigen Restaurant Schlössli, und machte sich als Gemeindeammann um die Pflege des Brauchtums verdient. Auf ihn geht die Tradition des Maskenschnitzens zurück. Einzelne Murgalli-Masken existieren heute noch und wirken im Brauchtum weiter. Besonders wertvoll ist das Archiv der Gallizunft. In dieser Sammlung findet man die urchigen, alten Masken der Fasnachtsgestalten. Die Masken werden den Fasnächtlern zur Fasnachtszeit ausgeliehen.

◁ **Badjöggel in ihrer typischen Kleidung mit weissem Hirtenhemd, rotem Halstuch, roten Handschuhen und Holzschuhen.**

Fasnacht um 1900. Tanzmusik und Bärnerwiiber mit Krienser Masken.

Krienser Maskenschnitzer

Viele Maskenschnitzer eifern in unseren Tagen noch Gallus Rüttimann nach. Das Urbild der heutigen Kriensermaske ist die Murmaske, aus der sich mit der Zeit verschiedene Typen entwickelt haben. Die Murmasken von Rüttimann sind Menschengesichtsmasken mit feinen, ruhigen Gesichtszügen.

Der heute wohl bekannteste Maskenschnitzer ist Alois Blättler (1903–1978), der die Volkskunst des Maskenschnitzens neu belebt hat. Für die heutige Schnitzergeneration ist er zum Vorbild geworden. Sein Stil hat das Krienser Maskenwesen stark beeinflusst. Alois Blättler war ein urchiger Krienser. Seine individuellen Kriensermasken sind bis ins Ausland bekannt.

Bei Lehrer Franz Schütz schnitzten in der Oberschule beinahe alle noch heute tätigen älteren Krienser Maskenschnitzer. Auch Sepp Schnyder hat bei ihm die ersten Schnitzversuche gemacht. Dieser leitet heute als Nachfolger von Robert Bucher die Maskenschnitzkurse in Kriens. Robert Bucher ist ein sehr guter Hobbymaskenschnitzer, der als erster die Masken sehr fein und

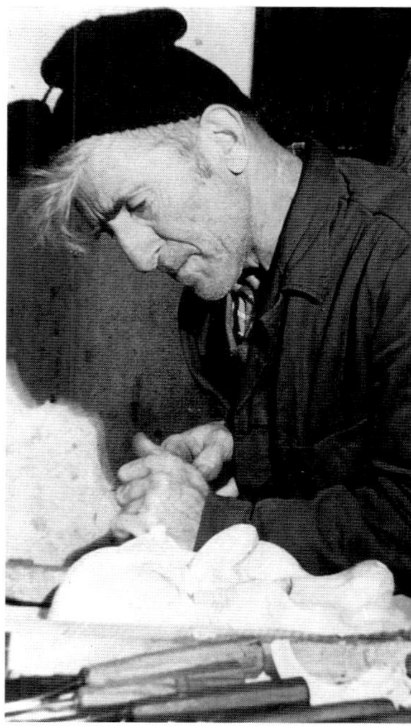

Der Krienser Maskenschnitzer Alois Blättler schuf das Vorbild für die Maskentypen der heutigen Generation.

Die Murgalli-Masken gehören zu den ältesten Kriensermasken. Es sind ruhige Menschengesichtsmasken aus dem 19. Jahrhundert.

individuell so angepasst schnitzte, dass sie gut tragbar waren. Bucher schnitzt seit vierzig Jahren und meint: «Hinter jeder Maske steht ein Mensch, der in irgendeiner Situation eine besondere Mimik zeigt, – aber ich sage nie, wen ich in einer Maske geschnitzt habe.» Die Krienser bedienen sich der sogenannten Rohschnittechnik, bei der jeder Messerschnitt deutlich zu sehen ist. Dadurch soll die Maserung des Holzes die Gesichtszüge mitprägen und Leben ins Werk bringen. Die Masken werden nur leicht getönt, lasiert und anschliessend lakkiert. Charakter- wie Schreckmasken werden aus Lindenholz geschnitzt.

Das Maskenschnitzen wird in Kriens nicht aussterben. Dafür sorgen eine ganze Schar von Krienser Maskenschnitzern, unter anderen der Bildhauer Toni Meier, der im «Chut» zu Hause ist. Seine Masken, die eine starke Ausstrahlung haben, zeigen in unverkennbarer Weise die Krienser Tradition. Unter den bereits verstorbenen Krienser Maskenschnitzern sind vor allem Franz Schütz, Helmi Hertling, Carlo Signorelli und Josef Theiler zu erwähnen. Von den aktiven Maskenschnitzern kennen wir Robi Bucher, Josef Schnyder, Toni Meier, Adolf Büchi, Tony Furrer.

Deckelböögg als dem Museum der Gallizunft Kriens (oben) unten links eine Deckelmaske, rechts eine verschmitzte Kriensermaske, beide von Alois Blättler aus Kriens.

Krienser Maskentypen

Als typische Krienser Fasnachtsgestalten gelten Deckelböögg, Bärnerwiib, Wöschwiib, Chrüterfraueli, Puuremaa und Puurefrau. Über die Herkunft dieser Figuren hört man von den Krienser Lokalhistorikern und Gallizünftlern Verschiedenes.

Deckelböögg: Deckelböögg und Bärnerwiib zählen zu den Schreckmasken und gelten im Volksglauben als personifizierte Waldgeister vom Pilatus. Nach einer anderen Deutung verkörpert der Deckelböögg einen verwilderten Soldaten aus der Franzosenzeit, worauf die obligatorische blau-weiss-rote Trikolore des Deckel-Kostüms hinweisen könnte. Die Maske tauchte tatsächlich nach der Franzosenzeit um 1820 erstmals in der Schweiz auf. Der Krienser Leon Schnyder meint, die Figur gehe auf einen Reisläufer in den Diensten König Ludwigs XVI. zurück, der sich nach dem Sturm auf die Bastille 1792 auf der Flucht befand und, mit einer Keule bewaffnet, in den Wäldern umherirrte.

Der Deckelböögg trägt einen alten breitrandigen Schlapphut, der mit Hanfzöpfen und einem roten Band geschmückt ist. Früher wurde als Kopfbedeckung ein langes Rindenstück benutzt, das weit über den Kopf hinausragte, daher der Name «Deckel». Sein Gewand besteht aus einem blauen Uniformrock, einem roten Gilet, einem roten Halstuch, einem weissen Hemd und einer weissen Hose, die unten mit Hanf- und Sackfransen zusammengebunden wird. Er schwingt einen Knüppel aus Holz. Merkmale der Deckel-Maske sind grosse, runde, engstehende Augen, die auf die Nasenspitze blicken, hervortretende schwarze Augenbrauen, eine lange, spitze Nase, ein stark hervorstehendes Kinn, harte ausgeprägte parallel laufende Mundfalten, eine vorstehende Unterlippe mit einer Reihe weisser Zähne im Unterkiefer – Charakteristika der Schreckmaske, die das Dämonische betonen.

Das Original des «Güügelpeter» als Maskenmodell.

Ein fröhliches Wöschwiib von Holzbildhauer Sepp Schnyder aus Kriens.

Ein Krienser Orginal, «dr Güügelpeter», nach einer Fotografie geschnitzt von Franz Schütz aus Kriens.

Drei Bärnerwiiber, links
mit Deckelmaske als Schreck
maske, am Umzug in Zürich.

Puuräfrau mit freundlicher
Kriensermaske.

Bärnerwiiber, die zum Vergnügen der Zuschauer ihre Unterwäsche zeigen. In der Mitte die Figur des Deckels.

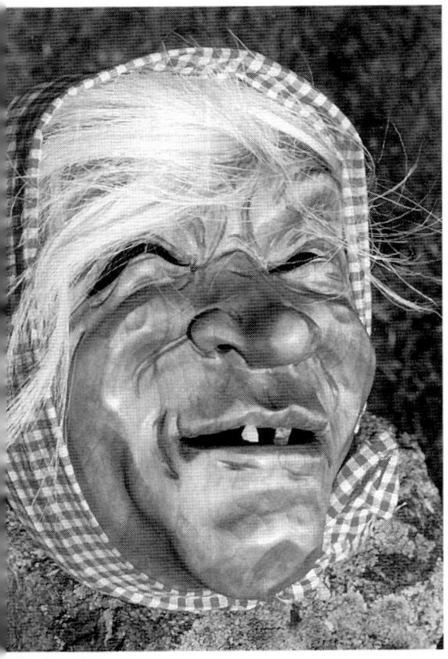

Krienser Wöschwiiber, oben von Holzbildhauer Toni Meier, unten von Robert Bucher, beide von Kriens.

Bärnerwiib: Vom Bärnerwiib vermutet man, dass es von der Gestalt der Marketenderinnen inspiriert ist, also jenen Frauen und Mädchen, die mit den Truppen aus dem Bernbiet mitzogen. Ob wohl das Lüften des Rocks und das Zeigen der weissen Unterwäsche ein frivoles Gehabe anprangert, das den bodenständigen Krienser Frauen ein Dorn im Auge war? Das Bärnerwiib trägt eine Schreckmaske und war früher in alte Trachtenkleider gehüllt. Heute ähnelt das Fasnachtskostüm der Bernertracht. Charakteristisch sind die Haube und die unten am Rock eingenähten Streifen in den Krienser Farben Grün, Rot und Gelb. Zum Kostüm gehören ein Paar weisse Handschuhe, ein Damenschirm und eine Handtasche.

Wöschwiib, Heubeeriwiib und Chrüterwiib: Die beiden Schreckmasken Bärnerwiib und Deckel erhielten nach und nach freundlichere Begleiter, die mit ihren dem Leben nachgebildeten karikierenden Charaktermasken Bauernschläue, Pfiffigkeit und Gemütlichkeit ausdrücken. Die populäre Figur des Wöschwiibs tritt meist intrigierend in Gruppen auf. Das Kopftuch und ihr Kostüm sind aus kariertem Kölsch (Baumwollstoff), als Attribut trägt sie ein kleines Waschbrett. Österreichische Mädchen, die um die Jahrhundertwende in Luzern und Umgebung als Mägde und Wäscherinnen in Diensten standen, gelten als Ursprung dieser populären Figur.

Das Heubeeriwiib und das Chrüterwiib tragen die gleichen Holzmasken wie die Wöschwiiber. Für sie gelten keine Kleidervorschriften. Manchmal führen sie, an einer Schnur oder an einem Gurt befestigt, einen «Chriesichratten», einen Korb zum Kirschenpflücken, mit sich.

Die urtümliche Bauernfasnacht lebte vor allem von den Gestalten, die die vielfältigsten Berufe darstellen, wie dem Chorber, dem Chlauebotzer oder dem Muuser, aber auch von Feckerfiguren, das heisst Fahrenden, wie dem Schermflecker, dem Chesselflecker oder dem Becki-

Die Populäre Figur des Wöschwiibs in ihrem karierten Kostüm, mit Waschzuber – Utensilien hantierend.

büezer. Auch die alten Chrüterwiiber zählen zu den Feckerfiguren. Daneben gab es etwa noch den Götterli-Tokter, den Horri, eine schrullige alte Jungfer, den Güügelpeter, den Jäger, Holzer und das Doppelditte, das grosse Ähnlichkeit mit der zugerischen Greth Schell aufweist. Die Bauernfasnacht mit ihren alten, originellen Fasnachtsfiguren ist heute wieder im Aufschwung. Ihre Figuren werden von der Maskengruppe der Original Krienser Bööggen in ihren Umzügen dargestellt.

Fasnachtsgeschehen

Neben den organisierten Anlässen und Umzügen kennt man in Kriens seit jeher die Strassen- und Häuserfasnacht am Schmutzigen Donnerstag, Güdimontag und Güdidienstag. Der Güdidienstag ist der eigentliche Höhepunkt der Krienser Fasnacht. Er beginnt mit der Tagwache um 6 Uhr, danach folgen die Beschenkung der Kinder und die Orangenschlacht. Am Nachmittag findet der Umzug statt. Früher zog man beim Einnachten von Hof zu Hof, um dem Nachbarn unter dem Schutz der Maske die Meinung zu sagen und sich dann friedlich einen Kaffee-Träsch (Schnaps) zu genehmigen. Man nahm auch Musikinstrumente wie Geige, Zither, Gitarre oder Blasinstrumente mit.

Vom fasnächtlichen Treiben der Krienser berichtet das Ratsbüchlein von Luzern, erschienen vor etwa hundert Jahren: Unter «Unglücksfälle und Verbrechen» wird gemeldet, dass «zwei Krienser Burschen wegen ungebührlichen Benehmens während der Fasnacht eingesperrt wurden»; sie hatten die Anlässe der Safranzunft in Luzern gestört. Doch das Zunftbuch der Gallizunft hält fest: «Wer den Krienser kennt, weiss, dass ihm ein gewisser Hang zur Sorglosigkeit eigen ist. Er liebt die Geselligkeit und beschäftigt sich gern mit Spiel und harmlosem Hokuspokus.»

Der Krienser Maskensammler Robert Ottiger erinnert sich, dass es in seiner Kinderzeit an der Fasnacht noch recht wild zu und her ging. Vor und nach dem Zweiten Weltkrieg gab es an der Fasnacht auf dem Dorfplatz von Kriens eine Hetz- und Treibjagd. Daran beteiligt waren die Kinder und vor allem die Deckelbööggen und Bärnerwiiber. «Am Ende der vom Dorfplatz hinaufführenden Kirchentreppe stand als Abgrenzung gegen den Kirchplatz das Chlapperdächli, eine Art breiter Torbogen. In Kriens heisst es, in früheren Jahrhunderten mussten die Siechen, die Kranken, hölzerne Klappern mit sich tragen, mit denen sie beim Herankommen von gesunden Menschen Zeichen geben mussten. Diese Siechen durften nur bis zum Klapperdächli gehen, Kirche und Vorplatz durften sie nicht betreten.

Damals war der Verkehr auf den Strassen noch unbedeutend, und man führte an der Fasnacht wahre Treibjagden mit den Deckeln und Bärnerwiibern durch. Wenn sie in den Strassen auftauchten, riefen die Kinder durch die hohle Hand im Chor: ‹Marschgerade – ke Gurasch – ke Gurasch – ke Födlä und kei Arsch!› Diesen Spruch riefen die Kinder, indem sie langsam zurückwichen, immer wieder, während die knüppel- und schirmbewehrten Bööggen unter drohenden Gebärden näher und näher rückten. Manchmal preschten sie vor und hielten wieder an. Die Kinder stoben auseinander, und wenn sie uns nicht folgten, kehrten wir wieder zurück. Es war ein richtiges Katz- und Mausspiel. Wenn sie dann wirklich auf uns losstürmten, konnten wir nur noch rufen: ‹Ke Füdle – ke Füdle – ke Füdle!› Wehe, wenn uns einer erwischte. Die ‹Teckel› haben oft ihren Knüppel nach uns geworfen, und zwar so, dass er am Boden umherwirbelte. Dann konnte man sich vor der Keule nur durch einen rettenden Luftsprung in Sicherheit bringen. Auch das Bärnerwiib fuchtelte drohend mit seinem Schirm.

Bei diesen Treibjagden achteten wir darauf, in der Nähe des Kirchenaufgangs zu sein. Wenn wir in Bedrängnis gerieten, sprangen wir den Kirchhügel hinauf zum Chlapperdächli. Waren wir hindurch, so waren wir in Sicherheit, denn jeder Böögg achtete diese Grenze und ging nicht weiter. Beim Chlapperdächli begann der heilige Boden. Die Bööggen machten Halt und zogen mit Drohgebärden zum Dorfplatz zurück. Auf einem Umweg konnten wir wieder den Dorfplatz erreichen. Dann begann die neckische Treibjagd von neuem.»

Kriensermaske an der Luzerner Fasnacht.

Original Krienser Bööggen mit Wöschwiibern, Bärnerwiibern, Deckel, Kräuterwiibern, Puuräma und Puuräfrau und weiteren Krienser Originalen am Brauchtumsumzug 1992 in Frauenfeld.

Rotseezunft Ebikon

Die Rotseezunft Ebikon wurde 1961 gegründet. Ihre gesellschaftlichen Anlässe sind ein Zunftbott, die Inthronisation und Fasnachtseröffnung, ein Zunftball und als Höhepunkt der Kinderumzug mit der «Uslumpete». Der Zunftmeister besucht und beschenkt die Kindergärten, das Altersheim und die Wagenbauer der Umzugsnummern. Alle Kinder erhalten nach dem Umzug den traditionellen «Zobig» und eine spezielle Plakette. Bevor am Abend die «Uslumpete» in den Restaurants das Ende der Fasnacht anzeigt, wird der Böögg verbrannt.

Die markanteste Fasnachtsfigur ist das Hundsrüggen-Hurri, das einige Zünftler nach einer Sage gestalteten. Es trägt eine originelle Holzmaske – die ersten Masken stammten vom Krienser Schnitzer Alois Blättler – und ein braunes Kleid und wird stets vom Bäbi begleitet. Dieses stellt der Sage gemäss das Kind des Hurri dar, das im Wald ausgesetzt wurde, damit sich die Mutter ungestört mit ihrem Liebhaber treffen konnte.

Fröschenzunft Meggen

Die 1956 gegründete Fröschenzunft entlehnte ihre Fasnachtsfigur, eine nach der Art der Krienser gestaltete Hexe, aus der Sage.

Neben verschiedenen karitativen Aktivitäten ist der Haupttag der Fröschenzunft der Fasnachtssonntag mit dem Umzug. Seit 1983 wird die Megger Hexe mit dem grossen Frosch ins Zunftgeschehen einbezogen.

Rooter Fasnachtsgesellschaft Rofa

Die Rofa wurde 1983 gegründet und veranstaltet als ihre traditionellen Anlässe die Generalversammlung, die Inthronisation des Zunftmeisters, den Kostümball und den Fasnachtsumzug am «Rüüdigen Samschtig» mit anschliessendem Rofa-Ball.

Symbol der Rooter Fasnacht ist die Schteigröbu-Maske, eine Holzmaske des Krienser Schnitzers Robi Bucher. Ihr Name stammt von den vielen Sandsteinbrüchen am Rooterberg.

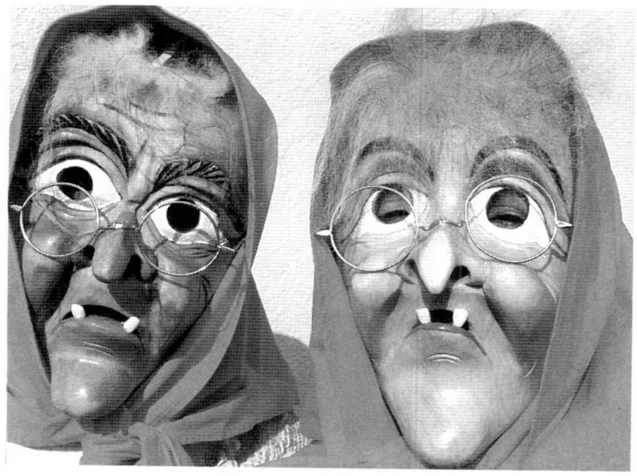

Hexen der Ameisizunft Rothenburg.

Ameisizunft Rothenburg

Der Name der 1982 gegründeten Ameisizunft geht auf eine Anekdote zurück: Die Rothenburger Chronik berichtet von Rothenburger Söldnern im Dienste von Papst Julius II., die abends in ihren roten Uniformen in der Stadt Luzern ausgingen und wegen ihres emsigen Treibens «roti Ameisi» geheissen wurden.

Die nach einer Sage gestalteten Hundsrüggen-Hurri. Sie tragen teilweise Masken von Alois Blättler aus Kriens.

Schteigröbu-Maske von Root, geschnitzt von Robert Bucher, Kriens.

Die Mitgliederzahl der Ameisizunft ist auf 35 beschränkt. Die Zunft belebt die Fasnacht mit der Tagwache, dem Ameisiball am Schmutzigen Donnerstag, mit der Kinderfasnacht am Güdidienstag und den Bescherungsfahrten in Heime, Kindergärten und Schulen. Den Höhepunkt bildet die Inthronisation des Ameisivaters an der Generalversammlung im April.

Sempach

Teufel, Röllelinarr und Sträggele heissen die Fasnachtsfiguren von Sempach. Alle drei Figuren wurden einer alten Sage entnommen. Im Gebiet des Meierhofes befindet sich heute noch das Sträggele-Chäppeli, wo nach der Sage einst die Sträggele, eine böse Hexe, ihr Unwesen trieb.

Die Fasnachtsgesellschaft wurde 1985 gegründet; das Fasnachtskomitee gibt es schon seit 1973. Als Fasnachtszeitung wird die «Hellebarde» herausgegeben. Gesellschaft und Komitee organisieren gemeinsam Alters-, Kinder- und Städtlifasnacht sowie verschiedene andere Anlässe.

Karnöffelzunft Willisau

Die Karnöffelzunft, bestehend aus Zünftigen, Altherren und Zunftgesellen, erhielt 1891 ihren Namen von dem seit dem Mittelalter bekannten Karnöffel- oder Kaiserspiel. Die Zunftkostüme sind nach alten Vorlagen der Figuren des Kartenspiels hergestellt.

Begleitet werden die Zünftigen von Brauchtumsfiguren wie dem Stadttier und dem Enzilochmann. Der Enzilochmann gehört zu den Wildmännern, von denen die Sagen wunderliche Taten berichten. In den Höhlen des Enziloches am Napf sollen Geister hausen, die zur Strafe für ihre Untaten dorthin verbannt wurden. Das Stadttier erscheint nur in den Fronfastennächten. Die Sage erzählt, dass ein ehemaliger Stadtbaumeister nach dem Brand der Stadt sein eigenes Haus viel grösser und schöner aufbaute als die Häuser der anderen Bürger. Deshalb muss er nun büssen: Er wird vom Nachtwächter als Stadttier an der Kette mitgeführt. Vor einigen Jahren gesellten sich die Moorsträggelen und die Willisauer Wöschwiiber als jüngste Brauchtumsgruppe dazu.

1949 wurde die Zunft neu gegründet. 1985 wurde die Karnöffelzunft Willisau als 66. Zunft in die Schwäbisch-Alemannische Narrenzunft aufgenommen und führte das internationale Narrentreffen durch. Zu ihren Aktivitäten gehören die Fasnachtseröffnung jeweils am Freitag nach dem Dreikönigstag und der Zunftball.

Die Karnöffelzunft Willisau mit den Maskenfiguren des Stadttieres, der Enzilochmannen, der jüngeren Moorsträggelen und der Wöschwiiber vor dem Willisauer Stadttor.

Zunft Heini von Uri

Die Gründung dieser Surseer Zunft im Jahre 1876 geht auf die Gestalt Heinis von Uri zurück. Heini von Uri wurde nach der Legende 1366 in Sisikon am Urnersee geboren. Nach einem Bootsunglück auf dem Vierwaldstättersee, bei dem sein Vater ums Leben kam, wurde er von einer Luzerner Familie aufgenommen. Dank der Beziehungen des Schultheissen von Luzern kam der junge Heini an den Hof des mächtigen Herzogs Leopold III. von Österreich. Dort wurde er Knappe und später Lustiger Rat, das heisst Hofnarr. 1388 zog er mit dem Heer des österreichischen Herzogs nach Sursee, um gegen die Eidgenossen zu kämpfen. Der Hofnarr Heini von Uri bat den Herzog, nicht am Kampf gegen die Eidgenossen teilnehmen zu müssen. Doch alles Bitten und Drängen nützte

Zunft Heini von Uri in Sursee mit den Begleitern des Heinivaters, Tüfel, Lälli und Feuk.

Die Maskenfigur «dr Cheletörmler» von der Zunft Heini von Uri.

nichts. Leopold verlor die blutige Schlacht bei Sempach. Heini von Uri kam später nach Sursee zurück und spielte für die Stadtjugend den Stadtnarren. Das Stadtnarrenlaufen ging ins Brauchtum über, wurde aber 1810 vom Stadtrat verboten, weil es zu Auswüchsen kam. Seit der Gründung der Zunft Heini von Uri wird das Andenken an den Hof- und Stadtnarren, symbolisiert im Heinivater von Sursee, im Fasnachtsbrauchtum gepflegt.

Der feierlichste Anlass des Jahres ist der Dreikönigsbott, der am Samstag nach Dreikönig stattfindet. Aus den Reihen der Zünftigen wird der Heinivater, der höchste Fasnächtler der Stadt Sursee, gewählt und vom Rathausbalkon herab ausgerufen und der Bevölkerung vorgestellt. Er nimmt darauf neue Gesellen auf und schlägt die bisherigen Zunftgesellen zu Mitmeistern. Mit Tanz und Unterhaltung wird der neue Heinivater gefeiert. Nach der Inthronisation lädt er die Zunftmitglieder und weitere Freunde zum Heiniball ein, an dem alle maskiert teilnehmen.

Punkt fünf Uhr am Morgen des Schmutzigen Donnerstags wird die Surseer Fasnacht von mehreren hundert Erwachsenen und Kindern in weissen Nachtgewändern und Nachthauben mit Lärminstrumenten und mit lautem Getöse eröffnet. In der Zunftstube werden die drei Begleiter des Heinivaters, der Tüfel, der Lälli und der Feuk geweckt. Daraufhin ziehen alle in grossem Zug durch die Gassen von Sursee zum Hause des Heinivaters und holen ihn ab. Von dort geht es zurück zur Mensa, wo den Fasnächtlern eine Mehlsuppe gespendet wird.

Am Schmutzigen Donnerstag und am Güdimontag besuchen der Heinivater und sein Tross das Pflegeheim, die Altersheime, das Kapuzinerkloster und die grosse Kinderfasnacht. Beim Narrenlaufen in den Gaststätten von Sursee necken die Maskierten Bürgerschaft und Behörden. Am Nachmittag des Güdidienstags zieht der Umzug mit Wagen, Fussgruppen und Guggenmusiken durch die Surseer Altstadt. Der Umzug wird vom Heiniwagen abgeschlossen, der die Zuschauer mit einem wahren Orangensegen beglückt. Mit dem Verbrennen des Böögg geht die Fasnacht zu Ende.

Eine Luzerner Holzmaske von Casimir Grüter in naturalistischer Art. Grüters Masken konnten in Luzern im Fasnachtsbrauchtum nie Fuss fassen. Rietbergmuseum Zürich.

Holzmasken und Fasnachtsbrauchtum der Stadt Luzern

Geschichte der Luzerner Fasnacht

Die Stadt Luzern kann auf eine alte Fasnachtstradition zurückblicken und gehört mit Kriens zu den bedeutendsten Fasnachtszentren der Schweiz. Die Luzerner Fasnacht ist in ihrer Farbenpracht ein einmaliges Erlebnis und ein Volksfest eigener Art. Fasnächtliche Fröhlichkeit und Ausgelassenheit ist schon im Mittelalter belegt, wird doch im ältesten Ratsbüchlein (14. Jahrhundert) besonders betont, dass die Tanzfreude und Musizierlust der Luzerner bei Nachteinbruch eingestellt werden sollte: «ouch ist der Rat überein komen, daz nieman sol in der stat nach der aue Marie gloggen tanzen noch gigen ...» Im 16. Jahrhundert schreibt Stadtschreiber Rennward Cysat über die Auswüchse der Fasnacht und des Maskenlaufens: «Von larven oder butzen oder böggen werck. Diss haben die allten auch für gross vnd abschülich laster ouch jn strengem verbott gehallten, dann eben ouch umb dise zytt anno 1412 ward solche satzung wider ernüwert mitt der ursach, das einer jn einer solchen mummery übel geschediget und gelezt ward, dessen er allen schaden an jme selbs tragen müessen ...»

Gegen Ende des 16. Jahrhunderts wurde die Fasnacht in Luzern durch die herbeigerufenen Jesuiten eingedämmt, die sich auf das Verbot von 1590 gegen das «butzen- oder bööggenwys» stützten. Die Fasnacht war der Obrigkeit und der Kirche ein Dorn im Auge. Wegen Verstössen sowohl gegen Gesetz und Ordnung als auch gegen die Sittlichkeit versuchten sie die Fasnachtsbräuche, wie Schreien und Johlen, «Geisselklöpfen», nächtliches Schiessen, Tanzen, «Lichtstubeten» und «Fasnachtsbutznen», einzudämmen.

Im 18. Jahrhundert veränderte sich das Gesicht der Luzerner Fasnacht wesentlich. Geordnete Schauumzüge mit patriotischen Szenen, historischen, völkerkundlichen oder folkloristischen Themen und Darstellungen waren Mode geworden und blieben in dieser Form bis in die ersten Jahrzehnte unseres Jahrhunderts bestehen. Im Zentrum des Geschehens stand aber immer die Figur des Bruder Fritschi; die Umzugswagen stellten nur seine Begleitung dar. Seit dem Ersten Weltkrieg zieht Fritschi wieder, altem Brauch entsprechend, allein in die Stadt ein.

Nach dem Zweiten Weltkrieg kamen in Luzern die Guggenmusiken auf, die der Fasnacht mit ihrem Fasnachtsstrassenspektakel einen mächtigen Aufschwung und ein ganz eigenes Gepräge gaben. Sie gehören massgeblich zum Fritschiumzug am Schmutzigen Donnerstag und zum Wey-Umzug am Fasnachtsmontag und bilden den musikalischen Auftakt und Abschluss der Luzerner Fasnacht. Daneben lebt die Fasnacht aber vor allem vom freien Maskenlaufen, dem herkömmlichen «Bööggewärch».

Die Fritschi-Maske

Die sagenumwobene Figur des Fritschi gehört zum Ursprung der Luzerner Fasnacht. Ihre Herkunft liegt im dunkeln. Die Bezeichnung «Fritschi» ist urkundlich erstmals 1443 nachgewiesen. Bruder Fritschi wird liebevoll als der älteste Luzerner bezeichnet. Die erste Fritschibeschreibung durch den Stadtschreiber Diebold Schilling berichtet vom Raub Fritschis durch die Basler im Jahre 1507 anlässlich eines der im Mittelalter verbreiteten Fasnachtsbesuche und seine Rückholung durch die Luzerner. Bruder Fritschi erscheint hier als Strohpuppe in Greisengestalt. Das zur Fritschifigurengruppe gehörende Fritschikind ist seit 1666 nachgewiesen.

Die älteste bekannte Darstellung der Fritschimaske zeigt die Larve eines Mannes mit Vollbart. Sie wurde im 15. Jahrhundert von einem kräftigen Mann mit einem Gewand in Luzerner Farben getragen (Diebold Schilling, Luzerner Chronik 1513). Jahrzehnte später berichtet der gelehrte Stadtschreiber Rennward Cysat (1545–1614) von einem Harnischumzug am Schmutzigen Donnerstag: «ze ross, in einem wyss und blauen Rock, in einer Larven seltsam verstellt, einem Greisen glych, neben seiner Eefrowen ouch zu gross und also verkleidet.» Die ältesten erhaltenen Fritschimasken aus Papiermaché stammen von Bildhauer Schäf-

Der Fritschibrunnen auf dem Kapellplatz in Luzern. Die Säule des Brunnens zieren Fritschimasken und ein Fahnenträger.

Alte Maske aus dem 19. Jahrhundert, vermutlich aus dem Raum Luzern oder Innerschweiz. Rietbergmuseum Zürich.

Das Fritschipaar, die bekanntesten und ältesten Luzerner, trug für kurze Zeit auch Holzmasken. Safranzunft Luzern.

ferle (1762); der Lithograph Anton Eglin und der Zahnarzt Josef Weber schufen weitere Masken in Wachs. Die Holzmasken des Fritschipaares wurden 1922 von Huggler in Brienz geschnitzt. Heute tragen die Fritschileute eine Polyestermaske nach einem Abdruck der alten Holzmaske.

Fritschi und die Zunft zu Safran

Seit 1400 führt die Safranzunft, deren Gründung bis auf den alten Zürichkrieg von 1446 zurückgehen soll, als älteste und bedeutendste Trägerin der Luzerner Fasnacht «Fritschis Brautlauf» in Form eines Umzugs durch.

Der heutige Fritschiumzug war einst der Einzug Fritschis in die Stadt. Er kam alljährlich von der Halde bei der Hofkirche her und stieg in der Fritschistube ab. Die Fritschistube, die 1451 erstmals erwähnt wird, war Versammlungs- und Trinkstube der Luzerner «Krämergesellschaft, genampt zu dem Safran», die bereits um 1300 entstanden sein soll, sich dann mit den Bau- und Zimmerleuten zusammenschloss und den Namen «Fritschizunft» annahm. Diese war also ursprünglich keine Fasnachtsgesellschaft, sondern eine Handwerker- und Krämerzunft, die aber mit dem Fasnachtsbrauchtum stark verbunden war. Erst 1629 wurde der alte Name «Safran» wieder übernommen. Zunächst vom Rat der Stadt Luzern finanziert, ist die Anschaffung der Kleider und Masken seit 1666 Sache der Safranzunft.

Während für das Jahr 1749 noch belegt ist, dass das Fritschipaar allein und zu Fuss lief, wird 1826 der Fritschiwagen erwähnt, nebst fünf Personen zu Pferd, die den Fritschikopf tragen. Früh im 19. Jahrhundert ist bereits der grosse von Pferden gezogene Wagen mit der Fritschifamilie nachweisbar. Sie besteht aus dem Fritschi, der ursprünglich eine Dirne darstellenden Frau Fritsche oder Fritschene, dem Fritschikind, einer Magd, einem Bauern, einem Narren und Spielleuten. Der Wagen ist reich mit Papierblumen, Bändern und Tannengrün geschmückt. Dreimal umkreist er den Fritschibrunnen auf dem Kapellplatz. Im 18. und 19. Jahrhundert wurde der Fritschiumzug zum Schauumzug mit weltpolitischen Themen und der Darstellung der «verkehrten Welt».

Die um 1819 gegründete Maskenliebhaber-Gesellschaft nahm sich ebenfalls des Fritschiumzuges an: 1825 wurde am Bächtlibott, der Jahresversammlung am Berchtoldstag, beschlossen, einen Direktor für den Umzug zu ernennen, und 1842 kommt an Stelle des Direktors der Name «Fritschivater» vor. Seit 1892 wirkt an der Fasnacht auch die Gesellschaft Fidelitas mit. Safranzunft, Maskenliebhabergesellschaft und Fidelitas schliessen sich 1908 zum Zweck der Geldbeschaffung zusammen und gründen 1951 zusammen mit der im Jahre 1925 entstandenen Wey-Zunft ein Fasnachtskomitee.

Die Fasnachtstage

Die Luzerner Fasnacht wird am Schmutzigen Donnerstag um Punkt fünf Uhr vom Fritschivater, dem auf ein Jahr gewählten Zunftmeister der Safranzunft, eröffnet. Seit 1988 wird er jeweils im Rathaus von einigen tausend Fasnächtlern zur Tagwache erwartet.

Nach dem unheimlichen Dröhnen der alten Harsthörner und dem «Urknall» ergiesst sich ein gewaltiger Konfettiregen über die Köpfe der Menschenmenge. Die während der Fasnacht höchsten Luzerner repräsentierend, erscheinen der Fritschi und seine Fritschene am offenen Rathausfenster und winken den Menschen zu. Dann beginnt es auf dem Kornmarkt zu rumoren. Hunderte von Guggenmusiken blasen und «schränzen» aus Leibeskräften oder schlagen auf Trommeln und Pauken. Die Fasnacht ist mit «rüdiger Urgewalt» ausgebrochen. Nach der farbenprächtigen Eröffnung schreiten die Fritschileute durch die Gassen der Altstadt. Wenn die Glocke von St. Peter sechs Uhr schlägt, beginnen Bruder Fritschi und seine Begleiter beim Fritschibrunnen mit dem Orangenauswerfen. Auf den Ruf «Brüele» und «Lärme» hin fliegen die Orangen zu Hunderten in die ausgestreckten Hände. Dann hören sich Bruder Fritschi und seine Begleiter ein Guggenmusik-Konzert an, und nach der Mittagspause im Wilden Mann besteigen die Fritschileute mit der Fritschimusik den prächtig geschmückten Wagen, der jeweils den Abschluss des Fritschiumzuges bildet.

Am Güdismontag findet eine ähnliche Bescherung durch den Meister der Wey-Zunft statt, die diesen Tag mit ihrem Symbol, dem Wey-Frosch, prägt. Sie organisiert auch einen Umzug.

Der Güdisdienstag gehört den Guggenmusiken und ihrem Monsterkonzert. Die Guggen laufen ab 14 Uhr vom Mühleplatz durch die Altstadt.

Typische alte Innerschweizer Holzmasken aus dem 19. Jahrhundert, vermutlich aus dem Raume Luzern oder Innerschweiz. Rietbergmuseum Zürich.

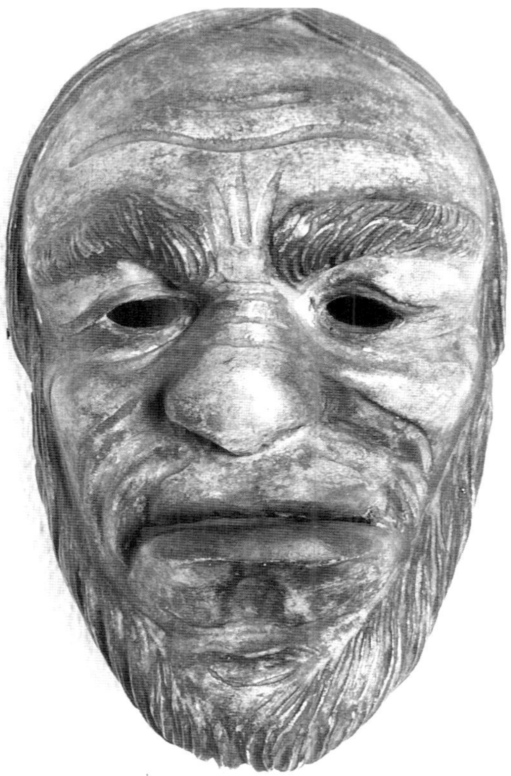

Alte Luzerner oder Krienser Holzmaske.

Vermutlich eine alte Luzerner oder Innerschweizer Maske. Rietbergmuseum Zürich.

Die «Uusgüüggete» am Abend bildet mit über hundert Guggenmusiken den gewaltigen, kakophonischen Abschluss der Fasnacht.

Maskenvereinigungen

Die Schnitzer der alten Luzerner Holzmasken sind nicht bekannt, vermutlich waren es fahrende Künstler und Handwerker.

Der Luzerner Holzmaskenschnitzer Casimir Grüter schnitzte vorzügliche Porträt- und Charaktermasken, die jedoch nicht ins Brauchtum übergingen. Seine Masken sind von gutmütiger und heiterer Ausstrahlung. Sie stellen bäuerliche Originale, dicke und runzlige alte Weiber, dralle und naive Mädchen dar. Während das Grobe und Groteske in einigen Masken, deren Schnitzer unbekannt sind, zum Ausdruck kommt, sind die Holzmasken Grüters plastische, eindrückliche Gesichter mit feinen Zügen, sie strahlen Menschlichkeit und eine gewisse Kultiviertheit aus. Grüter gründete mit einigen Freunden den Verein «Volkskunst Luzern».

Die Maskenliebhaber-Gesellschaft wurde 1819 gegründet. Die Gesellschaft machte es sich zur Aufgabe, für die Belebung der Fasnacht zu sorgen.

Die Vereinigung der Maskenfreunde wurde 1927 gegründet mit dem Ziel, die Interessen der Maskenträger zu wahren und das Maskenbrauchtum durch Prämierungen zu fördern. In Kursen lernen kleine Gruppen das Schnitzen von Holzmasken. Schnitzstube und Vereinszentrum befinden sich im Allenwindenturm. Die Schnitzer der Maskenfreunde sind Verehrer der alten Luzerner Holzmasken und Nachfolger des bekannten Holzmaskenschnitzers Casimir Grüter. Die alten Holzmasken haben jedoch keinen Eingang ins Fasnachtsbrauchtum von Luzern gefunden, vielleicht weil sie in ihrer bäuerlichen, eher groben Art nicht so recht zur feineren Stadtluzerner Art passen.

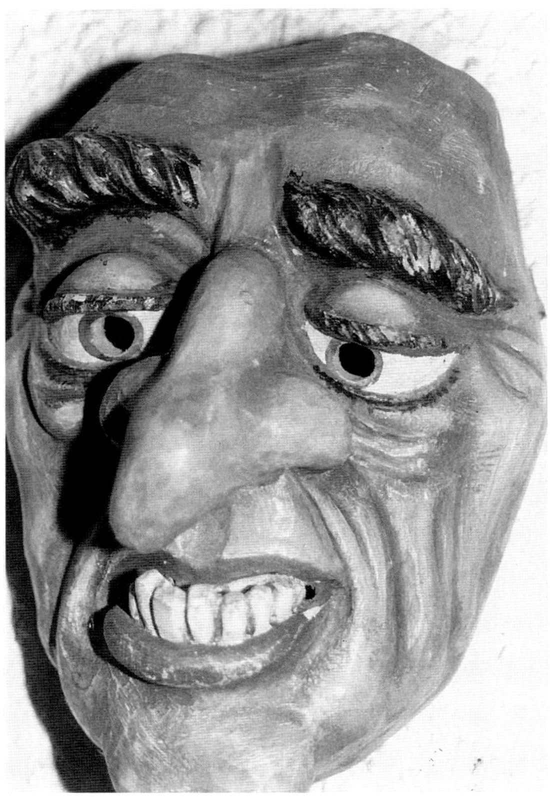

Zwei Masken der Vereinigung der Maskenfreunde Luzern. Sie schnitzen Charaktermasken, die sich von den Kriensermasken abheben und eher eine Beziehung zu den alten Masken von Casimir Grüter haben.

Alte Lötschentaler Tschäggätä aus dem 19. Jahrhundert. Die flache, grob behauene Larve aus Arvenholz beeindruckt durch ihre kraftvolle, primitive Modellierung. Rietberg-museum Zürich.

Holzmaskenbrauchtum im Lötschental

Geschichte der Lötschentaler Tschäggätä

Eine Reihe von Fachleuten haben schon versucht, Licht ins Dunkel des Lötschentaler Maskenbrauchtums zu bringen. Namhaften Ethnologen und Volkskundlern wie Rütimeyer, Meuli, Weiss, Niederer und Seeberger fiel es schwer, Verlässliches über die Ursprünge des Walliser Maskenbrauches auszusagen.

Ursprung des Brauchs

Historische Überlieferungen, aber auch die im Volksmund überlieferten Sagen und Legenden spielen bei der Suche nach der Herkunft eines Brauches eine wichtige Rolle.

In einer Notiz aus dem Lötschental, die das Schweizerische Archiv für Volkskunde 1898 veröffentlichte, heisst es, dass sich Lötschentaler im Sommer des Jahres 1550 an einem Aufstand gegen die Herren von Raron beteiligt hätten. Sie sollen sich als Tschäggätä maskiert haben, um unerkannt zu bleiben. Diese Erhebung habe man «Trinkelstierkrieg» genannt. Da die Herren von Raron bereits 1375 aus dem Wallis vertrieben worden waren, muss es sich bei den in dieser Quelle erwähnten Oberherren um die Herren von Thurn gehandelt haben. Am Aufstand nahmen nur sechs Lötschentaler teil, eine zu geringe Zahl, als dass daraus der Fasnachtsbrauch der Tschäggätä hätte entstehen können. Auch wäre die unpraktische Vermummung in der Sommerhitze wohl sehr untauglich für kriegerische Auseinandersetzungen gewesen. Und schliesslich, wie hätte ein Ereignis, bei dem die Lötschentaler nur Schimpf und Schande davontrugen, zum beliebten Maskenbrauch werden können?

Eine Sage sieht in den Tschäggätä ein Relikt aus der Heidenzeit, und eine andere nennt als Ursprung eine Räuberbande, die «Schurtendiebe», die das Tal im 15. Jahrhundert unsicher machten. Der Name hat mit dem kurzen Körperwuchs dieser Männer oder deren Bekleidung mit kurzen Schafpelzen zu tun. In garstigen Fellkleidern und abscheulichen Masken, mit Keulen bewaffnet und mit dröhnenden Kuhglocken sollen sie sich einen Spass daraus gemacht haben, die Dörfer zu überfallen. Johann Siegen, der sechzig Jahre als Prior in Kippel lebte und das Brauchtum des Lötschentals erforschte, sieht in den Schurtendieben die Ureinwohner des Tales, die als Diebe nachts von den neuen Siedlern wieder alles holten, was ihnen genommen worden war. Zum Bild der Diebe passt jedoch nicht, dass sie mit dröhnenden Kuhglocken einhergezogen sein sollen.

Der Basler Leopold Rütimeyer äusserte 1907 die Vermutung, dass die Masken bei den Riten von Geheimbünden getragen worden seien, deren Mitglieder sich in den Wäldern versammelten und von dort aus unter dem Schutz der Masken Raubzüge in die Dörfer unternahmen.

Pater Josef Huber, Pfarrer in Wiler, sieht den Ursprung der Lötscher Masken nicht in «heidnischer Mythologie», sondern im harten Kampf der Talbewohner um ihre Existenz; die Masken hätten sie gebraucht, um sich Mut einzuflössen. Ähnlich argumentiert Arnold Niederer, der in der Maske ein elementares Mittel sieht, sich mit einem Geheimnis zu umgeben und bewusst oder unbewusst Macht über die Mitmenschen zu erlangen. Der Sinn der Maske ist nach seiner Ansicht «Stei-

Maskenlauf im Lötschental von Wiler nach Kippel um 1927. Die Tschäggätä tragen weisse und schwarze Schaffelle über Rücken und Brust, um die Lenden mit einem Ledergürtel zusammengebunden, an dem Kuhglocken baumeln. Die Füsse stecken in Säcken, die um die Beine gebunden sind.

gerung der Macht und Lust durch Hineinschlüpfen in eine neue Rolle, mit der man sich mehr oder weniger identifiziert». Niederer meint, die Lötschentaler Masken seien nicht mehr als 100 Jahre alt. Dem widerspricht jedoch ein von 1827 datierendes schriftlich belegtes Verbot des Maskentragens.

Nach einer anderen Hypothese soll Josef Murmann (1808–1874), genannt Finsterhofer, der als Hinterglasmaler und Schnitzer tätig war, angeregt durch Missionsheftchen, in denen afrikanische Masken abgebildet waren, die erste Lötschentaler Maske geschnitzt haben und damit der Schöpfer der Roitschäggätä sein. Diese Annahme der Entstehung aus einer eher zufälligen Anregung wird wiederum vom Volkskundler Marcus Seeberger als unwahrscheinlich zurückgewiesen.

Aus heutiger Sicht ist als Erklärung wohl am naheliegendsten, dass die Holzmasken ihren Ursprung in dem im 18. und 19. Jahrhundert gepflegten Volkstheater haben. Dort spielte in der Regel die Teufelsfigur eine wichtige Rolle, sie könnte als Vorbild für die Tschäggätä gedient haben. Zudem kannte das Dorf Kippel bis 1870 das Wildmannspiel. Möglicherweise war eine Knabenschaft, gebildet aus den ledigen volljährigen Burschen des Tales, die ursprüngliche Trägerin des Maskenbrauches, wie auch andere Winterbräuche, so das Dreikönigssingen oder die Silvesterbräuche, von alters her von den ledigen Burschen durchgeführt wurden. In Kippel wurde noch 1940 ein Ledigenkomitee gewählt, das den Fasnachtstanz zu organisieren hatte.

Vor dem Zweiten Weltkrieg zogen in der Fasnachtszeit, zwischen Lichtmess, dem 2. Februar, und Aschermittwoch, die ledigen Männer als Tschäggätä verkleidet nachmittags bis zum Abendläuten durch die Dorfgassen und besuchten die jungen Mädchen, die sich in dieser Zeit jeden Nachmittag in der Stube einer andern Teilnehmerin zu einem geselligen Hock, zusammenfanden. Dabei trugen sie die Sommertracht und brachten das Spinnrad oder eine Strohflechtarbeit mit. Unter Singen und Scherzen und wenn genügend maskierte Burschen dabei waren, verflogen die Stunden im Nu.

Zur Datierung

Die Chronik der Pfarrei Lötschen beginnt erst mit der zweiten Hälfte des 18. Jahrhunderts. Aus dem Jahre 1827 stammt ein im Pfarrarchiv von Kippel schriftlich überliefertes Verbot des Maskierens, das sich auf Masken im allgemeinen bezieht. Der erste gesicherte Beleg für die Tschäggätä stammt von 1865 ebenfalls aus der Pfarrei Kippel: Das unchristliche Maskieren, «Scheggeten», wird darin untersagt. Prior Johannes Gibsten, 1864 bis 1876 Pfarrer von Kippel, berichtet 1865: «So wüst man sich bekleiden konnte, das Gesicht mit einer abscheulichen Holzlarve, den Kopf mit Hörnern, den Leib mit Pelzen, Tieren ähnlich, Kinder erschrecken, Töchter mit Asche und Russ beschmieren, das war die Freude der sogenannten ‹Tscheggeten›. Auch Unmoralisches lugte aus dieser Rohheit hervor. Ich verdrängte das endlich.» Das Tragen der Masken wurde vom Pfarrer mit 50 Rappen Busse bestraft.

Lassen sich die Lötschentaler Tschäggätä noch weiter zurückverfolgen? Leopold Rütimeyer

Alte Lötschentaler Tschäggätä aus dem 19. Jahrhundert. Auffallend sind die engstehenden Augen und der überdimensionierte grosse Mund. Die Zahnreihen aus Holz oder Kuhzähnen unterstreichen die Aggressivität der Maske. Die Machart ist einfach, primitiv und grob, die Schnitzkerben sind sichtbar. Rietbergmuseum Zürich.

Eine alte Lötschentaler Tschäggätä aus dem 19. Jahrhundert, ausdrucksstark durch ihre natürliche Einfachheit.

Moderne, zeitgenössische Lötschentaler Tschäggätä von Agnes Rieder-Ierjen am Umzug von 1989 in Wiler.

hatte 1905 in allen Gemeinden des Lötschentales nach dem Brauch gefragt. Wäre der Brauch erst 40 Jahre alt gewesen, hätte man ihm wohl sichere, gute Auskunft über dessen Ursprung geben können. Schon 1896 hatte F. G. Stebler längere Zeit im Lötschental alte Masken gesammelt und in die Museen von Zürich und Basel gebracht, was ebenfalls als ein Hinweis darauf gewertet werden kann, dass die Masken zu diesem Zeitpunkt als sammelnswertes Gut betrachtet wurden und daher schon ein gewisses Alter gehabt haben müssen.

Dass ältere Berichte zu den Lötschentaler Masken fehlen, ist in Anbetracht der im Winter isolierten Lage des Tales nicht verwunderlich. Werner Röllin hält fest, dass das Lötschental bis zur Eröffnung des Gemmipasses im Jahre 1740 Durchgangsgebiet eines ausgedehnten Personen- und Warenverkehrs zwischen Italien und dem Bernbiet gewesen sei und auch durch das Söldnerwesen während Jahrhunderten mit der Aussenwelt intensiven Kontakt gepflegt habe. Während der Wintermonate, in denen das Maskenbrauchtum stattfand, war es jedoch bis zum Bau des Lötschbergtunnels von der Aussenwelt völlig abgeschnitten.

Aufgrund von mehr als hundert alten Lötschentaler Masken, die ich untersucht und fotografiert habe, lässt sich insbesondere aufgrund des Alters des Holzes annehmen, dass die Masken um 180 Jahre alt sind.

Bekleidung und Maske der Tschäggätä

Die Tschäggätä tragen weisse und schwarze Schaffelle über Rücken und Brust, um die Lenden mit einem Ledergürtel zusammengebunden, an dem eine oder mehrere Kuhglocken baumeln. Die Füsse steckten ursprünglich in Säcken, die um die Beine gebunden wurden, dies, um die Wildheit zu betonen, aber auch, damit man die Maskenträger nicht an den Schuhen erkannte. Diese Maske hiess «Roichtschäggätä», später Tschäggätä, wegen der gescheckten Verkleidung mit schwarzen und weissen Schaf- oder Ziegenpelzen; der Zusatz «Roi(ch)» stammt nach der Volksmeinung daher, dass die Gestalten aus dem Rauchfang gekommen sein sollen. Ein starker, keulenartiger Stock gehörte zur Kostümierung.

Die fast rechteckige, grob behauene, fratzenhafte Larve aus Arvenholz beeindruckt durch ihre kraftvolle, primitive Modellierung. Eine gewaltige Nase mit durchstochenen Nasenlöchern erleichtert dem Träger das Atmen. Auffallend sind die engstehenden, kreisrunden Augenhöhlen, die einen dämonisch wirkenden Blick voller Falschheit und Verschlagenheit bewirken. Der Mund ist überdimensioniert gross; die Zahnreihen aus Holz oder Kuhzähnen unterstreichen durch den Ausdruck des Fletschens der Zähne die Aggressivität der Maske. Ihre Bedrohlichkeit wird noch durch die Bemalung unterstrichen. Die Machart der Masken ist einfach und primitiv, grob in der Oberflächenbehandlung, die Schnitzkerben sind sichtbar. Ein Fell oder ein Sacktuch bedeckt Hinterkopf und Nacken des Maskenträgers.

Treichelnd und brüllend wie Stiere, liefen die unheimlichen Gestalten früher durch die Dorfgassen. Als die Masken noch Macht hatten und damit spielten, flüchteten die Frauen und Kinder beim Nahen der Tschäggätä in die Häuser und verriegelten die Türen. Wer sich nicht in Sicherheit begab, wurde verfolgt, angefallen, in den Schnee gedrückt und im Gesicht mit Russ geschwärzt. Vor 1898 schlugen die Tschäggätä den Frauen und Jugendlichen einen mit Asche gefüllten Sack um die Köpfe. Das Schwärzen mit Russ und Kohle und das Schlagen mit Aschesäcken war nach Eduard Hoffmann-Krayer vom 15. bis ins 18. Jahrhundert in der Schweiz weit verbreitet.

Jeder Tschäggätä ist ein Einzelstück, im Charakter ähnlich, aber mit eigenem Gesicht. Tiermasken fehlen im Lötschental. Bis 1945 schnitzten die meisten Maskenträger die Larve selber. Von den ältesten Masken und Maskenschnitzern kennt man keine Namen, sie wollten unerkannt bleiben und gestalteten im geheimen in der Freizeit die Arvenklötze zu Tschäggätä. Sie taten dies allein zum Eigengebrauch, was auch an den primitiven Schreckfratzen erkennbar ist. Diesem Brauchtum

Tschäggätä neueren Datums, die heute am Umzug laufen. In ihrem Ausdruck erinnern sie an Totenschädel. Masken der Familie Rieder-Ierjen.

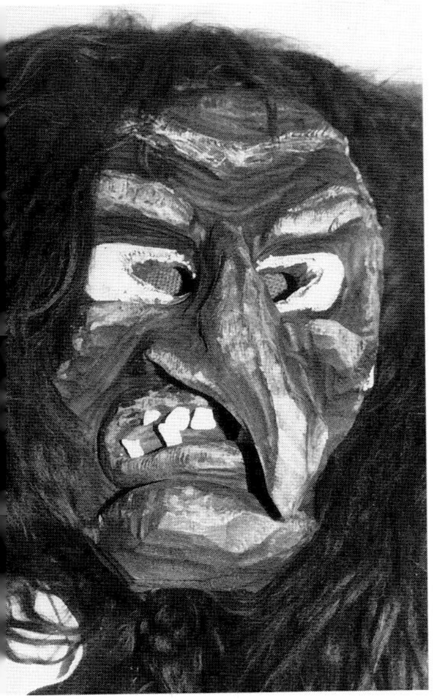

Zwei Tschäggätä von Moritz Siegen aus Ried (oben) und Heinrich Lehner aus Blatten (unten), beide mit tiefliegenden Augen und dem Mund bestückt mit Kuhzähnen.

wurde bis zum Ende des Zweiten Weltkrieges in seiner ursprünglichen Form noch nachgelebt.

Mit dem Aufkommen von Verkehr und Tourismus und der wirtschaftlichen Entwicklung kam es zu einer Lockerung der dörflichen Gemeinschaft und zu einer Lösung der bisherigen Bindung an Grund und Boden. Viele Lötschentaler arbeiten als Tages- oder Wochenpendler im Rhonetal. Damit hat sich auch der alte Brauch verflacht und wurde zunehmend kommerzialisiert. Viele Masken werden heute allein für den Tourismus produziert und nie brauchtümlich getragen. Seit 1974 wird auch der seit Generationen traditionelle Fasnachtstanz der Ledigen im Gemeindehaus in Kippel nicht mehr durchgeführt. In Wiler versuchte Pfarrer Huber mit einem jährlichen Fasnachtsumzug das traditionelle Maskenlaufen am Leben zu erhalten. So erlebte das Lötschental am 17. Februar 1966 in Wiler den ersten organisierten Fasnachtsumzug. Seit 1967 findet der inzwischen zur Tradition gewordene Maskenumzug am arbeitsfreien Samstag nach dem Fetten Donnerstag statt, um auch den auswärts arbeitenden oder wohnenden Burschen Gelegenheit zu bieten, am Maskenlaufen teilzunehmen. Schaulustige aus allen Dörfern und Feriengäste aus allen Landesgegenden säumen die Umzugsroute. Das alte Tschäggätä-Maskenlaufen ist zur Touristenattraktion geworden.

Dass die Lötschentaler Masken sich auch in ihrer Art verändert haben, ist eindeutig. Farben und Formen der Masken wurden im 20. Jahrhundert exotischer und grotesker. Nach 1920 hatte der in Kippel ansässige Langenthaler Kunstmaler Albert Nyfeler noch farbigere Masken geschaffen. Ihre eigentliche Überhöhung erhielt die Lötschentaler Tschäggätä an der Schweizerischen Landesausstellung 1939 in Zürich, wo einige Holzmasken präsentiert wurden. Seitdem die Larven als Kunstobjekte in Wohndielen der Städter und Sammler hängen und in allen Grössen zum beliebten Reiseandenken geworden sind, hat sich das Maskenschnitzen zu einem kleinen Gewerbe entwickelt. Besonders begabte Maskenschnitzer waren Josef Murmann aus Kippel (1808–1874) und Johann Siegen (1800–1886), Drechsler und Zimmermann, dessen Masken nicht so schreckenerregend, eher ruhig, aber dafür greller bemalt waren. Leider sind die alten Masken dieser beiden Schnitzer nicht mehr genau zuzuordnen. Nach Rütimeyer lebte 1905 ein gewisser Tannast in Blatten, der als Hauptmaskenschnitzer des Lötschentales galt. Karl Meuli erwähnt in seinem Buch «Schweizer Masken» 1943 noch Peter Bellwald, Wilhelm Lehner, Josef Rittler in Wiler, Felix Blötzer aus Ferden, Ignaz Ebener, Josef Ebener, Hans Seeberger und Willi Rieder aus Kippel sowie Johann Imseng aus Wiler. Der bekannteste zeitgenössische Maskenschnitzer ist Jakob Tannast von Wiler. Zu erwähnen sind auch Walter Tannast und Markus Imseng, die Familie Rieder, im besonderen die begabte Maskenschnitzerin Agnes Rieder-Ierjen, alle ebenfalls aus Wiler, weiter Heinrich Lehner-Ritler von Blatten und Moritz Siegen aus Ried.

Heute werden die Lötschentaler Masken oft mit dem Lötkolben leicht eingebrannt, um die gewünschte Patina zu erreichen. So, meint man, hätten die «Rauchgeschwärzten» einmal ausgesehen. Die ältesten noch erhaltenen Masken aus dem Lötschental sind farblich sehr einfach gehalten: Die meisten haben einen braunen, eher dunklen Grundton aus Naturfarben und sind primitiv bemalt. Später wurden sie teilweise auch mit Ölfarben in wenigen Tönen (rot, weiss, blau und schwarz) bemalt, eine Tradition, die die Familie Rieder mit ihren Masken wieder aufzunehmen versucht. Die Tschäggätä der Familie Rieder sind im Maskenkeller in Wiler ausgestellt und werden den Maskenträgern des Ortes jeweils am Fasnachtssamstag gratis zur Verfügung gestellt. Die Masken sind also nicht bloss Kunstobjekt, sondern Teil des lebendigen Brauchtums.

Die Prämierung der besten Masken an der Fasnacht hat zu einem Wettbewerb unter den Maskenschnitzern geführt. Die Roitschäggätä werden von den Maskenschnitzern für den Umzug ausgeliehen. Die Maskenumzüge haben dem traditionellen Maskentreiben neue Impulse verliehen.

Eine der ältesten Masken des süddeutschen Raumes, der Röslehansel von 1780. Die Stirn ist bemalt mit einer Rosenblüte und Rosenblättern. Die Figur wurde 1960 wieder in die Fasnacht eingeführt. Heimatmuseum Wolfach.

Holzmaskenbrauchtum Süddeutschlands

Kerngebiete und Ausstrahlungen

Süddeutschland ist eine äusserst reiche Fasnachtslandschaft. Während es vor dem Zweiten Weltkrieg im Süden von Baden-Württemberg höchstens vierzig Narrenzünfte mit Holzmasken gab, besteht heute beinahe in jeder Ortschaft eine Narrenzunft; gesamthaft sind es mehr als 600. Die grossen Narrentreffen im süddeutschen Raum wurden zu eindrücklichen Demonstrationen, ja zu einer Massenbewegung, an der nicht selten Zehntausende von Narren in Häs, dem Narrengewand, und Holzmaske auftreten. Dies hängt unzweifelhaft mit dem wirtschaftlichen Aufschwung, mit der Lebens- und Festfreude, dem neuen Gruppengefühl und der Identitätssuche der Städte und Dörfer zusammen.

Kerngebiete und deren Ausstrahlungen zu bestimmen ist recht schwierig. Es gibt in Süddeutschland verschiedene starke Maskenlandschaften, die für sich Autonomie und Urtümlichkeit beanspruchen. Gewisse Schwerpunkte lassen sich nach den alten Narrenorten der Barockzeit setzen.

Die ältesten Masken sind Glattlarven aus der Barock- und Rokokozeit, die meisten stammen aus der Mitte des 18. Jahrhunderts. Sie sind zum grössten Teil in städtischen Gebieten heimisch. Entscheidenden Einfluss auf ihre Ent-

Der «Rägemolli» von den Elzacher Schuddig hat eine helle Larve mit aufgemalten roten Bäckchen und Schnurrbart. Den Dreizackhut zieren viele Schneckenhäuschen. Heimatmuseum Elzach.

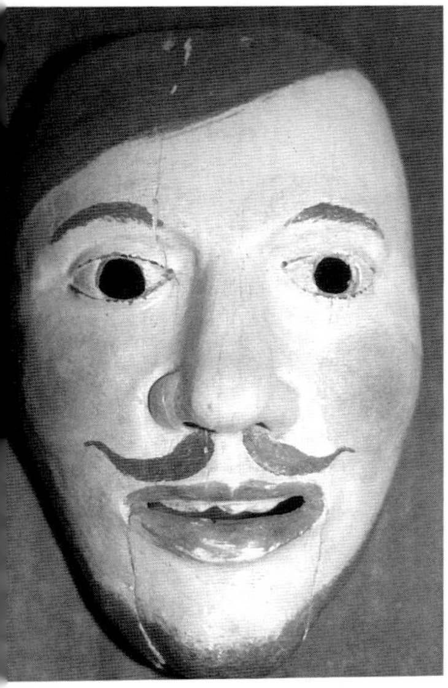

Villinger Brettlarve (oben), eine primitive flache Larve, vermutlich von Anfang des 19. Jahrhunderts. Franziskanermuseum Villingen. Unten eine alte Charaktermaske aus dem bayrischen Mittenwald. Heimatmuseum Mittenwald.

Alte Maske des Federehannes, die einst einem gewissen Roth-Ochsenwirt Marmont gehörte (1727–1798). Die Maske zeigt erst eine Andeutung des um 1800 aufkommenden Rollkinns. Stadtmuseum Rottweil.

stehung hatten die Bildschnitzerwerkstatt der Rottweiler Dominikaner und die seit dem 17. Jahrhundert bestehende Schnitzerschule in Villingen. Die Glattlarven sind einfache Masken mit ruhigen Menschengesichtern. Wilhelm Kutter, Verfasser des Buches «Schwäbisch-alemannische Fasnacht», nimmt als älteste Holzmaske eine Narrolarve von Laufenburg vom Typus der Glattlarve an. Ihr Alter wird auf 300 Jahre geschätzt. Nur wenige Masken stammen aus dem 18. Jahrhundert, so der im Heimatmuseum ausgestellte Röslehansel von Wolfach (1780), der Alte Rottweiler, das Bischöfle und der alte Stadtbutz von Haigerloch (1750), der Oberndorfer Narro und eine alte Bonndorfer Scheme von 1766, ausgestellt in der Schloss-Narrenstube, dazu die ältesten Rottweiler, Villinger und Donaueschinger Masken. Die Glattlarven verbreiteten sich von den vermutlichen Zentren Villingen, Rottweil und Donaueschingen aus auf das gesamte Gebiet der Baar, die Gegend des Grossen Heubergs, an den Neckar und die junge Donau. Zentren von Glattlarven (Narros) sind: auf der Baar Villingen, Donaueschingen und Hüfingen, am oberen Neckar Oberndorf und Rottweil, am Grossen Heuberg Schömberg, Wellendingen, Wilflingen und Wehingen, an der jungen Donau Geisingen, Immendingen, Möhringen, Fri-

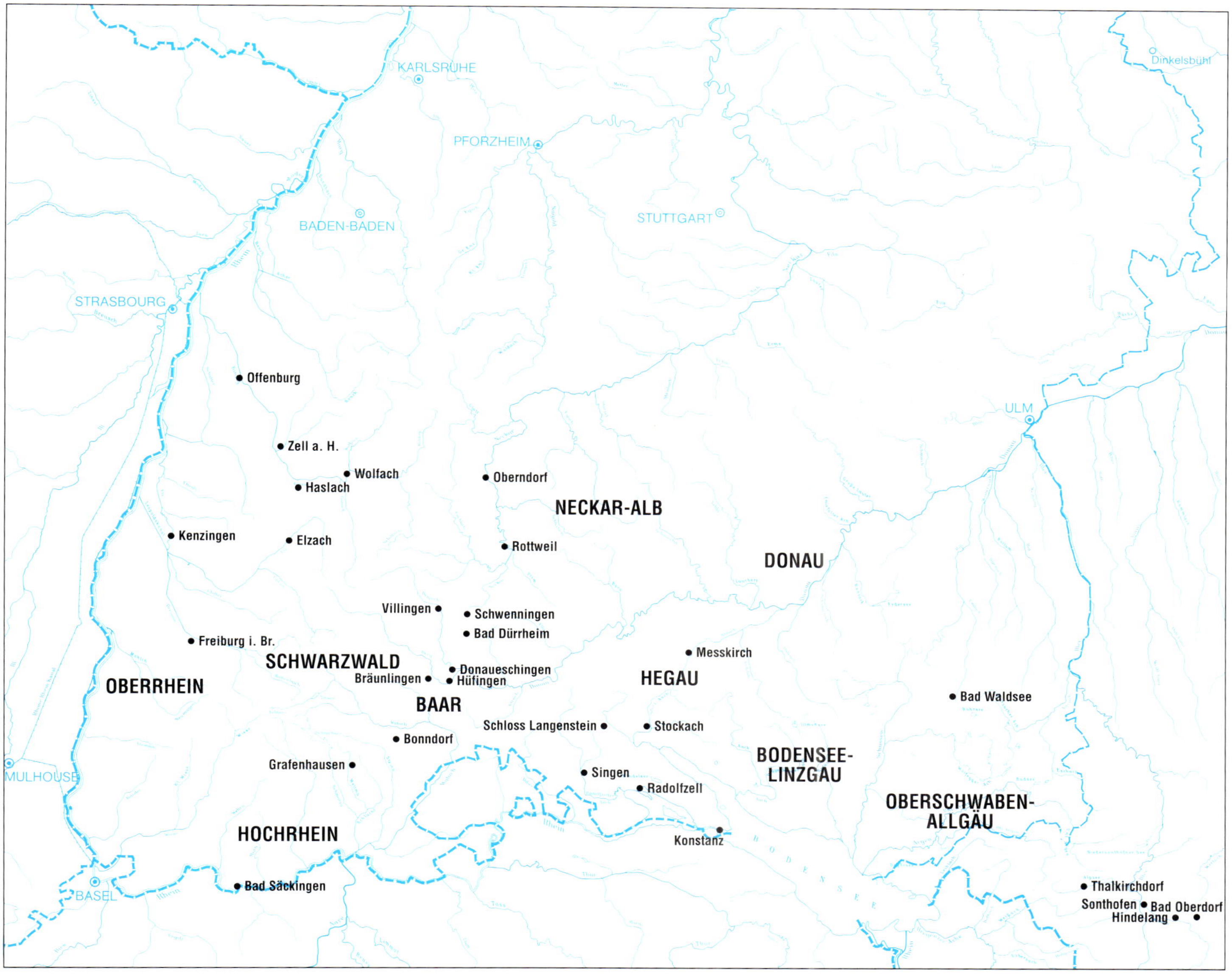

Wichtige Narrenzentren
im süddeutschen Raum.

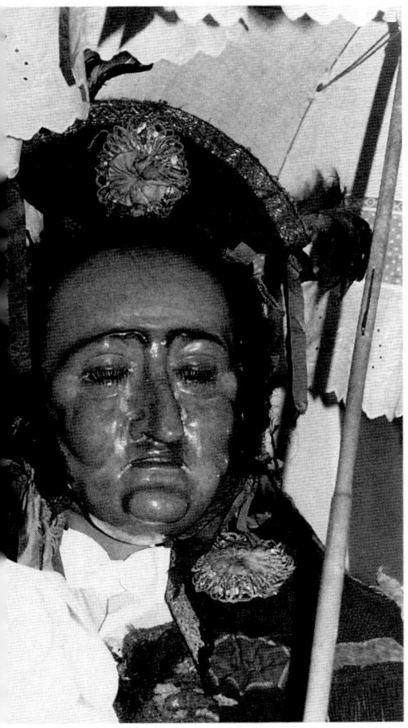

dingen, am Hochrhein Laufenburg und im Schwarzwald Elzach und Wolfach.

Alte Villinger Schemen kennen wir von Dominikus Ackermann (1779–1839), Josef Ummenhofer (1813–1891) und Wilhelm Sieber (1853–1899). Masken aus dem 19. Jahrhundert sind der Fridinger Narr (1856), der Bräunlinger Stadthansel von Valentin Hofacker (um 1886), der Elzacher Schuddig von Ferdinand Disch (1846–1920), der Möhringer Hansele von 1830, der Wehinger Narro aus der Mitte des 19. Jahrhunderts. Seit dem vorigen Jahrhundert kennen wir in Hirrlingen den Butz und die Butzenmasken, den Löffinger Hansel und in Hausach die alte Brettlarve, die beiden letzteren vom Anfang des 19. Jahrhunderts. Um die Jahrhundertwende gab es nur noch wenige Holzmasken aus der Barockzeit.

Der zu Beginn des 19. Jahrhunderts (1823) aufkommende Kölner Karneval strahlte auch auf die süddeutschen Narrenorte aus. Die Vorgänger der historischen Zünfte waren mancherorts Karnevalsvereine. Die ersten Zusammenschlüsse von Narrengesellschaften sind zwischen 1840 und 1885

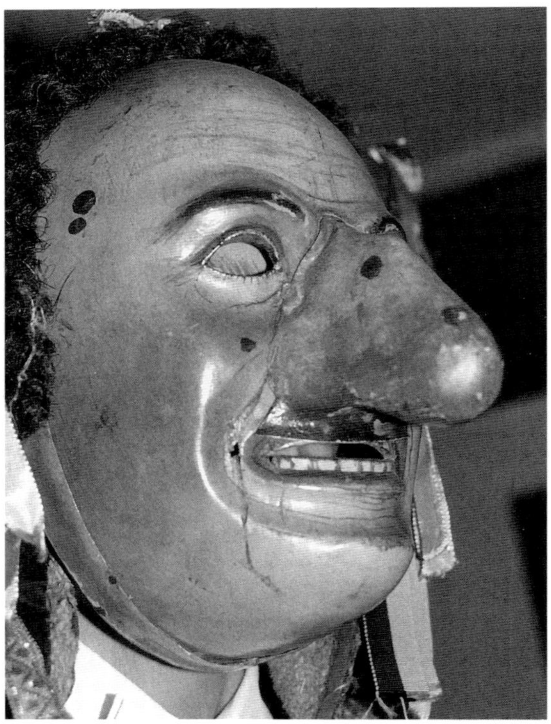

Oben alter Narro aus dem Franziskanermuseum Villingen. Unten zwei Larven aus dem 18. Jahrhundert: Der Schantle (rechts) zeigt einen martialischen Gesichtsausdruck. Schmerz und Resignation drücken sich in der Porträtlarve «s Franz Ammas Briekere» (links) aus. Stadtmuseum Rottweil.

zu belegen. Man übernahm die wenigen erhaltenen Masken und Narrenkleider aus der Barockzeit und legte die meist noch heute verwendeten Masken und Narrenkleider der einzelnen Zünfte fest. 1924 wurde die Vereinigung Schwäbisch-Alemannischer Narrenzünfte gegründet.

Ausgeprägte Fasnachtslandschaften bilden die Gebiete Hochrhein, Hegau, Bodensee-Linzgau, Oberschwaben-Allgäu, Donau, Neckar-Albvorland, Baar, Schwarzwald, Oberrhein, Breisgau und das bayerische Mittenwald. Die Narrenzünfte Elzach, Oberndorf a. N., Rottweil, Überlingen und Villingen, die früher zur Vereinigung gehörten, sind ausgetreten. Während die Villinger Narren ihre Fasnacht nur in ihrer Heimatstadt feiern, treffen sich die Zünfte der übrigen vier Städte abwechselnd im Abstand von drei bis vier Jahren in einer der Städte zu einem Narrentag. Der Verband Oberrheinischer Narrenzünfte setzt sich aus sechs Vogteien zusammen: Ortenau, nördlicher Breisgau/Elzach, Freiburg, mittlerer südlicher Breisgau, Hochschwarzwald/Albgau und Dreiländereck. Die seit 1959 bestehende Narrenvereinigung Hegau-Bodensee umfasst sechs Kleinlandschaften. Die Vereinigung Hochrheinischer Narrenzünfte wurde 1964 gegründet. Weiter gibt es seit 1966 den Freundschaftsring Schwarzwald-Baar-Heuberg, den Narrenring Oberer Neckar seit 1968 sowie den närrischen Freundschaftsring um Horb. Der Alemannische Narrenring ist seit 1969 dem Bund Deutscher Karneval angeschlossen. Seit 1969 gibt es auch den Bund Freier Oberschwäbischer Narrenzünfte und seit 1971 die Schwarzwälder Narrenvereinigung.

Der grösste Teil der heutigen Narrenzünfte entstand nach dem Zweiten Weltkrieg. Zugleich wurden neue Maskentypen geschaffen, die Glattlarven bekamen Konkurrenz. Es wurden schwerere, markantere und groteskere Masken geschnitzt. Den neuen Maskenfiguren wurde durch Sagen und Schwänke (wie etwa in Bonndorf) ein historischer Hintergrund gegeben, oder sie entstanden aus örtlichen Vorbildern und Dorforiginalen. So entstanden unzählige neue Figuren, denn selbst die kleinste Siedlung wollte eine Narrenzunft mit einer eigenen Narrenfigur haben.

«Die Fasnet triumphiert», Holzschnitt von Lothar Rohrer.

Der Ablauf der Fasnacht

Die schwäbisch-alemannische Fasnacht beginnt an Dreikönig, also am 6. Januar, und endet am Aschermittwoch. Sie beginnt an dem Tag, an dem die Sternsinger von Haus zu Haus ziehen. In den Narrenhochburgen wird in diesen ersten Tagen das Narrengewand, «Häs» genannt, und das Geschell abgestaubt und bereitgelegt. In manchen Städten trifft man sich zum Narren-Frühschoppen oder bereits zur ersten Narrensitzung. Einige Zünfte treffen sich erst einen Tag später, also am 7. Januar, andere wiederum am Samstagabend nach Dreikönig zu ihren ersten Narrenversammlungen. Zur Eröffnung der Fasnacht gehört auch das Verteilen von Fasnachtsbrezeln an die Kinder sowie die Bekanntmachung des Fasnachtsablaufs. In den der Fasnachtseröffnung folgenden Wochen wird es wieder still, man trifft weitere Vorbereitungen. Es ist auch Mode geworden, dass sich die Zünfte vor der eigentlichen Fasnacht zu Narrentreffen einladen, bei denen Umzüge mit Tausenden von Masken- und Hästrägern stattfinden.

Eine besondere Bedeutung kommt den drei Donnerstagen vor dem Fasnachtssonntag zu. Mit dem letzten, dem Schmutzigen Donnerstag, be-

«Der Fressend Narr» (oben) und «Der Schalcksnarr» (unten), Holzschnitte zu Sebastian Brants «Narrenschiff», Basel 1494.

ginnt die eigentliche Fasnacht. Im Schwäbischen ist dieser Tag als der «Gumpige Donschtig» bekannt. In vielen Narrenhochburgen wie am Hochrhein werden alle drei Donnerstage gefeiert. Ist es dann endlich soweit, wird der Schmutzige Donnerstag auch gebührend begrüsst. In aller Frühe beginnt das Fasnachtsstreiben oft mit Umzügen und unter mehr oder weniger ohrenbetäubendem Lärm. Im Laufe des Vormittags steht an vielen Orten die «Schülerbefreiung» auf dem Programm, bei der die Lehrer aufgefordert werden, den Unterricht bis Ende der Fasnacht einzustellen. In manchen Orten erhalten die vom Joch der Schule befreiten Schüler von den Narren noch Brezeln und Süssigkeiten. Am Donnerstag ist auch meistens die Kinderfasnacht; die Kinder, sie werden auch der «Narrensamen» genannt, singen dazu:

«Jetzt goht d' Fasnacht a,
mit de rote Pfife.»

Mit dem Ausrufen der Fasnacht, der Absetzung der Obrigkeit und der Amtsübernahme der Narren für die Zeit bis Aschermittwoch geht das fröhliche Zeremoniell weiter. Ein alter Brauch ist das Abhalten des Narrengerichts unter dem Narrenbaum. Dabei nehmen sich die Narren das Recht, Volksjustiz zu üben und alles loszuwerden, was sich im Laufe des Jahres aufgestaut hat. Der Narrenbaum erfüllt auch noch weitere Funktionen im Brauchtum: Verbreitet ist an einigen Orten der Tanz um den Narrenbaum. Andernorts dient er als Kletterbaum, von dem die verschiedensten Gegenstände geholt werden müssen – ein besonderer Spass, Narrenbaumsetzen genannt, der mehrere Stunden dauern kann.

Der Schmutzige Donnerstag ist auch der erste Tag der Umzüge, vor allem jenem der Hemdglonker, Narren in Nachtgewand und Zipfelmütze, die mit Laternen und Fackeln abends durch die Strassen ziehen. Am Fasnachtssamstag werden die «Fasnetküchle» gebacken. Am Abend gibt es Saalveranstaltungen und Tanz.

In den Narrenhochburgen Elzach, Zell am Harmersbach und Villingen beginnt die Fasnacht erst am Sonntag mit der Strassenfasnacht und

Holzschnitt, um 1600, mit dem Titel: «Alle Narren lachen / Dass die Zähne krachen». Germanisches Nationalmuseum Nürnberg.

Umzügen, so etwa auch dem Fackelumzug der Elzacher Schuddignarren.

Der Fasnachtsmontag beginnt mit viel Lärm. Die Elzacher Taganrufer, der traditionelle Wolfacher Wohlaufumzug oder das Wecken durch die Katzenmusik der Narren- und Stadtkapelle sind wohlbekannte Bräuche. In Stockach wird um 7.30 Uhr eine Narrenmesse gehalten, zu der die Narren in Zylinder und schwarzem Anzug erscheinen. Das Hauptereignis dieses Tages sind aber die Umzüge, die «Narrensprünge» und Fasnachtsspiele. Dazu kommen alle Aktivitäten der Strassenfasnacht, man parodiert und persifliert hemmungslos. Dies wird im schwäbisch-alemannischen Raum als «Schnurren», «Hecheln» oder «Strählen» bezeichnet. Ausklang und Abschluss bilden fast überall Tanzveranstaltungen.

Am «Fasnet-Zischtig», dem letzten offiziellen Tag der Fasnacht, stehen vielerorts nochmals Umzug und Kinderfasnacht im Mittelpunkt. Die Narren sind auf allen Strassen und Plätzen die dominierenden Figuren. Fröhlichkeit und Ausgelassenheit sind am letzten Tag besonders überschwenglich. Am Abend werden mit Melancholie die Abschlussbräuche zelebriert: Die Fasnacht wird in Gestalt von Hexen oder Strohpuppen symbolisch verbrannt oder vergraben, in Bad Waldsee wird sie ersäuft. Der Narrenbaum wird versteigert und die Schlüssel an die Orts- oder Stadtbehörde übergeben. Das Ausläuten der Fasnacht durch die Kirchenglocken gehört ebenso zum Abschlusszeremoniell wie das Heulen und Wehklagen am Donaueschinger Narrenbrunnen oder das mitternächtliche Verbrennen des Strohs, das den Villinger «Wueschte» zum Ausstopfen ihrer Hosen diente. Traditionell ist auch ein gemeinsames Essen, an dem Schnecken- und Fischgerichte aufgetragen werden. In Wolfach geht diesem Essen die Geldbeutelwäsche voraus, bei der unter herzzerreissendem Klagen und Geheul die am Brunnen gewaschenen Geldbeutel zum Trocknen aufgehängt werden. Am Aschermittwoch ist alles vorbei. An verschiedenen Orten allerdings sind die Schlussbräuche auf diesen Tag verlegt worden.

Narrenzunft Rottweil 1973

Die Narrenzentren im süddeutschen Raum

Nach landschaftlichen Gegebenheiten, sprachlicher Verwandtschaft, Ähnlichkeiten im Brauchtum und historischen Zusammenhängen können die wichtigsten Narrenorte in Baden-Württemberg folgendermassen zusammengefasst werden:

Hochrhein: Bad Säckingen, Laufenburg, Waldshut, Tiengen

Hegau: Engen, Singen, Stockach, Stetten, Messkirch

Bodensee-Linzgau: Radolfzell, Konstanz, Pfullendorf, Meersburg, Markdorf, Überlingen

Oberschwaben: Saulgau, Aulendorf, Bad-Waldsee, Altdorf, Weingarten, Tettnang, Kisslegg, Lindau, Wangen im Allgäu

Donau: Ehingen, Munderkingen, Riedlingen, Sigmaringen, Mühlheim, Fridingen

Baar: Möhringen, Immendingen, Bonndorf, Löffingen, Schwenningen, Geisingen, Hüfingen, Bräunlingen, Donaueschingen, Bad Dürrheim, Villingen

Neckar-Albvorland: Rottweil, Wellendingen, Schömberg, Oberndorf, Haigerloch, Hechingen, Rottenburg, Bad Cannstatt, Sachsenheim, Kiebingen, Wehingen, Wilfingen, Obernheim, Hirrlingen, Stetten

Schwarzwald: Furtwangen, Triberg, Waldkirch, Elzach, Hornberg, Wolfach, Haslach, Gengenbach, Zell am Harmersbach, Schramberg, Hausach, Endingen, Offenburg

Oberrhein, Breisgau: Freiburg, Emmendingen, Kenzingen, Ettingen

Allgäu und Mittenwald: Sonthofen, Hindelang, Bad Oberndorf, Thalkirchdorf, Mittenwald

◁ **Rottweiler Fransenkleid mit Narrenwurst oben links, Schantle mitte, Gschellnarr mit Rollen rechts und unten der Federehannes mit dem Rollkinn. Masken von H. Karrais, Rottweil.**

Das Rottweiler Biss zeigt ein zerfurchtes Männergesicht mit breitgezogenem Mund, in Rottweil Achtermaul genannt. Maske von H. Karrais aus Rottweil.

Rottweil

«Rottweil ist ein Narrennest,
schon von alter Zeit gewest.
Jedem zur Freud
und niemand zum Leid.»

Ein erster gesicherter Anhaltspunkt über die Fasnacht in Rottweil ist aus dem Jahr 1502 überliefert. Damals schenkte nach dem Bericht der Hugschen Chronik der Abt des Klosters Sankt Georgen zu Villingen «zwei Ochsen in die Fassnacht auf all Trinckstuben». Seither zeugen viele Belege vom unbändigen und fröhlichen Fasnachtsgeschehen in Rottweil mit Narrenspiel, «Fasnettanz» und Narrenlauf. In den Ratsprotokollen begegnen wir immer wieder Einschränkungen, Verboten und Bestrafungen.

Im «Gemeinnützigen Anzeiger» von Rottweil aus dem Jahre 1830 ist zu lesen: «Auch den sogenannten Narren lassen wir gerne ihre Kappe und Schellen, die sie mildthätig den geplagten Müllerthieren abnehmen.»

Die Begriffe Narr, «Narro» oder «Narronen» finden sich ursprünglich nur in Rottweil, Villingen und Laufenburg. Diese Bezeichnung wird heute für die Fasnachtsnarren allgemein verwendet. Wichtigster Teil der Narrenfigur ist die Maske, die in Rottweil als Larve, in Villingen als Scheme bezeichnet wird.

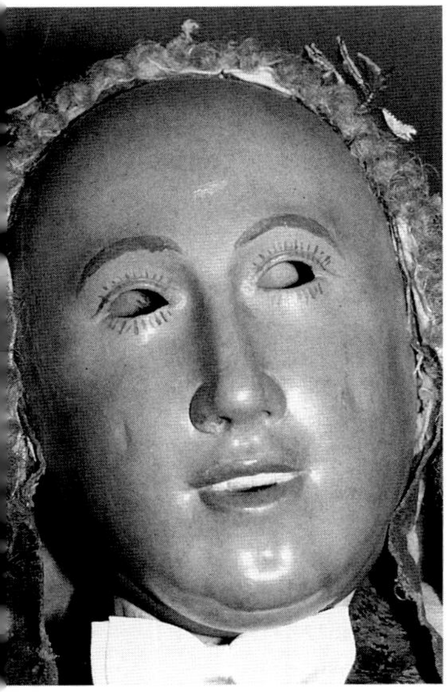

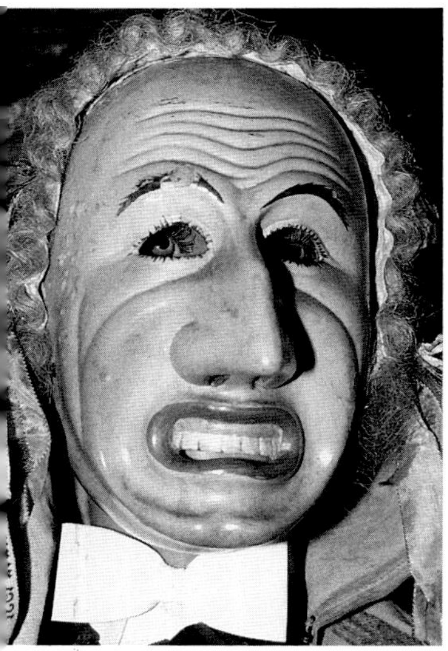

Zwei Rottweiler Larven, oben «'s Metzger Sichlers Gschell», eine Glattlarve aus dem 18. Jahrhundert, und unten «Drehers Biss», benannt nach seinem Besitzer Dreher (1832–1900). Stadtmuseum Rottweil.

Gschellnarr

Rottweils Narrensprung, der Umzug in den Morgenstunden des Fasnachtsmontags und -dienstags, ist einzigartig in der schwäbisch-alemannischen Fasnacht. Nach dem achten Glockenschlag strömen bis zu zweitausend Narren hinter der Narrenmusik durch das Schwarze Tor in die Stadt. Die grösste Gruppe beim Narrensprung sind die Gschellnarren, die mit vielfältigem Schellengetön die Rottweiler Fasnacht beherrschen. Das an drei über der Brust gekreuzten Ledergurten getragene Geschell mit an die fünfzig kugeligen Glocken weist ein Gewicht von 20–30 Kilogramm auf. Drei Fuchsschwänze zieren die Narrenhaube, die an der Gschell- oder Glattlarve befestigt ist. Die Barocklarve, die in der heutigen Form vermutlich im 18. Jahrhundert entstanden ist, erinnert an die Engelsgesichter der sakralen Kunst. Ihr Ausdruck reicht von jugendlich-fröhlich bis unbewegt, kühl, ja hochmütig. Die Gschellarve ist von einem Rosshaarkränzchen umrahmt, das als Perückenersatz gewertet wird. Die schöne Glattlarve finden wir an fast allen alten Fasnachtsorten im schwäbisch-alemannischen Raum.

Der Anzug des Gschellnarren besteht aus Haube, Kittel und Hose. Der älteste Teil ist die Haube, eine kapuzenartige Kopfbedeckung, an der die Larve befestigt ist. Die Bemalung der Haube zeigt Türkenköpfe oder geometrische und pflanzliche Ornamente. Reich bemalt mit bäuerlichen Figuren und Köpfen aus dem städtischen Lebensbereich ist auch der Narrenkittel. Die weite, pluderige Narrenhose ziert barocke Malerei, vor allem Türkenfiguren und Tirolermotive.

Das Biss

Die Maske des Biss zeigt ein zerfurchtes Männergesicht mit breitgezogenem, zähnefletschendem Mund, in Rottweil «Achtermaul» genannt. Zur Ausstattung gehört ein Fuchsschwanz, der von

Rottweiler Federehannes am Narrentreffen in Überlingen 1992. Mit dem Kalbsschwänzchen am obersten Ende seines Steckens fährt er den Zuschauern übers Gesicht.

einem Büschel Hahnenfedern überragt wird. Die Figur des Biss entwickelte sich gegen Ende des 18. Jahrhunderts als jüngerer Bruder des Gschellnarren. Zur Ausstattung dieser glockentragenden Narren gehören ein Leinenanzug, bemalt mit Türken- und Tirolermotiven, «Kränzle» und Foulards, bunte Narrentücher, die an den Knöpfen der Narrenkittel hängen.

Fransenkleidle

Die Fransenkleidle genannte Figur ist ein später Abkömmling der Weissnarren (siehe Seite 101); sie ist 1768 erstmals erwähnt. Das Gewand besteht aus einfarbigem, dunklem Baumwollstoff und ist – wahrscheinlich als eine Weiterentwicklung aus dem Plätzlekeid – mit längslaufenden Fransenstreifen besetzt. Wie alle Rottweiler Narrenfiguren kleidet sich auch das Fransenkleidle mit einem weissen Hemd, weissen Handschuhen und hohen schwarzen Schuhen. Statt der schweren Stahl- oder Bronzeglocken trägt das Fransenkleidle ein Riemengeschell mit zierlichen Glöckchen. Alles an dieser Figur ist zierlich, spielerischleicht. Der Gesichtsausdruck ist frisch und jovial. Als typisches Merkmal seiner Entstehungszeit im Rokoko trägt das Fransenkleidle einen kleinen Dreispitz auf dem Kopf. Zu den weiteren Attributen gehören eingeknüpfte Foulards, das Narrenbuch und die Narrenwurst aus Leder. Wer einen leichten Schlag mit der Wurst erhält, dem wird mit Fistelstimme ein Sprüchlein aus dem Narrenbuch vorgetragen, das mit einem triumphierenden «Hu – hu – hu» endet. Am Arm hängt ein Korb mit Süssigkeiten für die Kinder.

Federehannes

Der Federehannes ist ein eigenständiger Narrentyp, der in die Anfänge der Rottweiler Fasnacht zurückgeht. Aussehen und Name lassen vermuten, dass er ursprünglich den Teufel verkörperte. In seiner heutigen Gestalt stammt die Narrenfigur wie der Weissnarr auch aus der Barockzeit. Die prächtige Schrecklarve mit den zwei hauerartigen Eckzähnen und dem Rollkinn ist im schwäbisch-alemannischen Raum einzigartig. Die ältesten Masken reichen ins 18. Jahrhundert zurück. Die Federehannes bilden heute mit über 1100 Narren die grösste Gruppe an der Rottweiler Fasnacht.

Der «Lätsch» von Rottweil (links), eine ungewöhnliche Larve. Stadtmuseum Rottweil.
Rechts die drei typischen Rottweiler Larven, links Federehannes, in der Mitte Gschell, rechts Biss. Larven der Familie H. Karrais, Rottweil.

Die üblichen Farben des Federehannes sind Rot, Blau und Grün. Der Mantel ist gelb gefüttert, was besonders effektvoll wirkt, wenn er sich im Sprung aufbläht. Der Federehannes ist ganz auf die Strassenfasnacht ausgerichtet. Als Sprungnarr führt er eine lange Stange mit sich, die ihm hohe, akrobatische Sprünge ermöglicht. Mit dem parfümierten Kalbsschwänzchen am obern Ende des Sprungsteckens fährt er den Zuschauern übers Gesicht.

Schantle

Der Schantle, der seinen Namen wohl von seinem schändlichen Benehmen erhielt – ursprünglich bewarf diese Maskenfigur die Passanten mit Strassendreck –, hat sich inzwischen zum Herrennarr gemausert. Elegant, nobel, ruhig und würdevoll

Narrentreffen in Überlingen 1992. Gschellnarren mit grossen Rollen und Fuchsschwanz, Fransenkleidle mit feinen, zierlichen Rollen, das Biss mit seinem Achtermaul und der Federehannes mit Stecken. ▷

Eine Larve des Brieler Rössle aus den 30er Jahren. Stadtmuseum Rottweil.

präsentiert sich der stets einen Sonnenschirm tragende Narr. Die künstlerisch hervorragende Larve porträtiert Gesichter von Rottweiler Bürgern, ausdrucksstarke Männergesichter, in denen sich Gefühlsregungen wie Erstaunen, Freude oder Trauer zeigen. Er trägt einen Gehrock mit reichen Stickereien und Verzierungen. Als Nobelnarr trägt er wie der Federehannes keine Schellen.

Brieler Rössle

Seit dem 19. Jahrhundert ist in Rottweil das Pferd als Fasnachtsfigur bekannt, bis 1906 in der Gestalt des Alten Schimmels, seither als Brieler Rössle. Ein in ein weites Tuch gehüllter Narro trägt an Schulterriemen eine Pferdeattrappe, unter der die Beine des Trägers zu sehen sind. Zwei Treiber, die das Rössle kaum im Zaume zu halten vermögen, sind seine Begleiter. Die Dreiergruppen laufen meistens allein. Die Larven des Rössle und der Treiber lassen derbe Bauerngesichter erkennen. Wenn die peitschenschwingenden Treiber über seinem Kopf die Geissel knallen lassen, setzt das Rössle zu tollen Sprüngen an. Das Brieler Rössle ist eine lustige, lebhafte Figur, die sich solcher Beliebtheit erfreut, dass die Zahl der Rössle auf neun beschränkt werden musste.

Der «Guller» mit der charakteristischen Hahnenlarve wurde um die Jahrhundertwende vom Rottweiler Bildhauer German Burry (1853–1933) geschnitzt. Stadtmuseum Rottweil.

Schiermaiers Guller

Der Guller war bereits im 18. Jahrhundert eine Figur der Rottweiler Fasnacht. Er ist eine Einzelfigur und stellt einen überdimensionalen Hahn dar, der in Anlehnung an die Figur des Schantle seit 1907 seine heutige Gestalt erhielt. Seine markante Maske verdankt der Guller dem 1933 verstorbenen Altarbauer und Bildhauer German Burry.

Das Hahnenmotiv an der Fasnacht ist aber viel älter und geht bis ins 13. Jahrhundert zurück. Wenn Schiermaiers Guller im Narrensprung die Stadt herunterkommt, ruft er Schmunzeln und spontanes Gelächter hervor. Meist steht er scharrend am Strassenrand und zeigt den Zuschauern den Rücken mit seinen Schwanzfedern.

Ablauf der Rottweiler Fasnet

Der Narrensprung ist der Auftakt zur Strassenfasnacht. Die Narren überbieten sich auf den Strassen oder in den Gasthäusern im Schnurren und Aufsagen aus dem Narrenbuch. Beim Aufsagen, das auf dem traditionellen Rügerecht der Narren beruht, werden bestimmte Personen oder Ereignisse aufs Korn genommen und in Form lustiger Sprüche und Karikaturen glossiert. Die Narros werden von den Kindern begleitet, die mit unermüdlichem Singsang um Gaben betteln.

Überlieferte Narrenreime sind etwa:
«Narro, sie Sih, sibe Sih sind Narro gsi.»

Oder es heisst:
«Narro, kugelrund –
d'Stadtleut sind wieder alli gsund.»

Wenn am Dienstag die Fasnacht dem Ende zugeht, hört man:
«O jerum, o jerum, die Fasnet hot a Loch!»

Wenn vom Turm des Heilig-Kreuz-Münsters zur Betzeit geläutet wird, bricht der Schlusstrubel endgültig ab.

Hauptfigur der Villinger Fasnacht ist der Narro. Zwei alte Narroschemen, vermutlich von Anfang des 19. Jahrhunderts. Die klassischen Schemen stammen von Dominikus Ackermann (1835 gestorben).

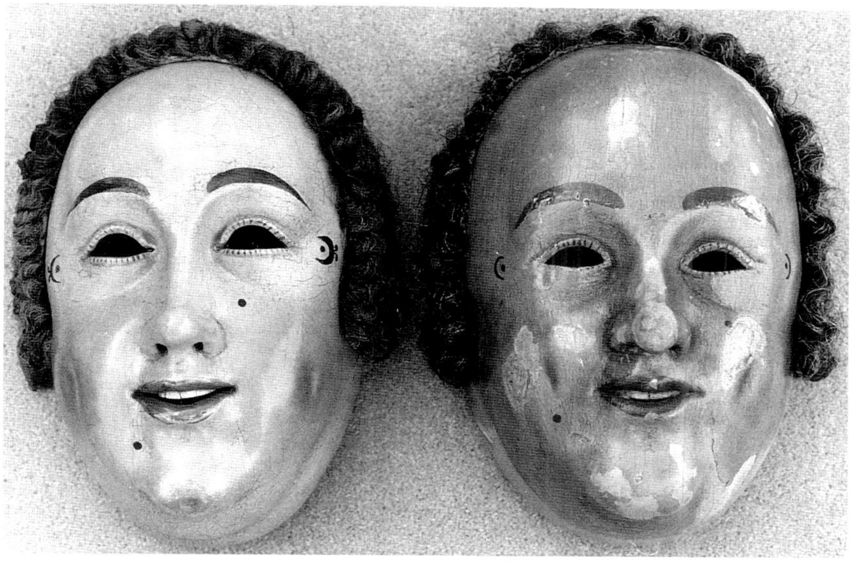

Villingen

Die Villinger Fasnacht wird in Zusammenhang mit Verboten erstmals 1467 und dann 1584 in städtischen Ratsprotokollen erwähnt. Die Villinger Fasnacht wird in stilreiner Art seit Generationen gemäss alter Tradition gepflegt.

Drei in ihrem Wesen und Ausdruck verschiedene Arten von Masken oder Schemen sind zu unterscheiden: der Narro, geprägt vom barocken, heiteren Element, mit dem tiefgründigen, hochmütig überlegenen Lächeln; zu ihm gehört die Altvillingerin. Daneben der grimmig-herbe Surhebel und das Morbili, die nachsichtig verstehende Narrenmutter.

Narro

Die Hauptfigur der Villinger Fasnacht ist die aristokratische Gestalt des Narro. Seinen Namen erhielt er Mitte des 18. Jahrhunderts. Der schöne Narro ist ein Produkt der städtischen Kultur des Barock, seine Scheme ist eine spielerische Nachbildung der feinen Engelsgesichter der Kirchenkunst. Aus alten Ratsprotokollen ist ersichtlich, dass der Narro früher als «Masquera» bezeichnet wurde, das Narrolaufen als «Masquera-Laufen». Vieles weist darauf hin, dass der Narro vom ehemaligen Mutterland Österreich nach Villingen verpflanzt wurde.

In Villingen wird die Kunst des Maskenschnitzens intensiv gepflegt. Die klassischen Schemen stammen von Dominikus Ackermann (1835 gestorben), Ölmüller genannt. Die Altvillinger achten sehr genau auf den Gesichtsausdruck ihres Narros. Der Meisterschnitzer Manfred Merz ist bestrebt, jede Nuance von Mund, Nase und Augenwinkel nach dem Vorbild der ältesten Schemen zu gestalten.

Zum Villinger Gschellnarren gehören der Fuchsschwanz, die barocke Halskrause, das weisse mit Figuren, Tieren und Blumen bemalte Häs, die vierzig Pfund schweren, über die Schultern getragenen vier Riemen mit Rollen. Als Zeichen seiner Würde führt er einen Holzsäbel mit, worauf er sich beim gravitätischen Daherschreiten und erst recht beim Sprung stützt.

Nach der Volksmeinung haben die auf Kittel und Hose aufgemalten Motive eine ganz bestimmte Bedeutung: Der Bär und der Löwe auf der Vorderseite der Hose seien Sinnbilder der Winteraustreibung, der Hase als schwächliches Tier stelle den scheidenden Winter dar, der dem als Frühling dargestellten Fuchs weichen muss. Auf den Frühling beziehen sich auch die aufgemalten Blumen und Knospen. Die Rückseite der

De Narro

Siehsch, do kunnt on!
Die Postur!
Desch en Narro dur und dur.
Desch on, wie mern kum no findt,
wo sechs Reame trage kinnt,
Rolle, so wie Kindsköpf, dra,
und dezue no springe ma.

Guck, wie-n-er de Sebel schwaiht
wie-n-er d'Hand a d'Schwämme lait
und si mit em Duume lupft,
wie-n-er jetzt am Foulard zupft,
wie-ner stau bliibt und sich bsinnt
ob er iis nit kenne kinnt!

Und, jetzt los, jetz juchzet er,
worsch es seah, der kunnt doher.
Halt ihm stand und lass nit luck,
goht er a di, gib ihm z'ruck!»

(Hans Hauser, aus «D'Villinger Fasnet» von Alexander Reich und Rupert Schumacher)

Die «Wuescht» von Villingen stecken in einem abgetragenen Narrengewand, das dick mit Stroh gefüllt ist. Als besondere Zielscheibe tragen sie ein Brett mit einer aufgemalten Puppe auf dem Rücken, das die Kinder mit Schneebällen oder Tannzapfen bewerfen.

Der Villinger Gschellnarr mit Fuchsschwanz, barocker Halskrause und weissem, mit Figuren bemaltem Häs. Seine Begleiterin, das «Morbili», in Altvillingertracht mit Rüschenhaube, Halsschleife und Schal. Ihre Maske zeigt ein spöttisch lächelndes Gesicht.

Hose zeigt Hänsel und Gretel, die auf das Hänseln und Necken anspielen sollen. Das «Gretele» trägt eine Hechel, Symbol für den gutmütigen Spott, mit dem der Narro seine Opfer strählt.

Altvillingerin

Die Vorherrschaft der Männer an der Fasnacht wurde mit der Maskenfigur der Altvillingerin durchbrochen. Sie ist die Begleiterin des Narro. Ihre Tracht stammt aus der Zeit, als Villingen zum habsburgischen Österreich gehörte. 1326 ging Villingen von den Fürstenbergern an die Habsburger über, 1802 kam es zum Herzogtum Baden. Die Altvillingerin als Fasnachtsfigur ist erstmals 1563 erwähnt. Sie trägt eine goldgestickte Radhaube, die ihr ein vornehm-würdiges Aussehen verleiht. Beim Strählen trägt sie eine dünnwandige Halbscheme mit jugendlich-lächelndem Ausdruck. Sie unterstützt den Narro bei seinem Tun und versöhnt die Opfer mit kleinen Süssigkeiten.

Surhebel, Stachi

Der Surhebel stellt einen Griesgram dar, der sich selbst und den Mitmenschen zuwider ist. Ursprünglich wohl bestimmte Bürger der Stadt karikierend, können die Schnitzer heute nicht genug Variationen für diese Figur erfinden. Die Surhebelscheme wird von Narros und Stachi getragen. Der Stachi, die vereinfachte Ausführung des Narro ohne Rollengurten, trägt ein blaues Fuhrmannshemd mit einer grossen barocken Halskrause und einem Fuchsschwanz. In der Hand hält er meistens einen Staubwedel, einen Kamm, eine Bürste oder eine Streckschere – alles Gegenstände, die auf das Strählen hinweisen.

Die drei Hauptschemen Villingens von Meisterschnitzer Manfred Merz: links Morbili, in der Mitte Narro, rechts Surhebel.

Morbili

Das Morbili, ein altes runzliges Weiblein in Altvillingertracht mit Rüschenhaube, Halsschleife und Schal, ist die Begleiterin des Stachi oder des Narro. Ihre Maske zeigt einen spöttisch lächelnden Gesichtsausdruck. Die Süssigkeiten aus ihrem gefüllten Handkorb sollen die Opfer des Strählens wieder versöhnen.

Villinger Butzesel

Eine weitere altüberlieferte Figur ist der Butzesel, der von den Treibern unter Peitschenknallen verfolgt und in die Stadt getrieben wird. Der Butzesel trägt ein Blätzgewand mit einem grossen Eselskopf. Er reitet auf einem Ast, macht wilde Sprünge und versucht seinen Begleitern, den sechs Stachi, auszureissen und in ein Wirtshaus zu entkommen. Gelingt ihm dies, so müssen die Stachi die Zeche bezahlen. Besonders abgesehen hat es der Butzesel auf die jungen Frauen, die er durch plötzliches Ausbrechen zu erschrecken versucht.

Wuescht

«Zum Schluss do kummet die Schenschte», so beginnt eine Strophe eines Villinger Schunkelliedes; gemeint sind die Wueschte. Sie stecken in einem abgetragenen Narrengewand, das dick mit Heu und Stroh ausgestopft ist. Auch der Kopf ist mit Tüchern gepolstert. Als besondere Zielscheibe tragen sie ein Brett mit einer aufgemalten Puppe auf dem Rücken. Die Wueschte sind bei der Villinger Jugend besonders beliebt, weil man sie mit Schneebällen oder Tannenzapfen bewerfen darf. Als Masken tragen sie alte, beschädigte Narro- oder Surhebelschemen.

Villinger Stachi mit Surhebelscheme, in Begleitung des Morbili.

Fasnachtsablauf in Villingen

Am Fasnachtsmontag früh bei Tagesanbruch zieht die Katzenmusik mit einer Musikkapelle an der Spitze durch die Stadt und macht mit viel Lärm den Auftakt zur Fasnacht. Nun erscheinen die Narros auf der Strasse und sammeln sich bei der Zunftstube zum Umzug, an der Spitze die kleinen Narros mit ihrer Zunftfahne, anschliessend die grossen Narros, ebenfalls um die Zunftfahne geschart. Unter dem Geklingel von Zehntausenden von Bronzerollen ziehen sie durch die Strassen. Die Altvillingerinnen begleiten den Zug. Nach dem Umzug stärkt sich der Narro beim «Nünibrot». Dann beginnt das Strählen und Hecheln, in dem die Villinger Meister sind. Man hat das Jahr über genügend Beobachtungen gemacht, um sie jetzt unter die Leute zu bringen.

Am Dienstagnachmittag findet der grosse Umzug statt, an dem neben den Narros auch andere Masken teilnehmen. Zur allgemeinen Erheiterung tritt der Butzesel auf. Mit dem Verbrennen des Strohs der Wueschte am Fasnachtsdienstag findet die Villinger Fasnacht um Mitternacht ihr Ende.

Villinger Stachi, die Treiber des Butzesels, hauptsächlich mit Surhebel-, vereinzelt auch mit Narroschemen.

Wer kunnt au dert im
Blauhemd
mit Goassel und Zwick?
De Butzesel mit de Trieber,
er zieht en Riesascht mit.
Er rennt umenand und sie
fitzet,
doch kunnt er in a Wirtschaft
nie,
mond Trieber saumässig
schwitze,
trotzdem singet älli bim Wi,
Z'Villinge i de Narrestadt a,a,a.

Aus «D' Villinger Fasnet» von Alexander Reich und Rupert Schumacher.

Die Figuren der Oberndorfer «Fasnet», der Narro mit gerader Nase und hoher glatter Stirn, über der Brust vier Lederriemen mit Schellen, der Schantle mit bräunlich kariertem Gewand mit rosettenartig aufgenähten Filzflicken (oben) und die Hansel mit flachsblonder Perücke, weinrotem Kittel und Pluderhose sowie Schirm (unten).

Oberndorf

Die Chronik des Grafen Wilhelm Werner von Zimmern (1555) schildert ausführlich ein in Oberndorf abgehaltenes Narrengericht aus dem Jahre 1502. Im 18. Jahrhundert sind zahlreiche Fasnachtsspiele bezeugt. Die Narrenfiguren Schantle und Hansel sind hier erstmals 1855 erwähnt.

In Oberndorf bildet der Fasnachtsdienstag den Höhepunkt der «Fasnet». Nach der Schülermesse zog früher die Jugend mit dem Ruf: «Kirch ischt aus, Narra raus!» vor das Narrenhaus von Schreiner Zwirn, wo sich die Zugteilnehmer sammelten und anzogen. Nach langem Rufen kamen sie heraus, die gelben Hansel mit den weinroten Kitteln, wallenden flachsblonden Locken und aufgespannten Regenschirmen. Sie bildeten die Spitze des Zuges, die Narren mit den kunstvoll bunt bemalten Leinwandkleidern folgten. Dann ging es im Narrensprung – unter Vorwerfen der Fussspitzen – durch das ganze Städtchen. Das unter dem wiegenden und tanzenden Gang ertönende Schellen der Rollen erfüllte die Strassen. Die Brezel flogen durch die Luft zu den Fenstern der Häuser und in die Zuschauermenge.

Heute erklingt nach der Schülermesse der Narrenmarsch, der Narrensprung beginnt. Zuerst kommen die Kinder, der «Narrensamen», unmaskiert im Gewand von Hansel, Narros und Schantle.

Schantle

Vielfältig sind die Larven des Schantle. Es gibt den freundlichen und den griesgrämigen Schantle als Blecker, Heuerle oder Drecklärvle. Hinzu kommt der Polizeischantle, der den Schluss des Narrensprunges bildet. Auffallend ist der hinkende Schantle mit der Stallaterne und dem grossen Armkorb mit Orangen und Würsten, die er an einer Angelrute festmacht und die Buben danach schnappen lässt. Der Bauch wird von einem Gewand aus bräunlichem kariertem Stoff umhüllt, das mit vielen rosettenartig übereinandergenähten Filzflicken besetzt ist. Den Rücken ziert ein kunstvoll gestickter Stern. Auf dem Kopf sitzt keck ein kleines grünes Hütchen.

Die Oberndorfer Schantle tragen einen Henkelkorb, gefüllt mit Orangen und Würsten, mit sich.

Narro

Die Oberndorfer Narros gehören zu den Weissnarren (siehe Seite 101). Die Vorderseite des Leinenkleides ist mit den Motiven von Löwe und Bär bemalt. Die Larve wird mit oder ohne Bart getragen. Die gerade Nase, die hohe, glatte Stirn und der freundliche Mund repräsentieren den weisen, vornehmen Narren. Als Kopfbedeckung trägt er eine Haube mit einem Hütchen, das mit Hahnenfedern und Blumen geschmückt ist. Der Narr trägt vier oder sechs Lederriemen mit Schellen um die Brust und eine Brezelstange in der Hand.

Hansel

Die Geburtsstunde dieser Narrengestalt liegt vermutlich in der ersten Hälfte des 17. Jahrhunderts. Die Glattlarve zeigt ein rotwangiges Gesicht mit Schnurr- und Knebelbart, eingerahmt von einer flachsblonden Perücke. Er trägt orangefarbene Pluderhosen und einen weinroten Kittel. In der rechten Hand hält er einen eleganten Schirm, in der linken einen Henkelkorb, aus dem er freigebig Bonbons und Pralinen verteilt.

Elzacher Schuddig, eine Bartmaske, vom Typus des Wilden Mannes. Maske von Holzbildhauer Konrad Wernet, Elzach.

Elzach

Tief im Schwarzwald am Oberlauf der Elz liegt das Städtchen Elzach. Die Hauptfigur der dortigen «Fasnet» ist der Schuddig (teilweise auch Schuttig geschrieben). Von Volkskundlern wird das Narrenlaufen in Elzach zu den ältesten Fasnachtsbräuchen im schwäbisch-alemannischen Raum gezählt.

Die Bezeichnung Schuddig könnte mit dem Wort «Schaut, Schote, Schudi» für Narr zusammenhängen und Schuddig somit «der Närrische» bedeuten. Eine andere Erklärung führt die Bezeichnung auf das Wort «Schauertag», mundartlich «Schurtag», zurück, das seit 1642 als Bezeichnung für den Aschermittwoch belegt ist.

Der Teufelsschuddig im schwarzen Zottelgewand mit der höhnisch grinsenden schwarzen, gehörnten Larve führt mit dem Dreizack in der Hand die Umzüge an. Ihm folgen die roten Schuddignarren.

Die ältesten Fasnachtsgewänder waren dunkelrot und von derber Beschaffenheit. Seit 1911 tragen die Narren das feuerrote Schuppenkleid, das aus unzähligen roten Filzstreifen besteht. Alte Masken sind der Bäregfriss, die Langnase, der Lätsch, das Mundle. Ihr Alter wird auf 180 Jahre geschätzt. Jüngeren Datums sind die aus der Werkstatt von Bildhauer Fritz Disch stammenden Masken Fratz sowie die Teufels- und Wildmännermasken. Einzellarven sind das Totegfriss, der Sonntag, die Napoleonslarve, die Allgeierlarve und das Zohluckewiebli. Jeder Narr besitzt verschiedene Masken, die er öfters wechselt.

Auf dem Kopf trägt der Schuddig einen mit vielen Schneckenhäuschen besetzten Strohhut in Dreispitzform, dessen Enden grosse meist rote Wollquasten zieren, darunter ein Kopftuch aus grünem Filztuch. Um den Hals hat er ein weisses Tuch geschlungen, das vorne lang herabhängt. Die Hände stecken in weissen Handschuhen und umklammern manchmal eine Riesenstreckschere. Als Lärm- und Schreckinstrument werden an Haselstecken befestigte «Saublodere», Schweinsblasen, verwendet.

Alte auf den Schuddig bezogener Kinderreime lauten:

«Schudreck, Schudreck mit de Schäre
moch die alte Wieber z'bläre.»

«Schuhdreck – Schuhdreck voller Ruess
het ne Hompfele Dreck am Fuess!»

«Schuttig – Schuttig
Schuttig hesch kei Schneid!»

Hauptfiguren der Elzacher Fasnet sind die Schuddig mit ihrem feuerroten Schuppenkleid, das aus unzähligen Filzstreifen besteht. Sie tragen verschiedene Masken: Bäregfriss, Langnase, Lätsch, Fratz, Bartmaske, Totegfriss, Sonntag, Rägemolli und Fuchsgfriss.

Rägemolli

Eine selten gewordene Spielart des Schuddig ist das Rägemolli, wie der Regenmolch oder Feuersalamander im Dialekt heisst. Ihren Namen hat diese Gestalt von den grossen roten Punkten auf dem gebleichten Leinengewand. Auf dem Rücken ist eine Sonne aufgemalt und vorne Mond, Eule und Fledermaus. Die helle Larve mit den hohen Augenbrauenbogen, den roten Bäckchen und dem aufgemalten Schnurrbart ist fest mit dem Dreizackhut verbunden. Ein hellrotes Kopftuch reicht bis über die Schultern, darunter schaut ein knallrotes Taschentuch hervor. Mit Peitschen und «Saublodere» machen sich die Elzacher Rägemolli bemerkbar.

Die Figur des Fratz mit grünem Kopftuch und mit Schneckenhäuschen besetztem Dreieckhut.

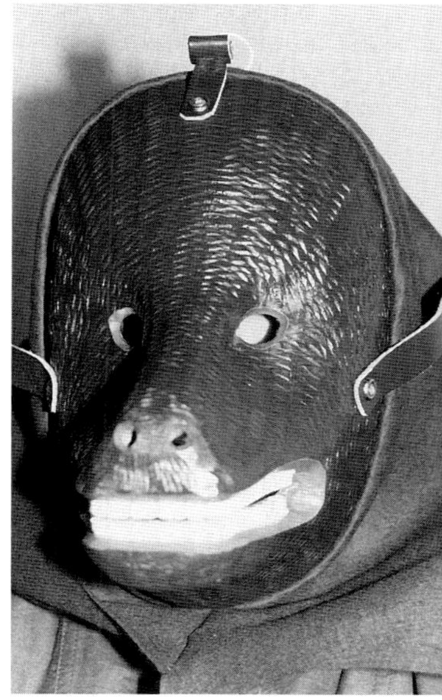

Oben das Bäregfriss, unten das Fuchsgfriss, beide von Holzbildhauer Konrad Wernet.

Fasnetablauf

Die Fasnachtseröffnung fällt auf den «Fasnetsunntig». Nach 12 Uhr stürmen die Schuddignarren mit lautem Gebrüll aus den Häusern auf die Strasse und schmettern dazu ihre «Saublodere» krachend auf die Erde. Zur gleichen Zeit wird die Narrenfahne gehisst, Trompeten erschallen, und der Zunftmeister fährt in zwei Kutschen mit den Narrenräten durch das Städtchen, gefolgt von tobenden, springenden Schuddig.

Der Zunftmeister ruft die Fasnacht aus:
«Wir bringen Euch die frohe Kunde,
frei ist der Narr zu dieser Stunde,
drum nützet jetzt die kurze Zeit,
damit es keinen von Euch reut.
Ein fröhlich Trallaho,
denn jetzt ist wirklich Fasnet do,
Trallaho!»

Das «Trallaho» wird von den Schuddig mit mörderischem Gebrumm beantwortet. Die Masken knurren und schnarren, wenn man ihnen zuruft: «Schuddig, brüel emol!» Dazu hauen sie mit wildem Sprung mit der «Saublodere» wuchtig auf den Boden und versuchen besonders die jungen Frauen mit der Streckschere zu zwicken.

Ein Höhepunkt ist der Fackelumzug am Sonntagabend um 20 Uhr. Hunderte von Schuddig ziehen, zu den Klängen des Schuddigmarsch tänzelnd und mit der «Saublodere» den Takt schlagend, mit der Pechfackel durch die Nacht.

Die eigentliche «Fasnet» beginnt erst am Fasnachtsmontag mit dem Taganrufen an verschiedenen andern Orten der Stadt. Eine Gruppe von Schuddig trifft sich mit dem Nachtwächterpaar, einer Anzahl von Stadtmusikanten und den sieben Tagausrufern. Die Tagausrufer tragen weisse, weite Hemden. Wenn die Betzeitglocke verklungen ist, gibt der Tambour ein Zeichen. Die Schud-

Elzacher Schuddig beim Narrentreffen in Überlingen 1992. Links der Fratz, zahlenmässig die grösste Gruppe der Elzacher Schuddig, rechts das Fuchsgfriss.

Schuddiglarven aus der Werkstatt von Holzbildhauer Franz Lang aus Elzach: Rägemolli, Bartlarve, Teufel, Fratz, Sonntag, Langnase. ▷

dig ziehen ihre Larven vor das Gesicht, die Tagausrufer ziehen ihre Brille an. Die Schuddig bilden, um das Narrenbuch zu beschützen, einen Kreis um die Tagausrufer. Im Buch sind in Versform die Narrheiten der Elzacher Bürger aufgeschrieben.

Beim Taganrufen singt zuerst der Nachtwächter sein Lied:
«Steht auf im Namen – hätt is gewisst,
wer unter uns Narren der Hauptmann ist!
Sechs Uhr ist schon längst vorbei,
und wir Narren sind alle frei!
Die Sonne steht hoch über den Wolken,
und d'fule Mägd hen no nit g'molke!
Ha, ha, ha, – no nit g'molke!
Jetzt kunnt die liebe Fasnetzit,
die all uns Narre Fraide git.
Un wer no nit erschtande isch,
der waiss au nit, dass Fasnet isch.
Der Narr, wu jetzt in Fraide lebt,
het Wieb un Kind vum Bett erhebt.
Häre Maidli, lens eu sage,
müens nur mit kainem Gscheite wage.
Jens wu dr Gscheite het so triebe,
sell wurd scho long in der Hodle liege,
des aber, wu der Narr het duo,
des schtoht ein jedere Zit wohl o!
Ihr Müedere, wenn der Narre Zit ruckt o,
hängt eure Döchtere Schlösser o!
Un wenn der Narr de Schlüssel trait,
so denke, was i eu hon gsait.
Ihr Maidli, nemt eu wohl in acht
dass me eu kai Tambour mocht!
Trallaho!»

Nun werden von einem der Taganrufer aus dem Narrenbuch die «Narrenstückle» vorgelesen. Bei jeder Pointe brüllen die Schuddig und knallen die «Saublodere» auf den Boden.

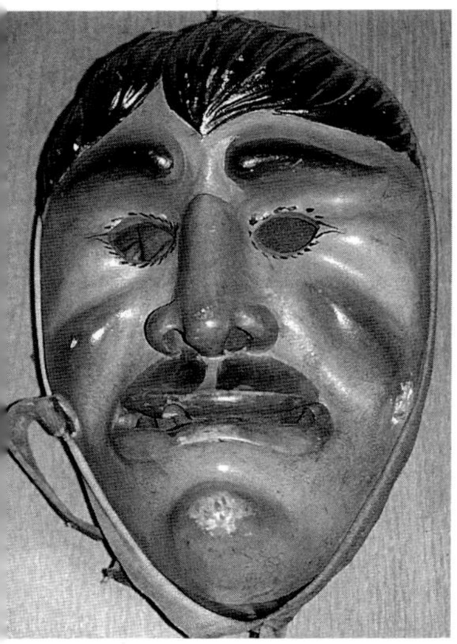

Schuddiglarven. Oben das Mundle, um 1870, unten der Fratz, um 1900. Heimatmuseum Elzach.

Bengelreiten

Der Brauch des Bengelreitens, nach vielen Jahren von Erwin Krumm wieder ins Brauchtum eingeführt, findet alle sieben Jahre am Rosenmontag um drei Uhr statt. Der jüngstverheiratete Ehemann im Dorf muss auf zwei nicht miteinander verbundenen Stangen, die von Männern in blauer Fuhrmannsbluse getragen werden, zu reiten versuchen. Voraus ziehen ein paar Pfeifer, zu deren Melodie gesungen wird:
«Tri, tra, trallala,
Fall nit über de Bengel ra!»

Der Zug führt durch ein Spalier von Mädchen, die mit Holzsäbeln von hinten den Reiter herabzustossen versuchen, während die dem Zug folgenden Ehefrauen mit Holzsäbeln die Angriffe abwehren. Gelingt es, den Reiter herunterzustossen, wird er nach alter Tradition in den Nikolausbrunnen geworfen und darf während sieben Jahren nicht als Schuddig laufen. Bleibt der Bengelreiter oben, wird er von seinen Trägern und Verteidigern stürmisch gefeiert und erhält vom Narrenrat eine Urkunde. Anschliessend werden alle Beteiligten zu einem fröhlichen Umtrunk eingeladen.

Latscharifangen

Am Fasnetdienstagmorgen tagt um neun Uhr im Löwen in Elzach der Latschariverein bei geschlossenen Fenstern und Kerzenbeleuchtung. Es geht darum, den Elzacher zu finden, der neuer Latscharivorstand werden soll. Dabei kommt nur ein Nichtanwesender in Frage. Nachdem die Wahl getroffen ist, beginnt die «Menschenjagd». Die Blasmusikgruppe der Narrenzunft begibt sich in aller Eile zum Haus des Auserwählten. Auf ihrer Narrenfahne steht:
«Z'Elze Latscharivorstand wäre
Zellt zue de höchste Narre Ehre.»

Der Auserwählte wird gefangen und mit dem Narrenseil gefesselt. Sobald der neue Latschari auf einem Stuhl auf dem Karren Platz genommen hat, geht es im Triumphzug zum Löwen zurück, wo er bei Speis und Trank gefeiert wird.

Am Dienstagnachmittag findet ein Umzug ähnlich wie am Fasnachtssonntag statt. Um Mitternacht verstummt die Musik in den Lokalen, alle nehmen die Maske ab und geben sich zu erkennen, oder aber sie machen sich rechtzeitig aus dem Staube.

Wolfach im Kinzigtal

Die freie Narrenzunft Wolfach ist kein Verein, kennt weder Mitgliederliste noch Vereinsbeiträge. Trotzdem organisiert sie in sechs Tagen ganze zwölf Umzüge, an denen Lokales glossiert wird. Der Heimatpfleger und Lokalhistoriker Josef Krausbeck, der viele Jahre der Förderer der Wolfacher Fasnacht war, hat die alten Masken in Wolfach zusammengetragen und die entsprechenden Narrenfiguren wieder ins Fasnachtsbrauchtum zurückgeführt.

Die Narrenfreiheit, den andern ungestraft und mit Witz und Spott die Wahrheit sagen zu dürfen, kommt an der Wolfacher Fasnacht reichlich zum Zug. Einzeln und in Gruppen ziehen die Maskierten zum Schnurren in die Wirtschaften, wobei sie oft mit Musikbegleitung in neckischen Versen und pantomimischen Szenen die «Untaten» der Bürger zum besten geben.

Nach dem Fasnetausrufen am Vorabend fängt die Fasnacht am Schmutzigen Donnerstag mit der ersten «Elfemesse» an, einem grossen Narrenumzug, der um 10.30 Uhr beginnt und mit einem Frühschoppen endet; der Umzug wiederholt sich am Schellenmontag (dem Fasnachtsmontag) und Fasnachtsdienstag. Voraus hüpfen die Wolfacher Hansel, um dem Zug den Weg freizumachen. Dann folgen die Trommler und Stadtmusikanten. Die «Narresomen», die Kinder, rufen die Wolfacher Fasnetsprüche, bis der Narrenvater oder andere Narren Brezel spenden:

«Hanselema, du dummer Hund,
Hesch nit g'wisst, dass d'Fasnet kunnt.
Hättsch di Mul mit Wasser g'riewe,
Wär dr 's Geld im Beitel bliewe. Narro!»

«Narro, Narro, Giegeboge,
Was de seisch, isch alles verloge. Narro!»

An vier Tagen steigt jeweils am frühen Nachmittag der Umzug der «Kaffeetanten» mit der Einladung zum «närrischen Kaffee».

Den Höhepunkt der Wolfacher «Fasnet» bildet der «Wohlauf», ein am Schellenmontag morgens um 5.30 Uhr beginnender Umzug. Der Wohlaufmann und alle Teilnehmer erscheinen als Hemdglonker in Nachthemd, Zipfelmütze und weissen Strümpfen, mit alten Laternen und Lärminstrumenten ausgerüstet. Mit ohrenbetäubendem Lärm zieht der Zug durch die Strassen. An neun verschiedenen Stellen gebietet der Narrenvater mit einer grossen Schelle Ruhe, der Wohlaufmann erhebt sich von seinem Bett, reibt sich die Augen und singt mit langgezogener Stimme:

«Wohlauf! Wohlauf!
Ihr Narren, hört, vernehmt und wisst:
Der Narrotag erstanden ist.
Der Tag fängt an zu leuchten
Den Narro wie den Gscheiten.
Der Narrotag, der nie versag.
Wünsch allen Narro e guete Tag.»

Wieder tobt ein riesiger Lärm, der Wohlauf legt sich ins Bett, und der Zug zieht weiter.

Fasnachtsspiele

Seit 200 Jahren werden in Wolfach Fasnachtsspiele aufgeführt. Das Wolfacher Spiel von der «Altweibermühle von Tripstrill» ist ein Singspiel mit einer durchgehenden Melodie. Das 1787 von Georg Anton Bredelin geschaffene Singspiel wurde 1973 von Josef Krausbeck überarbeitet und wird in dieser Form noch heute aufgeführt. Nachfolgend eine Kostprobe der Eingangsverse:

«Ich grüss euch all, ihr liebe Litt,
Die ihr zu uns sin kumme hitt
In dere schöne Fasnetzitt!
Hitt wellemer e Spiel euch zeige,
Des ganz un gar isch z'Wolfe eige.»

«Des Spiel, des hot e Zaubergwalt,
Macht wieder jung, was krumm un alt
Un schö, wie mers nu wünsche wott.
Des ischs jo, was d Fasnet sott:
Verjünge möcht se, wer nu kunnt
Un wer eso e Gspass sich gunnt
Doch was debi passiere ka,
Das zeigt das lustige Spiel euch a.
Do isch se also! Merket's recht!
Die Mühl, die euch verjünge mecht.»

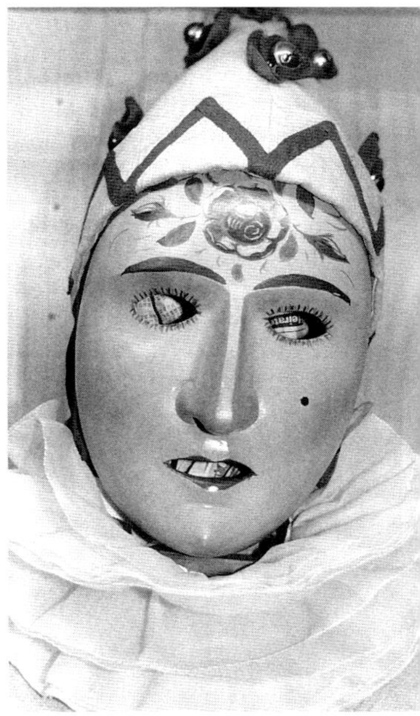

Schellen-Hansle (oben) und Rösle-Hansel (unten). Heimatmuseum Wolfach.

Der letzte Umzug, am Fasnachtdienstag, ist der historische Nasenumzug, der von 17 Uhr bis zum Einbruch der Dämmerung dauert. Man sieht die tollsten Nasen und phantastische Hüte. Lärminstrumente wie Hörner und Kochtopfdeckel gehören dazu. Die Jacken werden bei diesem Spektakel umgekehrt getragen. Am Nasenumzug nehmen nur Männer teil, während sonst auch Frauen unter den Masken stecken.

Am Aschermittwoch zieht ein Trauerzug in Frack oder Gehrock und Zylinder mit Stangen, an denen Schrubber, Wurzelbürsten und leere Geldbeutel festgebunden sind, zum Finanzamt, wo alles herzzerreissend schluchzt. Im Stadtbrunnen werden die Geldbeutel gewaschen und an einer über die Strasse gespannten Leine zum Trocknen aufgehängt. Nach dem Stockfischessen ist die «Fasnet» beendet.

Die Figur des Wohlauf morgens um 5.30 Uhr an der Fasnacht in Wolfach. Illustration von Frieder Knauss.

Schellenhansel

Die Hansel sind schon seit Ende des 18. Jahrhunderts in Wolfach heimisch. Der Schellenhansel stellt den Typus des Hanswurst der Barockzeit dar. Die Holzmaske wurde einer alten Maske von 1780 nachgebildet. Sein heutiges Gewand erhielt der Schellenhansel 1934 in den Stadtfarben Gelb und Blau. Ärmel und Hosen sind mit Zacken besetzt und mit kleinen Schellen versehen. Die Narrenkappe hat eine Zackenkrone, die an den Spitzen mit kleinen Schellen versehen ist. Die Brust schmückt die Miniaturmaske eines kleinen Wohlaufmannes. In der Hand hält der Schellenhansel eine Narrenpeitsche oder eine Schweinsblase.

Mehlwurmhansel

Josef Krausbeck berichtet: «Das Muster für den Mehlwurmhansel fand ich durch meinen Vater in der Narrenkammer unseres alten Hauses. Da lagen noch die alten Mehlwürmer, die mein Grossvater zum Spiel 1885 anfertigen liess, aus ganz billigem Stoff. Eine Larve trugen die Mehlwürmer einst nicht. Man rieb sich das Gesicht mit Speckschwarte ein und blies in die Mehllade und fertig war die Schminke.»

Der Mehlwurmhansel, ganz in Weiss, tritt seit 1960 wieder im Fasnachtsbrauchtum auf. Er trägt eine Narrenkappe, die nach unten in Zipfel ausläuft und mit kleinen Schellen besetzt ist. Auf der Brust präsentiert sich der Wohlaufmann. In der Hand trägt er eine «Saubloder» oder einen an einem Stock befestigten Fuchsschwanz.

Röslehansel

Im Wolfacher Museum befindet sich eine schmalnasige Larve aus der Zeit um 1780, auf deren Stirn eine Rosenblüte und Rosenblätter gemalt sind. Eine solche Bemalung gibt es sonst im schwäbisch-alemannischen Raum nicht. Nach zweihundert Jahren lief die Maske wieder 1960 zum ersten Mal in Wolfach. Das rohleinene Häs, das Narrengewand, ist mit roten oder schwarzen Rosetten besetzt, jeweils mit einer kleinen Schelle in der

Mitte. Den Halsabschluss bildet die Krause. Auf dem Kopf trägt der Röslehansel einen hohen Gupfhut, an den Händen weisse Handschuhe und an den Füssen Strohschuhe. Er führt eine Spritze mit Konfetti mit sich.

Nussschalenhansel

Der Nussschalenhansel wurde 1960 nach der Aussage einer alten Wolfacherin und nach Belegen von 1850 rekonstruiert und wieder ins Fasnachtsgeschehen gebracht. Als Muster für die Maske wurde eine alte Wolfacher Holzmaske aus dem Jahre 1780 verwendet. Die Maskenfigur erinnert in ihrer Art an die Wildmänner. Auf ein grünes Häs wurden 3000 halbe Nussschalen genäht. Zur weiteren Ausstattung gehören Strohschuhe und dunkle Handschuhe, eine Streckschere oder eine «Saubloder». Eine weitere Besonderheit ist die am Hinterkopf getragene Raubvogelfeder.

Alte Rungunkel

Zur Wolfacher Fasnacht gehört möglicherweise beeinflusst von den Offenburger Hexen, seit 1958 die Hexengestalt Alte Rungunkel. Die Rungunkel wurde aber schon 1785 im Fasnachtsspiel von der Altweibermühle erwähnt. Ein alter Fasnachtsspruch lautet: «Alte Rungunkel hot d Schäfe verbrennt un isch mit em Kochlöffel d Schdege nabgrennt.»

Ganz im Sinne dieses Spruches trägt die Hexe nicht den Besen mit sich, sondern einen Kochlöffel. Das Gewand der Rungunkel entspricht der bäuerlichen Werktagskleidung, dazu ein an einem Drahtgestell hochgebundenes Kopftuch und die für fast alle Hexen typischen Ringelsocken und Strohschuhe.

Die Figuren der Wolfacher Fasnacht 1992: Schellenhansel im gelb-blauen Gewand, der Mehlwurmhansel ganz in Weiss mit Narrenkappe und Fuchsschwanz in der Hand, der Röslehansel im Narrengewand mit roten oder schwarzen Rosetten, der Nussschalenhansel, eine Wildmann-Figur, deren Häs mit mehr als 3000 Nussschalen besetzt ist, und die Alte Hexe Rungunkel.

Figuren der Freiburger Fasnacht: der Fasnetausrufer (ganz rechts), der Erznarr der Breisgauer Narrenzunft und der Käsrieber aus der Unterwiehre (rechts).

Der Blau-Narr von Freiburg (oben) trägt eine silberfarbene Holzmaske, unten der Herdermer Lalli.

Freiburg und Schwarzwald

Die Freiburger «Fasnet» wird erstmals in einer Urkunde von 1283 erwähnt. In einem Zeugnis von 1496 ist die Rede von einem «Karreknecht», der wegen eines «fasnachtsspihls» in den Turm geworfen wurde. Die Fasnacht in Freiburg ist ein altes Fest, Narren mit Holzmasken hingegen sind eine relativ junge Erscheinung.

Die heutige Fasnacht ist von der 1934 gegründeten Breisgauer Narrenzunft nach Art der alemannischen «Fasnet», das heisst mit Holzmasken und dem entsprechenden Brauchtum, gestaltet worden. Die Zunft gehört dem Verband Oberrheinischer Narrenzünfte an, die eine sehr grosse Anzahl Fasnachtsgruppen vereinigt, von denen die meisten aber erst aus dem 20. Jahrhundert stammen.

Fasnetrufer

Den Fasnetrufer, den Erznarr der Breisgauer Narrenzunft, kennt man seit 1936. Er hat ein braungetöntes, freundliches Narrengesicht und trägt ein «Flecklehäs» mit herzförmigen Flizstücken darauf. Den Gürtel ziert das Siegel der Stadt Freiburg. Zu seiner Ausstattung gehört die Rätsche. Die Fasnetrufer haben mannigfache Aufgaben, etwa das Aufstellen des Narrenbaumes, den traditionellen Rätschentanz und das Scheibenschlagen am Sonntag nach der Fasnacht. Sie tragen auch Schnitzelbänke vor.

Herdermer Lalli

Die Herdermer Lalli, gegründet 1930, sind wegen ihres Mutterwitzes über die Stadtgrenze hinaus bekannt. 1937 erhielten sie ihre Holzmaske und das Narrengewand, eine rote Bluse mit schwarzem, glockenbesetztem «Schillee», schwarzer Hose, roten Socken und Holzschuhen. Als Kopfbedeckung dient eine Zipfelmütze mit roter Quaste. Ein an der Weste befestigter Fuchsschwanz und eine in der Hand getragene Kuhglocke runden das Bild ab. Als Besonderheit führen sie den Bändeletanz auf.

Blau-Narr

Der erste Blau-Narr lief 1938, der Blau-Narr in seiner heutigen Form erstmals 1939. Seinen Namen erhielt er 1948, als er im neugestalteten Häs auftrat. Zu dem aus dunkelblauen Filzflicken bestehenden Gewand gehörten graue Schuhe und zwei über dem Rücken gekreuzte Schellengurte. Er trägt eine silberfarbene Holzmaske als Vermummung und in der Hand einen Fuchsschwanz.

Hexen und Teufel

Die Hexen gehören wie im ganzen schwäbisch-alemannischen Raum auch zur Freiburger Fasnacht. Ihre Maske wurde von Josef Tränkle aus Elzach geschaffen. Auffallend sind die sehr lange gebogene Nase, zwei schwarze Zöpfe und das rote Kopftuch. Die Teufelsmaske mit den nach hinten gebogenen Eckzähnen stammt ebenfalls vom Elzacher Tränkle.

Zu den Aktivitäten der Hexen gehört die Strassenfasnacht, der Umzug mit dem Hexentanz und der Hexenbeschwörung am Schmutzigen Donnerstag. Am Ende der Fasnacht wird eine Puppe in Hexengestalt auf dem Scheiterhaufen verbrannt.

Daneben gibt es noch eine Vielzahl weiterer Masken: Bächleputzer, Freiburger Bobbele, Günstertäler Bohrer, Zähringer Burgnarren, Freiburger Feuer-Narre, Freiburger Glungi, Unterwiehrener Käsrieber, Oberwiehrener Kindsköpfe, die Miau, Hochdorfer Mooskroten, St. Georgen Rebläuse, Ribblinghieler, Schnogedätscher, Tannezapfen, Waldseematrosen, Freiburger Westhansel oder die Littenweiler Wühlmäuse.

Bonndorfer Masken

Die Bonndorfer Narrenzunft der Pflumeschlucker ist die älteste des Hochschwarzwaldes. Ein Eintrag im Handwerkerzunftbuch aus dem Jahre 1765 belegt, dass bereits damals in Bonndorf Schemen, also Holzmasken, für die Fasnacht geschaffen wurden. Die älteste Bonndorfer Scheme ist 250 Jahre alt und sieht den Villinger Narros sehr ähnlich. Zur Maske des Pflumeschluckers, seit vielen Jahren eine Bonndorfer Brauchtumsfigur, gehört eine blau-weisse Zipfelmütze. Der aus grobem Leinen gewobene Anzug ist mit Motiven bemalt, die sich auf die Geschichte Bonndorfs beziehen. Dazu gehören ein rotes Halstuch und ein leuchtend blauer Schirm. Über dem Anzug wird das Geschell getragen, starke Ledergurten mit 22 Bronzeglokken. Vorgänger dieser Figur ist der Fotzli-Hansili; «Fotzli» bedeutet Fetzen oder Flicken. Er trägt ein Fleckenhäs mit naturfarbenen Stoffetzen.

Die hohe Zeit der Narretei fängt in Bonndorf am Schmutzigen Donnerstag an, wenn der Narrenrat auf einem von Pferden gezogenen Baumstamm durch die Strassen reitet und den Beginn der närrischen Tage verkündet. Am Abend findet der Hemdglunkerumzug statt. Der Fasnachtsdienstag ist der Tag der Pflumeschlucker.

Der Bonndorfer Pflumeschlucker mit blau-weisser Zipfelmütze.

«Gitzig, gitzig, gitzig isch de Beck.
Un wenn de Beck nit gitzig wär,
no gäb er au e Wecke her,
Gitzig, gitzig, gitzig
isch de Beck!»

«Jokili wu bisch geschtert gsi?
Hinterm Hus im Gärtli.
Wer isch geschtert bi dr gsi?
Dr Jokili mit em Bärtli.
Jei, jei, jei – jei, jei, jei
Jokili, Jokili, jei, jei, jei!
Was het seller bi dr gmacht?
E rechte Schissdreck in d'Hos
Jei, jei, jei –
Jokili, Jokili, jei, jei, jei!»

«Münstertaler Maidli,
wie macht mer den dr Chäs?
Me tuet en in e Chübeli
und druckt en mit em Fiedeli,
drum isch er au so räs!»

Im Schwarzwald, in Grafenhausen, in der Nähe von Bonndorf, schnitzt Holzbildhauer Adelbert Stiegeler Masken für viele Zünfte.

Charaktermaske von Franz Miller aus Sonthofen im Allgäu.

Holzmasken im Allgäu und in Mittenwald

Thalkirchdorf

Beeindruckend sind die Fasnachtsmasken des Holzschnitzers Gallus Witzigmann aus Thalkirchdorf im Westallgäu. Masken aus dem Bodenseegebiet und aus Bad Waldsee haben den Künstler angeregt, selbst Masken für das Brauchtum an der Fasnacht in Thalkirchdorf zu schnitzen. Er verkauft seine Masken nicht, sondern stiftet sie alle dem Heimatverein mit der Auflage, dass sie im Heimatort Thalkirchdorf bleiben und getragen werden. Mit ihren tiefen Augenhöhlen, den krummen und schiefen Haken- und Himmelfahrtsnasen, verzerrten Gesichtszügen und verzogenem Mund sind es besonders ausdrucksvolle Maskengesichter.

Sonthofen

In Sonthofen schnitzt Franz Miller zum Vergnügen in seiner Freizeit Holzmasken, die an der Sonthofer Fasnacht getragen werden. Es sind Menschengesichter, also Charaktermasken, die typische Züge der Leute aus seiner Umgebung aufweisen.

Hindelang im Ostrachtal

Altes, gewachsenes Brauchtum ist die Tradition des «Butzelöufe» in Hindelang, wo sich wie auch in einigen Alpentälern Maskentreiben, Larvenumzüge und Funkenfeuer bis heute erhalten haben. Getragen und gefördert wird das Fasnachtsbrauchtum vor allem vom Gebirgstrachtenverein D' Ostrachtaler von Hindelang. Seit Generationen ist es üblich, dass die älteren Schulbuben mit zum Teil selbsthergestellten flachen Brettlarven an der Fasnacht zum Butzentreiben gehen. Das «Gröll», ein Schellenkranz für Pferdefuhrwerke, und die Peitsche mit der Schweinsblase erzeugen einen ohrenbetäubenden Lärm. Zum Brauchtum gehören hier auch das Fasnachtsspiel und die Sprüche, mit denen die Obrigkeit geneckt wird.

Die ältesten Holzlarven im Ostrachtal stammen aus dem 18. Jahrhundert aus der Werkstatt

Charaktermasken und Schreckmasken von Hermann Schlipf aus Hindelang. Die ältesten «Butzelarva» können auf

Schreckmasken von Konrad Lipp aus Bad Oberdorf (rechts und unten). Den Einfluss des nahen Tirol lassen die Masken des Holzbildhauers S. Pfeffer aus Mittenwald erkennen (ganz rechts).

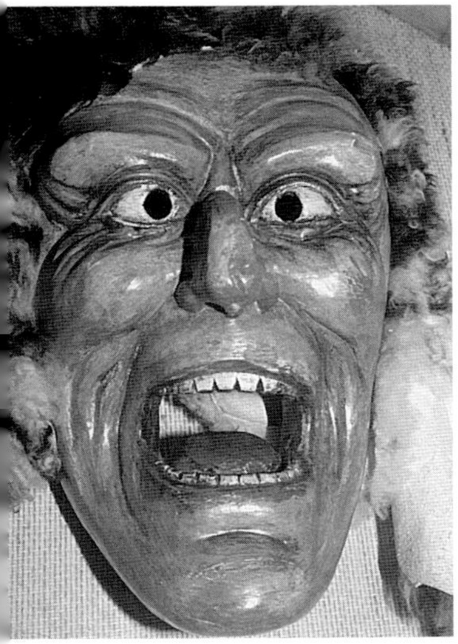

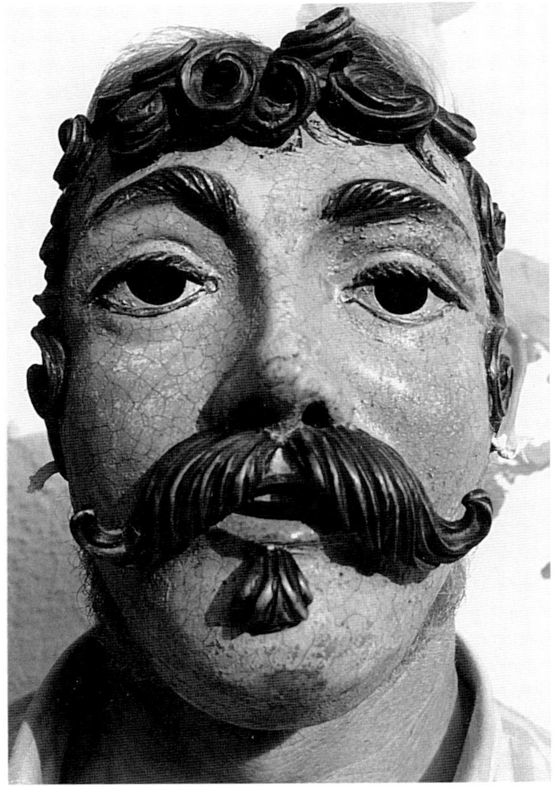

Alte Charaktermaske aus dem Heimatmuseum des bayrischen Mittenwald (oben).

der Bildhauer Gebrüder Eberhard, vermutlich geschaffen von Franz Eberhard (1767–1836), der in Hindelang als Holzschnitzer, Maler und Bildhauer gelebt hat. Die «Butzelarva» können also auf eine Tradition von 200 Jahren zurückblicken. Die ausdrucksvollsten sind d'Breitmühlare und d'Heanlare. Zu den Masken zählen Hexen und Teufel und verschiedene Charakterlarven. Die einzelnen Stücke werden von vielen Familien gehütet und von Generation zu Generation weitervererbt. Nur so ist es möglich, dass die alten Larven heute noch erhalten und beim jährlichen Butzenumzug am Fasnachtsdienstag zu sehen sind. Derzeit findet sich im Ostrachtal ein Bestand von 140 Larven, der sich beständig erweitert. Die Masken tragen Namen wie 's Nöggele, Napoleon, d'Gschtrupft, d'Lellare, Schlitzohr, dr Teifl, d'Schnurare.

Hermann Schlipf, selbst ein guter Larvenschnitzer, hat sich mit dem Ostracher Brauchtum und vor allem mit den Holzmasken befasst und sie im Buch «Butze-Larve» dargestellt.

Bad Oberdorf

Konrad Lipp, einer der vielen Hobbyschnitzer aus Bad Oberdorf, hat alle Larven des Tales erfasst. Die meisten sind Originale. Jede Larve sieht anders aus; gemeinsam ist ihnen, dass sie recht «wiescht» sein sollen. An den Fasnachtsumzügen werden heute Kopien der alten Masken getragen. In Hindelang und Bad Oberdorf wird das Fasnachtsbrauchtum vom Trachtenverein gepflegt.

Mittenwald

Im Heimatmuseum in Mittenwald finden sich sehr alte Masken, die wahrscheinlich vom Ende des 18. Jahrhunderts stammen. Sie zeigen Charakterköpfe mit ruhigen Gesichtszügen, die Einflüsse aus dem österreichischen Tirol aufweisen: Eine Maske sieht dem Imster Roller ähnlich, andere sind aus Nassereith und Thaur beeinflusst. Wiederum andere scheinen lokale Charaktermasken aus dem Dorf zu sein.

Deutsche Fasnachtsmuseen

Das Langensteiner Fasnachtsmuseum

Im Jahre 1959 schlossen sich die zahlreichen Narrenzünfte im Hegau und am Bodensee zwecks gemeinsamer Pflege und Förderung fasnächtlicher Bräuche zusammen. Die Narrenvereinigung konnte für ihr Projekt, ein Fasnachtsmuseum einzurichten, die Grafen Wilhelm und Axel Douglas gewinnen, die den erforderlichen Platz in ihrem Schloss zur Verfügung stellten. 1969 konnte das Museum eröffnet werden. Das Langensteiner Fasnachtsmuseum umfasst eine eindrückliche Sammlung zum vielfältigen Fasnachtsgeschehen im schwäbisch-alemannischen Raum, insbesondere im Hegau und im Bodenseegebiet.

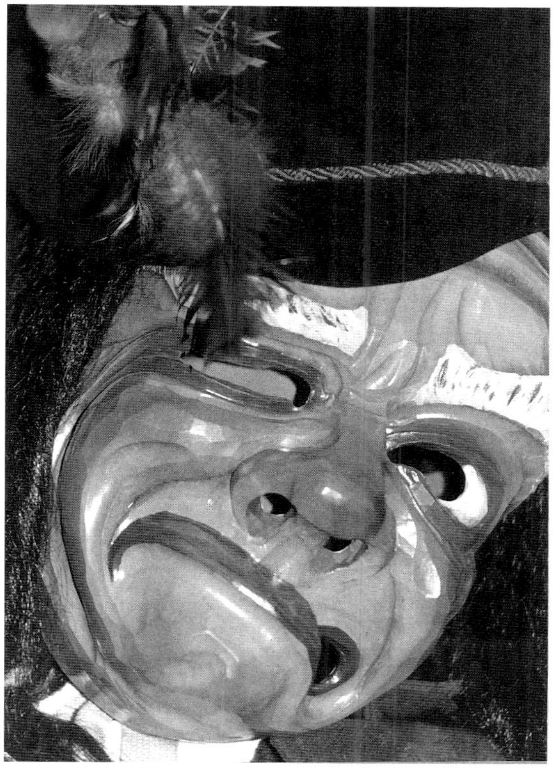

Der Ravensburger Räuberhauptmann (oben links) und der Gottmadinger Gerstensack (oben rechts).

Der Hafennarr von Friedrichshafen. Maskenfigur im Langensteiner Museum.

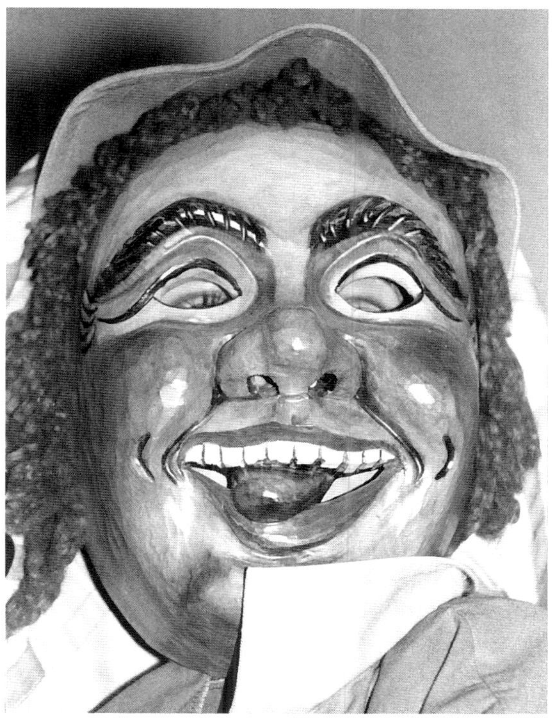

Der Hofpeter-Lausbub von Konstanz-Petershausen.

Fridinger Narr mit Fuchsschwanz. Die Larve gehört zum älteren Typus der Glattlarven.

Riedlinger Boppele mit einer Perücke mit vielen Wollquasten und grossen Schellen um den Hals (oben). Das Berchenappele von Hüfingen, ein verschmitzt lächelndes Kräuterweib (unten). Narrenschopf Bad Dürrheim.

Narrenschopf Bad Dürrheim

Am südlichen Stadtrand Bad Dürrheims erregen zwei riesige fast bis zum Boden reichende Runddächer die Aufmerksamkeit. Es handelt sich um den 1973 eröffneten Bad Dürrheimer Narrenschopf. Er beherbergt 400 verschiedene Narrenfiguren aus 71 Narrenorten und bietet damit einen umfassenden Überblick über das närrische Fasnachtsbrauchtum. Die Ausstellungsstücke stammen aus der Zeit vom 18. Jahrhundert bis heute.

Räwehupfer aus Kenzingen-Bombach mit Trauben unter dem Kinn (links) und der Korkenzieher aus Lahr (rechts). Oberrheinische Narrenschau in Kenzingen.

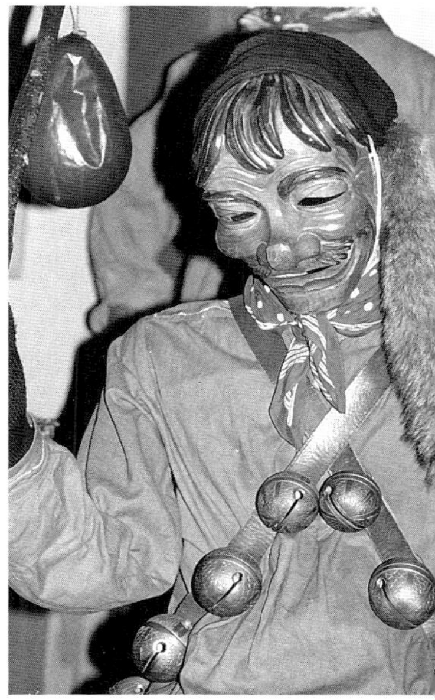

Welle-Bengel aus Kenzingen.

Oberrheinische Narrenschau in Kenzingen

Die oberrheinische Narrenschau vermittelt einen lebendigen Eindruck von der Fasnacht der Zünfte mit ihren Holzmasken und Maskenfiguren aus der Region von Oberkirch im Norden bis zum Hochrhein im Süden. Über zweihundert Narrengruppen sind, nach sechs «Vogteien» geordnet, vorbildlich dargestellt: aus der Vogtei Ortenau Hexen und phantasievolle Tiermasken, aus der Vogtei Breisgau und Elzach Schnurrwieber, verschiedene Narrentypen von Freiburg und der Breisgauer Narrenzunft, aus der Vogtei des mittleren und südlichen Breisgau Schalknarrentypen, Geister und dämonische Masken, aus dem Hochschwarzwald und Albgau Narren und Sagenfiguren und schliesslich aus dem Dreiländereck Figuren, die den Einfluss der Basler Fasnacht aufzeigen.

Wetterhexe von Freiburg, geschnitzt von Gerhard Rieder aus Kenzingen.

Schloss-Narrenstuben Bonndorf mit 271 originalgetreuen Miniaturnarren.

Das Säckinger Siechenmännle. Museum Bad Säckingen.

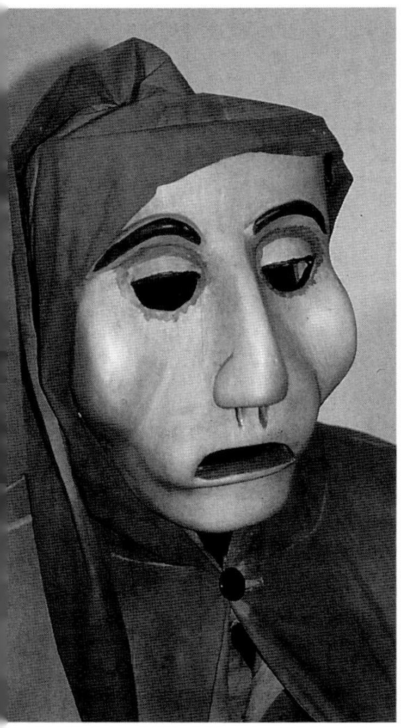

Schloss-Narrenstuben Bonndorf

Die Schloss-Narrenstuben Bonndorf beherbergen 271 Miniaturnarrenfiguren aus den Gebieten Schwarzwald, Baar, Hegau, Oberrhein, Bodensee, Schwaben und Allgäu, die Coiffeurmeister Theo Hany mit seiner Frau originalgetreu nachgebildet hat. Dreissig bis vierzig Stunden Arbeit stecken hinter jeder der 42 cm hohen Narrenfiguren. Die Miniaturen repräsentieren über siebzig Narrenzünfte.

Maskenfigur des Maisenhardtjoggele. Museum Bad Säckingen.

Imster Scheller und Roller. Der Scheller, eine männliche Figur mit Bartmaske und riesigen Schellen, wird begleitet von dem eine weibliche Figur darstellenden feineren Roller.

Holzmaskenbrauchtum Österreichs und des Südtirols

Kerngebiete und Ausstrahlungen

In Österreich sind die Hochburgen des Maskenbrauchtums die Tiroler Orte, allen voran Imst, dann Nassereith, Telfs, Thaur, Absam und Axams. Ausstrahlungen gibt es weit über die Landesgrenzen hinaus.

Man muss annehmen, dass die Tiroler Holzmasken in der Barockzeit aufkamen. Sie haben nicht nur einheimische Wurzeln, nimmt man doch an, dass die geistlichen Spiele des Mittelalters und die Verbindung zu der Commedia dell'arte mit ihren Aufführungen in den Städten und an den Marktorten einen grossen Einfluss darauf hatten (Anton Dörrer, «Tiroler Fasnacht» 1949 und Leopold Schmidt «Masken in Mitteleuropa», Wien 1955). Dabei spielte der Verkehrs- und Handelsweg über den Brenner nach Südtirol und nach Venedig eine entscheidende Rolle. Aufgrund dieser Beziehungen gibt es in Tirol und in Südtirol ähnliche Maskentypen, und es lässt sich nicht genau entscheiden, welches Gebiet in den Anfängen bestimmend war. Heute ist es aber zweifellos Tirol.

Seit dem Ende des 18. Jahrhunderts kennt man im alten Oberinntaler Hauptort Imst den Schemenlauf, der früher auch an anderen Orten rund um Innsbruck stattfand. Die Hauptmasken des Schemenlaufs sind die Scheller und Roller. Als Schellerlaufen findet es auch im Nachbarort Nassereith statt, wobei aber in der Kleidung Unterschiede bestehen: In Imst tragen die Figuren bäuerliche Trachten, in Nassereith barocke Kleider aus Samt und Seide.

Pest und Kriege hatten zur Folge, dass seit dem 17. Jahrhundert Tiroler Handwerker und Bauernburschen in schweizerische und süddeutsche Gebiete auswanderten, um als Sennen, Hirten, Maler, Maurer, Bildschnitzer und Baumeister Arbeit zu suchen. Auf diese Weise entstanden nicht nur wirtschaftliche, sondern auch volkskulturelle Verbindungen und gegenseitige Beeinflussungen, die sich nicht zuletzt im Brauchtum niederschlugen. Deshalb findet man Tiroler Trachten im Bündnerland, fasnächtliche Kostümierungen und Holzmasken in Einsiedeln (Johee und Mummerie) und in Rothenthurm (Maskenfigur des Tirolers, die eine der Tiroler Tracht ähnliche Kleidung trägt; die Maske ist aus Wachs).

Neben Imst sind Telfs mit dem Schleicherlaufen, Axams mit dem Wampelerreiten und die Orte Thaur und Absam mit dem Huttler- oder Mullerlaufen eigenständige Fasnachtsorte. Auffallend beim Fasnachtsbrauchtum aller dieser Maskenorte ist der imposante Kopfputz der Figuren, der sogenannte Schein der Imster Scheller, der Schleicherhut der Telfer Maskenträger und vor allem der riesige Kopfputz der Altartuxer von Thaur und Absam. Ein weiteres typisches Merkmal der Tiroler Fasnacht sind die Tiermasken, die oft in Verbindung mit der Figur des Wilden Mannes auftreten, der als ihr Treiber fungiert. So treten Bärengruppen mit ihren Treibern in Imst, Nassereith, Telfs und Thaur auf.

In Österreich und Südtirol werden Holzmasken nicht nur an der Fasnacht, sondern ebenso an den Nikolausspielen mit der Figur des Krampus

Larven von Walter Zangerle aus Imst: rechts oben die Rollerlarve, in der Mitte die Schellerlarve, dann die Larven von Sackner, Laggescheller, Laggeroller und Altfrankspritzer.

Die bekanntesten Tiroler Fasnachtsorte mit Holzmasken. Im Salzburgerland, Osttirol und in der Steiermark finden Niklausspiele und Perchtenläufe statt.

und Klaubauf als Begleiter von Sankt Nikolaus und bei den Perchtenläufen an Dreikönig im Salzburgerland (insbesondere im Pongau und Pinzgau), im Steirischen und in Osttirol (Matrei) getragen. Das Perchtenspringen, «Perschtln», gibt es auch im Unterinntal in der Gegend von Wörgl, bei Breitenbach und Unterangerberg und ebenso im Köschachtal in Kärnten. Ihre Masken wirken dämonisch; es sind (mit Ausnahme jener von Matrei) Schreckmasken mit Hörnern, die den Teufel darstellen. Das Gewand ist nicht nur aus Fell wie bei den andern Perchten, sondern auch aus «Türkenflitschen», das sind die Hüllblätter des Maiskolbens. Während die «Perschtln» in der Stube wild herumspringen, kehren seine Begleiterinnen, die Hexen, den Boden, um symbolisch das Böse auszukehren.

Das Brauchtum wurde in der Alpenregion Österreichs und Südtirols über die Pässe und Handelswege in die Dörfer gebracht. Zwischen den

Larven von Josef Zangerle, dem Vater von Walter Zangerle: Sackner-, Altfrankspritzer-, Laggeroller- und Mohrenlarve.

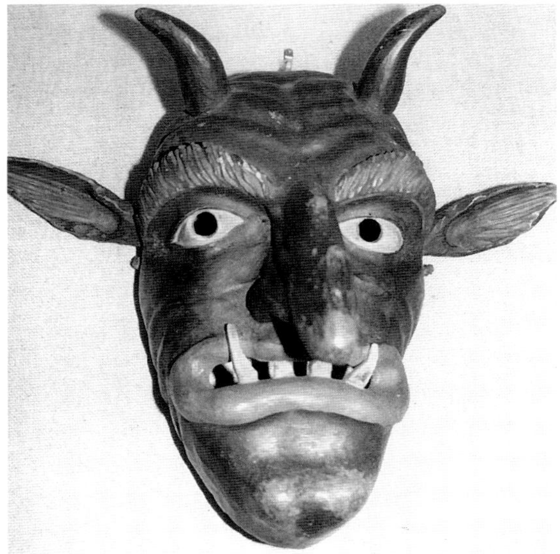

Aus dem 19. Jahrhundert stammende Schellerlarve mit riesigem Schnurrbart, der so lang ist, dass er beim Wenden des Kopfes die Schultern berührte. Tiroler Volkskunstmuseum Innsbruck. Rechts Teufelsmaske der Südtiroler Nikolospiele. Stadtmuseum Bozen.

verschiedenen Masken- und Brauchtypen, die oft ähnliche Motive aufweisen, bestehen vielfältige Zusammenhänge, die aber nicht vollständig deutbar sind. Wo die Kerngebiete der Nikolausspiele und der Perchtenläufe ursprünglich waren, ist schwierig zu bestimmen. Viele Ortschaften haben das Brauchtum übernommen oder eigene Formen entwickelt.

Die früheste Erwähnung eines Nikolausspiels in *Südtirol* findet sich in einer Handschrift aus Prags von 1794. Später wurden Bruneck und Taufers die Zentren der Nikolausspiele. Masken sind auch für das frühe 19. Jahrhundert im Virgen- und Defereggental belegt (Hans Schuhladen, «Die Nikolausspiele des Alpenraumes»). Die Masken der Nikolausumzüge im Virgental stellen meist den Teufel dar und werden auch Beelzebub, Luzifer oder «Verstöllter» (Verstellter, Vermummter) genannt; daneben treten noch Knecht Ruprecht sowie Hexe und Hexenmeister auf. Seit 1850 verbreitete sich das Nikolausspiel vom Ahrntal ins Pustertal und obere Eisacktal. Heute gibt es noch Spiele in Prags, in bescheidenerer Form in St. Martin/Moos und Terenten.

Die Nikolausmasken sind jenen der Krampusse des Salzburgerlandes und des Steirischen ähnlich. Es sind Teufelsmasken, die auch als Luzifermasken bezeichnet werden. Am Nikolaustag wurden traditionell Stuben- und Bühnenspiele durchgeführt. Neben den Teufelsmasken gibt es aber auch eine grosse Anzahl Charaktermasken, Menschengesichter, die Leute aus dem Dorf darstellen. Die Südtiroler Spiele sind mit den Nordtiroler und steirischen Spielen inhaltlich eng verbunden.

Larven von Altfrankspritzer und Sackner von Imst. Sammlung Robert Ottiger, Zürich.

Das Imster Schemenlaufen auf dem Marktplatz in einer Darstellung von Karl von Lutterotti (1793–1872).

Die Zentren des Holzmasken-Fasnachtsbrauchtums

Imster Schemenlauf

Der Imster Schemenlauf gehört zu den bedeutendsten Fasnachtsveranstaltungen im Alpenraum. Der Ausdruck «Schemenlaufen» ist bei der Imster Bevölkerung weniger geläufig, in Imst «geaht ma in d' Fasnacht». Das Schemenlaufen wird in Imst alle drei bis fünf Jahre durchgeführt. Teilnahmeberechtigt sind alle ortsansässigen Männer.

Die Imster Fasnachtler sind weder in einer Zunft noch in einem Verein organisiert. Es sind alte, mündlich überlieferte Regeln, nach denen das Fasnachtsgeschehen abläuft. Aus der Gemeinschaft der Fasnachtler wird das Komitee gewählt, das auf den Dreikönigstag eine Vollversammlung einberuft. Dabei stellt der Fasnachtsobmann die Frage: «Söll mer huire in d Fasnacht giah?» Mit einem lautstarken «Ja» zeigen die Imster ihre Begeisterung. Zwei Jahre vor dem grossen Schemenlaufen findet jeweils die «Buabefasnacht» statt, die nach demselben Ablauf, mit den gleichen Maskentypen, Kostümen und Tänzen abläuft wie der Schemenlauf.

Ein Bärentreiber am Imster Schemenlauf; die Figur ist dem Typus des Wilden Mannes zuzuordnen.

Nachforschungen über die Herkunft und den Sinn des Schemenlaufens gestalten sich schwierig, weil aus früheren Jahrhunderten nur spärliche Aufzeichnungen zu finden sind. 1683 erwähnt der berühmte Prediger Abraham a Sancta Clara das Imster Schemenlaufen in einem Brief. 1775 wird es im grossen Schemenprozess zu Pfunds genannt, und in der Imster Schulchronik aus dem Jahre 1829 erwähnt der Schreiber, dass wegen des Schemenlaufens der Nachmittag schulfrei gewesen sei. Leider sind beim grossen Brand in Imst im Jahre 1822 viele Akten und alte Masken ein Raub der Flammen geworden.

Ablauf des Schemenlaufs

Für die Imster beginnt der Fasnachtstag mit der Frühmesse, einem Gedächtnisgottesdienst für die verstorbenen Fasnachtler. Anschliessend rufen Herolde in Begleitung von Fanfarenbläsern die Fasnacht aus. Um 8 Uhr folgt das «Figatter», das Verlesen von Schildbürgerstreichen, Verstössen gegen die Ordnung und anderen närrischen Vorkommnissen aus dem örtlichen Leben.

Am Vormittag beginnt der Aufzug der Masken nach der Oberstadt zum Gasthof Hirschen. Nach dem 12-Uhr-Läuten heisst es: «Larven auf!», und der Schemenzug beginnt sich zu formieren. Als Ordnungsmasken machen die Sackner, Spritzer und Kübelmajen den Weg für den Festzug frei. Voraus marschiert die Imster Stadtmusik im Faschingskostüm. Dann folgen paarweise Roller und Scheller, die wilden Hexen mit ihrer Hexenmusik, gefolgt von den Bären und Bärentreibern, den Fasnachtswagen und von den Labera.

Der Zug bewegt sich vom Gasthaus Hirschen zum Stadtplatz und benötigt dazu vier Stunden. Er macht für das sogenannte «Einführen» an einigen Stellen halt: Roller, Scheller und Hexen holen Ehrengäste oder bekannte Persönlichkeiten aus dem Publikum ab und geleiten sie zur Kasse. Dort erhalten die so Geehrten, die dafür gern einen Obolus entrichten, ein Abzeichen und eine Brezel und werden wieder an ihren Platz zurückgeführt. Für Belustigung sorgen die Festwagen zu Imster Themen. Auf die Gefährte werden Zuschauer geholt, mit denen allerlei Schabernack getrieben wird. Dafür werden sie dann bewirtet. Den Schluss des Zuges bilden die Labera in Frack und Zylinder. Sie machen vom alten Rügerecht Gebrauch und geben örtliche Vorkommnisse in Wort, Bild und Gesang zum besten. Mit dem Betläuten um 18 Uhr endet das bunte Treiben.

Imster Maskentypen

Die Hauptgestalten sind die Roller und Scheller, die jeweils als Paar auftreten. Der Roller soll den Frühling verkörpern. Er trägt eine jugendliche weibliche Maske mit schönem Kopfputz, ein weisses, reichverziertes Leinenhemd, von der linken Schulter zur rechten Hüfte das Ritterband, um die

Laggescheller des Imster Schemenlaufs.

Hüften das Geröll, schwarze Kniehose, weisse Stutzen und Schnallenschuhe. Über Scheitel, Hinterkopf und Rücken hängt der Schleier. Mit der rechten Hand schwingt er den «Pemsl», den Pinsel. Der Scheller stellt mit seinem wuchtigen Kopfputz und einem überdimensionalen Schnurrbart das männliche Element dar und versinnbildlicht den Winter. Hinterkopf, Schulter und Rücken werden vom Schellertuch bedeckt. Um die Lenden trägt er «s Gschall», das sind drei bis vier grosse Kuhglocken, die 20 bis 30 Kilogramm wiegen. Er bringt sie zum Klingen, wenn ihn sein Roller zum Tanz auffordert. Ihre Tanzfiguren nennen sie «Ehestandsbewegungen»: gemeint sind die Bewegungen des Geschlechtsverkehrs, die sie in ganz eindeutiger Weise öffentlich zur Schau stellen.

Der Kopfschmuck der beiden Fasnachtsfiguren, der wie eine Mitra die Maske überragt und aus bunten Kunstblumen und allerlei Zierat besteht, hat im Volksmund zwei Namen «Aufputz» oder «Schein». Meint man damit wohl den falschen Schein, den die Maske den Zuschauern vorgaukelt? Im Zentrum des «Scheins» ist ein Spiegel eingearbeitet – das klassische Sinnbild der eitlen Selbstgefälligkeit.

Den Rollern und Schellern folgen einige Laggeroller und Laggescheller, ein verhutzeltes altes Paar. In Kleidung und Bewegungen äusserst originell, verulken sie die eleganten Sprünge und Tänze der Roller und Scheller. Ihre Bewegungen lassen erkennen, dass sie zu den «Ehestandsbewegungen» nicht mehr in der Lage sind.

Die Hexen mit ihrer Hexenmusik, angeführt von der Hexenmutter, bilden eine weitere Maskengruppe. Der Hexenvater spielt eine untergeordnete Rolle. Die hinkende Hexenahle, die Hexengrossmutter, ist die dritte Figur in dieser Gruppe. Die Hexen tragen ein «Gschnapp», eine zweigeteilte Holzlarve, die beim Öffnen und Schliessen des Mundes ein klapperndes Geräusch erzeugt.

Die Ordnungsmasken Sackner, Spritzer und Kübelmajen drängen mit ihren ballonförmigen, mit Mais oder Sägespänen gefüllten Säcken die Zuschauer zurück. Es gibt drei Typen: die Wifligsacknerin, den Turesackner und den Bauresackner. Die Wifligsacknerin trägt die «Fatzelkappe», eine wilde, hässliche weibliche Larve, einen schweren Faltenrock mit Mieder und eine bunte Schürze. Der Turesackner ist eine männliche Gestalt; er trägt einen hohen kegelförmigen Hut – «Ture» bedeutet Turm –, Lodenjanker oder -tuxer (bezeichnet nach seinem Herstellungsort Tux im Zillertal), dazu eine Halskrause, eine Pumphose in zwei verschiedenen Farben und verschiedenfar-

Laggescheller und Laggeroller (oben) stellen ein verhutzeltes altes Paar dar; sie verulken die eleganten Sprünge und Tänze der Roller und Scheller.

Zwei Altfrankspritzer in typischer barocker Kleidung mit Dreispitzhut und Knebelbartmaske von spöttischem Ausdruck.

Die Figur des Vogelhändlers in Alt-Imster Tracht erinnert an den im 17. und 18. Jahrhundert in Imst blühenden Vogelhandel.

bige Strümpfe. Der Bauresackner trägt die Kleidung eines Bauern aus dem vergangenen Jahrhundert, eine kurze Lederhose und eine lange weisse Unterhose.

Altfrankspritzer, Mohrenspritzer und Engelspritzer, die sich tänzelnden Schrittes fortbewegen, halten mit ihren meterlangen Metallspritzen den Weg frei. Wer sich sträubt, muss einen leichten Wasserstrahl in Kauf nehmen. Der Altfrankspritzer in typischer Barockkleidung mit Dreispitzhut und Knebelbartmaske von spöttischem Ausdruck ist die markanteste Figur. Der Mohrenspritzer, als Negerfürst gekleidet, ist das Gegenstück zum Engelspritzer. Der Mohr als Negativfigur in der mittelalterlichen christlichen Auffassung steht hier der Heilsfigur gegenüber.

Die Kübelmaje, ein sehr alter Maskentyp, trägt die einfache Tracht einer Almsennerin. In der einen Hand hält sie einen kleinen Holzkübel mit etwas Puder, in der anderen ein Tüchlein, mit dem sie Wohlgeruch auf die Gesichter der Zuschauer zu zaubern versucht.

Weitere traditionelle Figuren sind der Kaminkehrer oder Ruassler und der Vogelhändler, der an den im 17. und 18. Jahrhundert blühenden Imster Vogelhandel erinnert.

Zur Bärenbande gehören die braunen und weissen Bären mit den Bärentreibern, zwei bis drei Affen, die Pfeifer und der Bärenwagen. Nach dem österreichischen Volkskundler Dörrer ist der Bär das Symbol der Kraft, während die Treiber die Gefolgsleute der Wilden Männer darstellen.

Das Schellerlaufen in Nassereith

Unter den Fasnachtsorten in Tirol nimmt auch Nassereith am Fuss des Fernpasses mit seiner dörflich-bäuerlichen Fasnacht eine besondere Stellung ein. Sie zeigt am deutlichsten die heitere Note des Barock und Rokoko. Alle drei Jahre wird in Nassereith am Fasnachtssonntag das Schellerlaufen durchgeführt.

Nach dem Verklingen des Zwölfuhrläutens beginnt der Lärm der Masken im Dorf. Die Roller, Scheller und Kehrer mit ihren prächtigen, farbenfrohen Seidengewändern sind die Hauptmasken. Wiederum verkörpern die Scheller das männliche Element und den Winter, während die Roller mit der weiblichen Maske den Frühling darstellen sollen. Die Kehrer mit ihrem Besen, einem Kennzeichen der Nassereither Fasnacht, kehren symbolisch den Schnee und damit den Winter weg. Die

Die Kübelmaje (ganz oben) hat in ihrem Kübelchen duftenden Puder, den sie manch vorwitzigem Zuschauer mit einem Tüchlein ins Gesicht stäubt. Der Nassereither Trommler (unten) gehört zur Bärengruppe mit Treiber und Bär.

Roller und Scheller beim Schellerlaufen in Nassereith. Sie treten in prächtigen Gewändern aus farbenfroher Seide auf.

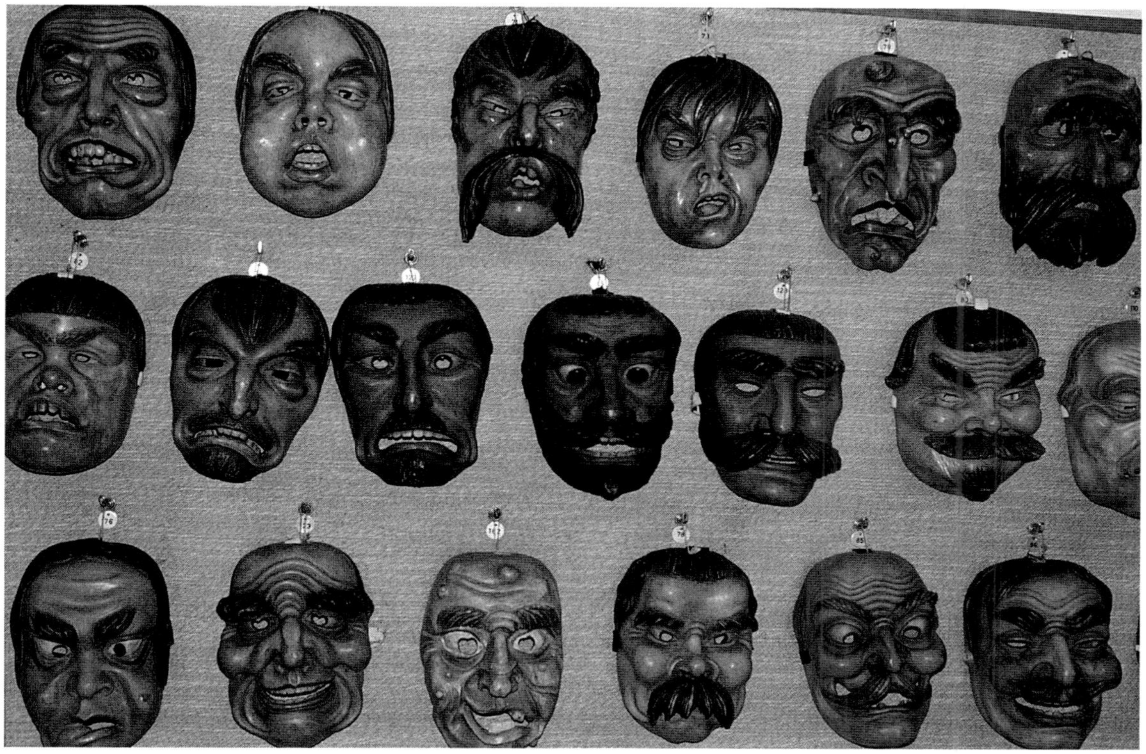

Masken für das Schellerlaufen in Nassereith, im Gemeindearchiv eingelagert. Es sind vor allem Charakterlarven, geschaffen von Bildhauer Franz Josef Kranewitter.

drei Figuren tragen Holzmasken und Kronen, geschmückt mit Federn, Flitterwerk, Bändern und einem Spiegel. Ihre Aufmachung erinnert an Bühnengestalten des Theaters und ist vermutlich von den Bühnen- und Kostümbildnern der Barockzeit beeinflusst. Besondere Verdienste erwarb sich der Künstler und Bildhauer Franz Josef Kranewitter (1893–1974), der Hunderte von Fasnachtslarven für Nassereith geschaffen hat.

Nicht weniger prunkvoll ausgestattet sind die Spritzer und Majen, die die Zuschauer mit Wasser besprengen. Der Ruassler schwärzt vor allem den jungen Mädchen das Gesicht. Zum Zug gehören auch Hexen. Für Ordnung sorgen die Sackner. Eine Besonderheit der Nassereither Fasnacht sind die Schnöller mit ihren langstieligen Peitschen.

Den Höhepunkt des Schellerlaufens bildet der Kampf des Bärentreibers mit dem Bären, der sechsmal wiederholt wird. Scheller, Roller, Kehrer und Majen bilden einen Kreis, in dessen Mitte der Kampf stattfindet. Der Bär als Symbol des Frühlings muss gewinnen, der den Winter darstellende Treiber wird besiegt.

Triumphierend beginnen die «Schönen» ihren Tanz. In das dumpfe Dröhnen der schweren Schellen mischt sich das helle Klingen der Glöckchen an den Leibgurten der Roller und das scharfe Knallen der langen Peitschen der Schnöller. Den Hexen folgen die Karner, eine der ältesten Fasnachtsgruppen, und dann die verschiedenen Festwagen. Mit dem Betläuten um 18 Uhr verstummt der Lärm. Der grosse Tag der Nassereither Fasnacht ist zu Ende.

Axamer Wampelerreiten

In Axams bildet alle vier Jahre das Wampelerreiten den Höhepunkt der Fasnacht. Am frühen Morgen eröffnet die Musikkapelle den Umzug. Voran laufen die Axamer Tuxer in Seidenschürzen und -tüchern mit ihren Geisseln. Sie sind die Ordnungshüter des Umzugs. Sobald sie ihre Aufgabe erledigt haben, laden sie die Mädchen und Frauen unter den Zuschauern zu einem Tanz ins Wirtshaus ein.

Zuerst ziehen die Fasnachtsgruppen friedlich eine Runde durch das Dorf, voran in schleichendem Gang die drei Tuxer mit schönen Larven und vornehm herausgeputzt in barocken Pumphosen und Trachtenschürzen aus schillernder Seide. Mit

Larven von Holzbildhauer Zeisler aus Axams: im Bild ganz oben links Tuxer, rechts Wampeler, unten die Maske der Jungbäuerin.

dabei ist der Axamer Bock, das Wahrzeichen des Ortes. Ihm folgen Hexen, Laninger, das sind fahrendes Volk und Hausierer, ein «Bujazl» in Harlekinskleidung und andere Maskenfiguren und Fasnachtswagen.

Den Mittelpunkt des Zuges bilden die Wampeler, deren Name Fettwanst bedeutet und von ihrem dicken Bauch herrührt. Über der Hose tragen sie einen roten Damenrock, dazu ein weisses Hemd aus grobem Leinen, das mit Heu ausgestopft ist. Auf dem Kopf sitzt eine schwarze Haube, vor dem Gesicht eine Holzmaske.

Masken und Hauben werden für den zweiten Maskenumgang, die «Kampfrunde», abgelegt. Die Wampeler bleiben in einem Rudel beisammen, immer bemüht, sich gegenseitig Rückendekkung zu geben, denn unter den Zuschauern lauern die Reiter, welche die Wampeler anspringen, um sie auf den Rücken zu werfen. Jene Wampeler, welche die Kampfrunde durchs Dorf heil überstehen, werden später gefeiert.

Das Mullerlaufen von Thaur

Das Huttler- oder Mullerlaufen ist in den Dörfern Mühlau, Arzl, Rum, Thaur und Absam nordöstlich von Innsbruck ein alter Fasnachtsbrauch, der alle drei bis vier Jahre stattfindet. Die Hochburg des Mullerlaufens ist Thaur. Die Bezeichnung «Mullerlaufen» kommt von der typischen Geste der Maskenfiguren, dem «Abmullen», einem leichten Schlag, den die Muller den Zuschauern auf die Schulter versetzen. Er soll nach dem Volksglauben den Frauen Fruchtbarkeit und den Männern Manneskraft geben.

Der Name «Huttler» lässt sich auf «Hutten», die Bezeichnung für Hadern, Lappen, Lumpen oder Fetzen zurückführen. Die Huttler bevorzugen nämlich Fleckerlkostüme, die mit Stoffetzchen, Federn, Holzklötzchen und Glöckchen besetzt sind. Je nach Gewandung nennt man die verschiedenen Gruppen Zottler, Flöckler, Zaggeler, Klötzler und Glöggler. Der Zottler trägt eine schreckenerregende Maske, an der hinten ein Seidentuch herabhängt. An seinem Gewand sind Wachsfransen und dunkle Wollfäden befestigt. In der Hand hält er eine bis fünf Meter lange Geissel. Am blauen Gewand des Zaggelers hängen ringsum farbige Wollquasten und Glöckchen. Das Gewand des Klötzlers schmücken Holzplättchen, dasjenige des Flecklers oder Flöcklers Stoffflicken, der Flitscheler hat seinen Namen von den «Türkenflitschen», getrockneten Maisblättern. Alle Maskenfiguren tragen in der Hand eine Weidenrute. Die Maske der Huttler trägt einen Schnurrbart, der Mund ist halbgeöffnet. Als Kopfbedekkung tragen sie einen Filzhut mit Wildbalg und Pfauen-, Birkhahn- oder Raubvogelfedern, einem Spiegel, Kunstblumen und Flitterwerk verziert.

Die prächtigsten Maskenfiguren der Thaurer Fasnacht sind die Spiegel- und Altartuxer mit ihrem bis zu einem Meter hohen Kopfputz. Der Hütltuxer in der Alt-Zillertaler Bauerntracht umtanzt beim Umzug den Altartuxer. Zu ihnen gesellen sich Melcher, Senner, Wirt und Kellnerin.

Neben den Traditionsgruppen mit ihren Festwagen bereichern weitere Masken das Mullerlaufen. So treten Hexen und der Ziegenbock auf, die durch ihre gewaltigen Sprünge auffallen. Das Fasserrössl wird als Erinnerung an den Bergbau gedeutet, als das Eisen mit einem Rösslein zu den Bergleuten gebracht wurde. Auch eine Wildmannmaske nimmt teil, der Krameter, eine ganz in Wacholderzweige gekleidete Gestalt mit einer Holzmaske. Mit ihrer stechenden Kleidung drängt sie die Zuschauer zurück.

Maskenfiguren des Mullerlaufens in Thaur: Zaggeler, ganz links, Melcher in kurzer Hose, in der Mitte zwei Weisse und rechts Zottler mit Schreckmaske.

Zaggelermaske von Holzbildhauer Speckbacher aus Thaur.

Zaggeler von Thaur in Tirol, eine männliche Holzmaske mit auffallendem Kopfputz mit Blumen und Federn.

Die Spiegeltuxer mit ihrem bis zu einem Meter hohen Kopfputz gehören zu den prächtigsten Fasnachtsmasken im Alpenraum.

Figuren der Absamer Fasnacht: rechts aussen eine Zottlermaske von Schnitzer Josef Prantner aus Absam, oben eine Tuxerlarve.

Der Hiatltuxer trägt die typische Trachtenkleidung, eine knielange Lederhose und dazu weiss-grüne «Wadlstutzen». Die Maske zeigt die Züge eines jungen Burschen.

Absamer Fasnacht

Absam ist ein Nachbardorf von Thaur. In Chroniken ist dort das Huttlerlaufen seit dem 18. Jahrhundert bezeugt. Absam kennt ganz ähnliche Maskenfiguren wie die Thaurer Huttler und Tuxer.

Die Hiatl-, Spiegel- und Bandtuxer der Absamer Fasnacht tragen zum typischen Trachtenjanker eine knielange Lederhose und weissgrüne «Wadlstutzen». Die Maske trägt die Züge eines jungen Burschen. Der Aufputz ist dem des Thaurer Spiegeltuxers ähnlich, ist aber kleiner. Er weist oben den Spielhahnstoss, riesige Federn des Birkhahns, und hinten zwei lange, weisse Hahnenfedern auf. Der prächtige Aufputz des Bandltuxers besteht aus Seidenblumen, Metallkugeln und farbigem Flitterschmuck. In der Mitte ist ein Spiegel angebracht, daneben Hahnenfedern. Über den Rücken fallen die farbigen Bänder, die der Figur ihren Namen gegeben haben, daran festgebunden sind Salzteigbrezeln. Das grosse Gewicht des Kopfputzes ist der Grund für den typischen schleichenden Gang der Tuxer.

Tuxergruppe aus Absam. Den Kopfputz schmücken oben schöne Hahnenfedern.

Ein Absamer Original ist der Bock. Mit gespornten Stiefeln und einem langen, wallenden Mantel zieht er umher. Seine Begleiter versuchen vergeblich, ihn zu melken, er weicht ihnen immer wieder aus. Auch das Absamer Fasserrössl wehrt sich erfolgreich gegen seine Begleiter. Es sind Schmiede, die vergeblich versuchen, es zu beschlagen. Zur Absamer Fasnacht gehören auch der Bärentreiber und der Bär. Der Bärentreiber versucht, den Bären zu dressieren, was aber nicht gut gelingt. Diese Gruppe bildet den Abschluss der «Maschgerer».

Schleicherlaufen in Telfs

Das Telfer Schleicherlaufen nimmt eine herausragende Stellung im Fasnachtsbrauchtum ein. Es zeichnet sich durch eine besondere, zum Teil altertümliche Originalität aus, wobei der für Gebirgslandschaften typische Reliktcharakter besonders offenkundig zutage tritt.

Die Telfer Fasnacht beginnt am Dreikönigstag, mit dem Ausgraben des «Naz», einer die Fasnacht versinnbildlichenden Stoffpuppe. Den Höhepunkt bildet der grosse Tag des Schleicherlaufens, das alle fünf Jahre stattfindet. Das Schleicherlaufen wird bereits 1749 urkundlich erwähnt und gehört zu den grossen Schauspielen der Tiroler Fasnacht.

Um sieben Uhr morgens wird eine riesige Sonne durch Telfs getragen, um für den Umzug schönes Wetter zu erbitten. Zwei Stunden später ziehen die Wilden, ganz in Baumbast gehüllt, die Ureinwohner darstellend, in geschlossenem Zug mit dem Panzenaff durch den Ort. Beim Meaderloch wird der Bär eingefangen und gezähmt. Während die Wilden an den Sammelplatz zurückkehren, werden die Schleicher, die prächtigsten Gestalten der Telfer Fasnacht, in Kutschen abgeholt.

Um 11 Uhr setzt sich der grosse Zug in Bewegung. Die Wilden haben für Ordnung zu sorgen. Hinter den Fanfarenbläsern kommt der Laternenträger, eine im gesamten Alpenraum einzigartige Maske; der Laternenträger ist auch die einzige Maske, die beim Totengedenken vor dem soge-

Wilder der Telfer Fasnacht mit hölzerner Halbmaske und langem Schnauz. Die Gestalt ist ganz in Baumbart gehüllt.

nannten Schleicherball beim Friedhofaufgang anwesend ist. In bunten Gewändern aus Samt und Seide folgen die Schleicher mit Drahtmaske und dem kunstvollen Schleicherhut, dem Schellengürtel, einem Fähnchen und einem Stab mit Brezeln. Sie bewegen sich lautlos fort, bis sie plötzlich lärmend aufspringen und zu tanzen beginnen.

Der Schleichertanz

Die Gruppe der Schleicher begleiten Wirt, Kellnerin, Gläserbub, Tuxer, Senner und Sennerin sowie der Goasser. Dieser kündigt mit einem Alphornstoss den Beginn und das Ende des Tanzes an. Der Goasser trägt am Bauch vier kleine Bronzeschellen und dreht sich, während die Schleicher hüpfen, um seine eigene Achse.

Beim Schleichertanz bilden die Schleicher einen riesigen Kreis, in dessen Mitte Tuxer und Tuxerin, Bauer und Bäuerin, im selben Takt wie die Schleicher ihre strengen Tanzschritte machen, während Sennerin und Senner etwas schneller als diese tanzen. Ohne zu tanzen, stehen im Innenkreis der Wirt, die Kellnerin und der Gläserbub. Ihre Aufgabe ist es, die zu ehrenden Gäste beim «Kroashupf'n» hochleben zu lassen, worauf die Kellnerin eine Geldspende kassiert. Der letzte «Kroas» beim Kirchenaufgang vor dem Friedhof der Pfarrkirche gilt den verstorbenen Fasnachtlern.

Die Bären- und die Exotengruppe erfreuen die Zuschauer mit ihren zirkusreifen Einlagen. Ihnen folgt die Gruppe der Laninger, die das Völklein der Landfahrer darstellen. Die Gruppe bewacht und beschützt den Naz, die die Fasnacht versinnbildlichende Hofpuppe. Mit dem Naz-Eingraben am Fasnachtsdienstag endet die Fasnacht.

Am Montag nach dem Schleicherlaufen herrscht ein grosser Fasnachtsrummel. Höhepunkte sind das Scheren der Bärte der Fasnachtler und die Versteigerung der Wagen des Umzugs. Ein Teil des Geldes wird jeweils einem guten Zweck zugeführt.

Sterzing in Südtirol

Südtirol besitzt eine starke Maskentradition, die sich im religiösen wie im weltlichen Brauchtum, in den Nikolospielen, im Fasnachtsbrauchtum und in den Passionsspielen, zeigt. Einflüsse aus dem nördlichen alpinen Maskenbrauchtum, vor allem aus Tirol, und aus dem Süden mit der Commedia dell'arte des venezianischen Raumes haben sich hier vermengt.

Spielmasken aus Sterzing werden schon 1469 erwähnt. Der Ort zählte schon im ausgehenden Mittelalter zu den bedeutenden Oster- und Fasnachtsspielstädten des deutschen Sprachraumes. Den Beweis dafür liefert eine zwischen 1510 und 1535 vom Maler Vigil Raber aufgezeichnete Sammlung von Fasnachtsspielen aus dem Sterzinger Raum. Eine zentrale Bedeutung hat in Sterzing bis heute das Fasnachtsspiel von der Altweibermühle. Während des Mühlen-Spektakels singen die umstehenden Männer das die ledigen Frauen verspottende «Mooslied», in dem empfohlen wird, alle «Madln» über dreissig einzusammeln und sie als Pfähle in ein benachbartes Sumpfgebiet zu rammen.

Viele Holzmasken sind von Antiquitätenhändlern und Museen gekauft worden. Der einzige geschlossene Maskenbestand in Südtirol befindet sich in den beiden Stadtmuseen in Bozen und Meran. Es sind vor allem Masken aus dem Vinschgau und dem Pustertal, wo sich die Maskentradition erhalten hat, zum Beispiel bei den Nikolospielen in Stilfs. In Stilfs und im Ahrntal arbeiten auch noch Maskenschnitzer.

Norbert Kühbacher hat eine alte Tradition wieder aufleben lassen, indem er mit dem Vigil-Raber-Ensemble seit 1986 die Osterspiele veranstaltet. Für das Spiel schaffen sie die entsprechenden Holzmasken selber. Es sind Charaktermasken, die im Stück eine ganz bestimmte Rolle übernehmen.

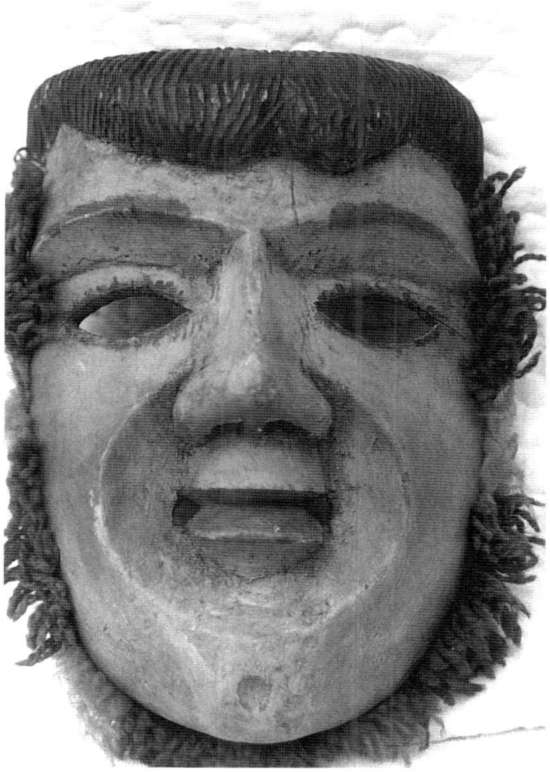

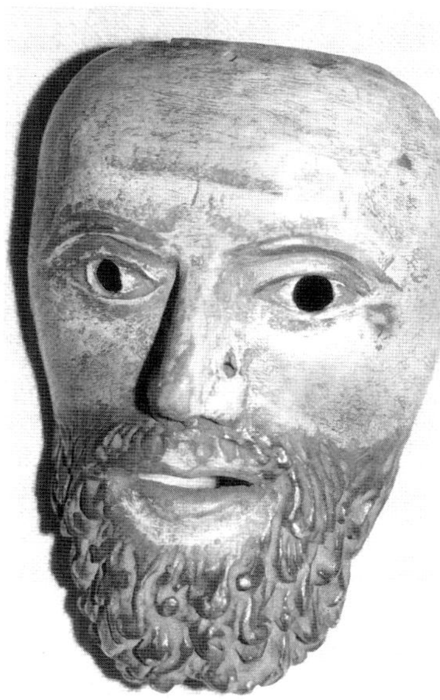

Oben links eine als Theatermaske verwendete Charaktermaske von Norbert Kühbacher aus Sterzing in Südtirol, rechts eine Charaktermaske der Südtiroler Nikolospiele. Unten Teufels- oder Luzifermasken der Nikolospiele. (Oben rechts und unten links aus dem Stadtmuseum Bozen.)

Fasnachtsmaskenseligkeit
Ein Nachwort

Bücher über die Fasnacht haben seit Jahrzehnten Konjunktur. Bekannte und junge Autoren behandeln das unerschöpfliche Thema unter immer neuen Aspekten und finden mit ihren Arbeiten meist zahlreiche Käufer und Leser. Publikationen wie das gross angelegte, umfassende Werk von Albert Bärtsch, in welchem das Fasnachts- und Maskenbrauchtum in der Schweiz, in Süddeutschland und in Österreich in den Blick genommen wird, füllen deshalb immer noch Marktlücken.

Alles, was mit dem Faszinosum Maskierung und Maskentragen zusammenhängt, stösst nach wie vor auf grosses Interesse. Ungebrochen ist das Bedürfnis vieler, sich an Fasnacht zu verkleiden und das Gesicht hinter einer Maske zu verbergen. Andere, die sich nicht aktiv am fasnächtlichen Mummenschanz beteiligen, bewundern jährlich zu Tausenden das farbenprächtige Spektakel von Narrensprüngen und -umzügen oder bestaunen in Museen die Zeugnisse fasnächtlicher Maskenbräuche.

Gleichviel ob in Gestalten und Bräuchen der Fasnacht Elemente zu finden sind, die auf einen uralten Zusammenhang mit vorchristlichen Kulthandlungen um Wachstum und Licht, um Fruchtbarkeit und Sommersegen hindeuten, oder ob sich im Fasnachtsbrauchtum Reste eines christlichen Sünden- und Erlösungsspiels erhalten haben, ob also manche unserer Fasnachtszeremonien Signale aus einer verdeckten religiösen Welt sind, dies alles würde nicht ausreichen, um die Fasnacht und das damit verbundene Maskentragen am Leben zu erhalten. Dazu bedarf es stärkerer Antriebskräfte, die in der menschlichen Natur zugrundegelegt sind, also etwa die von jedem kultischen Zweck unabhängige Lust, sich zu verkleiden und zu maskieren.

Maske, Larve oder Scheme (Gesichtsvermummung) und Häs (Gewand) ermöglichen es dem Menschen, vorübergehend aus den Zwängen des Alltags auszubrechen, Bindungen zu lockern und Spannungen abzubauen. Der Maskierte kann wenigstens für kurze Zeit ein anderer sein, «ausser sich» sein, spielerisch Wunschträume realisieren. Insofern wird die Fasnachtszeit, wenn sie recht genutzt wird, zur Erholungszeit für den stressgeplagten Menschen, erhalten Fasnachtsveranstaltungen eine psychohygienische Funktion.

Die Maskierung verändert ausserdem die zwischenmenschlichen Beziehungen. «Larve und Gewand fügen den Träger ein in eine Gemeinschaft von Gleichgesinnten und Gleichgestimmten und geben ihm das Gefühl einer Wesens- und Machterhöhung» (Wilhelm Kutter), ein Grund dafür, dass trotz aller Eindämmungsversuche fasnächtliche Massenveranstaltungen nichts von ihrer Anziehungskraft verloren haben. Es macht den Fasnachtern Spass, sich mit vielen anderen Maskierten auf Strassen und Plätzen zu tummeln und Dinge zu tun, die ihnen sonst verwehrt sind.

In der Regel braucht der Fasnachter ein Publikum, er braucht die reale Alltagswelt; denn er spielt seine Rolle nicht, um sich von dieser realen Alltagswelt gänzlich abzusondern, vielmehr um sich von seinem neuen Standpunkt aus auf die ihm gemässe Weise mit ihr auseinanderzusetzen.

Ausser den «zünftigen» Maskenträgern traten immer schon und treten neuerdings vermehrt die sogenannten «wilden Masken» auf. Zum Erscheinungsbild der Fasnacht gehören die organisierten traditionellen Maskentypen ebenso wie die frei gestalteten Maskenformen. Die Freiräume für individuelle fasnächtliche Verkleidung und Maskierung werden grösser, die Toleranz der «zünftigen» gegenüber den «wilden» Fasnachtern mit ihren aus Imagination, Phantasien, Wünschen und Ängsten entstandenen Masken nehmen zu.

Daneben gibt es auch den Typ des besinnlichen, in sich gekehrten Maskenträgers, wie er uns zum Beispiel während der Basler Fasnacht abseits des gewaltigen Spektakels der Cliquenzüge begegnet, wenn ein Pfeifer allein oder zusammen mit einem Trommler verträumt durch die Gassen der Altstadt zieht oder wenn eine kleine Gruppe, ein sogenanntes «Schiessdreckzügle», beim «Gässeln» ist. In diesen Fällen kommt es weder auf eine grosse Teilnehmerzahl noch auf ein zuschauendes und zuhörendes Publikum an. Wenn ein fasnächtlich vermummter Narr sich äussert, dann sind Rede und Gestik ungehemmt und frei. Anders als sonst sagt und zeigt er dem Mitmenschen, was er über ihn denkt, mit närrischer Noblesse, aber geradeheraus und deutlich, getreu dem Sprichwort, dass nur Kinder und Narren die Wahrheit sagen.

Schliesslich werden an Fasnacht die «normalen» Verhältnisse umgekehrt, wobei dies nicht auf «Systemveränderungen» zielt und die Narrenschelte nicht Ausfluss unstillbarer Kritiksucht ist; vielmehr weist das Verhalten des Narren darauf hin, dass er in besonderer Weise um die Fragwürdigkeit menschlicher Existenz, um die Vorläufigkeit und Unzulänglichkeit allen menschlichen Handelns weiss. Dieses Wissen steigert seine Lebensfreude, nicht so sehr die laute Schadenfreude, sondern die stille Freude des weisen Narren, der die Unvollkommenheit für die liebenswerteste Eigenschaft des Menschen hält und der sich und andere nicht zu wichtig nimmt.

Fasnacht ist demnach etwas anderes als Vergnügungsbetrieb, Zeitvertreib und Zerstreuung von Langweile. Fasnacht ist für den, der sie zu feiern versteht, ein Hochfest. An Fasnacht ist der Narr mit sich und mit der Welt im reinen. Hier ist er Mensch, hier darf er's sein. Er fühlt sich fast wie im Paradies, obwohl er weiss, dass es ein Paradies von Dauer auf dieser Welt nicht gibt. Deshalb feiert der echte Narr Fasnacht im klaren Blick auf den Aschermittwoch, den er voll akzeptiert und der im Grunde zur Fasnacht dazugehört.

Die Fasnacht mit ihrem Maskentreiben ist also ein komplexes Phänomen mit zahlreichen Wurzeln und einer Fülle von Erscheinungsformen, ein vielschichtiges, vieldeutbares Volksereignis, eine eigene Welt. Dies wird durch das Buch von Albert Bärtsch, das die wachsende Zahl von Neuerscheinungen zum Thema Fasnachts- und Maskenbrauchtum hervorragend ergänzt und dem wir eine grosse Verbreitung wünschen, überzeugend bestätigt.

Dr. Franz Götz
Präsident des Vereins
Fasnachtsmuseum Langenstein e. V.

Anhang

Holzmasken aus dem deutschsprachigen Raum in Museen

Schweiz

Volkskundemuseum Basel
Rietbergmuseum Zürich
Historisches Museum St. Gallen
Museum Schloss Sargans
Ortsgemeindemuseum im alten Rathaus Walenstadt
Museum Rempen Siebnen
Paul Strassmanns Bündner-Maskenmuseum Zürich
Museum A. Achermann, Hemikerberg, Luzern
Museum Gallizunft Kriens
Museum Maskenfreunde Luzern
Zunftstube Heini von Uri Sursee
Ethnographisches Museum Genf

Deutschland

Ausschliesslich Masken und Maskenfiguren:
Fasnachtsmuseum Schloss Langenstein, Orsingen-Nenzingen
Narrenschopf Bad Dürrheim
Oberrheinische Narrenschau Kenzingen
Schloss-Narrenstuben Bonndorf

weitere:
Deutsches Fasnachtsmuseum Kitzingen
Museum für Völkerkunde Berlin
Museum für Völkerkunde Frankfurt
Museum für Völkerkunde Hamburg
Werdenfelser Museum, Garmisch-Partenkirchen
Freiburger Fasnetmuseum
Heimatmuseum Wolfach
Heimatmuseum Elzach
Hexenkeller Offenburg
Stadtmuseum Rottweil
Franziskaner-Museum Villingen
Narrenmuseum Niggelturm Gengenbach
Heimatmuseum Mittenwald
Museum Oberes Donautal, Heimatmuseum Fridingen
Heimatmuseum Oberndorf am Neckar
Heimatmuseum Steinach
Schwarzwaldmuseum Triberg im Schwarzwald
Heimatliche Sammlung Weingarten
Heimatmuseum im Storchenturm Zell am Harmersbach
Germanisches Nationalmuseum Nürnberg
Heimatmuseum Fladungen (a. d. Röhn)

Österreich

Tiroler Volkskunst-Museum Innsbruck
Salzburger Museum Carolino Augusteum Salzburg
Volkskundemuseum Wien
Museum Bludenz
Heimatmuseum Imst
Fasnachtsmuseum Absam
Heimatmuseum Rauris
Heimatmuseum Altenmarkt
Heimatmuseum Mitterndorf
Heimatmuseum Ausserland Bad Aussee
Heimatmuseum Ebensee
Oberösterreichisches Landesmuseum Linz
Landesmuseum Trautenfels
Museum Matrei
Heimatmuseum Nassereith (im Rathaus)
Heimatmuseum Badgastein

Italien, Südtirol

Stadtmuseum Bozen
Stadtmuseum Meran

Belgien

Musée international du carnaval et du masque, Binche

Literatur- und Quellenverzeichnis

Abraham a Sancta Clara (J. C. Megerle/J. Chr. Weigel): Centi-Folium Stultorum in Quarto Oder Hundert Ausbündige Narren, Nürnberg 1709, Neudruck, Dortmund 1978 (Die Bibliophilen Taschenbücher, 51).

Afrikanische und Schweizer Masken im Museum Rietberg, Pestalozzianum Zürich und Rietbergmuseum 1976.

Annoni, M./Lüönd, K.: Die Luzerner Fasnacht. Trommeln, Träume, Traditionen, Luzern 1984.

Arbeitsgruppe Brauchtum Unterägeri (Hg.): Brauchtum in Unterägeri 1991.

Bastian, H.: Mummenschanz. Sinneslust und Gefühlsbeherrschung im Fasnachtsspiel des 15. Jahrhunderts, Frankfurt 1983.

Baumann, W./Wolgensinger, M.: Folklore Schweiz. Brauchtum – Feste – Trachten, Zürich 1979.

Bäurer H.-G.: Brunnenheilige im Narrenhäs. Narrenbrunnen und närrisches Wasserbrauchtum einst und heute, Konstanz 1977.

Ders.: Fasnet im Hegau, am Bodensee und im Linzgau. In: H. Berner (Hg.): Fasnet im Hegau und Linzgau, Konstanz 1982, S. 96–213.

Bausinger, H.: Für eine komplexere Fastnachtstheorie. In: Jahrbuch für Volkskunde N. F. 6, 1983, S. 101–106.

Ders. (Hg.): Narrenfreiheit. Beiträge zur Fasnachtsforschung, Tübingen 1980 (Untersuchungen des Ludwig-Uhland-Instituts, 51).

Bendix, R./Nef, T.: Silvesterkläuse in Urnäsch (= Appenzeller Brauchtum, Bd. 1), hg. v. Walter Irninger, St. Gallen 1984.

Berner, H. (Hg.): Fasnet im Hegau, Singen 1959.

Ders.: Fasnet in Singen. In: Bodensee-Hefte 15, 1964, H. 2, S. 10 f.

Ders.: Fasnacht und Historie. In: Fasnacht. Beiträge des Tübinger Arbeitskreises für Fasnachtsforschung, Tübingen 1964 (= Volksleben, 6), S. 42–71.

Ders. (Hg.): Fasnet im Hegau und Linzgau, Konstanz 1982.

Bertschi, H.: Masken und Gesichter, Basel 1982.

Blümcke, M.: Schwäbisch-alemannischer Maskenbrauch. In: Schwäbisch-alemannischer Narrenbote 6, 1982 S. 15f.

Ders.: Gestalten der schwäbisch-alemannischen Fasnacht, Konstanz 1989.

Brant, S.: Das Narrenschiff. Nach der Erstausgabe (Basel 1494) mit Zusätzen der Ausgaben von 1495 und 1499 sowie den Holzschnitten der deutschen Originalausgaben, Hg. v. Manfred Lemmer, Tübingen 1968 (Neudrucke deutscher Literaturwerke, Neue Folge, 5).

Ders.: Das Narrenschiff, mit Einleitung, Kommentar und Anhang, hg. v. Friedrich Zarncke, Leipzig 1854.

Brednich, R. W.: Die Altweibermühle in der Wolfacher Fastnacht (=Textbegleitheft zum Film des Instituts für den Wissenschaftlichen Film in Göttingen), Göttingen 1979.

Brockmann-Jerosch, H.: Aus Schweizer Volksleben, 2 Bände, Erlenbach/Zürich, 1931/1933.

Bruegel, P.: Pieter Bruegel d. Ä. als Zeichner, Ausstellungskatalog, Berlin 1975.

Brüggemann, F.: Das Nürnberger Schembartbuch der Kieler Universität. In: Mitteilungen der Wissenschaftlichen Gesellschaft für Literatur und Theater 8, 1930, S. 1–15.

Ders.: Vom Schembartlaufen, Leipzig 1936 (Meyers Bunte Bändchen, Nr. 34).

Chappaz, M.: Lötschental, Frankfurt 1990.

Christ, R. B./Meier E. A.: Fasnacht in Basel (= Basler Schriften, Bd. 16), Basel 1969.

Cuoni, E.: Die Luzerner Fastnacht, Luzern 1978.

Cysat, R.: Collectanea Chronica und denkwürdige Sachen pro Chronica Lucernensis et Helvetiae, bearbeitet von J. Schmid, Luzern 1969 (= Quellen und Forschungen zur Kulturgeschichte von Luzern und der Innerschweiz, 4).

Cysatiana. Volkskundliches aus dem Kanton Luzern um die Wende des 16. Jahrhunderts. In: Schweizerisches Archiv für Volkskunde 14, 1910, S. 273 f.

D'Ayala G./Boiteux M.: Carnavals et mascarades, Paris 1988.

Dettling, A.: Das «Moosfahren» in Muotathal. In: «Schwyzer Zeitung, Nr. 8, Schwyz 1912.

Dörrer, A.: Tiroler Fasnacht innerhalb der alpenländischen Winter- und Vorfrühlingsbräuche, Wien 1949.

Dülmen, R. von (Hg.): Hexenwelten. Magie und Imagination vom 16. bis 20. Jahrhundert, Frankfurt 1987.

Eberle, A.: Volkskundliches aus Flums. In: Schweiz. Archiv für Volkskunde 34, 1935, S. 234–247.

Eberle, O.: Die Muotataler Moosfahrt heute und einst. In: Schweiz. Archiv für Volkskunde 29, 1929.

Ders.: Die Japanesenspiele in Schwyz. In: Fastnachtsspiele, VII. Jahrbuch der Gesellschaft für Schweizerische Theaterkultur, Luzern 1935, S. 5–53.

Erich, O. A./Beitl, R.: Wörterbuch der deutschen Volkskunde, Stuttgart 1974.

Fasnachtsgesellschaft «Goldmäuder», Einsiedeln (Hg.): Einsiedler Fasnacht, Volkskundlicher Beitrag zum Jubiläum 50 Jahre Fasnachtsgesellschaft «Goldmäuder», Einsiedeln 1980.

Fassnacht, H.: So ein Narr, Konstanz 1989.

Frei, B.: Die Fastnachtslarven des Sarganserlandes. In: Schweizerisches Archiv für Volkskunde 40, 1942/43, S. 65–109.

Ders.: Die Fastnachtslarven des Sarganserlandes, Ausstellungskatalog, Winterthur 1972.

Ders.: Ein Bauernschnitzer im Sarganserland. In: Schweiz. Archiv für Volkskunde 68/69, 1972/73, S. 120–125.

Fuchs, S.: Der Märchler Rölli. In: Marchring 15, Siebnen 1977.

Führer durch das Gasteiner Museum, Badgastein 1977.
Gächter, O.: Wallenstadter Fastnachtsleben auf den Strassen. In: Schweizer Volkskunde 24, 1934, S. 65–69.
Galli Zunft Kriens, Luzern 1982.
Gapp, J.: Die grosse Fasnacht. Das Schleicherlaufen in Telfs. In: Tiroler Heimatblätter 1/1990.
Götz, F.: Führer durch das Fasnachtsmuseum im Schloss Langenstein, Langenstein 1977.
Gubser, P./Stauffacher W.: Walenstadter Fasnachtsbuch, Mels und Flums 1977.
Gyr, M.: Schwyzer Volkstum, Einsiedeln 1955.
Haider, F.: Tiroler Brauch im Jahreslauf, Innsbruck/Wien/Bozen 1985.
Hany, T.: Die Schlossnarrenstube Bonndorf und die Bonndorfer Fasnacht, Konstanz 1986.
Heim, P. Johannes: Kleine Geschichte der March, Band III, Wangen-Nuolen 1984.
Heim, W.: Volksbrauch im Kirchenjahr heute, Basel 1983 (Schriften der Schweizerischen Gesellschaft für Volkskunde 67).
Herterich, W.: Freiburger Fasnet – einst und jetzt, Freiburg i. Br. 1974.
Historische Narrenzunft Villingen (Hg.): Chronik der Historischen Villinger Fasnet, Villingen 1984.
Hoffmann-Krayer, E.: Die Fastnachtsgebräuche in der Schweiz. In: Schweizerisches Archiv für Volkskunde 1/1897, 47–57 u. 126–142 (Neudruck in: Hoffmann-Krayer, E., Kleine Schriften zur Volkskunde, Basel 1946).
Ders.: Zur Altweibermühle. In: Archiv für das Studium der neueren Sprachen und Literaturen 104, 1900, S. 355.
Ders.: Ältere Zeugnisse betreffs parodierte Bischofswahl. In: Schweizerisches Archiv für Volkskunde 7, 1903, S. 201–209.
Ders.: Feste und Bräuche des Schweizer Volkes, Neubearbeitung von Paul Geiger, Zürich 1940.
Hohl, J.: Schwäbisch-alemannische Fasnacht in Altdorf-Weingarten, Allensbach 1974.
Ders.: Fasnet in Altdorf-Weingarten. In: Schwäbisch-alemannischer Narrenbote 3, 1979, S. 3f.
Hugger, P.: Die Volksmärsche. In: Schweizer Volkskunde 62, 1972, S. 20–26.
Ders.: Fasnacht in Zürich, Zürich 1985.
Ineichen, F.: Brauchtum in der Zentralschweiz, Luzern 1966.
Jacob, A. M.: Menschen als Mahlgut. Georg Anton Bredelins Fastnachtsspiel von der «Altweibermühle von Tripstrill» in seinem geistes- und kulturgeschichtlichen Kontext, Zulassungsarbeit (masch.), Heidelberg 1982.
Kälin, J.: Narrhalla Lachen 1864–1989. Streifzug durch 125 Jahre Lachner Fasnacht, Lachen 1989.
Kamer, P.: Wintereinbruch im Schwyzerland. In: Heimatleben, Olten 6/1970 und 1/1971.
Kapfhammer, G.: Brauchtum in den Alpenländern, München 1977.
Kaufmann, P.: Brauchtum in Österreich, Wien/Hamburg 1982.
Kitamura, K./Cesco, F. de: Schweizer Feste und Bräuche, Bern 1970.
Dies.: Die hundert schönsten Volksfeste, Zürich 1980, Würzburg 1981.
Koenig, O.: Klaubaufgehen, Hamburg 1980.
Ders.: Klaubauf–Krampus–Nikolaus, Wien 1983.
Korff, G.: Wilde Masken, Tübingen 1989.
Kriegk, G. L.: Deutsches Bürgertum im Mittellater, Nachdruck von 1896, Frankfurt 1969.
Küchler, P.: 100 Jahre Älplergesellschaft Sarnen 1882–1982, Älplergesellschaft Sarnen, Sarnen 1982.
Küffer, P.: Fulehung, Thun 1989.
Künzig, J.: Die alemannisch-schwäbische Fasnet, Freiburg i. Br. 1950.
Kutter, W.: Landschaften und Gestalten der schwäbisch-alemannischen Fasnacht, Offenburg 1964.
Ders.: Der Strohmann in der Wilflinger Fasnacht, Publikationen des Institutes für den wissenschaftlichen Film, Göttingen 1966 (E 1168).
Ders.: Schwäbisch-alemannische Maskenfiguren, Führer durch den Narrenschopf in Bad Dürrheim, Stuttgart 1975.
Ders.: Die schwäbisch-alemannische Fasnacht, Künzelsau/Thalwil/Salzburg 1976.
Krausbeck, J.: Aus der Geschichte der Wolfacher Fasnet. In: Die Ortenau 35, 1955, S. 130–141; 36, 1956, S. 55–62.
Krausbeck, J./Knauss, F.: Wolfach. Masken unserer Stadt, Stuttgart 1974.
Krumm, E.: Masken unserer Stadt Elzach, Stuttgart 1975 (= Skripta-Reihe).
Lambrecht, K.: Rottweiler Narren-Fibel, Rottweil 1988.
Lehmann, W.: Narronentum in Laufenburg. In: Schwäbisch-alemannischer Narrenbote 6, 1982, S. 20 f.
Leibbrand, J.: Vom befleckten Leib zum «Flecklehäs». In: Bausinger, H. (Hg.), Narrenfreiheit. Beiträge zur Fastnachtsforschung, Tübingen 1980 (Untersuchungen des Ludwig-Uhland-Institutes der Universität Tübingen, 51), S. 139–175.
Ders.: Vom Sinn der Fastnacht. In: Kaltenbrunner, G.-K.: Macht der Masken, Freiburg 1982 (Herderbücher Initiativen, 48), S. 82–92.
Ders.: Eselskopf und Hahnenkamm. Die Tierattribute des Standard-Narren in allegorischer Deutung. In: Mezger, W., 1984/I, S. 235–276.
Ders.: Speculum Bestialitatis. Die Tiergestalten der Fastnacht und des Karnevals im Kontext christlicher Allegorese, Diss. phil., Freiburg i. Br. 1986, München 1987 (Kulturgeschichtliche Forschungen, 4).
Leuzinger, E.: Vom Wesen der Maske. In: Schweizer Journal, Februar 1942.
Liebermann, J.: Villinger Holzmasken. In: B. Bürk: 's goht degege. Fasnet in Villingen, Villingen 1981, S. 47–53.

Manz, W.: Fasnachtsbräuche im Sarganserland/Fasnachtsfeuer / Fastnacht oder Fasnacht / Volkskundliche Bilder/Zaubermaske und Maskenzauber/Die Maske in Brauch und Glauben. In: u. a. Oberländer Anzeiger und Sarganserländische Volkszeitung, April/Mai 1924, Separatdruck aus: Die Schweiz in Lebensbildern VII, Aarau 1942.

Marti, F.: Zunft Heini von Uri, Sursee [1983] 1986.

Masken zwischen Spiel und Ernst. Beiträge des Tübinger Arbeitskreises für Fasnachtsforschung, Tübingen 1967 (Volksleben, 18).

Meuli, K.: Maske, Maskereien. In: Handwörterbuch des deutschen Aberglaubens, Bd. 5, Berlin und Leipzig 1932/33, Sp. 1744–1852.

Ders.: Schweizer Masken und Maskenbräuche, Zürich 1943.

Ders.: Altrömischer Maskenbrauch. In: Museum Helveticum 12, 1955, S. 206–235.

Mezger, W.: Der Ambraser Narrenteller von 1528. Ein Beitrag zur Ikonographie der spätmittelalterlichen Narrenidee. In: Zeitschrift für Volkskunde 1979, S. 161–180.

Ders.: Bemerkungen zum mittelalterlichen Narrentum. In: H. Bausinger (Hg.): Narrenfreiheit, Tübingen 1980, S. 43–87.

Ders.: Fastnacht, Fasching und Karneval als soziales Rollenexperiment. In: H. Bausinger (Hg.), Narrenfreiheit, Tübingen 1980, S. 203–226.

Ders.: Hofnarren im Mittelalter. Vom tieferen Sinn eines seltsamen Amts, Konstanz 1981.

Ders.: Narren, Schellen und Marotten. Grundzüge einer Ideengeschichte des Narrentums. In: W. Mezger 1984/I, S. 1–35.

Ders. (Hg.): Narren, Schellen und Marotten. Elf Beiträge zur Narrenidee. Remscheid 1984 (Kulturgeschichtliche Forschungen, 3) [= W. Mezger 1984/I].

Ders.: Narretei und Tradition. Die Rottweiler Fasnet, Stuttgart 1984.

Ders.: Narrenidee und Fastnachtsbrauch, Konstanz 1991.

Moser, D.-R. / Braun, H.: Liedimmanenz und Brauchgeschichte. Beiträge zur Frühgeschichte des Sternsingens. In: Forschungen und Berichte zur Volkskunde in Baden-Württemberg 1971–73, Stuttgart 1973, S. 105–139.

Moser, D.-R.: Lazarus Strohmanus Jülich. Ein christlicher Volksbrauch zur Lehre von der «Satisfactio vicaria», Jülich 1975, ²1980.

Ders.: Fastnacht und Fastnachtsspiel. Zur Säkularisierung geistlicher Volksschauspiele bei Hans Sachs und ihrer Vorgeschichte. In: Hans Sachs und Nürnberg, Nürnberg 1976 (Nürnberger Forschungen 19), S. 182–218.

Ders.: Die Tannhäuser-Legende. Eine Studie über Intentionalität und Rezeption katechetischer Volkserzählungen zum Buss-Sakrament, Berlin/New York 1977 (Supplement-Serie zu Fabula, Reihe B, 4).

Ders.: Fastnacht. Liturgische Zeit – Christliches Fest. Grundsätzliches Beispiel Imst. In: Das Fenster (Tiroler Kulturzeitschrift), 29, 1981, S. 2907–2917.

Ders.: Narren – Prinzen – Jesuiten. Das Karnevalskönigreich am Collegium Germanicum in Rom und seine Parallelen. Ein Beitrag zur Geschichte der Fastnachtsbräuche. In: Zeitschrift für Volkskunde 77, 1981, S. 167–208.

Ders.: Christliche Märchen. Zur Geschichte, Sinngebung und Funktion einiger «Kinder- und Hausmärchen» der Brüder Grimm. In: Gott im Märchen, Kassel 1982, S. 92–113.

Ders.: Nationalsozialistische Fastnachtsdeutung. Die Bestreitung der Christlichkeit des Fastnachtsfestes als zeitgeschichtliches Phänomen. In: Zeitschrift für Volkskunde 78, 1982, S. 200–219.

Ders.: Von Teufeln und Hexen, Prinzen, Narren und Sündern. Der Karneval und sein kirchlicher Ursprung. In: Forschung, Mitteilungen der DFG, 1, 1982, Boppard 1982, S. 6–10.

Ders.: Perikopenforschung und Volkskunde. Mit elf Thesen zur Fastnacht. In: Jahrbuch für Volkskunde N. F. 6, 1983, S. 7–52 und 75ff.

Ders.: Elf als Zahl der Narren. Zur Funktion der Zahlenallegorese im Fastnachtsbrauch. In: Jahrbuch für Volksliedforschung 27/28, 1982/83 (Festschrift für L. Röhrich), S. 346–363 und [verändert] in: W. Mezger 1984/I, S. 135–160.

Ders.: Ein Babylon der verkehrten Welt. In: Horst Sund (Hg.): Fas(t)nacht in Geschichte, Kunst und Literatur, Konstanz 1984, S. 9–57.

Ders.: Brauchbindung und Funktionsverlust. Zum Nachwirken der Artus-Tradition in Fastnachtsbrauch und Fastnachtsspiel. In: K. H. Göller (Hg.): Spätmittelalterliche Artusliteratur, Paderborn usw. 1984, S. 23–40.

Ders.: Laienbildung und «Volksdichtung» bei Martin Luther. In: Grenzmann, L./Stackmann, K. (Hg.): Literatur und Laienbildung im Spätmittelalter und in der Reformationszeit. Symposion Wolfenbüttel 1981, Stuttgart 1984, S. 55–79.

Ders.: Die Fastnachtsfeier als konfessionelles Problem. In: U. Im Hof/S. Stehelin (Hg.): Das Reich und die Eidgenossenschaft 1580–1650. Kulturelle Wechselwirkungen im konfessionellen Zeitalter (1982), Freiburg/Schweiz 1986, S. 129–178.

Ders.: Fastnacht – Fasching – Karneval, Graz/Wien/Köln 1986.

Moser, H.: Volksschauspiel. In: Deutsches Volkstum in Volksschauspiel und Volkstanz, Berlin 1938 (= Deutsches Volkstum, 3), S. 3–136.

Ders.: Zur Geschichte der Maske in Bayern. In: Leopold Schmidt (Hg.): Masken in Mitteleuropa. Volkskundliche Beiträge zur europäischen Maskenforschung, Wien 1955 (= Sonderschriften des Vereins für Volkskunde in Wien, 1), S. 93–141.

Ders.: Die Geschichte der Fasnacht im Spiegel der Archivforschung. Zur Bearbeitung bayerischer Quellen. In: Fasnacht. Beiträge des Tübinger Arbeitskreises für Fasnachtsforschung, Tübingen 1964 (= Volksleben, 6), S. 15–41.

Ders.: Städtische Fasnacht des Mittelalters. In: Masken zwischen Spiel und Ernst. Beiträge des Tübinger Arbeitskreises für Fasnachtsforschung, Tübingen 1967 (= Volksleben, 18), S. 135–202.

Ders.: Fasnacht, Fassnacht, Faschang. In: Schweizerisches Archiv für Volkskunde 68/69, 1972/73, S. 433–453.

Ders.: Kritisches zu neuen Hypothesen der Fastnachtsforschung. In: Jahrbuch für Volkskunde, 1982, S. 9–50.

Narro-Alt-Fischerzunft beider Laufenburg (Hg.): Fasnacht Laufenburg, Laufenburg 1985.

Panizza, S.: Faszination Lozärner Fasnacht, Band 1: Die Guggenmusigen, Band 2: Geschichte – Zünfte – Umzug – Fasnachtsbälle, Luzern 1988/1989.

Pfaundler, W.: Fasnacht in Tirol. Telfer Schleicherlaufen, Wörgl 1981 (Volkskunde der Alpenländer, 1).

Pfrunder, P.: Pfaffen, Ketzer, Totenfresser. Fastnachtskultur der Reformationszeit. Die Berner Spiele von Niklaus Manuel, Zürich 1989.

Prasch, H.: Masken und Maskenbrauchtum in Oberkärnten und Osttirol, Klagenfurt 1987.

Reich, A./Schumacher, R.: D'Villinger Fasnet, Königsfeld o. J.

Reichlin, H.: Flumser Holzmasken, Flums 1972.

Reichstein, R.: Ursprung und Entwicklung der Maske. In: Schweizer Volkskunde 50, 1960, S. 1–4.

Rohrer, L./Fröhlich, W.: Unsere Fasnacht, Konstanz 1978.

Röllin, W.: Greiflen – ein alter Brauch im Lande Schwyz. In: Bote der Urschweiz, Nr. 103 und 104, Schwyz 1977.

Ders.: In der Geschichte der Muotathaler Moosfahrt geblättert. In: Bote der Urschweiz, Nr. 13, Schwyz 1977.

Ders.: Entstehung und Formen der heutigen Schwyzer Maskenlandschaft. In: Schweiz. Archiv für Volkskunde 74, 1978, Heft 3–4.

Ders.: Entstehung und Formen der heutigen Maskenlandschaft. In: Schweiz. Archiv für Volkskunde 74, 1978, S. 129–182.

Ders.: Zur Diffusion einer Maske («Märchler Rölli»). In: Schweiz. Archiv für Volkskunde 76, 1980, Heft 1–2.

Ders.: Fastnacht in der Schwyzer March. In: Das Jahr der Schweiz in Fest und Brauch, hg. v. R. Thalmann u. F. Hofer, Zürich/München 1981, S. 107–108.

Ders.: Fastnachtsforschung in der Schweiz. In: Jahrbuch für Volkskunde N. F. 8, 1985, S. 203–226.

Röllin, W. / Bruhin, A.: «Die alte Rellete» von Wollerau, Zürich 1983.

Sachs, H.: Sämtliche Fabeln und Schwänke, in chronologischer Ordnung nach den Originalen herausgegeben von Edmund Goetze, 6 Bde., Halle 1893–1913.

Sachs, K. Chr.: Das Narrengericht zu Stockach. Bericht des k. k. österreichischen Amtsrates Raiser aus der Zeit 1799–1852. In: H. Berner (Hg.): Fasnet im Hegau, Singen (Hohentwiel) 1959, S. 131–135.

Schlipf, H. / Lemke-Hehnes K.: Butze-Larve, Immenstadt 1985.

Schmidt, L.: Das deutsche Volksschauspiel in zeitgenössischen Zeugnissen vom Humanismus bis zur Gegenwart, Berlin 1954.

Ders. (Hg.): Masken in Mitteleuropa. Volkskundliche Beiträge zur europäischen Maskenforschung (= Sonderschriften des Vereins für Volkskunde in Wien, Bd. 1), Wien 1955.

Ders.: Das deutsche Volksschauspiel, Berlin 1962.

Ders.: Volksglaube und Volksbrauch. Gestalten, Gebilde, Gebärden, Berlin 1966.

Ders.: «Jagglschutzen» und Fuchsprellen. Zur Bezeugungsgeschichte eines Brauchelementes. In: Österreichische Zeitschrift für Volkskunde 22, 1968, S. 1–68.

Schneider, W./Pflanzer, H. u. E.: Brauchtum und Feste in Österreich, Innsbruck 1984.

Schuhladen, H.: Die Nikolausspiele des Alpenraumes, Innsbruck 1984.

Schwabe, E.: Feste und Traditionen in der Schweiz, 3 Bde, Neuenburg 1985.

Schwabe, E./Wolgensinger, M.: Schweizer Volksbräuche, Zürich 1969.

Schwedt, H. u. E. / Blümcke, M.: Masken und Maskenschnitzer der schwäbisch-alemannischen Fasnacht (= Forschungen und Berichte zur Volkskunde in Baden-Württemberg, Bd. 7), Stuttgart 1984.

Schwedt, H. u. E.: Malerei auf Narrenkleidern. Die Häs- und Hanselmaler in Südwestdeutschland, Stuttgart 1975 (Forschungen und Berichte zur Volkskunde in Baden-Württemberg, 2).

Seeberger, M./Ruppen, O.: Menschen und Masken im Lötschental, Brig 1974.

Senti, A.: Häxäwärch, Mels 1970.

Ders.: Sarganserland 1483–1983, Festschrift, Mels 1982.

Ders.: Anekdoten, Schwänke und Witze aus dem Sarganserland, Mels 1988.

Ders.: Reime und Sprüche aus dem Sarganserland, Basel 1979.

Ders.: Sagen aus dem Sarganserland, Basel ^{3}1983.

Sieber, R. / Bont, K.: Brauchtum zwischen Bodensee und Walensee, Heerbrugg 1986.

Spamer, A.: Deutsche Fastnachtsbräuche, Jena 1936.

St.-Niklausgesellschaft Küssnacht (Hg.): Klausjagen Küssnacht am Rigi, Küssnacht 1988.

Stauffacher, W.: Fasnachtsbräuche und Holzlarven in Tscherlach. In: Schweizer Volkskunde 52, 1962, S. 33–39.

Ders.: Die Larven von Paul Strassmann. In: Schweizer Volkskunde, 67, 1977, S. 14–15.

Steinegger, H.: «Schössle» – ein uraltes Spiel. In: Heimatkunde Gemeinde Schwyz, Schwyz 1978.

Ders.: Schwyzer Sagen, Band I–IV, Schwyz 1979, 1981, 1983, 1985.
Ders.: Güdelmontag-Rott Schwyz, gegründet 1949, Schwyz 1989.
Ders.: Schwyzer Fasnacht 1991, Schwyz 1991.
Steinegger/Wiget: Feste und Bräuche im Kanton Schwyz, Jubiläumsbuch Kantonalbank Schwyz, Schwyz 1989.
Sund, H. (Hg.): Fas(t)nacht in Geschichte, Kunst und Literatur, Konstanz 1984.
Swoboda, O.: Alpenländisches Brauchtum im Jahreslauf, München 1979.
Thalmann, R./Hofer, F. (Hg.): Das Jahr der Schweiz in Fest und Brauch, mit Fotografien von Josef Räber, Zürich/München 1981.
Trümpy, H.: Kirchlicher Einfluss oder christliches System? In: Jahrbuch für Volkskunde 6/1983, S. 88–90.
Trümpy, H.: Vogel Gryff in Kleinbasel. In: Das Jahr der Schweiz in Fest und Brauch, hg. v. Rolf Thalmann u. Fritz Hofer, fotografiert von Josef Räber, Zürich/München, 1981, S. 90–91.
Treichler, H.-P.: Märchen und Sagen, Zürich 1989.
Venghaus, H.: Offenburger Hexenzunft 1935–1985, [Offenburg] (1985).
Viehhauser, H.: Kleiner Museumsführer Heimatmuseum Rauris 1937–1987.
Weber, C. G.: Brauchtum in der Schweiz, Zürich 1985.
Wegmann/Dähler: Harder-Potschete, Interlaken 1985.
Weidner, H. M.: Oberrheinische Narrenschau, Freiburg 1976.
Weiss, R.: Volkskunde der Schweiz, Zürich 1978.
Welt des Hans Sachs. 400 Holzschnitte des 16. Jahrhunderts. Herausgegeben von den Stadtgeschichtlichen Museen, Nürnberg 1976 (Ausstellungskataloge der Stadtgeschichtlichen Museen Nürnberg, 10).
Wiesinger, A.: Narrenschmaus und Fastenspeise im schwäbisch-alemannischen Brauch, Konstanz 1980.
Ders. (Pseudonym: Bodensatz): Vom Narrenbaum in Säkkingen, Säckingen 1976.
Wildhaber, R.: Form und Verbreitung der Maske. In: Schweizer Volkskunde 50, 1950, S. 4–20.
Ders.: Gesichtsmasken. Bemerkungen zur Typologie und Verbreitung im europäischen Raum. In: Masken zwischen Spiel und Ernst. Beiträge des Tübinger Arbeitskreises für Fasnachtsforschung, Tübingen 1967 (= Volksleben, 18), S. 283–292.
Ders. (Hg.): Masken und Maskenbrauchtum aus Ost- und Südosteuropa, Basel 1968.
Ders.: Fasnacht und Holzmasken in Walenstadt, Schweiz. In: Schmidt, Leopold (Hg.): Masken in Mitteleuropa, Wien 1955, S. 191–200.
Wintermantel, H.: Hoorig, hoorig isch die Katz. Masken und Narren der schwäbisch-alemannischen Fasnacht, Stuttgart und Aalen 1978.
Zangerle, J.: Die Imster Fasnacht, Imst/Landeck 1983.
Ziegler, W.: Fasnet in Elzach. Freiburg i. Br. 1982.
Zimburg, H. von: Der Perchtenlauf in der Gastein, Wien 1947.
Zindel-Kressig, A.: Volkstümliches aus Sargans. In: Schweizerisches Archiv für Volkskunde 19, 1906, S. 209–228.

Bildnachweis

Abraham a Sancta Clara, Centi-Folium Stultorum, Nürnberg 1709 103 oben
Barlach, Ernst, Holzschnitt 1923 sowie Flugblatt 1555, nach R. von Dülmen, Hexenwelten, Frankfurt 1987 60 oben
Becker, R. Z., Holzschnitte alter deutscher Meister in den Original-Platten gesammelt, Gotha 1808-16 109
Brant, Sebastian, Das Narrenschiff, Basel 1494 12, 106, 112, 226
Breughel, Pieter, nach R. van Bastelaer, Brüssel 1909 107 oben
Clavadetscher, J., Brunnen 169, 178 unten
Cuypers, F., Antwerpen 268 rechts
Eisenmann, Thyl M., Luzern 27, 29
Fasnachtsmuseum Absam 273
Fotoatelier Ernst Schwarzenburg 56, 57, 58
Gapp, Johann, Telfs 98, 274
Germanisches Nationalmuseum Nürnberg 99, 128 unten, 110, 114 rechts, 227
Grossbaseler Totentanz, Frankfurt a. M. 1725 13 oben
Herz des Menschen, ein Tempel Gottes oder . . ., Traktat, Wien 1846 84
Horeczky, A., Telfs 97 links unten
Knauss, Frieder, nach J. Krausbeck, Wolfach, Stuttgart 1974 248
Krauss, K., Sellenbüren (im Besitz von R. Fontana, Ems) 155
Kupferstichkabinett Amsterdam 111
Landesbibliothek Bern 165 unten
Marchant, Guyot, Paris 1486, nach P. Champion, La Danse macabre, Paris 1925 13 unten
Müller, Peter, Gerlikon 114 links
Narro-Alt-Fischerzunft beider Laufenburg 161 oben links
Nestlé, Illustration (Karte) 183
Nyfeler, A., Lötschental 216
Prantner, Josef, Absam 273
Ramseier, Ernst, Krattigen, Holzdruck im Besitz der Gesellschaft Harder-Potschete 51 oben
Rietbergmuseum Zürich 16, 33, 120 links oben u. unten, 154 links u. unten, 166, 167 rechts oben, 210, 212 links, 213 oben, 215, 217
Rijksprentenkabinett Amsterdam 108
Rohrer, Lothar/W. Fröhlich, Unsere Fasnacht, Konstanz 1978 61, 89, 96, 225
Roth, Eugen, nach M. Gyr, Schwyzer Volkstum, Einsiedeln 1955 164
Rottmeier, Peter, Balterswil 11
Schloss-Narrenstuben Bonndorf 258 oben
Speckbacher, Romed, Thaur 259, 271 oben u. unten Mitte
Staatsbibliothek Berlin 94, 95 rechts oben u. unten
Stadtbibliothek Nürnberg 93
Strick, Franz, Mitterndorf 45 unten
Trost, Helmut, nach O. Koenig, Klaubauf – Krampus – Nikolaus, Wien 1983 38
Winter, K., Badgastein 43
Wylägeri-Fasnachtsgesellschaft 198
Zangerle, Josef, Die Imster Fasnacht, 1983, Herausgeber: Verein zur Förderung der Imster Fasnacht 263
Zehnder, Meinrad, nach M. Gyr, Schwyzer Volkstum, Einsiedeln 1955 184 unten rechts
Zentralbibliothek Luzern 165 oben
Zunftarchiv der Schreiner-, Drechsler- und Küferzunft Zug 191, 192

Dank

Mein herzlicher Dank gilt

meiner Frau, die mich bei meinen Nachforschungen und den Feldarbeiten begleitete und mir behilflich war

dem AT Verlag, Aarau, mit dem Verlagsleiter Urs Hunziker für die Herausgabe des Buches und die freundliche Zusammenarbeit

dem Gestalter des Buches, Adrian Pabst, für die gute Zusammenarbeit

der Lektorin Monika Schmidhofer für das Lektorieren des Manuskripts

Guido von Arx, Biberist, für die Durchsicht und Korrektur der Texte

Martin Blümcke für die Durchsicht der Deutschland betreffenden Texte

Dr. Johann Gapp, Telfs, für die Durchsicht der Österreich betreffenden Texte

Dr. Franz Götz, Präsident des Fasnachtsmuseums Langenstein, Singen, für sein Nachwort

Dr. Werner Röllin, Winterthur, für seine Informationen zum Kanton Schwyz und die Durchsicht des Manuskripts

Arnold Bünter, Präsident des Helvetischen Fasnachts-Ringes HEFARI

allen Maskenschnitzern, Maskensammlern und Museen für die Informationen und die freundliche Erlaubnis, die Larven zu fotografieren und zu publizieren

allen Maskenfreunden, die mir Fotos, Quellenmaterial und ihre Erfahrung zur Verfügung gestellt haben

allen Narrengesellschaften und Fasnachtsgesellschaften, die mir behilflich waren und Anregungen gaben

Kurt Metzler, St. Margrethen, für seine Strichzeichnungen

Franz Cuypers, Antwerpen, der mir seine reiche Erfahrung als Maskenforscher zur Verfügung gestellt hat und mir immer wieder Ansprechpartner vermittelte

allen Donatoren, welche die Herausgabe des Buches mit einem finanziellen Beitrag unterstützten

Die grosszügige Unterstützung der folgenden Donatoren ermöglichte die Herausgabe dieses Werkes:

Pro Helvetia

Migros-Genossenschafts-Bund

Ulrico-Hoepli-Stiftung, Zürich

Kanton St. Gallen

Kanton Schwyz

Kanton Thurgau

Kanton Graubünden

Stadt Zug

Die Karte der Schweiz ist reproduziert mit Bewilligung
des Bundesamtes für Landestopographie vom 18. 11. 1992,
jene von Süddeutschland mit Bewilligung des Landesvermessungsamtes Baden-Württemberg vom 16. 12. 1992
und jene von Österreich mit Bewilligung des Bundesamtes
für Eich- und Vermessungswesen vom 22. 12. 1992.

AT Verlag Aarau/Schweiz
Satz, Lithos und Druck: Grafische Betriebe
Aargauer Tagblatt AG, Aarau
Bindearbeiten: Buchbinderei Burkhardt, Mönchaltorf
Printed in Switzerland

ISBN 3-85502-467-7